国家社科基金
GUOJIA SHEKE JIJIN HOUQI ZIZHU XIANGMU
后期资助项目

# 流行文化的政治经济学研究

## On the Political Economy of Popular Culture

陈世华　著

中国社会科学出版社

**图书在版编目（CIP）数据**

流行文化的政治经济学研究／陈世华著．—北京：中国社会科学出版社，2022.9
ISBN 978－7－5227－0789－1

Ⅰ．①流…　Ⅱ．①陈…　Ⅲ．①现代文化—研究②政治经济学—研究
Ⅳ．①G04②F0

中国版本图书馆 CIP 数据核字（2022）第 152932 号

出 版 人　赵剑英
选题策划　孔继萍
责任编辑　高　婷
责任校对　冯英爽
责任印制　李寡寡

出　　版　中国社会科学出版社
社　　址　北京鼓楼西大街甲 158 号
邮　　编　100720
网　　址　http://www.csspw.cn
发 行 部　010－84083685
门 市 部　010－84029450
经　　销　新华书店及其他书店

印　　刷　北京君升印刷有限公司
装　　订　廊坊市广阳区广增装订厂
版　　次　2022 年 9 月第 1 版
印　　次　2022 年 9 月第 1 次印刷

开　　本　710×1000　1/16
印　　张　21.5
插　　页　2
字　　数　385 千字
定　　价　118.00 元

# 国家社科基金后期资助项目

## 出版说明

后期资助项目是国家社科基金设立的一类重要项目，旨在鼓励广大社科研究者潜心治学，支持基础研究多出优秀成果。它是经过严格评审，从接近完成的科研成果中遴选立项的。为扩大后期资助项目的影响，更好地推动学术发展，促进成果转化，全国哲学社会科学工作办公室按照“统一设计、统一标识、统一版式、形成系列”的总体要求，组织出版国家社科基金后期资助项目成果。

全国哲学社会科学工作办公室

# 传播政治经济学的中国实践与中国智慧
## （序）

在世界日益多极化、意识形态分歧显著、东西方交流受阻、贸易冲突事件频发、技术饱受诟病的时代语境下，如何关注理论和现实问题、探究和发现真相、表达和创新话语体系是每一位中国学者的责任和担当。2016年5月，习近平总书记在哲学社会科学工作座谈会上的重要讲话中强调要结合中国特色社会主义伟大实践，加快构建中国特色哲学社会科学。2020年8月，习近平总书记在《求是》杂志发表重要文章，强调“我们要立足我国国情和我们的发展实践，深入研究世界经济和我国经济面临的新情况新问题，揭示新特点新规律，提炼和总结我国经济发展实践的规律性成果，把实践经验上升为系统化的经济学说，不断开拓当代中国马克思主义政治经济学新境界，为马克思主义政治经济学创新发展贡献中国智慧”。广大哲学社会科学工作者如何回应习近平总书记建构中国特色哲学社会科学的要求，推进马克思主义政治经济学的当代发展是每一位学者都需要审视思考的重要问题。在新闻传播学界，如何传承马克思主义政治经济学的理论传统，面向当下中国丰富多彩的传播实践，创新中国特色新闻传播学研究路径，推进马克思主义新闻观与时俱进和落地实践更是每一位新闻传播学者的重要使命。

作为传播研究的重要路径和批判学派的关键分支，传播政治经济学源自马克思主义政治经济学，一直致力于探究传播与权力的相互建构关系，批判西方传媒的本质和危机，寻找西方商业化传媒体制之外的替代性传媒发展路径，契合中国特色传媒体制发展路径，在传播学史上写下浓墨重彩的一笔，也是当下传播研究不可或缺的组成部分。新中国70多年的传播与媒体发展更为传播政治经济学研究与创新提供了丰富的资源与营养，特别是20世纪70年代末期开始的改革开放，使得传播已经深深穿透于改革开放的全部过程中。我于2000年翻译出版了传播政治经济学的经典之作《传播政治经济学》和《传播：在政治和经济的张力下》，向国内学界首次引介传播政治经济学流派，随后国内学界出现了一批传播政治经济学的研究文献，但是作为诞生于传统媒体时代、批判跨国传媒集团宰制的传播政治经济学在万物皆媒、人人都有麦克风的新媒体时代出现逐渐落寞的颓势，传播政治经济学是否失去了其存在的意义和价值？在移动互联网时代，亟须关注新的传播现象，融入新的研究视角，增添新的阐释路径，提出新的理论洞见，再现传播政治经济学跨越时空的理论魅力。数字时代的数字传播与平台媒体，数字治理与数字经济，数字文化与数字社会等正在为传播政治经济学创新与再创辉煌赋能，陈世华教授的新作《流行文化的政治经济学研究》的出版可谓适逢其时。

我认识世华博士已有 15 年，从读博士开始，他就有志于从事传播政治经济学研究，后赴北美传播政治经济学的起源地之一伊利诺伊大学传播研究所联合培养，在对大量一手资料的搜集、整理和解读的基础上，写作完成了博士论文《北美传播政治经济学研究》，后获得全国优秀博士论文提名奖和国家社会科学基金后期资助。在对学术史进行系统梳理后，又致力于将传播政治经济学运用于对当下情境中流行文化的阐释，发表了一系列高水平的研究论文，并再次获得国家社会科学基金后期资助，最终写作完成这部厚重的《流行文化的政治经济学研究》，深耕厚植，意义重大。

流行文化是文化研究中的重要议题，也是直接面向大众具有广泛影响的传播现象，移动互联网的普及和升级催生了更加丰富多样的流行文化形态，产生了广泛而深远的社会影响，其背后有着深刻的政治经济动因，是任何一个社会中政治与经济力量角逐的集中场域之一，研究流行文化对丰富文化研究的理论视野和引导公众的文化行为都具有重要理论价值和现实意义。现代社会中流行文化充斥于社会生活的各个领域和每个角落，流行文化是社会生活中的一种重要社会文化现象，也是社会运作和进步的重要推动力量，但是也带来了人的异化、价值观偏离、泛娱乐化、过度商业化等种种问题，对流行文化的驱动因素和运作机理进行探析，并有针对性地提出引导和规范策略，有利于助推流行文化的可持续健康发展。作为流行文化和传播政治经济学的交叉学科领域，流行文化政治经济学采取传播政治经济学的批判视角研究流行文化现象，传播政治经济学是流行文化政治经济学的理论框架与路径，流行文化是传播政治经济学重要的研究对象和主题，流行文化研究是传播政治经济学在新媒体时代迭代更新的重要机遇和用武之地。

《流行文化的政治经济学研究》立足于政治经济学与文化研究的交叉领域，融汇并发展了不同学派的文化研究与政治经济学的理论资源，在概念、理论、案例、方法和路径等方面系统构建了流行文化政治经济学的理论维度与阐释框架，对当前中国社会普遍存在或高度热议的流行文化现象进行了解读，从多个维度揭示了流行文化背后的政治经济文化技术动因，指明了流行文化的深远影响，并提出引导和规范的策略，体系完整、逻辑清晰，说理有据。面对学科分隔的重重藩篱举重若轻，立足马克思主义政治经济学等立场博采众长，对流行文化的生产、传播、影响、效能等方面进行系统分析，突破了西方传播政治经济学中全知全能、略显悲观的研究偏向，转而坚定根植中国语境，面向本土问题，体现出理论与实践并行、批判与建言、解构与建构并重的鲜明特质。以新媒体、形象、亚文化、流行观念为四大维度，具体对网络直播、选秀节目、网络“凡尔赛文学”、时间焦虑等 16 种流行文化症候现象进行了理论阐释与解读再构，努力在文化的狂欢中寻求共通的规律和深层的认同。在伯明翰学派、法兰克福学派、传播政治经济学、后现代主义对流行文化的批判阐释之外，为中国学派的理论创新做出了应有的贡献，对社会文化变革与媒介技术迭代的“加速时代”提供了有力的思考与注脚。

本书不乏真知灼见，也存在一些白玉微瑕，流行文化本身即是一部流动的历史，由于篇幅的限制与选择标准的差异，成果中对流行文化现象的解读难免挂一漏万，相关理论资源的援引还可以更广泛一些、娴熟一些，对策部分还可以进一步精准而切近。在流行文化的汹涌浪潮下，作者对批判精神、道德理想、文化审美的坚持可以作为社会文化正向发展的理论参考，对促进当代流行文化的健康可持续发展都具有一定的借鉴意义。在新时代的伟大征程中，广大哲学社会科学工作者重任在肩、时不我待，面向精彩纷呈、繁花似锦的传播景观，我们需要诞生更多批判性、原创性、创新性的理论思考，为新闻传播学研究注入新的血液，丰富传播政治经济学的研究对象，推进传播政治经济学在互联网时代的与时俱进，为传播研究提供中国实践、中国方案、中国智慧，推进中国特色哲学社会科学体系建设，提升中国学术话语权，传播中国学术好声音。

胡正荣　教授

中国社会科学院新闻与传播研究所所长

中国社会科学院大学新闻传播学院院长

# 目　　录

# 前　言

人类创造文化，文化反哺人类。人类在漫长的演进过程中，塑造了繁花似锦的流行文化形态，在政治开明、经济繁荣、社会宽松、技术发达的移动互联网时代，流行文化更加丰富多样，渗透进社会生活的各个领域和每个角落。流行文化的演进背后有着深刻的政治、经济、文化和技术动因，并产生了深远的社会影响和后果。作为一种重要的社会文化现象，流行文化可能是推进社会进步的重要力量，也可能是阻碍社会交往的群际鸿沟；有些流行文化历久弥新，有些则昙花一现；有些流行文化富有改造社会的积极价值，有些只是茶余饭后的谈资；有些流行文化在人类历史留下浓墨重彩的一笔，有些则在历史的长河中湮没无闻。不同流行文化有何不同的表征形态？其背后有何驱动因素？有何正面和负面效应？又应该如何引导、规范和重塑？这是值得研究的重要问题。

作为流行文化和传播政治经济学的交叉学科领域，流行文化政治经济学采取传播政治经济学的批判视角阐释流行文化现象，传播政治经济学是流行文化政治经济学的理论武器，流行文化是传播政治经济学重要的研究对象和主题，流行文化研究是传播政治经济学在新媒体时代复兴的重要机遇和用武之地。近些年来，笔者一直密切关注流行文化的流变和动向，并致力于采用传播政治经济学路径对流行文化现象进行批判性的解读，描摹流行文化的表现形态，解析其背后的政治、经济、文化和技术动因，指明其带来的深远后果，并提出引导和规范的策略，完成了一系列研究成果，在一些专业学术刊物上陆续发表，并以此为基础，申报了国家社会科学基金后期资助项目，再次获批立项。在课题研究过程中，经过全面的文献搜集和解读、广泛的调查研究和理论阐释、细致的增补精简和修改完善，完成了这部浅薄的书稿。

本书聚焦互联网时代流行文化现象，结合流行文化研究和政治经济学的研究路径，根据先总后分再总、先理论后实践再到理论、先整体后个案再统括的行文逻辑，首先确立流行文化政治经济学的理论维度和阐释框架；接着运用流行文化政治经济学的理论框架，从政治维度、经济维度、文化维度和技术维度对短视频、网络直播、自媒体、身体影像、形象传播、网络模仿、网络选秀、网络段子、网络谐音、网络祈愿文化、网络炫富、本末倒置、时间焦虑、风景影像等新媒体、亚文化、流行观念进行政治经济学解析，以全景视野对流行社会观念、流行文化现象和流行文本模态进行多层次、多角度、多学科的立体分析和深层透视，发现流行文化背后复杂的结构机制和权力关系，指认其中存在的问题和面临的困境，并提出相应的引导和重塑的路径；最后回归到传播政治经济学理论本身，反思传播政治经济学的逻辑和出路，以期复兴新媒体时代的传播政治经济学研究，为传播研究贡献中国智慧、彰显中国气派。

抱诚守真，臻于至善。求真是科学研究的最终取向和核心精神，本书打破预设的立场，从客观、理性的态度出发，力图增强文化研究和传播学研究的批判性思维，培养追求真理的精神和独立思考的能力，通过建立流行文化政治经济学的阐释框架和学术实践，正本清源，再现传播政治经济学的理论魅力，丰富政治经济学的研究路径，为流行文化研究提供了替代性的理论视野，推进政治经济学在当前互联网时代里的与时俱进。对中国流行文化的思考和建构可以为当代政治经济学的发展提供中国视野和中国智慧，回应习近平总书记强调的“不断开拓当代中国马克思主义政治经济学新境界”① 的要求，提升中国学术话语权，传播中国学术好声音。

他山之石，可以攻玉。本书对流行文化的辨析和体悟，力图科学认识流行文化的本质和价值，发现其存在的问题和潜在的风险，未雨绸缪，避免流行文化走上歧途；对流行文化的反思和出路的建言，可以为流行文化生产和传播提供理论借鉴，所提出的应对之策希望可以完善和提升流行文化生产的质量和传播效果，推进流行文化的健康可持续发展，繁荣中国文化市场，增强中国文化软实力，加快中国文化“走出去”，提升国际话语权。

本书的前期成果和阶段性论文得到了学界一定程度的认可，陆续发表于《新闻大学》、《现代传播》、《传播、文化与政治》（中国台北）、《厦门大学学报（哲学社会科学版）》、《南京社会科学》、《山东社会科学》、《东南学术》、《东岳论丛》、《南昌大学学报（人文社会科学

---

① 习近平：《论坚持全面深化改革》，中央文献出版社 2018 年版，第 187—188 页。

版)》、《山西大学学报（哲学社会科学版)》等境内外专业学术刊物上，被《高等学校文科学术文摘》、《社会科学文摘》、人大复印资料全文转载或摘编，获得江西省社会科学优秀成果奖，多篇被中国社会科学网和新闻媒体转载，体现了成果的社会影响力和服务力。

课题研究和书稿写作过程中，获得了众多的支持和帮助，需要感谢的人有很多，未免挂一漏万。课题组成员刘晶博士撰写了网络祈愿部分的内容，笔者指导的博士生徐嘉敏、祝越、汪旭，研究生刘爽、龚莉娟、官艺轩，本科生陈佳怡、雷裕静、邓钰，对部分内容的选题、思路和文字皆有贡献；感谢中国社会科学出版社孔继萍编审的慧眼识珠，接收书稿，并同意申报后期资助项目；感谢中国社会科学院新闻与传播研究所所长胡正荣教授倾情作序；感谢众多学术期刊编辑对前期成果的认可和允许发表。没有他们的辛苦工作，就没有这部书稿的问世。

陈世华
于南昌前湖
2022 年 4 月

# 第一章　框架与维度：流行文化政治经济学引论

人类因文化而演进，社会因文化而繁荣。特定的时代语境总是催生形态各异的文化类型，而流行文化就是其中不可或缺的重要组成部分。在政治开明、经济繁荣、社会宽松、媒介高度发达的现代社会，流行文化充斥于社会生活的各个领域和每个角落，流行文化是社会生活中的一种重要社会文化现象，也是社会运转和进步的重要推动力量，研究流行文化对经验积淀和学术创新具有战略性的理论意义。

社会学家伯格（Peter Berger）说，社会学令人神往的一面就是使我们用新的目光去审视我们生活于其中的非常熟悉的世界[①]。事物并非如其表面所呈现的那样简单，多一重阐释的理论维度，多一种解读的视角，就能给我们带来全新的启示。在互联网时代，由于时代语境的变革、媒介技术的进展、媒介生态的演化、受众审美品位的更迭等因素，流行文化的传播形式不断演变，呈现出一片繁荣兴盛的景象。社会学、心理学、经济学、符号学、文艺理论等不同学科都对流行文化的发展流变作出了学理回应，但是鲜有文献从政治经济学视角确立流行文化研究的理论框架。流行文化已经成为当代社会中的一种重要的社会文化现象，正如鲍德里亚（Jean Baudrillard）所言：流行，作为政治经济学的当代表演，如同市场一样，是一种普遍的形式[②]。从政治经济学的视角来看，流行文化普遍存在、历久弥新，其发展背后暗藏复杂的政治、经济、技术、文化动因。通过政治经济学的批判视角，有助于揭示权力关系与流行文化的纠葛，挖掘流行文本与符号背后潜藏的权力关系与意识形态，了解政治经济力量如何悄无声息地通过流行文化影响公共领域的

---

① ［美］彼得·伯格：《与社会学同游》，何道宽译，北京大学出版社 2014 年版，第 1 页。

② Jean Baudrillard, *L'Echange symbolique et la mort*, Paris: Gallimard, 1976, p. 139.

话语与表征。在新媒体时代，流行文化的样态与形式变得更加多样，流行文化产生的内外条件也更加复杂，不同的社会权力主体牵涉其中，亟须确立与时代背景、社会文化环境相契合的政治经济学研究路径。

因而，我们亟须建立流行文化政治经济学的阐释框架，为流行文化的研究提供重要的理论视角，回应习近平总书记建构中国特色哲学社会科学的要求，不断开拓当代中国马克思主义政治经济学的新境界。本节旨在借鉴流行文化研究的进路，阐明流行文化政治经济学研究的必要性和可能性，厘清流行文化政治经济学的概念、框架和方法，以期为流行文化研究和政治经济学路径提供新的理论视角。

## 第一节 流行文化政治经济学的理论演进与现实依据

现如今，每个人都时时刻刻处在流行文化的文本、观念、物品和符号的包围之中，其影响无远弗届，几乎无人可以逃离。从风靡一时的劲歌金曲，到俊男靓女的时尚穿搭；从朗朗上口的流行语，到五花八门的表情符号，流行文化已然渗透到人们日常生活的方方面面。由于流行文化兼具文化、商业与意识形态三重属性，其影响的深刻性日益凸显：在经济层面上，流行文化与商业主体合谋，创造了无数的消费神话；在政治层面上，权力主体加紧对流行文化领域的渗透，通过流行文化建构其合法地位，并对流行文化进行收编和规训；在社会文化层面上，流行文化是协调个人与组织、个人与社会的黏合剂，其衍生而出的各种亚文化圈层成为新媒体时代的独有景观。从诸多层面来看，流行文化的研究价值不言而喻，一代又一代的学人不断观察、审视、辨析流行文化，贡献了创新性的理论思考和洞见，不同学术流派的流行文化研究路径为建立流行文化政治经济学研究框架奠定了坚实的理论基础。

流行文化研究伴随着流行文化的演进经历了历史的沿革，不同时期的流行文化理论体现了鲜明的时代特质。我国学者高宣扬把流行文化研究分为四个阶段，分别是：19 世纪末至第一次世界大战结束、20 世纪 20 年代至 60 年代、20 世纪 60 年代至 80 年代、20 世纪 80 年代至今①。在不同的历史阶段，各个理论学派为流行文化研究做出了重要贡献，也为建立流行文化政治经济学的阐释框架提供了宝贵的理论资源。

① 高宣扬：《流行文化社会学》，中国人民大学出版社 2015 年版，第 15 页。

在19世纪末至第一次世界大战结束，资本主义的社会生产力得到进一步发展，商业繁荣促使商品流行化，同时推动流行文化的繁荣。制度经济学鼻祖凡勃伦（Thorstein Veblen）在《有闲阶级论》中批判资本主义商业文化推行的虚荣的价值观，认为人们追逐流行、一掷千金的消费行为是“有闲阶级”（the leisure class）的一种“炫耀性消费”（Conspicuous Consumption），在他看来，这种消费价值观是资本主义社会制度和其商业属性造成的，显露精英阶层的剥削本质。

在20世纪20—60年代，最受瞩目的是法兰克福学派（Frankfurt School）对于大众文化的批判性研究。他们认为，“大众文化产品不具备真正的艺术特征，在所有媒介中，大众文化真正的特色是：标准化、刻板化、保守主义、虚伪、操纵消费者的产品”[①]。流行文化只不过是资本主义“文化工业”所批量化生产的、用以操纵和欺骗普通民众的商业产品，与其他产品一样，流行文化只不过是资本主体追求经济利润的工具，文化工业不断在向消费者许诺，又不断在欺骗消费者[②]。文化消除了它们拒不妥协的特征，使它们遵循着固定的程式，这种文化产品导致人们沉迷于虚幻的满足感，抑制人们的否定性与批判性，使人顺从于消费主义的剥削和统治集团的宰制。

进入20世纪60—80年代，英国伯明翰学派（The Birmingham School）的文化研究活动取得了许多重要成果，为当代流行文化研究提供重要参考。他们重视受众的主体性与文本分析，倾向于从微观层面批判分析文化权力的运作；伯明翰当代文化研究中心（The Centre for Contemporary Cultural Studies）在研究过程中成立了许多研究小组，比如亚文化小组、性别研究小组、阶级结构小组等[③]，涉及媒介文化与生活的方方面面，各领域都取得了值得借鉴的成果；伯明翰学派后期吸收了葛兰西（Antonio Gramsci）霸权理论和阿尔都塞（Louis Althusser）意识形态理论，开始关注大众文化中蕴含的意识形态力量，将大众文化界定为不同主体“斗争的场域”（The field of struggle），“霸权为我们提供了一种思考大众文化生产和消费之间相互作用的方式。霸权是统治群体和从属群体之间‘协商’的结果，所以这是一个同时具有‘抵抗’和‘整

---

① Leo Lowenthal, *Literature, Popular Culture and Society*, Englewood Cliffs: Prentice-Hall, Inc., 1961, p. 10.

② ［德］马克斯·霍克海默、西奥多·阿道尔诺：《启蒙辩证法：哲学断片》，渠敬东、曹卫东译，上海人民出版社2006年版，第126页。

③ 和磊：《伯明翰学派：文化研究的源流和方法》，北京大学出版社2017年版，第27页。

合'特征的过程；它从来不仅是由上至下强加的权力"[1]，这为我们分析流行文化中的政治因素提供了重要的思路。在这一时期，值得一提的还有赫伯特·席勒（Herbert Schiller）所概括和建构的文化帝国主义理论，该理论揭露了西方国家（特别是美国）利用自身的经济、技术等优势向他国传输流行文化产品背后的政治经济动机，经济上是为了通过娱乐文化产品输出获得高额利润，政治上是为了改造大众意识，实行思想控制，从根本上来看，西方国家的流行娱乐文化输出受西方政府与跨国公司的双重垄断。

20 世纪 80 年代后是流行文化研究的新阶段，在这一时期，西方社会呈现出明显的晚期资本主义与后现代社会的特点，流行文化也日新月异，不同国家的文化研究都各具理论特色。例如，资本主义经济学的理性经济人假设认为消费者自发地选择和决定了什么是流行文化；西方马克思主义通常将流行文化视为通往虚假意识的路径，目的是转移工人阶级对经济压迫的注意力；女性主义则一边谴责流行文化对性别意识的扭曲，一边将流行文化视为女性文化的独特组成部分；而文化研究认为它是阶级、种族和性别压迫的象征性抵抗的关键场所[2]。法国思想家群体则为流行文化研究提供了新的研究理路，布尔迪厄（Pierre Bourdieu）提出的文化资本理论，为我们理解受众在流行文化消费过程中的心理和行为提供了阐释视角；福柯（Michel Foucault）的话语权力理论，则有助于我们理解不同社会主体占据流行文化话语空间的内在动机。除上述理论与流派外，许多新近的思潮和相关理论都针对流行文化的新发展做出了回应，比如符号学、媒介环境学派、后现代理论、后结构主义、精神分析等，不同理论的借鉴有助于我们更加全面地解读当代流行文化，丰富我们的批判武器仓库。随着流行文化研究的推进，现在，学者们的研究视角和领域呈现出多元化、细分化的趋势，如根据媒介形态划分的影视剧流行文化研究、流行音乐研究、网络文学研究等，或是根据地理区域划分的亚洲流行文化研究、欧洲流行文化研究等，都有其诞生的特定历史语境、社会文化背景以及具体的政治经济环境，具有一定的理论价值，又存在诸多局限。

进入新的历史时期，流行文化生产所依托的媒介与社会环境日新

---

① Kelton Cobb, *The Blackwell Guide to Theology and Popular Culture*, Oxford: Blackwell Publishing Ltd., 2005, p. 55.

② Toby Miller, "Introduction: Global Popular Culture", in Toby Miller ed. *The Routledge Companion to Global Popular Culture*, New York: Routledge, 2015, p. 3.

月异，要建构流行文化的政治经济学研究框架必须立足当下情境，同时用历史的、发展的眼光看待各种流行现象。从流行文化的主体来看，在新的媒介环境下，大众传播时代的“受众”已经演化为生产与传播一体化、接收与发布一体化的新媒体“用户”，在流行文化的“产销”过程中拥有较强的主动性、选择权和参与度，流行文化产销链条中的方方面面无不渗透着用户的影响。同时，这些用户在生产、传播和消费流行文化时，其内在动机、心理状态和行为方式更为复杂，比如对待流行趋势的从众心理、购买流行产品的冲动消费行为等。流行文化涉及的主体呈现多元化趋势，除普通用户外，政府机关、商业机构、社会团体等各种性质的群体都在加紧对流行文化的渗透，使流行文化场域的权力纷争更为繁杂。从流行文化的媒介生态来看，当下丰富多样的媒介样态无疑为流行文化的生产和传播提供了极大的便利。麦克卢汉（Marshall McLuhan）认为，任何媒介（即人的任何延伸）对个人和社会的任何影响，都是由于新的尺度产生的；我们的任何一种延伸（或曰任何一种新的技术），都要在我们的事务中引进一种新的尺度①。传播媒介的更新与发展使我们的日常生活事务的“尺度”不断增加，流行文化元素也随之渗透到日常生活的方方面面，手机短视频里的变装挑战、微博上的最新热搜、让人称奇的3D户外广告等，人们几乎时刻处于流行文化符号的包裹之中。现代媒介技术的进化使流行文化的体验更丰富，VR塑造的沉浸式场景让人在虚拟文化空间流连忘返，智能化信息推送使最感兴趣的流行内容变得唾手可得，流行文化的传播效率大幅提高。从流行文化的内容来看，在新媒体时代，流行文化的形式已经不再局限于早期的流行音乐、热播影视剧或时装等，其内涵与外延已经大为扩展，或许是一种生活方式，比如佛系生活，或许是一种价值观或态度，比如躺平等，抑或是一种社会现象，如内卷等。流行文化呈现越来越分众化、精细化的趋势，面对特定群体的需求量身打造，小众化的内容也能获得受众的青睐，亚文化形态更加丰富多样。

综上所述，流行文化的政治经济学研究既有可能，也有必要。纵观流行文化的研究历程，不同时期、不同国家、不同学派的学者都多有创见，既有深入细致的微观透视，也有一针见血的价值批判，为流行文化

---

① ［加拿大］马歇尔·麦克卢汉：《理解媒介：论人的延伸》，何道宽译，译林出版社2019年版，第17页。

研究提供了多元视角，为建立流行文化政治经济学研究框架奠定了基础。同时，在新媒体时代，流行文化的受众、媒介形式和内容等方面都产生了巨大变化，我们亟须根据新情况、新问题、新挑战确立与时代背景、社会文化语境、政治经济环境相契合的全新的研究路径。

## 第二节　流行文化政治经济学的研究领域与阐释维度

流行文化政治经济学是流行文化与政治经济学的交叉研究领域，是采取传播政治经济学的批判视角研究流行文化的生产、传播与消费过程中牵涉的种种社会关系，尤其是权力关系。正如鲍尔德温所言，权力是文化的核心，所有的意义实践都涉及权力关系①。流行文化政治经济学作为一种研究视角，不仅分析流行符号与文本当中潜藏的权力建构动机，也探究社会政治经济环境与生产体制在整体上对流行文化产品的影响，同时关注各种权力主体如何影响受众对于流行文化的认知和态度以及受众的阐释逻辑。重点是通过批判性视角深入揭示流行文化中的操纵与宰制，使人们在接触流行文化时能够保持一定的批判性距离，促进社会文化的和谐、公正与平等。

具体来说，流行文化的政治经济学研究主要可以从以下四个维度展开（见图1—1）。

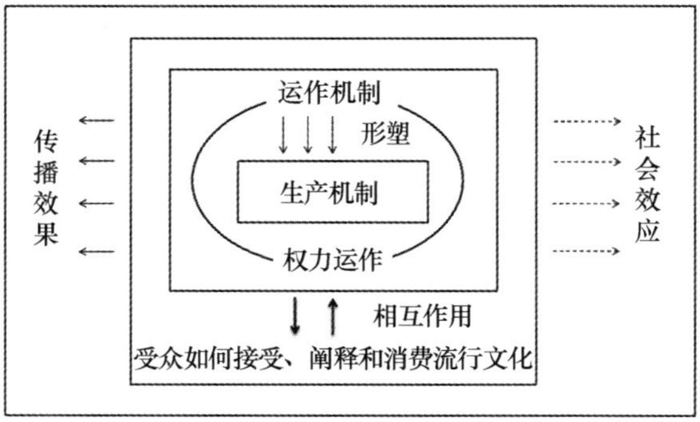


**图1—1　流行文化政治经济学的阐释维度**

① ［英］阿雷恩·鲍尔德温等：《文化研究导论》，陶东风等译，高等教育出版社2004年版，第229页。

第一，流行文化的生产机制。主要着眼于流行文化的具体生产过程，考量其中涉及的政治经济因素。首先，关注流行文化创作者的劳动过程，分析他们在整个流行文化产业中的地位和作用，考量他们的劳动付出是否得到公平公正的待遇。比如，在新媒体环境下，资本主体、媒介平台与流行文化作者达成协议，三方分别提供资金支持、创造发布平台、生产文化内容，看似各司其职，但事实上协议内容牵涉多方利益与权力纠葛，暗含对创作者的劳动压榨，流行文化创作者沦为数字劳工。另外还应关注流行文化领域特殊的生产者——用户自身。用户生产内容（UGC，User Generated Content）已经蔚然成风，无数的用户聚集于各大内容平台，为自己所钟爱的流行文化产品贡献自己的力量，或是通过视频剪辑、修图技术进行二次创作，或是改编成“同人文”，有学者称之为“情感劳动”。这些用户生产的流行文化内容完全出自自己的兴趣爱好，不求报偿，但却为特定文化产品与媒介平台聚集了大量人气，带来了盈利的机会，这其中包含的不平等的分利和隐性的剥削也是值得关注和研究的问题。其次，关注生产过程中资本主体与商业化属性对流行文化内容的侵蚀。最典型的便是广告，“广告是流行文化的一种形式，长期以来，我们很难将广告与其所相关和支持的文化区分开来”①。无处不在的商业广告，植入了流行文化的肌理，影响了文化内容的质量，同时侵占受众的时间和注意力，也使受众在不自觉的情况下受到消费主义的侵蚀。另外，资本主体通过精准把控特定群体的心理与需求，通过意义和符号堆砌，人为策划与打造时尚潮流，从中获取丰厚的收益，这是值得警惕和深入探讨的现象。最后，探究社会文化环境、受众需求、文化体制等宏观结构因素对流行文化生产的影响。了解特定时期的文化体制与相关政策，研究其可能对流行文化生产环节带来的影响，“文化已然成为政策调控的对象，通过技术和政治渠道对其进行管理，为国家经济和政治目标服务”②，流行文化是国家文化软实力的重要体现，宏观的文化政策对流行文化创作、传播与消费各个层面都能产生重要影响。剖析当下的社会文化环境、社会思潮等对流行文化潜在的型塑作用，比如女性主义思潮促使“她文化”的兴起，大量以女性为主角的综艺节

---

① Devon Powers，“Advertising and Consumerism”，in Gary Burns ed. *A Companion to Popular Culture*，Chichester：John Wiley & Sons，Ltd，2016，p. 344.

② Nissim Otmazgin & Eyal Ben-Ari，“Cultural Industries and the state in East and Southeast Asia”，in Nissim Otmazgin & Eyal Ben-Ari eds. *Popular Culture and the State in East and Southeast Asia*，New York：Routledge，2012，p. 3.

目在此背景下诞生，同时引发社会对于相关女性话题的关注和讨论。关注受众需求对于流行文化生产的反向促进作用，探讨其中的利弊，比如部分流行文化生产者为了能够获得可观的收益，一味迎合受众较为低俗的审美，从而创作出一些污染文化环境的文本和产品，造成不良的社会影响，受众与生产者之间的互动关系是有必要深入解析的。

第二，流行文化的运作机制。关注流行文化传播、交换、分配及消费过程中各种宏观权力结构与因素产生作用的发生机制，分析这些权力主体的动机以及他们在流行文化运作过程中施加影响的策略与手段。首先，探究在流行文化传播阶段中不同维度权力运作的特点与影响。英国文化研究学者斯道雷（Johe Story）认为，对于今天的文化工业来说，以公众无法察觉的方式将自身的权力延伸到其他社会领域绝非难事[①]。在流行文化跨国传播层面，具有技术/资金等绝对优势的国际传媒公司与国家权力合谋将流行文化产品向弱势国家低价倾销，不仅在一定程度上垄断了这些国家的文化市场，还以一种难以察觉的方式灌输消费主义、物质主义、个人主义等西方价值观念，对他国民众实行思想操纵。“一种文化创造的产品不可避免地会带有它的印记，我们无法摆脱生产与销售这一产品的文化背景的影响”[②]，跨国流行文化产品所隐含的意识形态和价值理念对人们的影响是难以察觉的；在流行文化大众传播层面，流行文化不断强化对于权力场域的侵占，权力主体加紧对于流行文化的收编与利用，权力与文化的相互渗透使权力变得更加具掩饰性与欺骗性，也使文化更具诱导性和目的性。如政府主体一方面在文化体制与市场规则上约束流行文化，另一方面也利用流行话语传达自身主流价值观；在流行文化社交传播层面，各种流行文化符号已然化身为一种象征性权力，恰如鲍德里亚所言，人们看重的是流行文化产品的符号价值，而不是实用价值，人们通过使用流行产品行为去展现自己的身份、表达自己的观念、建构他人对自己的印象、与他人维系社交关系等，这些使用行为与背后的动机是值得深入探讨的。其次，我们应探究在流行文化的消费阶段，商业主义、消费主义、拜金主义等价值观以及资本主体对流行文化的塑造手段和社会影响。一方面，揭示资本主体为了能够销售相关产品而进行流行意义建构的动机，洞悉其背后的利益价值链条，使

---

① ［英］约翰·斯道雷：《文化理论与大众文化导论》，常江译，北京大学出版社2019年版，第298页。

② Lane Crothers, *Globalization and American Popular Culture*, Lanham: Rowman & Littlefield Publishing Group, Inc., 2018, p. 38.

流行文化受众在面对特定的流行产品、图像、叙述、符号时能够有清醒的认知，能够保持理性与质疑；另一方面，要揭露媒体平台与商业主体的合谋关系，虽然一些媒体平台为受众提供免费获取流行内容的便利，但却在悄无声息的情况下获得垄断性的权力，获取受众的个人数据和隐私，转手买给资本主体，从而强化对于受众的消费宰制，这种潜在的不平等关系是必须正视和深入批判的。

第三，受众（或用户）如何接受、阐释和消费流行文化。受众是流行文化内容传播的终端，也是传播效果的最终检验者，流行文化政治经济学研究需要关注受众在接触流行文化的具体行为特征，分析其背后可能的原因与潜在的影响。首先，剖析受众阐释流行文化文本的方向及原因。英国文化研究代表人物霍尔（Stuart Hall）提出，受众在解读文本时存在“主导式”“协商式”和“对抗式”三种立场①，这为我们区分受众的阐释方向提供了借鉴的维度。受众接受分析是文化研究学派十分重视的研究领域，这一学派的学者尤为重视受众对文本的抵制性解读行为以及受众快感与愉悦的研究，有一定的参考价值，但正如凯尔纳（Douglas Kellner）所言，文化研究学派的观点存在膜拜受众的危险②。近年来，许多学者恰当地批评了近几十年来学界过分强调受众接受与消费过程的趋势，并称之为“文化民粹主义”③。受众对流行文化文本的解读过程始终存在文本话语与受众话语的双向互动，不仅是受众创造了意义，文本也潜在地影响了受众的阐释立场，这是流行文化政治经济学研究所需要重点阐明的；同时应该把受众的阐释行为放在宏观的社会文化语境和政治经济环境中进行批判性分析，而不是孤立地、静止地、片面地去为受众的行为或欢呼或哀叹。其次，探究受众对于流行文化的认知、态度、使用行为以及相关的心理活动，深入分析其中涉及的政治经济因素。如受众通过对流行文化文本的二次创作来获得愉悦和快感，有可能是为了引起他人的注意、强化身份认同，也有可能是为了能维系自己的社交关系，或者是出于对这一流行内容纯粹的喜爱。需要注意的是，相关研究不应只是停留在浅层的描述性分析，而应深入流行文化的

---

① Stuart Hall, “Encoding/Decoding”, in Stuart Hall, D. Hobson, A. Lowe and P. Willis eds. *Culture*, *Media*, *Language*, London: Hutchinson, 1980, p. 128.

② ［美］道格拉斯·凯尔纳：《媒体文化》，丁宁译，商务印书馆2013年版，第65页。

③ Micael Herschmann, “New Approaches for New Sociocultural Practices”, in Luis Albornoz ed. *Power*, *Media*, *Culture*: *A Critical View from the Political Economy of Communication*, New York: Palgrave Macmillan, 2015, p. 128.

运作过程剖析政治经济因素的影响。如资本主体与内容创作者对受众二次创作内容的无偿挪用，使其原本的内容形成新的传播热点，从而获取更多的利益，类似这样的现象是需要深入探究的。最后，分析受众消费流行文化内容与产品的倾向、特点和心理，揭示资本主体塑造流行风尚的手段以及流行文化消费的实质。“商业是对消费者需求的回应或是对时尚、风格和产品变化的积极推动”①，商业化是流行文化的固有属性，流行、时尚、潮流等本质上是对受众消费欲望的培育，这是流行文化政治经济学研究的重要切入点。同时，受众消费流行文化过程中所衍生的社会问题也是需要重点关注的，比如饭圈文化、“打投”（打榜、投票）行为、“野性消费”等，这些都是研究的重要议题。

第四，流行文化的传播效果和社会效应。达到一定的传播效果、形成某种社会效应、诱使受众产生特定的消费行为是流行文化生产与传播的最终目的，传播效果指的是短期的、直接性的、与传播者目的相关联的影响，社会效应指的是间接的、长期的、潜移默化的影响。首先，评估流行文化传播是否达到了生产者、传播者所预期的传播目的以及这种传播效果对受众的潜在影响。在政治领域，官方主体使用流行文化话语塑造自身形象、传达主流意识、宣传最新政策，流行文化作为他们的修辞手段，成为他们巩固自身地位与维护社会和谐稳定的桥梁；在经济领域，资本主体制造一场又一场的时尚展演，不断制造流行符号，从中获得高额的利润……不同主体接近、使用、传播流行文化的目的各不相同，流行文化政治经济学不仅要分析受众接收流行文化内容后认知、态度、心理和行为等方面的变化，同时还要考量这些带有目的性的流行文化传播是否对受众造成了不良影响，比如是否存在对受众的欺骗、诱导与操纵，是否使受众陷入虚幻的满足感而不思进取等。其次，考察流行文化内容宏观的社会效应，这种潜移默化的效果不易察觉，但是影响深远，通常可分为一般效应与负面效应。一般效应主要包括：从个人层面看，可考量流行文化是否成为呈现自我的重要符号装备，是否成为个人展现身份与阶层的重要指标，是否影响了个人的世界观与社会意识等；从群体层面看，评估流行文化是否促进了阶层结构的变化，不同的亚文化群体对社会整体结构的影响等；从社会层面看，应思考流行文化是否成为社会变革的重要推动力，是否以及如何发挥协调个人与社会关系的

① ［英］丹尼斯·麦奎尔：《麦奎尔大众传播理论》，徐佳、董璐译，清华大学出版社2019年版，第108页。

作用，是否成为时代精神的重要表征等。而流行文化的负面效应则更为隐蔽，比如通过对流行文本、符号、图像、修辞、叙述等的深度解读，分析流行文化中关于种族、性别、阶级等意识形态再现的手段及影响，如特定内容是否固化了性别刻板印象、是否存在种族歧视等；还可以从受众日常社交状态考察流行文化是否潜在地给人带来约束与压力。在揭露流行文化方面效应的同时，还应提出相应的规避手段和改进措施，促使流行文化朝着人类解放和真善美的终极价值的方向健康发展。

## 第三节　流行文化政治经济学的理解路径与研究方法

在研究取向上，流行文化政治经济学作为一个新的交叉研究领域，应从不同学科汲取理论养分，继承与发扬不同学派的文化研究理论与政治经济学理论，从文学、文艺学、传播学、社会学、政治学等获取理论支撑，顺应时代变化，与时俱进，根据最新的社会文化动向和媒介技术发展情况不断完善理论体系，利用各种研究方法和工具不断开拓研究视角。在微观上，从流行文化的生产环节入手，分析流行文化文本与符号蕴含的政治经济因素，剖析在流行文化运作细节中权力因素是如何侵入与发挥作用的，发现权力运作的具体策略；在中观上，从具体的社会背景出发，探究不同的社会群体与组织如何阐释与利用流行文化以及流行文化在区分或融合不同社会阶层发挥了何种作用；在宏观上，解析社会文化环境、政治经济政策和国际文化传播现状对流行文化的影响，同时分析流行文化的反向作用。流行文化政治经济学应该具有比较的意识，通过纵向的比较研究流行文化的历史沿革与走向，同时横向对比不同国家与地区流行文化的发展状况与理论进展，继承传统，博采众长，为我所用，使现有的理论框架更加丰富和完善。

在研究立场上，流行文化政治经济学应坚持对不合理现状的审慎批判态度。在当下，媒介与资本及其背后的政治经济权力合谋，不断深化对于流行文化领域的侵蚀与控制，在面对劳动异化、物欲膨胀、快感至上的流行文化内容时，批判理论的人文主义关怀以及脱离困境的现实指向乃是当今时代最为珍贵的省思。保持对现实状况的追问与反思，是批判理论学者应有的姿态，在学界普遍赞誉流行文化受众的自主性和主体性地位的情况下，批判学者则应该冷静地思索，在更为宏观的视野下审视受众行为，深入分析受众自主性背后可能存在的操纵与剥削。更重要的是，批判理论不仅是一种理论武器与工具，更是一种“认知路线”，它“指向社会和文化中那些可以挑战和变革的方面，从而试图告知和激发政治性的实践”[①]，批判理论指引我们认识流行文化领域中存在的问题，为改善流行文化传播状况指明方向，如“识别流行文化中的劣等作品；指出流行文化创作者审美或道德的缺失；批判文化产业中的精英主义和反民主的实体、结构和实践”[②] 等。更重要的是，批判现状、指出问题不是目的，而是手段，不是为了批判而批判，而是为了改造而批判，批判学者把流行文化研究作为一种社会实践，通过批判性的反思影响社会，改变现状，彰显批判学者的社会责任感与改革精神。

在价值取向上，流行文化政治经济学研究重视公平、公正与社会文化的和谐。莫斯可（Vincent Mosco）提到，批判政治经济学最显著的特点在于超越了功效的技术问题，与公正、平等和公众福利的基本道德问题紧密结合[③]。道德哲学是传播政治经济学最重要的特征。行政主义学者关心的是如何传播、如何有效传播，重视的是传播效果，批判学者则追问为谁传播、如何更好传播，关注的是传播的价值与意义。因而，批判学者研究流行文化的目的在于深度揭露流行文化生产、传播与消费过程中的权力控制以及各种支配性和操纵性力量，对此进行批判的同时寻求解决措施以弱化或消除控制性、垄断性的力量，呼吁公正的传播关系，设定合理的理想价值目标，勾勒和谐的、自由的、民主的、有利于人类发展的社会文化图景。流行文化政治经济学研究是站在公众的立场上，为公共利益考量，而不是站在资本主体或权力主体的立场上，想方设法去强化流行文化对公共领域和受众权利的侵蚀，因而流行文化传播过程中公众的切身感受以及权利的保障、传播秩序的合理性和有效性、文化产品的生产者和传播组织的运作、文化市场的公平性等都是研究的要点。

在研究路径上，流行文化政治经济学可以采用多样化的研究方法。从形式逻辑的角度来说，流行文化研究可使用“演绎”和“归纳”两种方法，这两种方法在流行文化不同维度的研究中均有一定的适用性和可行性，但其研究性质、前提、程序与结果有所差异。演绎推理是从一

---

① ［美］道格拉斯·凯尔纳：《媒体文化》，丁宁译，商务印书馆2013年版，第46页。

② Gary Burns, *A Companion to Popular Culture*, Chichester: John Wiley & Sons Ltd., 2016, p. 7.

③ ［加拿大］文森特·莫斯可：《传播政治经济学》，黄红宇、胡春阳、姚建华译，上海译文出版社2013年版，第41页。

般的知识（前提）推导出特殊或个别的知识（结论）的推理，是指从具体的文化理论或政治经济学理论出发，将流行文化的文本、符号和相关现象放置在既有的理论框架内，对其进行解读与阐释，研究其中的一般规律和发展趋向。演绎推理研究的假设是虽然流行文化的形态多种多样，但万变不离其宗，其内在规律大多是相同的，因而是可以使用现有的理论进行阐释的。归纳推理是由个别或特殊的知识（前提）推出一般的知识（结论）的推理，是指在没有理论统摄的前提下，对不同层面的流行文化现象进行研究，总结、归纳其中包含的一般性定律和本质性内涵，从而生成新的流行文化政治经济学理论，新的理论应该是能够反映流行文化的特殊属性的。这一推理方法的前提是，当今的流行文化现象具有独特性和特殊性，已有的文化理论和政治经济学理论由于其诞生的历史背景和文化语境已然发生变化，适用性降低，因而需要推陈出新，建立新的理论体系。这一研究方法有助于流行文化政治经济学理论的更新与发展，不断增强其阐释力。

在具体研究方法上，由于流行文化的主题、内容、维度多样且复杂，因而在研究中应该采用综合研究视角和研究路径。传统的流行文化研究者在研究方法上都有一定偏向，“美国人对技术的热爱常常严重限制了美国社会学家进行调查的范围，他们选择的研究领域都是适用于调查研究的；欧洲人则走向另一极端，往往把整个历史作为自己的研究领域。将任何一种方法推向极致都无法得到有意义的结论”①。因而，流行文化政治经济学应该结合实证主义和人文主义方法论，采用量化和质化并行的方法。在量化方面，可通过在充分的文献与理论分析的基础上，提炼流行文化文本的各个要素，建立合理的类目架构，对流行文本进行内容分析，了解其内在机制；设定特定的研究主题，对研究对象派发问卷，进行社会调查，了解受众生产、传播、消费流行内容的行为特点和心理机制；或可通过大数据挖掘技术搜集流行文化相关数据，通过统计分析，总结流行文化的内在规律。在质化方面，可对流行文化文本、符号、结构进行批判性话语分析或文本分析，探究权力关系与资本意识形态渗入流行内容的策略以及产生的影响；设定研究目标，通过民族志式的田野观察或焦点小组访谈获取一手材料，了解特定流行文化群体的群体认知特点、群体心理和行为方式。流行文化政治经济学研究既

---

① Leo Lowenthal, *Literature*, *Popular Culture and Society*, Englewood Cliffs: Prentice-Hall, Inc., 1961, p. xiii.

要通过实证方法获取可靠的一手数据，验证传播效果与社会效应，也要通过人文主义研究进行解释性与批判性的分析，剖析流行文化涉及的政治经济因素和权力关系，同时提出充分可行的改进策略，促使流行文化的健康发展。

在方法论取向上，流行文化政治经济学研究应该坚持跨学科、多元化的研究视角。美国社会学家米尔斯（Charles Wright Mills）认为，要阐明和解决我们这个时代的任何一个主要问题，都需要从不止一个学科中选取材料、概念和方法[①]。尼采（Friedrich Wilhelm Nietzsche）也表示，所有的阐释必然都与某个人的视点有关，因而不可避免地带有各种假定、价值观、偏见和限制等[②]。若我们阐释一个对象的理论视角越丰富，这个研究对象所呈现的客观性也有可能越完整，偏见与价值观所带来的偏差也可能越小。流行文化本身就是一个非常复杂多样的社会存在，其生产、流通、消费过程牵涉的社会构成与因素也非常广泛，单一的理论视角是无法对其进行较为全面、清晰、深入的解读和阐释的。因而在研究过程中，我们需要根据研究问题的需要，从不同学科中有选择地借鉴相关的理论资源，丰富和完善现有的理论框架和阐释路径。如可学习文化研究领域中受众研究的视角和方法，分析受众和消费者接受和构建意义的文化过程，文化研究和政治经济学的紧密结合能为研究人员提供更好的条件以应对当代世界越发复杂的研究挑战[③]。需要注意的是，在使用其他理论时不应只是生硬地、静止地、片面地照搬，而应留意该理论历史语境和社会背景，具体考虑其适用性范围。

流行文化的理论和实践经历了漫长的历史沿革，但在当下，媒介技术日新月异，流行文化受众的接收习惯早已改变，流行文化内容与形式也花样翻新；同时，政治经济权力主体不断强化对流行文化领域的侵蚀，流行文化成为各方权力主体斗争的场域。面对日益复杂多样的流行文化样态，我们亟须建立更符合时代特点和现实要求的理论框架，对其进行更加全面深入的阐释。本节尝试性为未来的流行文化研究搭建政治经济学的理论架构，流行文化的研究仍需要各方学者共同努力，继往开

---

① ［美］赖特·米尔斯：《社会学的想象力》，陈强译，生活·读书·新知三联书店 2001 年版，第 153 页。

② Friedrich Nietzsche, *The Genealogy of Morals*, New York: Random House, 1969, p. 119.

③ Micael Herschmann, "New Approaches for New Sociocultural Practices", in Luis Albornoz ed. *Power, Media, Culture: A Critical View from the Political Economy of Communication*, New York: Palgrave Macmillan, 2015, p. 128.

来，继承优良的研究传统，吸纳和借鉴多元的理论视野和知识资源，创新研究视角和研究方法，不断拓展完善具有时代性、民族性和原创性的流行文化理论，体现出流行文化研究的中国特色、中国风格和中国气派，推进流行文化和谐健康发展，营造更加公平公正的社会文化氛围。

# 第二章　喧嚣与沉寂：新媒体的政治经济学研究

随着移动互联网的普及和新媒体的更新换代，新媒体适应时代变革不断衍生出新的形态和模式，体现出与时俱进的时代品质。新媒体的演进背后其实隐含着深刻的政治经济动因，在体现出旺盛的生命力的同时，也带有与生俱来的弊病和缺陷，需要对其进行政治经济学的批判解读，发现其价值，指认其存在的问题，思考未来的出路和走向。

短视频存在狂欢与沉寂交织的景观。从传播政治经济学的视角来看，短视频是政府宣扬、资本注入、技术变革、文化氛围、受众需求等因素相互建构的结果。短视频也存在诸多局限：在微观层面，文本内容的良莠不齐和和侵犯隐私；在中观层面，虚拟“弱关系”入侵，受众消费异化；在宏观层面，消费文化盛行，公共领域受威胁，阶层在分化和固化。应该发挥短视频的政治社会功能、保障公共性、引进行业自律机制、提高受众视觉素养、挖掘优质内容，推进短视频的可持续发展。

从游戏直播、秀场直播到电商直播，网络直播崛起的背后蕴含了深刻的政治经济文化动因。网络直播以视觉转向的时代背景为思想根基，受政治力量的推动与框定，是眼球经济的交易与变现，意味着即时表演的关系维度和重塑，也是技术再现和修正的产物。网络直播具有繁荣经济、丰富文化、缓解压力、促进和谐的价值，也存在表演替代真实、即时替代沉淀、粗糙替代精致的问题。网络直播的出路在于真情流露、真实可信、权责合一，建立情感传播机制，合理诉诸感情；权力与责任相统一，营造良好直播氛围；超越流量逻辑，提升用户信任度，以真情实感打动人心，推动内容生产、传播渠道、产业模式等方面的创新，保障网络直播的可持续健康发展。

自媒体的诞生与商业驱动息息相关，为了吸引眼球、获取私利、站稳脚跟，自媒体行业表里不一的欺骗行为屡见不鲜，从注意力攫取到认知确认，再到参与行为，贯穿了表征框架的全过程，表现为命名欺骗和事件欺骗的注意力欺骗，虚假信息、真实的谎言、故事演绎的认知欺骗，诱导参与和无效参与的行为欺骗，带来加剧信任危机、扰乱信息生态、诱发人格异化的严重后果，导致信息偏见、混淆视听甚至制造对立，误导信息过载状态下的社会公众，煽动恐慌情绪，威胁社会公共安全。自媒体欺骗的治理是个系统工程，需要受众培育批判性思维，自媒体优化信息呈现，平台完善规范细则，多方协作，共同推进自媒体的可持续健康发展。

主流媒体入局电商直播是主流媒体转型升级并助力经济社会发展的创新探索，契合主流媒体转型的行业趋势、5G 技术商用下的多元消费场景融合、视频化生存浪潮下消费心理转变，体现出延伸精准扶贫道路，提升社会治理水平；主流媒体下场参与，拓展媒体传播功能；优质文化内容输出，推动电商直播升级的建设性传播价值，是建设性直播的典范。也存在媒体主持习惯明显、采编经营业务模糊、直播效益差异明显等问题，亟须人格化传播树立新形象，品牌合作把握优质品控，立足自身特色优化内容生产。主流媒体应发扬建设性传播的理论内核，整合多方资源，激发行业活力，在舆论引导、提振经济、繁荣文化、促进社会和谐等方面彰显更加鲜明的社会担当。

## 第一节　短视频的政治经济学研究

随着移动互联网普及和传播方式的演进，视觉化、碎片化、直观形象的短视频应运而生，广为流行。从 2004 年开始，国内各大专业性视频网站（如土豆、优酷等）相继成立。2012 年，各类移动短视频诞生，如美拍、秒拍、小咖秀等。2016 年，国内短视频进入了火爆期，快手、抖音等风靡全国。商家将其视为具有无限商机的新大陆，纷纷注资。政府认识到短视频的重要价值，短视频在“一带一路”、两会、党的十九大等重大政治活动中大显身手。在社会生活中，短视频以其短小精悍、视觉化呈现、传播速度快、内容生成简单、海量信息等特性，适应了人们视觉化、碎片化、浅阅读的习惯，迅速占据了人们的日常生活，短视频行业呈现出一片狂欢的态势。在直播日渐衰弱的情况下，短视频逐渐成为移动视频新的爆发点，截至 2017 年 6 月，短视频领域月活跃用户量达到 1.9 亿，短视频平台人均单日使用时长，从 2016 年 6 月的 40 分钟增加到 60 分钟，用户数量和使用时长都在持续增长。

但由于短视频是新生事物，运作不甚规范，缺乏有效规制，也存在许多问题。短视频为资本侵蚀、符号消费、娱乐文化的泛滥提供了平台。传播媒介本来应该表达各种诉求，保障公共利益，促进社会发展，但市场化的短视频行业却以追逐利润为首要目标，这与传播媒介的初衷背道而驰。2018 年 4 月，央视点名批评快手，快手迅速清查并封停问题账号，内涵段子被永久关闭。一方面短视频受到全民的追捧，成为人们日常生活中必不可少的“新常态”。另一方面很多短视频只是昙花一现，不久便销声匿迹。短视频这种矛盾现象的背后必然隐藏着深层次的政治经济文化因素。美国社会学家迈克尔·曼（Michael Mann）认为“社会是由多重交叠和交错的社会空间的权力网络构成的”①。作为大众媒介产物的大众文化，正如费斯克（John Fiske）所言“一直是权力的一部分，总是在宰制与被宰制之间”②。在这个意义上，短视频作为一种极具潜力的传播形态，其传播秩序、传播内容、受众必然受到政治、经济、文化等因素的制约。大众媒介历来是与政府—企业利益相关的共同体，③ 光荣与悲哀必然离不开政治经济权力的建构④，短视频亦是如此。短视频的发展壮大缺少不了政治、经济、文化因素的支持，但同时背后的政治经济力量又在干预短视频的宏观产业结构和微观文本内容。随着媒介市场自由化、商业化浪潮的泛滥，短视频的市场逻辑愈加明显，在呈现一片狂欢景象之余，沉寂的表征也正在逐步显现。

当前学界关于短视频的研究尚处于起步阶段，主要是从传媒经济和管理的角度探索短视频产品的发展现状、运用价值、规制模式和发展策略。本节则采取传播政治经济学的批判视角，将短视频置于时代语境下，厘清短视频流行的原因及背后的问题，探索短视频表象背后深层次的制约因素，以期更加深刻地认识短视频的本质和困境，为短视频的健康发展提供对策，敦促短视频给社会大众提供更优质的服务，推进短视频的可持续发展。

---

① ［美］迈克尔·曼：《社会权力的来源（第一卷）》，刘北成、李少军译，上海人民出版社 2007 年版，第 1 页。

② ［美］约翰·费斯克：《理解大众文化》，王晓珏、宋伟杰译，中央编译出版社 2001 年版，第 25 页。

③ 黄旦：《传者图像：新闻专业主义的建构与消解》，复旦大学出版社 2005 年版，第 305 页。

④ 赵月枝：《大众娱乐中的国家、市场与阶级——中国电视剧的政治经济分析》，《清华大学学报》2014 年第 1 期。

## 一　发展之“径”：狂欢与沉寂并存

短视频即“短 + 视频”，是指依托于移动信息技术，时长一般控制在 20 分钟，大部分在 5 分钟以内，在社交平台进行分享的视频。政府机关、IT 企业、新闻媒体、社会大众纷纷尝试短视频应用，仿佛进入了一个“全民短视频狂欢”的时代，但是有些短视频虽红极一时，很快就淡出大众的视野，销声匿迹，呈现出狂欢与沉寂并存的发展路径。

### （一）短视频的狂欢之路

丹尼尔·贝尔（Daniel Bell）认为，“当代文化正在变成一种视觉文化”，[①] 短视频的狂欢正是抓住了视觉文化转向的时代机遇。2010 年 Instagram 在 iOS 上独家发布，这是一种照片和视频分享社交网络服务。2012 年 Facebook 以十亿的美元和股票收购了这项服务。截至 2017 年 9 月，Instagram 注册的用户已达 8 亿。2013 年 1 月 Twitter 正式推出 Vine，用户在 Vine 上可以录制长达 6 秒的视频，这两款应用都可以在 Twitter、Facebook、YouTube 等社交媒体平台上分享，将用户交流方式从以前“图片 + 文字”的模式，转为“图片 + 文字 + 视频”，便于用户全景式地展现场景。之后，Keek 等短视频应用程序纷纷在海外兴起，短视频成为继 YouTube 之后又一全民参与、广受追捧的媒介。

国内短视频兴起稍晚，2013 年 8 月新浪推出秒拍，9 月腾讯推出微视，录制的视频 2 秒到 8 秒不等。2014 年 3 月美图秀秀推出美拍，之后，Faceu、B612 等美颜修图视频应用程序纷纷上线。2015 年秒拍旗下的小咖秀以“人生如戏，全靠演技”的口号上线。2015 年快手开始迅速占据短视频市场。2016 年音乐类短视频 App“抖音”上线，在 2018 年春节席卷全国，异常火爆。一些已经拥有大量用户的网络应用程序加入，对短视频的发展具有重要的推动作用。微信、百度、淘宝、大众点评等纷纷开通了短视频功能。短视频创新了新闻传播的语言表达机制，为新闻传播领域带来了新的活力。2016 年 9 月，《新京报》与腾讯联手打造“我们视频”，一年内，在腾讯平台上播出量便超过了 30 亿次。同年 11 月资讯阅读类的短视频“梨视频”上线。短视频在对受众进行细分的基础上，创造出各种更加精细化、针对化的短视频产品及服务，迎合社会大众的审美情趣，提供更好的使用体验。出于盈利的市场逻辑，

---

① ［美］丹尼尔·贝尔：《资本主义文化矛盾》，赵一凡、蒲隆、任晓晋译，生活·读书·新知三联书店 1989 年版，第 156 页。

短视频竭尽所能吸引资本的目光，也逐渐偏离了原来的轨道。

（二）短视频的沉寂表征

中外短视频有相同的发展模式，都是先由技术人员开发，再由商业巨头收购或者投资，走上商业化之路，导致了短视频严重依赖资本市场，一旦被市场抛弃，便没有立足之地。2015 年的“小咖秀”风头已过，“全民皆戏精”的应用程序早已不复当初，美拍、Faceu 的美颜小视频不再占满微信朋友圈。微博网红的视频不一定能引爆网络，papi 酱的视频点击率总体呈下降趋势。2018 年内涵段子被关闭，快手宣布清理 5.1 万条问题短视频，封禁用户 1.1 万余人。梨视频的很多内容被大众质疑，认为短视频只是还原真相的一部分，视频拼接剪辑的痕迹太过于明显。短视频茁壮成长的同时，后劲却不足，开始逐渐沉寂。正如塔奇曼（Gaye Tuchman）所说，当代的传播过程是“思想的工业化”，①短视频通过意义的生产，用概念代替现实，对公共话语造成结构性影响。物质的逻辑正逐渐取代早已存在的道德规定和支配了公共性信息媒介，随着短视频的发展，短视频所呈现出的问题也越来越让人反感，社会大众对短视频的批判声音也愈演愈烈。正如加汉姆（Nicholas Garnham）所说“物质的逻辑正逐渐取代早已存在的道德规定和支配了公共性信息媒介”②，商业逻辑正一步步冲击着公共领域，公共话语权逐渐沦为商业话语的附庸，受众的形象逐步被异化、物化，低俗的内容动摇着用户的价值观，用户的隐私受到了前所未有的挑战。短视频已逐渐成为权力体系延伸的新领地。成长中的短视频已暴露出诸多问题，缺陷显而易见，如果不正视和完善，短视频将沉寂没落，最终被取代，退出历史舞台。

（三）短视频的动态发展

卡西尔（Ernst Cassirer）认为，“生命本身是一个动态过程，是在相反两极之间的持续摆动过程”③。狂欢与沉寂是短视频摆动的两极。从最初的兴起到扩散，再到弊端的凸显，短视频沉寂，这不仅是单个短视频产品的演进轨迹，也暗示了整个短视频行业的发展态势。短视频最先出现的形式不是大规模的爆发，而是一两个产品的火爆带动了多样化

---

① ［美］盖伊·塔奇曼：《做新闻》，麻争旗、刘笑盈、徐杨译，华夏出版社 2008 年版，第 153 页。

② Nicholas Garnham, *Emancipation, the Media, and Modernity: Arguments about the Media and Social Theory*, Oxford: Oxford University Press, 2000, p. 41.

③ ［德］恩斯特·卡西尔：《人论》，甘阳译，上海译文出版社 1985 年版，第 189 页。

产品的发展。“小咖秀”“秒拍”等将短视频带入大众的生活，此后短视频呈现出多元化、不可穷尽的艺术形态，短视频被越来越多的人、资本所接受和青睐。短视频产品和内容鱼龙混杂，良莠不齐。它承载的已不仅是最初单一的功能，即娱乐和休闲，人们的生活方式和价值观念开始受短视频多层次、全方位的影响。在政治经济的规制下，短视频很难毫无规则、秩序地肆意发展，淘汰、取代、改进是短视频产品需要面对的命运。只有在认清沉寂原因的基础上，不断更新和完善的短视频才能更契合社会大众的精神文化需求。短视频虽然在某种程度上，狂欢比沉寂更先出现，因为只有狂欢才会加速混乱。但是狂欢与沉寂在某个时间段又是并存的，短视频衰弱的表征不是立即出现，而是隐藏在短视频发展背后的缓慢衰退。正如福山所言“历史是沿着一个不断冲突的过程向前发展”①，在狂欢和沉寂的不断冲突碰撞中，改进和发展过后得到政治经济框架认可的短视频才能真正与大众生活融为一体，直到新的媒介的出现、成长，那将是短视频最终的“沉寂”和落幕。

## 二　狂欢之“源”：短视频盛极一时的原因

短视频是当前发展最为迅速、最为火爆的社交媒体工具，短视频的 DAU（Daily active Users，日活跃用户数量）正逐步上升。2017 年第三季度，短视频的日使用总时长居于所有应用程序之首，短视频已经成为手机里不可或缺的应用程序。莫斯可认为：没有一个社会行为者、一种社会关系或一种社会制度是基本的，它们都参与了多样的、普遍存在的、多重决定的相互建构过程②。短视频是特定历史环境下各种政治、经济、文化、技术因素相互作用的结果，带有鲜明的社会烙印。

### （一）政府宣扬：政府大力使用短视频

西伯特（Frederick Siebert）认为，政府与新闻界的关系有四种：限制力量、调节力量、促进力量、参与力量。③ 中国独特的政治体制和国情社情决定了政府在社会行动中的主导地位。短视频碎片化、精细化、全景式的表现形式，吸引了大批受众，也吸引了政府的眼光，政府逐渐

---

① ［美］弗朗西斯·福山：《历史的终结及最后之人》，黄胜强、许铭原译，中国社会科学出版社 2003 年版，第 67 页。

② ［加拿大］文森特·莫斯可：《传播政治经济学》，胡正荣译，华夏出版社 2000 年版，第 10 页。

③ Frederick Siebert, “Communications and Government,” in Wilbur Schramm, ed. *Mass Communication*, Urbana: University of Illinois Press, 1975, pp. 219 – 226.

认识到短视频在信息传播、舆论引导、凝聚共识、塑造主流价值观、传播民族文化等方面的巨大优势，积极将短视频尝试运用于报道重大主题活动、介绍国家重大战略、制作国家形象宣传片，并取得显著成效。首先，报道重大主题活动。2018 年两会期间，人民网、央视、《光明日报》以及一些其他的媒体，争相使用各种形式不一、创意各异的短视频。《人民日报》推出《两会进行时》《我是代表委员》《两会创意短视频“rap”动画唱两会》等多档短视频节目。《人民日报》微信公众号推送了一则 2 分 32 秒的短视频《政府工作报告怎么读？人民日报为你建了一座城!》形象生动地解读政府工作报告，在生活化的场景中展现五年来不同领域、不同行业的发展成果，还推出了时长为 1 分钟左右的“V 观”短视频。其次，介绍国家重大主题战略。为介绍十三五规划，《十三五之歌》以动画及说唱的形式，将严谨内容活泼化，更加接“地气”，并在 Twitter、Facebook 等平台上传播，向世界传播了中国的声音。2013 年政府部门打造了全球首个“一带一路”全媒体短视频平台，以纪录片为创作手段，5 分钟短视频为形式，解释了“一带一路”的内涵。中央电视台、《人民日报》、新华社也推出多部“一带一路”短视频，获得了广泛的关注。最后，制作国家形象宣传片。2018 年“两会”期间，《人民日报》推出国家形象系列宣传片《中国一分钟》。每集宣传片的时长 1—3 分钟不等，激发中国人的爱国热情和民族自豪感。

凡迪克（Teun van Dijk）认为“话语在社会互动中产生”①。在政府和短视频的良性互动中，延伸了政治话语的表达框架，政府助力和短视频进入了良性循环、互惠共赢的局面。一方面，短视频的发展潮流推动了政府及主流媒体使用短视频；另一方面，政府及主流媒体通过大面积地使用短视频报道国家重大主题活动，又增加了短视频的曝光度，促进了短视频的普及。短视频作为传播媒介，具有上层建筑属性，在传达国家重要政策、凝聚共识、塑造主流价值观方面具有重要意义。政府与短视频两者相互推动和建构，推动了短视频的流行。

### （二）资本注入：商业力量塑造短视频

短视频火速发展直接推动力量便是资本，资本的注入为短视频的发展带来了生机。市场逻辑以其锐利的目光瞄准了短视频的盈利价值。短

---

① Teun van Dijk, “Critical Discourse Analysis”, in Deborah Tannen, Deborah Schiffrin& Heidi Hamilton eds. *The Handbook of Discourse Analysis*, Malden: Blackwell, 1998, pp. 352 - 371.

视频已经成为资本追逐的热点，一股股强有力的商业力量以不同的形式纷纷加入短视频行业，推动进短视频的发展。首先，完成融资。为占领短视频市场，腾讯、阿里巴巴、字节跳动等商业巨头纷纷以重金扶持短视频，帮助短视频平台完成融资，2017 年 3 月腾讯向快手投资 3.5 亿美元。2017 年 11 月，字节跳动以 10 亿美元收购抖音。其次，广告投入。短视频的广泛受众基础以及高承载量成为投放广告的得天独厚的领域。短视频的广告时长短，不至于引起观众的反感，达到的传播效果也将优化，大量广告的投放，促进了短视频的盈利，为短视频的发展提供了资金支持。最后，明星助力。短视频的火爆，明星推广和粉丝经济发挥了巨大的作用。短视频请明星代言、在平台上表演、聘请担任首席运营官等方式，提高了短视频的曝光率，吸引了大批粉丝。商业力量的支撑，扫除了短视频的后顾之忧，为短视频的发展打下了坚实的基础。

（三）文化氛围：多元化文化的包容

长期多民族文化的交流与杂糅，奠定了我国弹性包容的多元文化共生的现状，为短视频的成长提供了社会土壤。短视频适应了娱乐文化、草根文化、消费文化等多元文化的发展趋势，为其发展提供了平台。当前社会节奏加快，竞争压力加大，人们急需寻找一个释放压力的突破口。短视频轻松、搞笑的内容，为受众带来新鲜的乐趣，让越来越多的人选择它作为娱乐的主要工具。视听化、直观化的表现形式，又便于人们阅听，无须太过费力地解读，就可以掌握所有信息。现代人快节奏、繁忙的学习生活中，借助简“短”的视频，只需利用碎片化的时间就可以满足自己内心多元化的需求。同时，草根文化的兴起。2016 年 papi 酱因在微博上发布原创短视频而受到人们的关注，一时之间爆红网络，获得了极高的转发率和点击率。papi 酱的话题很有代表性，接地气，符合人们的日常生活体验，比如，妈妈对食物的唠叨、粉丝之间的战役、父母眼中的完美孩子等话题，受众极易产生共鸣感和认同感，拉近了与受众之间的距离。快手还原了中国农村最真实的容貌，因为其社交化的表达为草根大众提供了表达话语的平台，成为社会基层表达的空间。

不同文化之间的交流与碰撞，为文化的成长与变迁营造了宽松的文化氛围，社会对多元化文化的认同感不断上升，人们对新事物的接受度也不断提高。短视频就是在这种宽松的文化氛围下，为迎合社会大众的文化需求应运而生。短视频在当前文化环境的基础上，建构了一种更加娱乐化、草根化、通俗化的文化表现形式，潜移默化地改变了社会文化氛围。

（四）技术支撑：移动信息技术升级

短视频囊括了之前的媒介形式，已有的所有媒介形式都可以成为它的内容。随着近几年4G技术、智能终端的快速发展，云计算、大数据、AI等多个新兴技术全面爆发，互联网产业日新月异。技术的发展为互联网公司不断研发出满足消费者需求的产品成为可能。4G、移动终端的普及逐年上升，为用户近用短视频创造了条件，降低了短视频创业的门槛。短视频的制作变得越来越“傻瓜化”，无须专业的拍摄设备或是高超的专业技术，只需一部智能手机就可以完成所有的操作过程。AI技术的成熟为短视频提供了多种形式的玩法，用户一键就可以完成美颜、P图、AR效果、添加背景音乐、视频拼接等多项操作，简单、轻松间就可以创造出大片的效果。短视频的分享功能，轻而易举就可以将创作的内容分享到微信、微博、QQ等多个社交平台，满足用户人际交往以及自我展示的需求。云计算、大数据技术能够收集用户的使用数据，精确地掌握用户的消费爱好，构建内容分发机制，为每一个用户推送其喜欢的内容。简单化、智能化的操作技术提高了用户使用短视频的便捷度，增强了用户的黏性。麦克卢汉强调媒介技术对社会发展的决定性影响，虽然有过于理想化、空想化的弊端，但短视频带来“全民狂欢”的局面，的确验证了媒介技术的重要角色。

（五）受众基础：迎合受众多样需求

随着现代信息技术的发展，用户的消费习惯逐渐从“图片+文字”的模式转为“视频+图片+文字”的模式。短视频的商业属性决定了其从一诞生开始就致力于迎合受众的多样需求，并且迅速吸纳大批受众。为抓住不同群体、不同行业、不同类型的受众，短视频在分化受众的基础上，针对女性、草根人士、社会精英、音乐迷、体育迷等创造出多种形式各异的产品。短视频迎合了社会大众诉说喜好、展示身形象、表达话语、进行社交、构建关系、获取知识等需求。

首先，表达女性话语。在传统的报纸、广播、电视媒介中，社会精英、男性具有主导性的话语权。短视频的易接触性、平等性给广大女性受众提供了一个便捷、零门槛的表达平台。利用秒拍女性可以展示自己创造的视频，传达女性的价值。通过美拍女性可以创造出自己的美颜照片，展示自己的形象，提升女性的满足感。通过抖音女性可以展示自己的日常生活，让社会大众更加了解女性，消除偏见。遇到社会问题，女性也可以通过短视频发声。短视频为女性展示自我形象、传达女性话语提供了一个便利的平台。

其次，构建社会关系。库兰（James Curran）认为，“互联网有潜力帮助我们建构一个更有聚合力的世界”①。短视频是媒介与人类意识形态高度结合的产品，来自不同领域、地域的群体通过短视频聚集在一起，以相同的兴趣和目的为出发点建构多层次的传播和关系网络。短视频的分享功能将常用的社交应用连接起来，沟通友谊，进行社交。短视频的评论以及点赞功能，带来点赞之交，形成了互联网平台下的“弱关系”。表演类或是日常生活展示类的视频需要配合，强化了传统的“强关系”。在录制视频的过程中，在欢声笑语中，表演者之间的关系也将逐渐拉近，变得更加亲密。

最后，获取科学知识。繁忙的现代生活让人很难花大量的时间和高度集中的注意力观看“图片 + 文字”的科学知识。短视频为科学知识的普及带来了福音。比如“秒懂百科”栏目，以 1—3 分钟的视频将所搜索的重要文字内容囊括其中，无须花过多的时间，就可以了解知识的全部内容。而且，形象鲜活的场景化视频，将深奥的科学知识简单化，便于普通大众的理解与吸收，方便了大众的日常生活。

功能主义人类学认为，文化制度是满足于人的生物和心理需求的社会构建。需求是生产的直接动力，受众的需求直接刺激了短视频的产生和流行。在主体多元化、受众分众化的客观环境下，短视频积累了广泛的受众基础，提升了短视频的人气，成就了短视频今日的成功。

## 三　沉寂之“因”：短视频存在的问题

尼尔·波兹曼（Neil Postman，又译波茨曼、波斯曼）认为“媒介”即隐喻，为了理解媒介的隐喻功能应充分考虑到信息的象征方式、来源、数量、传播速度以及信息所处的语境，这种隐喻深刻地影响了社会文化的内容。② 短视频作为一项媒介技术，诞生之初便是服务于权力关系，这也致使短视频自身存在许多局限性。

### （一）微观审视：文本良莠不齐与侵犯隐私

短视频作为一种更加去中心化和碎片化的话语表达形态，在市场机制的调节下，许多内容过分强调了吸引眼球和讨好受众，逐渐变得具有

① ［英］詹姆斯·柯兰、娜塔莉·芬顿、德斯·费里德曼：《互联网的误读》，何道宽译，中国人民大学 2014 年版，第 12 页。

② ［美］尼尔·波兹曼：《娱乐至死》，章艳译，中信出版社 2015 年版，第 15 页。

强烈的商业特性和大众娱乐倾向。文本内容良莠不齐降低了社会大众对短视频的好感度,“三俗”的内容一再挑战了社会大众的容忍底线。短视频公然地收集用户的隐私数据,作为文本内容分发的基础,背离了用户的公共利益。

首先,内容良莠不齐,同质化和“三俗化”严重。短视频平台内容生产模式大部分是 UGC 模式,人人都可以高度参与。创作用户素质的参差不齐,造成了短视频优质内容的缺失。互联网时代,浅表审美化成为主流的审美价值,超越了日常经验的审美享受,“不计目的的快感、娱乐和享受的审美化正与日俱增地支配着文化的总体形式”[①]。出于对利润的追逐,为迎合受众的猎奇、恶搞的低级审美情趣,获得更高的关注度,短视频平台中眼球效应急剧膨胀,创作者极具狂欢色彩的表演欲望,广泛传播带有庸俗、低俗、媚俗色彩的“三俗”内容,以及带有消费倾向的信息,有价值的信息被淹没,在以算法为基础的内容分发机制的作用下,“技术运用的伦理责任”[②] 被漠视,“三俗”的信息被经常推荐为热门内容,涉及大众民生的严肃和高质的信息却被忽视。

其次,侵犯用户隐私。市场机制认为“数据即资产”,短视频平台的各项技术打着了解用户消费习惯、便于推出用户喜爱产品的旗号,收集用户的个人信息,再将收集到的信息作为文本内容分发机制的基础,侵犯了用户的隐私。市场逻辑将触角延伸到个人信息产生、流通领域,形成福柯所说的“全景敞视主义”,正如甘迪(Osgar Gandy)的“全景分类”理论所揭示的,媒介对个人的持续规训和监视从而达到对个人的控制[③],“在这种封闭的、被割裂的空间,任何微小的活动都受到监视”[④],这极大伤害了个人在网络空间的自主性。短视频与生俱来的共享特性,使得个人用户不可避免地会在平台上留下自己的使用足迹。企业可以通过分析这些使用记录,例如,性别、年龄、所处地区、关注信息等数据,通过算法推荐和内容分发机制向用户推荐用户可能会喜欢的内容,增强用户黏性,优化宣传效果。绝大部分的短视频产品都在收集

---

① [德] 沃尔夫冈·韦尔施:《重构美学》,陆扬等译,上海译文出版社 2006 年版,第 6 页。

② 朱鸿军、周逵:《伪中立性:资讯聚合平台把关机制与社会责任的考察》,《南昌大学学报(人文社会科学版)》2017 年第 5 期。

③ 陈世华:《信息政治经济学批判》,《南昌大学学报(人文社会科学版)》2016 年第 3 期。

④ [法] 米歇尔·福柯:《规训与惩罚》,刘北成、杨远婴译,生活·读书·新知三联书店 2012 年版,第 221 页。

用户的数据，抖音等短视频平台设置了“推荐”板块。这些“推荐”的内容都是基于用户的播放记录、喜爱记录、关注内容等多项数据综合分析分发的内容，这本身就加剧了对用户隐私的侵犯。这也证明，技术不仅是辅助完成文化控制的工具，同时也是控制的一部分。短视频作为一种社会建构，主要为居统治地位的权力体系而服务。

（二）中观批判：弱关系的入侵与受众消费异化

马克思认为，人是一切社会关系的总和。人是社会性的动物，“社会的原动力来自人类为追求其目标而建立的众多社会网络”①。短视频通过信息流通，构建了一个社会化的网络，搭建了人与人、人与社会之间的关系。在传播过程中，短视频的信息流通并不是完全的平等，受众与平台同样处于不平衡的两端。短视频文本内容的流通搭建了一个具有消费属性的虚拟“弱关系”社交网络，无形之中给受众套上了枷锁，并让受众心甘情愿地为资本方劳动或是消费，新时代受众变得越来越不自由。

首先，虚拟“弱关系”的入侵。美国社会学家马克·格兰诺维特（Mark Granovetter）将个人社会关系分为“强关系”和“弱关系”。短视频吸引用户的一个最重要的特性就是社交性。在如今的新媒体时代，人与人之间的“弱关系”变得越来越常态化。动动手指的点赞之交就搭建了人与人的关系。甚至在短视频时代，“弱关系”逐渐抢占了“强关系”的生存空间。评论、点赞、分享，动动手指就促成了个体与个体之间的联系。这些拥有相似观点的人又可以形成强大的关系网络。在这种关系下，人们交流不多，在互相不了解、信息不对称的情况下，让受众沉浸在一种广受欢迎、展示自我的虚拟世界，不可自拔。这些“弱关系”的构建，占据了人们大量的时间和精力，不仅影响了人们对公共事务的参与度，而且严重破坏了人们正常社交。现如今“没有 Wi-Fi 就不去奶奶家”“饭桌上仍然在刷手机”等机不离手的现象已经屡见不鲜。中国自古以来就是人情社会，但是在互联网尤其是在简单便捷、风趣幽默的短视频冲击下，压缩了“强关系”的生存空间。短视频只是权力体系用来麻痹受众、吸引受众的诱饵。虚拟“弱关系”网络不是由受众自发形成，而是受控于短视频背后的权力体系。

其次，被消费的受众。斯麦兹（Dallas Smythe）的“受众商品论”

---

① ［美］迈克尔·曼：《社会权力的来源（第一卷）》，刘北成、李少军译，上海人民出版社 2007 年版，第 26 页。

（Audience Commodity）认为大众媒介内容就是“免费午餐”，吸引受众的注意力，进而将其出售给广告商。短视频受众是被消费的一方，甚至成为媒介市场的免费劳动力，即“生产型消费者”（prosumer）①，被纳入市场交换体系。受众的非睡眠时间都是工作时间，卖给广告客户的物品就是受众的观看时间。在短视频领域，“原创内容 + 电商”已经成为主要的商业模式。先向受众推出精彩的原创短视频，吸引受众的注意力，再在其中植入广告，争取获得受众的好感。受众的时间以及注意力无形之中就成为短视频平台向广告商或是投资商出售的商品。“资本主义生产方式正把人变成超人的经济目的的工具。”② 但是现在，被消费的不仅仅是受众的时间和注意力，还有受众在短视频平台劳动产生的剩余价值，这些剩余价值已经被短视频平台吸收并转换为交换价值的一部分。如今大部分的短视频平台，模糊了用户休闲与劳动的界限，短视频的内容已经成为一种技术平台与用户二者的共同创造。抖音为用户提供15 秒的背景音乐，以及短视频制作的基本操作，而短视频的真正内容却是由用户自己拍摄完成。用户创造的这些视频又由平台作为“免费午餐”用来吸引新一批的受众。除了用户自身的创作，短视频平台观看者产生的指尖劳动，如点赞、评论等，都成为受众剥削的一部分。广告商、投资者想要了解原创短视频是否值得投资，最直观的方式就是了解每一则短视频的关注度。受众的点赞和评论都是广告商和投资者用来了解受众忠诚注意力的表征，这些点赞和评论自然而然地就成为吸引广告商和投资者的利器。短视频的受众出售，显然蒙蔽了受众的双眼，将受众视为“盘中餐”，剥夺受众自身的主动性，侵犯了受众的利益。表面上看，短视频满足了受众休闲娱乐、自我展示、自我表达等多种需求，实际上并无法深入内心情感或丰富观众理性认知③，受众只是谋取利益的工具，公众的公共利益受到了威胁。

最后，被消费的女性形象。媒介一直都把女性作为盈利的关键。女性都被当作吸引眼球、促进消费的利器。短视频给广大女性提供了一个自我展示和表达话语的平台，但却没有理性、完全、客观地展示出女性

---

① Williams Tapscott & A. Wikinomics, *How Mass Collaboration Change Everything*, London: Atlantic Books, 2008, pp. 124.

② ［美］埃里希·弗罗姆：《逃避自由》，刘林海译，国际文化出版公司 2007 年版，第 79 页。

③ 王源：《中华传统文化的具象化传播：原创性电视节目发展的新路径》，《西南大学学报（社会科学版）》2017 年第 6 期。

的面貌。“前台”是女性的表演，而“后台”依然是男权话语。在男性占主导的社会关系下，在媒介技术的重重滤镜下，“表演会呈现出一种理想化的景观”①，遮蔽了女性原本最真实的形象和气质。短视频中女性还是在男性的话语主导下，传达自己的声音。如被抛弃的女性形象，在抖音或者微视等短视频平台经常可以看见女性被男性抛弃的视频，自己一个人伤心落泪。女性成为吸引眼球、促进消费的利器，大量短视频都是一群化着精致的妆容，相貌姣好的女性在推销商品，各种叫嚣着“买买买”。还有一些原创短视频，隐性地将广告植入视频当中，诱使广大受众消费。短视频中的女性形象不同于电视、电影等媒介，她们不仅仅是明星，更多的是普通女性形象，这在情感上拉近了与社会大众的距离，树立了典型、亲切的消费模范，“消费者必然会羡慕购买商品后得以树立的自我新形象”②。短视频中呈现出来的不是全面、立体的女性形象，社会大众对女性形象的误解愈深，也麻醉了女性本身，女性习惯于将自己变成被观察的视觉景观。

短视频并没有打破根深蒂固的家庭妇女观念，短视频中出现最多的场景还是家里，许多的内容都需要在家中完成，固化了受众对女性的这一印象。在当前男性主导的市场逻辑的作用下，短视频的话语权依然掌握在男性的手中。女性的自主权、话语权都被控制在男性手中。短视频中呈现出来的不是全面、立体的女性形象，经过短视频的扩散后，这种女性形象逐渐常态化，社会大众对女性形象的误解愈深，也麻醉了女性本身，淡化了女性重塑形象的意识。

### （三）宏观反思：短视频商品化及结构化

在中国媒介市场自由化、私有化程度加深的背景下，短视频的弊端也逐渐暴露，如文化的扭曲、公共领域的消退、社会阶层的矛盾等问题在新媒体时代不断没有解决，反而有加剧的趋势，并且呈现出了新的表征。

首先，消费文化盛行。消费水平与社会生活水平同步提高。在短视频的驱动下，人们的消费欲望愈加强烈，消费之风愈加强盛。短视频为商业力量推销产品、促进消费搭建了一个便捷的平台。从政治经济学的角度来说，西方大众传媒最重要的属性就是作为生产和分销商品的工业

---

① ［美］欧文·戈夫曼：《日常生活中的自我呈现》，冯钢译，北京大学出版社 2008 年版，第 29 页。

② ［英］约翰·伯格：《观看之道》，戴行钺译，广西师范大学出版社 2005 年版，第 144 页。

和商业组织。短视频成为服务于商业力量用来销售商品的集散地。商业巨头早已瞄准短视频的广阔潜力，纷纷布局短视频领域。现如今，短视频已被 BAT 以及字节跳动等互联网巨头瓜分完毕。剩下的独立的小制作公司已经无法分庭抗礼，即使出现了新的具有发展潜力的短视频产品也很容易被商业巨头以投资及收购的方式吞并。短视频的盈利模式并没有新的突破，仍旧是以广告为主。为获得利润，满足广告主或是投资者的要求，视频都会以植入广告的形式为产品进行宣传。短视频不可避免地都夹带了具有强烈的消费主义意识形态的商业信息。通过“弱关系”网最大限度地拓展消费信息的传播空间，通过网络红人或是明星的口中，反复地强调产品的功效，构建了不同的意义，产生新的购买实践和消费空间。短视频视听同步的表现形式，本就制约了受众的想象空间，减弱了受众的理性，更加让受众对产品深信不疑。短视频反复不断地传播消费信息，将受众日益塑造成消费者。过多的消费，造成了快餐式消费、一次性消费的泛滥，在消费意识形态的侵蚀下，社会上的消费之风愈演愈烈，以往勤俭节约、艰苦奋斗的中华民族的优良作风日渐衰微。人们对消费主义物质文化的追求过分强烈，表明“权力的规训和享乐主义不再认为是互不相容的”[①]。道德的作用逐渐被日渐强盛的物质主义取代，拜金主义、功利主义等话语大行其道。短视频不仅没有遏制这种负面文化倾向，反而驱使消费文化的进一步盛行，扭曲了人们的价值观。

其次，公共领域受威胁。西方传媒发展的历史已经见证报纸、广播、电视等大众媒介是如何在私有化和商业化的时代浪潮中，一步步远离公共领域，本以为新的媒介技术会带来新的希望，但短视频却还是加剧了新兴媒介对公共领域的威胁。一方面，严肃信息娱乐化处理。短视频逐渐沦为商业力量市场竞争的平台。短视频的媒介所有权决定了短视频是以盈利为主要目标，不可避免地需要以市场的运行规律为操作准则，占据更多的时长，吸引广泛的受众，并吸引更多的广告商，为了避免冒犯受众和广告商，对严肃类的新闻都会采取娱乐化的处理方式。另一方面，忽视严肃类信息。短视频的商业性有意无意地远离广大人民群众公众利益的政治、民主、民生等领域，对严肃信息避重就轻，媒介的社会责任被忽视。短视频对严肃类信息的回避关闭了社会大众获取涉及

---

① 汪民安、陈永国：《后身体：文化、权力和生命政治学》，吉林人民出版社 2011 年版，第 324 页。

公共信息的渠道，公共领域受到威胁，制约了普通大众平等、积极地参与社会事务。

再次，阶层分化及固化。媒介技术并非中立的，技术本身就蕴含着鲜明的意识形态，也是权力体系用来传播意识形态的工具。短视频创作的低门槛低、零准入，并不意味着短视频就可以促进不同阶层之间平等对话，并不能解决以往社会存在的阶层分化问题。短视频将受众分化，构建专门的短视频平台，自然而然地就为不同的社会人群规划好了活动的专门领域，形成等级化结构。“快手”被称为还原了农村最真实的现象，使用快手的人被视为大多受教育程度偏低。这种说法就带有强烈的阶层属性，将快手的用户自动等同于农村受教育程度偏低的人群。这也就使得一些社会大众对快手嗤之以鼻，越来越的媒体文章为了哗众取宠，站在农村的对立面。火爆全国的抖音被称为“城市版的快手”，这种称呼不自觉就将抖音拉高了一个层次，形成了两大用户群的对立。精英人士看不起草根人士，不同区域的文化互不相容。短视频为多元化的主体都创造了一个表达的平台，却并不能促进不同声音的平等、友好交流，而是同一阶层人群的抱团，不同阶层之间的对立、分化。

短视频受权力体系控制，不可避免地会渗透出意识形态色彩和阶级属性。正如默多克所言，权力体系必然会通过媒介技术传播经济和政治结构思想①。权力体系通过短视频，传播符合现有社会结构的信息，在统治阶级主导的商业化和市场逻辑的背景下，一步步将短视频的内容指向存在的结构性偏见。在短视频的一步步引导下，社会大众对另一阶层的包容性越来越弱，草根阶层与精英阶层、上层人士与下层人士的对立，逐渐在社会中形成了一种愤懑、不满、批判的社会情绪。短视频的评论平台及弹幕每天都要上演着成千上万次的口水战，社会阶层的分化与对立愈演愈烈，这终将滋生社会的不和谐、不安定因素。

最后，垄断成为不可逆转的趋势。“通讯技术政治侵蚀着目前相互孤立的市场界限”②，而互联网从未超越全球市场，从未摆脱资本主义话语体系。纵观短视频的发展历史，都是先由制作团队推出，再由商业巨头收购或是投资。为了扩大业务范围，谋取更多的利益，这些公司通常会在同一行业收购多家技术团队，从而达到横向整合；同时，通过将

① Graham Murdock & Peter Golding, “For a Political Economy of Mass Communication”, *Socialist Register*, Vol. 10, 1973, pp. 205 – 234.

② ［美］戴维·赫尔德：《民主的模式》，燕继荣等译，中央编译出版社2008年版，第334页。

新的分销技术运用在短视频行业的不同生产阶段，实现垂直整合；最终，自然加剧了短视频行业市场集中化的趋势，形成以 BAT 为主的商业力量占主导的几家独大的局面。市场的集中化意味着主导商业力量的话语就更加集中，带来了新的信息中央集权，“强化了主导集团的文化霸权”[①]。

## 四 解决之“计”：短视频问题的应对之策

短视频灵活多变的视觉传播方式给受众带来了革命性的感官体验，获得社会大众的热烈追捧，在表面的荣光下，隐藏着的弊端也在逐日显现。传播媒介的关键在于谁为了什么目的、怎么利用它。短视频应该积极发挥政治社会化功能，加强对短视频的良性引导；强化短视频的公共性，充分发挥短视频社会公器的属性；引进行业自律机制，促使短视频行业加强自我规范；受众的视觉素养也应该相应地提高；平台本身落实“内容为王”，创造优质内容。

### （一）发挥政治社会功能

凝聚思想共识，对公众进行政治社会化教化是维持社会稳定发展的必然[②]。但是，为博得眼球，获得流量，大量搞笑、猎奇、扮丑等短视频内容在平台上广泛传播，这些负面价值观内容的泛滥，只会成为网络空间的信息痼疾，严重限制受众参与政治事务的空间，威胁短视频塑造主流意识形态及政治文化、完善受众政治人格的能力，淡化了短视频的政治社会功能。发挥短视频政治社会化功能需要运用短视频明示或暗示、正式与非正式地广泛传播政治社会信息，打破信息垄断，增加信息公开，潜移默化地影响公众的公民意识、参与精神、理性态度，激发众参与社会事务的主动性与积极性，塑造公众的合格政治角色，使得政治参与成为一种价值理性和社会信仰深入地影响公众在网络空间的社会行为，而亚文化以及负面价值观在正确价值观念的引导下逐渐被改造，规范网络环境，净化网络空间，营造积极健康的网络文化环境。

### （二）保障公共性

莫斯可认为：“公共领域是一系列由社会代理机构以公民身份构筑

① ［英］詹姆斯·库兰、米切尔·古尔维奇：《大众媒介与社会》，杨击译，华夏出版社 2006 年版，第 169 页。

② 李元书：《政治社会化：涵义、特征、功能》，《政治学研究》1998 年第 2 期。

出来的过程，为的是促进平等与参与。”[①] 传媒公共性的问题实际上就需要传媒均衡政府、市场、公众三者之间的利益关系。但在政治和经济双重逻辑的支配下，传媒公共性缺失以及公共性传媒缺位已逐渐成为社会常态。传媒发展必须确立一个原则：公共利益至上[②]。受制于市场逻辑，短视频的公共立场、公共精神、公共意识、社会责任偏离愈加严重，普通公众的利益不断被侵犯、被边缘化。保障公众的公共利益，发挥传媒的党的喉舌属性，保障短视频的公共性显得尤为重要。保障公共性可以从“理念”和“实践”两个途径出发。在理念上，要充分做到“公益性”“公开性”两个原则相统一、相协调。“公益性”是指短视频不应只为所有者的利益鼓掌、欢呼，同样要重视普通大众尤其是弱势群体的利益。“公开性”要求短视频是一种公开的传播活动，其产品及服务应面向社会大众，公开地传播信息、传递话语，满足公众的知情权，为社会大众提供一个更加广泛和包容的公共事务讨论空间，给公众营造一个良好的表达诉求、发表意见的平台。在实践层面，短视频在实际操作过程中，应坚守“以人为本”的原则，积极地构筑人文关怀体系，注重个人的权利与发展。短视频在从传播信息时需要提供价值关切，尊重个人价值，保障公民的主体性地位，不传播低俗、庸俗、媚俗的“三俗”信息，坚守网络传播的价值标准。短视频不应成为权力的传声筒，只有将更多的注意力放在公共事务上，最大限度地为公众开拓公共话语空间，才能真正实现短视频的价值。

（三）建立行业自律机制

媒介的表现形态越来越多样，而政府监管法律法规的步伐远远跟不上媒介的变革速度。政府与法律监管的滞后性间接纵容了短视频行业的无序局面，建立完善短视频行业的自律约束机制就显得十分重要。其一，加强短视频行业人才队伍的建设，建设具有高度政治觉悟、高品质素养、高超专业技术的“三高”人才队伍，为短视频行业创造更优质的产品和服务。其二，是建立监管与自律制度，在国家法律法规的支撑和制约下，最大限度地发挥多元治理主体的能力和作用，保障短视频合理合法有序发展；充分借助各种政治、法律、市场、社会监督等有效治理手段，建立健全短视频监管机制和准则；成立公正、独立、具有有效

① ［加拿大］文森特·莫斯可：《传播政治经济学》，胡正荣译，华夏出版社 2000 年版，第 167 页。

② 陈世华：《北美传播政治经济学研究》，社会科学文献出版社 2017 年版，第 245 页。

执行力的第三方行业监管机构，调动社会大众的资源与智慧，科学、合理地评估短视频的传播行为，加强社会大众对短视频运行秩序的监督，切实保障公众利益，营造健康生存空间。

（四）提高受众视觉素养

视觉素养是人通过观看所获得视觉效果与其他感觉经验相整合的能力[①]，时代赋予了“视觉素养”全新的内涵。短视频在延伸人们的视觉感官的同时，也在重构人们的精神世界和认知模式。视觉文化已逐渐成为一种主流的文化形态，人们正逐步迈入“读图”时代，视觉素养日益成为信息传播时代不可或缺的基本素养之一。在浮躁的社会风气下，面对形式多样的视觉刺激，人们的精神世界与认知模式如何保持理性，如何重新对“美”进行“解蔽”[②]，视觉素养具有举足轻重的作用。

在如今视像愈加膨胀的媒介生态环境下，短视频领域提高受众视觉素养需要做到视觉接收能力与视觉表达能力相统一。视觉接受能力是指对负面信息的防御能力、批判能力，对正面信息的解读能力、鉴赏能力。短视频领域信息纷繁复杂、良莠不齐，让人眼花缭乱。很多用户为了一时快感，全盘接收低俗信息，而对于积极正面的信息，又缺少解读与鉴赏能力，长期如此便潜移默化地影响了人们的意识世界，重塑了人们的价值观、世界观，出现不规范、不理性的越轨行为。因此，为培养视觉接收能力应充分提高受众的批判能力，增强对符号的感知和想象能力。提高受众的视觉表达能力则需要提高受众创作短视频内容的能力。越来越多的短视频将 UGC 模式作为短视频平台的主要发展模式。过低的创作门槛决定了人人都可以在短视频平台上发表属于自己的作品，以供其他用户观看。用户素质的参差不齐，对视觉内容的表达方式不专业、表达情感不到位、表达内容不深入，导致了短视频内容创作的粗制滥造。短视频之所以能够形成当下“爆发式”蔓延的局面，最基本、最有效的驱动力就是受众的支持，而短视频带来的问题最直接的受害者也是受众。受众应同步推进视觉接收能力和视觉表达能力，增强理性辨

---

① Héctor Del-Castillo, Ana García-Varela & Pilar Lacasa, “Literacies through Media: Identity and Discourse in the Process of Constructing a Web Site”, *International Journal of Educational Research*, Vol. 39, No. 8, 2003, pp. 885 – 891.

② 张舒予、朱静秋：《信息技术支撑下的视觉素养培养“上”》，《电化教育研究》2005 年第 3 期。

别能力与表达能力，主动自省与自查，对信息传播自我负责与把关①，抵制短视频负面影响，做到为我所用。

（五）落实“内容为王”

短视频作为网络空间产物，虽有新媒体的特性，但也很难与传统媒体完全隔离②，其可持续发展还是源于优质内容的开发，充分挖掘优质内容才能最大限度地延长短视频的生存周期拓宽发展空间。优质的内容是短视频持续发展的主要驱动力，如果一味地纵容短视频传播低俗内容，污染网络空间，必将导致短视频后劲不足，无法持续发展。迎合受众审美情趣，获得高关注度只是短视频一时的狂欢，当受众回归理性，出现审美疲劳，这些负面的内容终将被抛弃。真正能够让短视频保持持续的动力，优质内容才是王道。在当下短视频行业内容质量普遍不高的社会背景下，一旦哪家短视频企业率先构建良性的内容生态体系，为受众提供优质的内容，这必将成为吸引受众的最大筹码。落实“内容为王”，发展优质内容，对于 UGC 平台来说，最重要的就是挖掘优质用户，为短视频平台的内容创作拓展新的创作力资源。随着互联网内容更新速度的加快，受众审美疲劳的周期逐渐缩短。只有源源不断地提供优质且富有创新力的内容才是短视频持续发展的动力。优质用户的增加，也会对短视频的内容创作起到模范示范的作用。应该发挥意见领袖的作用，抵制低俗内容，澄清社会谣言，传播有价值的信息。需要优化现有的短视频内容资源，短视频平台内部要形成严密的内容审核机制，对违法和低俗内容，以及不利于引导青少年健康成长及阻碍社会大众正确价值观塑造的内容，都要进行严厉的打击，严禁在短视频平台上传播。政府作为监管的主要力量，在平台内部审核无法涉及或者遗漏之处，要充分发挥把关人的作用，为全体用户提供一个纯净的网络生态环境。只有政府、企业、用户，三者协同合作，才能最大化地传播优质内容，抵制劣质信息，促进短视频行业持续稳定的发展。

## 结　语

存在即合理，任何一项媒介的诞生、演进和式微都有深层次的因素。任何事物都具有矛盾性与两面性，传播媒介需要多重的眼光来审

① 余秀才、狄鑫：《众媒时代把关理论的变革与转向》，《南昌大学学报（人文社会科学版）》2016 年第 2 期。

② Vincent Mosco, “Current Trends in the Political Economy of Communication”, *Global Media Journal* (Canadian Edition), Vol. 1, No. 1, 2008, pp. 45 – 63.

视。近两年，短视频以其视觉化的呈现方式，迅速拉近了传播者与受众的距离，占据了人们碎片化的时间，给社会大众带来一场全新的审美体验，获得了“爆发式”的增长，资本和用户纷纷涌入短视频市场，呈现出一片狂欢的景观。但是，短视频也在潜移默化地重构人们的生活，存在和滋生新的问题。一味地追捧，只会在短视频的旋涡里越陷越深，盲目地批判也不是有力途径。应该采纳政治经济学的批判视角全方位、立体、辩证、理性地分析短视频的特色，总结成功经验，认清其中存在的问题，规避风险，优化发展思路，为短视频的长远发展建构可行的建议，推进中国的文化产业从“中国制造”转向“中国创造”，为“中国故事”代言[①]。

## 第二节 网络直播的政治经济学研究

消费社会的预言家鲍德里亚断言，我们生活在一个拟像社会中，“用真实的符号取代现实本身”的仿真时代开始了[②]。近年来盛行的网络直播的本质正是以数字化的影像替代真实，让人们沉浸在拟像社会中。随着信息和传播技术的不断演进，尤其是移动互联网的普及和升级，从游戏直播、秀场直播到电商直播，各种类型的网络直播迅速流行并火爆全网，网络直播正是媒介融合发展新样态的典型代表，刺激了眼球经济的繁荣，人们沉浸在视觉观看的愉悦中，做出关注、打赏和购买等行为，如电视时代里的“沙发土豆”一样，个人时间被碎片化的娱乐所裹挟，个人在信息获取、娱乐消遣和商品消费领域的自主性被具有逐利天性的资本所操纵。形态各异的网络直播和层出不穷的网红在吸引观众注意力的同时，受众被平台转换为可出售的商品出卖给广告商，用户的情感和劳动被压榨，变身为免费的数字劳工。网络直播的即时表演遮蔽了社会本真，网络直播平台的“劣币驱逐良币”的恶性竞争对于社会的良序运转及个人的健康成长都产生了消极的影响，网络直播的造谣传谣、偷税漏税、虚假宣传、低俗恶俗，直播商品的假冒伪劣、名不副实，用户的低俗趣味、无节制打赏和主播迷恋等乱象，阻碍了网络直

---

① 刘晶：《试论文创产品的感官传播》，《福建论坛（人文社会科学版）》2017 年第 10 期。

② Jean Baudrillard, *Simulacra and Simulation*, Ann Arbor: University of Michigan Press, 1995, p. 2.

播行业的可持续发展，网络直播流行的动因、风险和出路值得审慎探究。

网络直播的盛行引起了学界广泛关注，当前有大量文献立足于市场营销、企业管理、网络法治、文艺美学等学科视角，从表达形式、符号运用、营销模式、知识产权等角度探讨网络直播的属性、特征及发展路径。网络直播的兴盛塑造了全新的媒介景观，将现实中分散独立的个体重新连接成拟态化的“场景共存”的群体，这种场景化的传播背后有着多重的驱动因素，在演进过程中展现出多维度的价值和风险。当前学界主流的网络直播研究主要采取经验学派视角，着眼于考察网络直播的特点与功能，挖掘网络直播的商业价值，从功能主义和行为主义立场出发衡量网络直播对受众的心理和行为影响，都是在承认现状合理的基础上对网络直播进行“修修补补”，而较少采取历史观和整体观的广阔视野将网络直播放置于宏观社会结构变迁的语境中进行批判性的质疑和反思。本节采取传播政治经济学的批判视野，跳出网络直播本身具象化的细节表征，对网络直播进行语境化的历史定位和全局审视，探析网络直播兴起的政治、经济、文化和技术动因，从历时性和共时性的维度考察网络直播的价值与风险，把握其形态演进和功能变迁的规律，以期更加深刻地认识网络直播的本质和弊病，指明网络直播未来的走向和出路，以助推网络直播的可持续健康发展。

## 一　网络直播的演进历程与发展态势

随着图像处理技术和移动互联网传输技术的发展，近年来网络直播日益兴盛，并在社会各个领域得到广泛运用。中国在线直播行业用户规模近五年来一直保持稳步增长，数据显示，2021 年中国在线直播用户规模达到 6. 35 亿人，预计 2022 年将达到 6. 60 亿人。[①] 回顾网络直播内容和形态的演进历程，大致可以分为三个阶段，第一个阶段为 2005 年到 2013 年，网络直播开始起步，这一阶段的网络直播大多是娱乐类的内容，主要是美女、才艺类秀场内容直播，直播平台主要基于 PC 端，9158 直播间、六间房秀场、YY 直播等第一批直播平台占领直播市场并为众人熟知。第二个阶段从 2014 年开始，各路资本逐渐涌入网络直播行业，在电竞游戏业及大量游戏玩家的推动下，游戏类直播崛起，斗鱼

① 艾媒咨询：《2021 年度中国在线直播行业发展研究报告》，https：//www. iimedia. cn/ 2021 - 12 - 20。

直播、虎牙直播、战旗直播等游戏直播平台纷纷成立，出现了不少知名度高的职业解说主播。第三个阶段是2015年至今，表现为“全民直播”“万物皆可直播”的时代，2015年下半年，腾讯、阿里巴巴、百度等互联网巨头纷纷注资直播行业。随着即时传输技术的提速降费，移动直播的趋势逐渐走向主流，2016年迎来了互联网“网络直播元年”，秀场、游戏等主流直播领域继续高速发展，泛娱乐类直播如吃播、美妆直播等细分领域不断增长并逐渐走向专业化。2019年迎来“电商直播元年”，网络直播带货成为新的商业潮流和经济现象，出现了以李佳琦为代表的电商头部主播。2020年新冠肺炎疫情期间，以“火神山建设”慢直播为代表，城市慢直播逐渐兴盛，VR、AI等技术带动在线直播行业发展，“直播+”的产品与内容创新不断显现，直播开始在不同场景落地生根，直播类型更加多样，直播功能更加细分，直播受众更加广泛，直播效益更加显著。

经过多年的淘汰积淀，网络直播的运作模式日益成熟和趋于规范，发展态势逐渐明朗。首先，电商直播发展前景向好，产业链逐步完善。自2019年开始，电商直播开始快速发展，随着资本的涌入与推动，直播行业涌现出以李佳琦等头部主播为代表的电商主播，截至2021年12月，中国直播电商相关企业数量达到5.8万家[①]。电商直播借助流量红利持续扩大用户规模，下沉市场拓展巨大的发展空间，成为在线直播行业重要的增量市场。政府出台的监管措施划定了在线直播行业的边界，保障直播行业的规范化运营，直播行业偷税漏税等乱象得以有效治理。其次，“直播+”模式常态化发展。受新冠肺炎疫情影响，在线直播行业迎来了新一轮的机遇，出现了“直播+健身”“直播+教育”“直播+美妆”等细分领域，资本引导细分领域的产品不断优化，在教育、公益等行业的应用日趋成熟。最后，公益直播助力共同富裕。从“直播元年”到如今网络直播常态化发展，网络直播带来的巨大流量显而易见，且能带来可观的经济收益，尤其是在当前的电商直播行业，头部主播单场的销售额、个人佣金与机构抽成和普通人的收入水平拉开显著差距。在运营好秀场直播、电商直播等内容的基础上，主播个人及背后机构平台逐渐承担起更多的责任，做到权利与责任相匹配，将直播与社会公益和民生相结合，助力乡村振兴事业，打通社会资源配置和信息流通

---

① 艾媒咨询：《2021年度中国在线直播行业发展研究报告》，https://www.iimedia.cn/2022-02-10。

渠道的“瓶颈”，让更多人能够共享技术和社会发展带来的福利，避免了作为新的公共传播渠道的平台成为私利来源，契合了社会主义“共同富裕”的本质追求。网络直播行业、主播、平台机构正在积极顺应新时代发展的要求和方向，破解“不患寡而患不均”的社会隐忧，为建设“仓廪实而知礼节，衣食足而知荣辱”的理想社会添砖加瓦。

## 二　颠覆与重塑：网络直播兴起的多重动因

在媒介深度融合的时代语境下，网络直播借助资本和技术的加持迅速发展，渗透到人们生活的方方面面。网络直播兴起的背后暗含着视觉转向的时代潮流、政治力量的驱动、经济运作模式的探索、文化的重塑与技术的变迁。

### （一）思想根基：视觉转向的时代潮流

视觉是人类与生俱来的感知能力，在认知世界层面占据着主导地位。在原始社会的口头文化中，视觉符号和图像是人际传播的主要渠道，印刷媒介的诞生让视觉文化传统走向式微，印刷媒介留存下来的是信息的抽象表达，摄影机的出现让视觉媒介重新占据人类认知方式的主导地位。巴拉兹认为，电影摄像机的诞生改变了自印刷术出现以来人们接收信息的方式，人类重新回到视觉文化的时代，“不需要看许多文字说明，纯粹通过视觉来体验事件、性格、感情、情绪，甚至思想”[①]。随着移动通信和互联网技术的发展，图像处理和网络传输技术进一步升级，视觉化表达的方式日益多样，即时、动态的网络直播就是绝佳的视觉表现渠道。网络直播不仅是巴拉兹所说的视觉文化的新形态，也是本雅明所批判的“机械复制”文化的典型。正如美国社会学家丹尼尔·贝尔所言：“目前居统治地位的是视觉观念。声音和景象，尤其是后者，组织了美学，统率了观众。”[②] 在视觉转向的时代背景下，网络直播作为一种新的视觉文化样式，顺应了人们以图像视听作为主要信息接收方式的习惯，巩固了视觉文化的主导地位。

### （二）政治维度：政治力量的推动和框定

网络直播是政治发展的产物，受政治力量的有力驱动，也受政治边界的框定和约束。正如莫斯可所言：“技术本身就是现代国家治理逻辑

---

① ［匈牙利］巴拉兹·贝拉：《电影美学》，何力译，中国电影出版社1978年版，第29页。

② ［美］丹尼尔·贝尔：《资本主义文化矛盾》，严蓓雯译，江苏人民出版社2007年版，第154页。

的一部分，它们不仅是技术与资本合谋的结果，它本身就是一种结构性的权力。”① 政治权力驱动和规范着网络直播的发展轨迹，框定其扩张的范围和边界。

在社会主义体制下，媒体作为党和人民的“喉舌”，具有履行上传下达的社会功能的义务。网络直播作为资本、技术等多重因素的产物，在传统主流媒体的话语权受到网络媒体冲击的传播情境中，网络直播日益成为不可忽视的新兴媒介渠道，拥有巨大的传播潜力。其扩张的边界尚未得到清晰地界定，资本驱动下的网络直播的无序扩张会扰乱市场的稳定性和常态化发展，网络直播必然受到相关权力部门的监督与审查。

首先，网络直播是政策驱动的产物。网络直播不仅是商业资本运作下的产物，其在带来可观的经济收益的同时，也作为一种传播渠道受到政治权力的关注。作为当下商品经济的一种表现形态，网络直播嵌入一定的政治语境中，政治权力采取必要的措施推进线上网络直播的发展。2020 年 7 月，国家发展改革委等部门对外发布《关于支持新业态新模式健康发展，激活消费市场带动扩大就业的意见》，明确提出支持微商电商、网络直播等多样化的自主就业、分时就业。尤其是在疫情尤其是疫区防控常态化的背景下，线下经济受到一定的客观约束，网络直播作为一种重要的线上经济形式受到了政府的关注和倡导。在国家政策的支持下，网络直播个体从业者的积极性提高，官员直播带货逐渐兴起。

其次，网络直播是官方议程设置的重要渠道之一，网络直播行业作为新兴的新媒体传播渠道，一定程度上践行了传统媒体的传播功能和社会责任。在当下的网络社会中，小众的水平媒体和大众化的垂直媒体越来越交织在一起，影响着人们的公共生活和私人生活，推动“纸草社会”的形成②。网络直播代表着个性化媒介的兴起，传统媒体设置垂直公共议题的能力日益被新兴媒体分散。政治权力为了继续维持其在公众议程设置的主导地位，亟须借助新兴媒体的力量，重新主导人们的议程设置。

---

① ［美］文森特·莫斯可：《云端：动荡世界中的大数据》，杨睿、陈如歌译，中国人民大学出版社 2017 年版，第 9 页。

② “纸草社会”是美国学者唐纳德·肖提出的概念，他以古埃及生产的古老纸草作为比喻，指的是网络时代，水平和垂直议程交织在一起，影响着人们的公共生活和私人生活，见 Donald Shaw，Maxwell McCombs，David Weaver and Bradley Hamm，“Individuals，Groups，and Agenda Melding：a Theory of Social Dissonance”，*International Journal of Public Opinion Research*，Vol. 11，No. 1，1999，pp. 2 – 24。

最后，网络直播边界受到政治边界的框定。网络直播在资本的操控下野蛮生长，引起了权力部门的警觉并进行及时回应。在发生诸如“陈一发辱华事件”“辛巴假燕窝事件”“薇娅偷税漏税案”“潘长江卖酒虚假宣传”等直播乱象之后，国家出台相关的管理法规，有力控制了直播行业“跑马圈地”、野蛮生长的局面，同时为直播圈定合理的发展空间，规范了直播行业的有序发展。

（三）经济维度：眼球经济的交易和变现

在资本逐利逻辑的驱动下，网络直播借助社交网络和流媒体技术，迎合市场的需求与受众观看的欲望。网络直播是眼球经济的产物，眼球经济即注意力经济，是媒介的二次售卖的现实演绎。传媒不是直接生产经济效益，而是通过制作优良的节目来吸引受众，将受众的注意力出售给广告商从而转换为经济收益，这就是媒介经营的二重性质：媒介既经营内容，又经营受众。

首先，直播迎合消费浪潮。消费社会彻底改变了人与物的关系，鲍德里亚认为，“富裕的人们不再像过去那样受到人的包围，而是受到物的包围”①。消费者不再只注重消费商品的使用价值，而是更加注重商品所传递出来的附加价值，尤其是商品所传达的某种文化意义，物质消费演化为符号消费。与传统媒体不同，网络直播诞生成长于浓厚商业氛围的社交网络中，与生俱来地具有追逐经济利益的天性，其所孕育的多种类型的直播也不约而同地走向商业化，目的都是迎合消费社会里物质消费和符号消费的浪潮。相较于其他传播形式，直播能够生动直观地再现商品和使用者的形象，在营销推广方面更具优势，更容易吸引用户关注，驱动用户消费，直播被商业主体和广告商所广泛运用。在直播平台中，消费者的购买行为不再是基于其个人意志所作出的理性结果，在资本和广告商的双重消费刺激下，人们的真实需求被遮蔽，而被商品及广告所诱发的欲望所主导，虚假的欲求会促使消费者购买相应商品来满足自身的认同期待。

其次，受众创造直播价值。从斯麦兹的受众商品论的角度而言，大众传播所生产的精彩内容只是为了吸引大众注意力的“免费午餐”，其目的是通过优良节目吸引用户从而使受众接触广告，培养他们对于广告

---

① ［法］让·鲍德里亚：《消费社会》，刘成富、全志钢译，南京大学出版社2000年版，第1页。

信息的好感①。直播平台将用户无偿提供的“眼球劳动”出售给广告商，获得经济收益。主播输出优质内容来吸引用户并培养用户黏性，其目的就在于受众的注意力具有经济属性和生产属性，受众注意力消耗的过程是一种生产性劳动，其通过观看各个平台的直播持续不断地创造价值，受众的观看时间被平台出售给广告商，受众从而沦为免费的数字劳动力，主播和平台获得相应的商业收益。换言之，受众的观看行为本身就是一种资源，在移动互联网时代，各大媒体平台对于用户注意力的掠夺变得更加激烈。

最后，直播强化情感消费。在游戏和秀场直播间中，粉丝所购买的是能与主播建立情感联系的符号，其本质上是一种情感消费。在网络秀场直播中，虚拟礼物作为一种视觉符号，被粉丝用来代替现实世界里的物品，完成一种虚拟的情感交互，粉丝购买相应的虚拟礼物打赏给主播，主播给予的即时反馈刺激了打赏者的消费心理，其购买的虚拟物品从而显示出其特有的符号价值。在消费社会，对于大多数的物品来说，其符号化其实就是迷思化，人们崇拜物品符号也就是崇拜物品符号迷思。网络直播正是“符号迷思”的表现，正是由于迷思的运作，人们对于商品符号的能指意义越发迷恋，让消费者产生强烈的购买欲望，并对符号迷思产生崇拜心理。对于秀场、情感类主播而言，当用户与主播建立起一种情感依赖后，受众得到心理体验性的满足，此时现实货币就会转换为线上的虚拟符号，从情感建立到视觉消费形成一套商业闭环；对于游戏直播、电商直播而言，主播通过视觉形象的传播和内容的输出，培养用户对于自己的信任度和粉丝黏性，受众在观看节目过程中形成对产品的购买欲望，购买直播平台和广告商希望他们购买的商品。

### （四）文化维度：即时表演和关系维护

网络直播是前台表演和自我实现的渠道。互联网激发了个人追求认同和自我实现的需求，催生了以个体为中心的、基于内容的“表演—观看”模式。网络直播正是“表演—观看”模式的典型体现，网络主播带来的不仅是直播内容的展示，也是一种在线的陪伴与互动，这种看似真实的陪伴背后是主播个人在镜头前的即时表演。相对于以往电视节目的前台化表演，网络直播的场景看起来更具后台性，场景大多是主播个人的卧室或其他相对比较私密的个人空间。与电视等传统大众媒介相

---

① Dallas Smythe, “Communication: Blindspot of Western Marxism”, *Canadian Journal of Political and Society Theory*, No3, 1977, pp. 1 – 28.

比，网络直播的内容及形式更为开放多元，主播们根据个人意愿进行不同内容的直播，例如直播唱歌、直播跳舞等。根据戈夫曼（Erving Goffman）的“拟剧”理论，舞台分为“前台”和“后台”，“前台是一种制度化的社会存在，人们所扮演的通常是具有一定程度的理想化和社会化的自我；后台活动则破除了条条框框的限制，是自发性主我的流露。”①传统电视节目的直播大多是基于直播前的脚本进行，具有相对严肃的规约，是一种“前台”化的表演，近年来出现的直播比赛前的后场准备内容，也是一种“半后台”的展示。作为UGC（用户生产内容）主导的传播方式，网络直播天然具有民间的草根性和反传统特征，在技术赋权之后，直播内容由主播个人决定，越来越多的“后台”内容被展示出来，满足了主播的表演欲望，迎合了用户的窥视心理。

网络直播是一种关系塑造和维护的方式。正如伯格（John Berger）所言，我们从来就不只是看一样东西，我们总是在看东西和我们之间的关系②。观看本身就是用户与他人产生一种社会联系的方式，人与人之间通过视觉形象和听觉来进行自我表达和自我展现，获得某种身份建构和自我认同。通过观看直播，用户试图在虚拟空间中与主播和他人建立起一种虚拟社会关系，寻求某种精神上的陪伴和共鸣。借助网络直播，主播和粉丝之间的引导与追随的关系得以确立，用户通过观看直播确认了与主播之间的虚拟关联，曾经遥不可及的偶像生动可感地出现在粉丝面前，与粉丝隔空在场，借助评论、点赞、献花、刷礼物等渠道进行互动，满足了粉丝从众和追星的心理需求。

### （五）技术维度：编码再现和修正

正如英尼斯（Harold Innis）所言，“一种新媒介的长处，将导致一种新文明的产生”③，从口传文化、印刷文化到电影文化的演进，从根本上体现的是一种以语言、文字为中心的文化向以视觉为中心的文化转向。网络直播的兴盛是以网络传输技术为根基的，梅罗维茨（Joshua Meyrowitz）说，媒介的高速发展使得人们亲历现场去感受事件和他人活

---

① ［美］欧文·戈夫曼：《日常生活中的自我呈现》，冯钢译，北京大学出版社2008年版，第97页。

② John Berger, *Ways of Seeing*, London: Penguin, 1972, p. 9.

③ ［加拿大］哈罗德·英尼斯：《传播的偏向》，何道宽译，中国传媒大学出版社2013年版，第28页。

动的重要性不复存在[①]，技术的发展让人们不必亲临现场便可观看自己青睐的网红主播的表演。人们越来越喜欢透过屏幕去围观来自五湖四海、特质迥异的主播，透过镜头，上一秒用户还在观看一位知识主播，下一秒就可以切去淘宝直播间围观带货。

网络直播的产生、发展与移动互联网技术以及移动设备的应用普及密切相关。随着移动互联网的革新和视频录制技术的成熟，画面传输速率的大幅提升，图像的即时传输、观看更加方便快捷。技术对于视觉画面的再现与修正，让网络直播的画面真实可感，平台主播触手可及，言行举止能被迅速而准确地传达。利用手机等智能终端上的直播软件，人们可以随时随地进行直播、观看直播、点赞评论、送礼消费。相比于电视直播的时代，网络直播中主播与用户、用户与用户之间的互动性更强，带给用户沉浸性、即时性、共享性的观看体验，观众的体验感更加强烈，增强了用户与平台、主播之间的黏性，受到各方热捧。

## 三 赋能与异化：网络直播的价值和风险

在网络治理滞后于网络发展的现实情境下，网络直播野蛮生长，技术和资本的联姻犹如一把双刃剑，为网络直播赋能，推动了经济和文化的繁荣，也导致了其异化和失序，带来了严重的社会后果。

### （一）虚拟工业：经济与文化的双重繁荣

从积极维度来看，网络直播用持续的内容输出填补了公众的闲暇时间，以虚拟陪伴的方式提供了充分的情绪价值，在眼球经济的逻辑之下刺激了经济的繁荣，在商业效益和社会效益层面都展现了重要的价值。

#### 1. 繁荣互联网流量经济

鲍德里亚认为，消费社会就是物、服务和物质财富惊人的增长和消费[②]。在消费主义理念的带动下，对商品和服务的消费不仅建构了自身身份认同，资金的流动让社会生产得以延续，消费社会得以维系。消费社会不仅生产出琳琅满目的商品，更是动用种种宣传方式让人们学会购买产品和服务。通过网络直播的中介作用，人们观看网络直播并购买虚拟或实体商品，产生视觉消费和炫耀性消费，从而拉动经济增长。恰如消费理论家韦里斯（Susan Willis）所言："在发达的消费社会中，消费

① Joshua Meyrowitz, *No Sense of Place*: *the Impact of Electronic Media on social Behavior*, New York: Oxford University press, 1983, p. vii.

② ［法］让·鲍德里亚：《消费社会》，刘成富、全志钢译，南京大学出版社2000年版，第1页。

行为并不需要涉及经济上的交换。我们是用自己的眼睛来消费，每当我们推着购物小车在超市过道里上上下下时，就是在接触商品了。”①

在资本的运作下，网络直播通过新鲜生动的内容吸引观众的眼球，品牌方将相应的产品投放在直播间由主播进行宣传，吸引用户购买。对于电商直播而言，粉丝所买单的是主播推销的商品，尤其是一些价格昂贵的商品，除其自身的实用价值外，还有一定的品牌溢价，粉丝内心建立起对品牌溢价的情感认同后便会为此买单，一定程度上促进了社会的消费，从而带动了经济的繁荣。

2. 丰富知识技能与精神生活

基于流媒体和视频录制技术的网络直播融合了人类历史上依次出现的口语文化、读写文化和电子文化，融视听为一体的直播是一种与口头和印刷文化特质迥异的传播方式，带动了社会参与，带来了碎片化学习方式，丰富了人们的精神娱乐生活。

拉斯韦尔曾将传播的基本社会功能总结为三个方面：环境监视、社会协调和社会遗产传承。从传播行为与整个社会关系的角度而言，网络直播扮演着社会协调的角色。一方面，主流媒体通过直播的方式传递信息、疏导情绪，对社会舆论进行正确引导，避免谣言、虚假信息的传播及群体事件的发生；另一方面，主播通过输出优质内容给予用户情绪排解渠道，让用户从单一的受众转变为实时的参与者和传播者，满足了受众的表达和参与欲望，发挥了社会安全阀的功效。

直播带来碎片化学习，提升了用户的知识技能。在知识快速更新的互联网时代，人们普遍处于知识焦虑的情绪之中，希望能掌握更多专业知识或者不同领域的知识以武装自己。由此诞生的知识主播填补了市场空白，例如哔哩哔哩上的知识分区 up 主、知乎的 live 直播，主播通过自身的专业知识输出，一定程度上缓解了人们的认知焦虑。在移动互联网时代，嵌入场景式的碎片化学习适应了用户的知识需求。一方面由于新媒体的便捷性和海量信息内容的分散性，用户拥有从移动互联网获得新知的渠道；另一方面由于学习者在相应场景下的时间碎片化，使得其可以利用零碎的时间进行短、平、快的学习。经济、历史、美妆护肤等细分领域都各自拥有不同的受众群体，精细化的内容受到广大用户的青睐。具备专业知识的主播在生产优质内容的同时，满足了用户的知识需求，丰富了人民群众的文化视野，带动广大网民不断学习，提升知识文

① J. E. Schroeder, *Visual Consumption*, London: Routledge, 2002, p. 4.

化水平。知识主播通过优质内容吸引粉丝，将粉丝的注意力出售给广告商，又实现了知识输出与获得利益的完美闭环。

缓解社会压力，丰富精神生活，促进社会和谐。娱乐消遣是大众传播的社会功能之一，娱乐是人类本性的追求，弗洛伊德从“本我”角度指出，“我们整个心理活动似乎都强烈为了追求快乐而避免痛苦，而且自动地受唯乐原则（the pleasure-principle）的调节”[①]。人们在结束一天的学习或工作之后，娱乐主播、游戏主播、才艺主播等垂直领域的主播通过各自内容领域的直播分享，满足了用户的消遣休闲、放松心情的需求。斯蒂芬逊认为“游戏精神才是文化发展的本质”，“游戏是每个人的佯装出游，它将现实世界的纷扰与义务抛诸脑后；游戏是每一天的生活插曲，它将日常生活与现实世界相互隔绝”[②]。当前中国正值社会转型期，各种社会矛盾比较突出，人民精神压力较大，需要通过不同的渠道来排解压力，网络直播的出现为社会提供了廉价易得的解压方式，避免了更多的潜在社会冲突，从而促进社会和谐。

网络直播是巴赫金所说的“狂欢广场”的现代演绎。巴赫金认为“在狂欢节上，人们不是袖手旁观，而是生活在其中”[③]。狂欢节打破了各种障碍和等级秩序，人们可以暂时从现实关系中解脱出来。网络直播作为一种低门槛且具有交互性的传播方式，以其强烈的沉浸式体验和视觉感成为当下最受人们欢迎的娱乐形式之一，不同年龄、阶层、身份的人都可以参与的广泛性与狂欢理论中的“全民性”不谋而合。在资本利益驱动下的当代社会，外部环境压力严重挤压年轻人的个人空间，其个体心理健康状况被集体忽视，由此产生一系列亟须排解的负面情绪。在当下的直播中，主播个人通过才艺展示、情感陪伴等方式给予用户新的途径抒发自我，使得压力获得暂时性的排解，获得感官上短暂的娱乐和放松，直播的双向交互使得直播内容走向虚拟狂欢，成为年轻人自我解压的一种手段。

### （二）全民狂欢：网络直播的异化

网络直播受政治经济力量的强力驱动，方向稍有偏离就容易在歧路上狂奔。网络直播存在表演替代真实、即时替代沉淀、粗糙替代精致等

---

① ［奥］弗洛伊德：《精神分析引论》，高觉敷译，商务印书馆 1988 年版，第 285 页。

② William Stephenson, *The Play Theory of Mass Communication*, New Brunswick: The University of Chicago Press, 1967, p. 46.

③ ［俄］米哈伊尔·巴赫金：《巴赫金全集·第六卷》，白春仁、顾亚玲译，河北教育出版社 1998 年版，第 8 页。

后果，给用户和社会带来深刻的后果和影响。

1. 表演替代真实：社会本真被遮蔽

网络直播广泛进入大众的日常生活，网络直播的“表演”既吸引了眼球，也替代了真实本身，造成受众的审美异化。拟剧理论认为，人生就是表演，全体社会成员都是在这一舞台上扮演不同角色的演员。人们表演的区域分为前台与后台，前台是进行表演的场所，适宜公开展示演员想要展现的内容，后台是为前台表演做准备的区域，是演员掩饰不能出现在前台的内容的隐蔽空间。主播在平台直播时所展现出来的场景和行为虽然看似并无剧本，但前台场景和角色表现是主播有意展示的，直播平台中的主播为了吸引受众的注意力、获取流量，刻意表演以迎合受众的喜好。正如戈夫曼所言：“向上流动需要人们呈现出恰如其分的表演，并且，无论是为向上流动所作的努力，还是为了避免向下流动所作的努力，实际上都是人们为了维持前台所作出的牺牲。”① 布劳也指出：“在彼此交往中，人类往往受到对获得各种类型的社会报酬之渴望的支配。”② 以网络吃播为例，网络吃播是继网络直播获得快速发展之后细分出来的垂直类型，吃播主播在直播中吃下远超常人食量的食物，借以博得粉丝的关注，但不少主播的吃播本质上只是其为了吸引观众维持流量而刻意为之的表演，为此不惜损害自己的身体，甚至以牺牲健康为代价，误导公众产生错误的饮食习惯。

居伊·德波（Guy Debord）的“景观社会”概念早就提醒我们景观的在场是对社会本真的遮蔽，“人们因为对景观的迷入而丧失对自己本真生活的渴望和要求，而资本家则依靠控制景观的生成和变换来操纵整个生活”③。景观既是客观的景色和景象，也是一种有意识的表演和作秀。直播所展现出来的是主播个人有意识表演的产物，表演在满足观众需求的同时，也模糊了观众对于表演与真实的界限的认知，误导公众对真实世界的认知和行动。

2. 即时替代沉淀：监管缺位降低内容质量

由于网络直播的实时性，大多数平台都没有或很少设置存储和回看播出内容的功能，对主播的行为，观众的弹幕评论等信息难以查实，给

---

① ［美］欧文·戈夫曼：《日常生活中的自我呈现》，冯钢译，北京大学出版社 2008 年版，第 30 页。

② ［美］彼得·M. 布劳：《社会生活中的交换与权利》，李国斌译，商务印书馆 2008 年版，第 54 页。

③ ［法］居伊·德波：《景观社会》，王昭凤译，南京大学出版社 2006 年版，第 11 页。

调查取证造成了困难。当主播的直播行为开始，技术后台便会对直播画面进行同步存储、传输，画面延时不会超过两秒，当主播在进行直播时，后台审查员也无法预知接下来会发生什么。这种即时传输性既成为主播直播的技术前提，也造成了“把关人”角色的缺失，平台监管难度增加。英国社会心理学家玛罗理·沃伯曾指出，越不用动脑筋、越刺激的内容，越容易为观众所接受和欣赏，这几乎是收视行为的一项铁律[①]。网红主播们利用网络直播即时传播的特征，在技术监管失灵的情况下，为了博取受众的眼球，不惜进行一系列低俗化、媚俗化的直播表演。相比网络直播，传统的电视剧、电影等艺术形式，由专业的制作班底打造，具有良好的文化和审美水平，带给观众以美的享受，网络直播的爆火，让传统媒介所生产的具有的沉淀性特质的产品被网络直播的即时性所取代，传播文本和行为的质量大打折扣，优质传播产品越来越稀缺。

网络平台中的主播为了能够博得更多关注，往往不惜降低道德标准，低俗内容直播屡见不鲜。虽然针对网络直播乱象，国家出台了相关措施进行整治，平台也对涉事主播进行处罚，但面对违规直播带来的巨大的经济利益诱惑与相形见绌的违规成本时，依旧会有主播挑战道德底线，进行低俗化的内容直播。部分主播依靠出位、庸俗的方式博得了受众的关注后，“劣币驱逐良币”的效应在直播平台显现，一些内容优良的 UGC 主播因为缺乏关注而难以维系优质内容的生产，而低俗化的内容直播却霸占了公众的眼球从而屡禁不止。

3. 粗糙替代精致：“劣币驱逐良币”的流量弊病凸显

网络直播由于其现场性，具有很多不可控因素，相关监管单位也无法进行实时审核和监管，网络主播所生产的直播内容并不是都能达到一定的内容标准，尤其是很多秀场直播和泛娱乐化直播，例如吃饭直播、睡觉直播等，其实本身内容相对比较粗糙，很多这种领域内的主播内容就以这种粗糙内容代替了传统媒体所生产的专业内容。鲍德里亚认为“由于‘无限次备份’，艺术也浸泡在工业时代之中”[②]。这也正回应了本雅明所说的机械复制导致文学和艺术丢失了自身的意义与灵韵，艺术独一无二的创造性价值正在逐渐下降。

---

① 苗棣、范仲离：《电视文化学》，北京广播学院出版社 1997 年版，第 102 页。

② ［法］让·鲍德里亚：《消费社会》，刘成富、全志钢译，南京大学出版社 2000 年版，第 10 页。

主播素质良莠不齐滋生内容风险。网络直播的火爆降低了用户成为主播的门槛，个人利用移动设备与直播软件，在直播平台注册登录，就可以成为一名主播，直播平台吸引了大量 UGC 用户成为主播，但也加剧了主播素质的参差不齐。一些主播为了吸引流量，不惜违反道德甚至做出违法的行为，在直播平台公然传播淫秽、暴力、封建迷信、谣言等内容，迎合用户窥私、猎奇等精神需求，导致了社会道德滑坡，甚至有引发违法犯罪的风险。

直播内容同质化导致无序的恶性竞争。网络直播早期拥有固定粉丝群体的是游戏类直播，由于其相对较高的门槛及专业性，培养了一批具有较高黏性的直播用户。随着直播行业的快速发展，秀场直播、泛生活化直播加入阵营，然而这类直播由于进入门槛较低，可复制性强，大批主播涌入该领域，才艺、颜值、情感主播内容生产模式化，无法形成高度的用户黏性，用户的流动性更强。由于直播内容同质化对用户的黏性降低，具有引流能力、拥有大量粉丝的头部主播成为各大直播平台青睐的对象，不同直播平台间挖角现象严重。这些头部主播往往在某专业领域深耕，培养了一大批忠实的粉丝用户，受众对于平台的黏性往往随着主播的迁移而变化，各大平台为了挖角不择手段，诚信和契约精神被损毁，直播市场的恶性竞争愈演愈烈。

## 四　纠偏与引导：网络直播的出路与规范

网络运用的多元化发展带来直播的异常繁荣，在经济利益的驱使下，平台、主播、用户都有可能迷失自我。破除直播平台出现种种乱象，推进网络直播的长远发展需要平台、主播和广告商遵循相应的原则与规范，做到权责合一，情感流露自然真诚，语言表达真实可信，以对话理念为导向、视觉技术为支撑，精准服务多元主体①，规范网络直播的前进路径。

### （一）真情流露：建立情感联通机制，合理诉诸感情

随着互联网及新媒体技术的日新月异，人与人之间的沟通方式被深刻改变，互联网技术打破了物理空间上人与人的隔阂，实现不同场景下人们的实时交流与互动。借助网络直播的即时互动性，直播平台短期内能够聚集起大量的人气。主播在直播中通过弹幕与受众进行实时的情感

① 刘晶：《视觉政务传播：特质、功效与优化》，《南昌大学学报（人文社会科学版）》2020 年第 5 期。

交互，在主播和用户之间建立起双向的情感互动纽带，弹幕与评论成为维系主播与用户关系的重要媒介。柯林斯（Randall Collins）提出的互动仪式链具有四种构成要素：两个或两个以上的人聚集在同一个地方并通过身体的存在互相影响；对局外人设有界限；将注意力集中在共同的物体或活动上；有共同的情绪或情感经历①。开展直播的每一个主播都是独立的个体，都具有复杂和多面的立体形象。主播为了塑造自己的人设，迎合受众的期待，在直播间里呈现千篇一律的、单一化的个人脸谱化形象是无法长久吸引受众的。主播在直播时以个人情感的流露代替面具化的表演是吸引粉丝的关键。在网络直播的众多细分领域，不同类别的主播在进行直播时，应当合理地表达和控制自身情感。情感直播应该充分把握情感陪伴的分寸，基于受众合理情感陪伴需求，提供有力的情感支撑和互动。学习直播作为以陪伴为核心的直播类型，其中的情感鼓励与支持是吸引受众的关键要素；美妆主播个人专业的知识储备、符合用户需求的推荐、充满力量的正向情感输出才是提升粉丝黏性的有力途径，知晓受众的情感需求并予以情感抚慰往往比刻板化的宣传更为奏效。诉诸感情需要避免过度煽情，部分主播在直播时刻意渲染悲情气氛，夸大甚至编造客观事实，以情绪化的口吻来诱导受众购买商品，把购买商品与“助农”等标签画上等号，将消费者置于“道德绑架”的困境之中，引起用户反感。主播在直播过程中应当利用真情实感与粉丝互动并建立起情感连接，通过平台与粉丝集聚在同一虚拟空间，通过弹幕与其他网友进行对话，促进集体情感的积累，提升集体凝聚力，增强用户黏性。

### （二）真实可信：超越流量逻辑，赢得用户信任

随着媒介行业的发展和消费社会的来临，广告与商品消费牢牢绑定，明星作为公众人物，具有高知名度且同时具备庞大的粉丝流量，成为天然的商品广告载体。直播间作为社会传播渠道，借助明星进行营销推广，在眼球经济和粉丝经济的双重利益诱导下，网络直播逐渐走向流量异化的歧路。明星和主播作为公众人物，具有强大的光环效应。光环效应通常被定义为一个人的个体属性对他人对其整体评价的影响。在极

① Randall Collins, *Interaction Ritual Chains*, New Jersey: Princeton University Press, 2004, p. 47.

端情况下，光环效应可能仅仅是由于对未知属性的一般印象的推断[①]。生产商通过主播来传递商品的信息，消费者通过前期对主播形成的情感积累会产生相应的信任依赖，从而进行相应的商品消费。光环效应能为维系主播与用户之间的亲密联系增加动力，主播个人也需同受众建立起连续性的信任。吉登斯（Anthony Giddens）认为人类个体的基本信任指的是他“对其他人的连续性及客观世界的信任，它产生于儿童的早期经验”[②]。网络直播的即时性与开放性让人际互动更加便捷，但网络主播利用积累的粉丝在直播平台上为游戏引流、帮商家带货等行为，需要建立在主播自身拥有良好信誉的基础之上。从情感依赖到人际信任的建立，需要主播构建真实可信的主播形象和良好信誉，建立自己的权威性和公信度，从而吸引和留住粉丝，获得公众认可。直播内容的真实可信是主播和平台吸引和留住粉丝的基本前提。尤其对于电商直播来说，用户在观看直播的背后，是对优质且高性价比产品的追求，为直播间配备专业选品团队应该成为电商直播的常态化要求，主播也应具备一定的专业知识并对商品进行专业权威的解读，帮助用户建立起对产品的价值和功能的科学认知。直播带货的电商新模式应该有品质上的担保，而不应该仅仅成为主播、平台和生产商等多方剥削用户而谋利的渠道。无论是何种类型的网络直播，主播都应该本着为用户负责的态度，摆脱将受众视为“商品”和“韭菜”的功利性意图的束缚，着眼于满足用户的需求，为受众提供更有价值的信息和服务，让网络直播助力人的全面发展和社会进步。

（三）权责合一：权力与责任相统一，营造良好直播氛围

有学者预言，基于移动互联网时代背景，“场景思维”将颠覆社会服务行业[③]。网络直播作为一种基于直播间平台的场景直播，主播的言行、氛围的营造都会对维持用户的黏性产生一定影响。营造良好直播氛围既能吸引观众，也能培育用户的使用黏性。

开放自由的市场是刺激生产力的重要因素，而 19 世纪美国新闻业

① Richard Nisbett & Timothy Wilson, “The Halo Effect: Evidence for Unconscious Alteration of Judgments”, *Journal of Personality and Social Psychology*, Vol. 35, No. 4, 1977, pp. 250 – 256.

② ［英］安东尼·吉登斯：《现代性与自我认同——现代晚期的自我与社会》，赵旭东、方文译，生活·读书·新知三联书店 1998 年版，第 272 页。

③ ［美］罗伯特·斯考伯、谢尔·伊斯雷尔：《即将到来的场景时代》，赵乾坤、周宝曜译，北京联合出版公司 2014 年版，第 63 页。

的开放自由却造成了少数传媒寡头对报刊业及公共信息资源的垄断，导致“自由的意见市场”不复存在。强调权力与责任的统一，是社会责任理论的核心理念，即越是对公众产生重要影响，所承担的责任就越重大。“与权力相辅相成的是责任，应当怀着巨大的谨慎和对他人的尊重来履行责任。”① 网络直播作为新兴且占有巨额受众市场的传播方式，影响人群遍及各个年龄段和消费阶层，主播个人具有强大的影响力，成为新媒体环境下的新型意见领袖，主播运用自身的影响力进行传播时，应主动承担相应的社会责任。主播在直播时需谨言慎行，言行需符合相关法律法规和伦理道德规范，遵守社会公序良俗，传递社会主流价值观念，传播正能量。违规直播或许可以为主播带来一时的流量，但在“内容为王”的时代，只有合法合规、积极向上、为用户负责的优质内容才能行稳致远。

### 结　语

从本质而言，网络直播是主播、用户、平台和生产商借助新的传播技术形成的一种新型交互关系，其演变背后暗藏着深刻的政治、经济、文化、技术等动因。在新的时代语境中，网络直播既有重要的政治社会价值和商业经济价值，是我国文化产业实现赶超式高质量发展的重要机遇②，又具有与生俱来的缺憾和弊病，可能带来新的问题，滋生新的风险。我们既要认识网络直播的价值和功效，也要警醒其潜在的风险和困境，洞察政治经济逻辑与网络直播演进之间的张力，保障网络直播在法律法规的监管范围内规范运营，克服同质化、粗糙化、面具化表演等问题，承担起更多的社会责任，以真情实感打动人心，推动内容生产、传播渠道、产业模式等方面的创新，保障网络直播的可持续健康发展。

## 第三节　自媒体欺骗的政治经济学研究

伴随着新冠肺炎疫情的暴发和流行，“信息疫情”（infodemic）进入人类视野。自媒体在网络空间野蛮生长，成为疫情信息的重要载体。带着

---

① 丹尼斯·麦奎尔：《麦奎尔大众传播理论》，徐佳、董璐译，清华大学出版社2019年版，第141页。

② 魏鹏举：《数字经济与中国文化产业高质量发展的辨析》，《福建论坛》2021年第11期。

“人人都有麦克风”光环，自媒体对传统媒体话语权垄断反抗和争夺呈现出草根阶层的话语自觉。自媒体的诞生与商业驱动息息相关，为了吸引眼球、获取私利，在激烈的市场竞争中站稳脚跟，不免泥沙俱下，表里不一的欺骗行为屡见不鲜，甚至愈演愈烈，如在新冠肺炎疫情初期大肆传播的各类谣言、“双黄连”事件引发的对双黄莲蓉月饼的恶搞以及对相关医疗机构的阴谋论等。这里所谓的欺骗并不是语义和法律上的造假和欺诈，而是在双方平等或信息共享的基础上，通过掩盖事实真相、断章取义、故意放大细节等方式，影响人们的注意力、认知框架和参与行为的媒介欺骗。自媒体的欺骗行为带来信息偏见、混淆视听甚至制造对立，误导信息过载状态下的社会公众，煽动恐慌情绪，威胁社会公共安全。

理解自媒体欺骗受众的路径和影响，需要关注人的信息认知过程。在媒介化时代，认知能力，即“获取、分析、评价和传播各种形式的信息”的能力[①]，是人们在数字化社会中生存与发展的必备技能。信息的获取、加工是习得认知的重要过程，又受限于诸多因素的共同作用。相较于人类经验的主体间性或集体纬度，海德格尔（Martin Heidegger）的存在主义认识论更关心本己，认为“认识”首先是一种源始的认识，即源始的揭示（uncovering）或展开状态（disclosedness），从生存论（Existnece）过渡到存在论（Ontologie），存在真理的不断揭示与遮蔽，决定了人们对自己行为的理解，构成了人类实践最核心的部分。[②] 理解自媒体欺骗的表征与影响，需要描摹人们在获取、分析、评价和传播自媒体发布信息时的心理过程，本节试图从注意力、认知和行为三个维度图绘自媒体欺骗的表征，阐明自媒体欺骗的后果，并针对性地提出治理策略，以期引导自媒体理性发声，营造风清气正的网络传播。

## 一　自媒体欺骗的表征：注意、认知和行为

认知心理学的基本假设是把受众当作一个信息处理的机器，受众需要通过某种方式将外界信息进行编码，形成系统化的表征。自媒体的欺骗行为从注意力攫取到认知确认，再到参与行为的产生，贯穿了表征框架的全过程。

---

① 蔡骐：《论媒介认知能力的建构与发展》，《国际新闻界》2001 年第 5 期。

② Martin Heidegger, *The Fundamental Concepts of Metaphysics: World, Finitude, Solitude*, Bloomington and Indianapolis: Indiana University Press. 1995, p. 66.

（一）注意力欺骗：命名欺骗和事件欺骗

选择性注意是认知过程的第一个步骤。注意力研究开创者布罗德（Donald Broad）写道："注意是一个容量有限的信息处理系统的必然结果。"[①] 认知心理学将注意力视为一种高效率的信息选择和投注机制，注意力本质上是一种有限的资源，注意力资源的生产、加工、分配、交换和消费的人类活动方式就是注意力经济。[②] 注意力是信息消费的重要环节，受众的注意力和关注度可以变现形成资产，成为自媒体的主要盈利方式。自媒体为博眼球不择手段，借助命名和封面的第一印象，对第一注意力进行野蛮抢夺。

1. 命名欺骗：账号命名欺骗和事件命名欺骗

命名，即为实立名，是信息传播的起点。受众第一时间接触到的信息往往会受到传播者命名的影响和左右。心理学中的首因效应证明，率先进入大脑的命名更占据优势，更有利于直接建构受众对信息的认知，受众在先入为主的刻板印象下更易被已有的命名意义所欺骗。命名赋予对象名称，确立名与实的关系，实是本质属性，而名是对本质的概括。命名的逻辑是认识掌握客观规律以指导人类的实践活动，命名欺骗扭曲了名与实的关系，名不符实或者实不符名则失去了命名逻辑存在的价值。

一是自媒体账号命名欺骗。官方机构和大众媒体命名需要出具相应许可证，并有一套相关命名规则。自媒体账号的命名则更为随意，可以使用自创词或者自然词，自创词是指自己创作的词，如"papi 酱""多余和毛毛姐"等，自然词则是社会固有自然用词，自然词稀缺且难注册，且面临侵权风险。因而部分自媒体在命名时，为了获得更多注意力和野生流量，会出现"蹭热点"的欺骗行为，如在抖音平台搜索用户"北京发布"，会出现"北京人发布""北京一发布"等账号，搜索"人民日报"则有"人民的日报"等账号。

二是自媒体事件命名欺骗。"媒介事件"的真实性部分依赖于媒介化本身，[③] 媒介事件的命名是给媒介事件贴上一个网络标签。事件命名

---

① Donald Broad, *Perception and Communication*, London and New York: Pergamon Press, 1958, p. 291.

② 张雷：《媒介革命：西方注意力经济学派研究》，中国社会科学出版社 2009 年版，第 16 页。

③ John Fiske, *Media Matters : Everyday Culture and Political Change*, Minneapolis: The University of Minnesota Press, 1994, p. 14.

中的用词规则（word – formula）必须营造出假危机（pseudo crisis）和伪新鲜（pseudo novelty），但这种提出噱头的命名方式却会掩盖事实的真实面貌，带有欺骗性。相较于传统媒体，自媒体很难进行充分调查，立场亦不够客观，对新闻事件的命名易歪曲“媒介事件”和“媒介现实”之间的联系，形成欺骗。具体表现为：擅自为事件定性，乱用程度副词，在相关部门还未给出调查结果时，使用“特大”“故意”“杀人犯”等定性词语，强化痛点、兴奋点、疑点；娱乐化趋向明显，标题消解严肃议题，刻意迎合娱乐需求；命名不准确，不知所云。媒介事件名称蕴含着立场和价值观，自媒体的事件命名欺骗不仅抢占公众注意力，对事件报道、公众态度的形成、舆论引导都会造成负面影响。

2. 封面欺骗：封面不符和过分后期

随着视觉传播时代的到来，视觉文本逐渐成为主导传播形式，由于视觉文本在编码、解码过程中的特殊性，加剧了对注意力的误导性和欺骗性。在阅读自媒体文本时，封面第一时间映入眼帘，其图像谎言运用不同的架构、视域及表征等各种空间认知因素，旨在强化“有图有真相”的心理预判，对受众进行劝服。自媒体给予个人极大的创作自由和话语空间，无论是微信公众号文章、头条文章、微博文章还是各视频平台内容等，在推送之时，自媒体都可自行设置封面，图像诉诸视觉，对于瞬间吸引受众注意力具有重要影响，受众往往是“被封面骗进来”。封面欺骗表现为封面不符和过分后期处理。

一是封面不符。封面设置注重色彩、情绪、设计、合理适度的冲击感本来无可厚非，但有些自媒体封面既不符合主题，也不反映内容，以毫不相干的图片博眼球、博关注。部分自媒体通过改变颜色气氛、截图、预设场景、合成等方式进行封面图像造假，如2019年某视频平台查处涉及虚假封面严重违规自媒体账号中，部分视频内容如“母鸡为保护小鸡与巨蟒展开搏斗”的封面中的动物搏斗画面与实际内容并不相关，使用血腥、猎奇的图像作为封面以恶意骗取点击量，挤压了踏实的内容创作者的生存空间。还有一些自媒体使用相关图片或资料图片会造成注意力的视觉误导，在特殊情况下使用相关图片或资料图片有利于补充信息、丰富内容、进行横向比较，在具体的使用中，严谨的专业媒体会对其作出相关标注，且一般不置于醒目位置。而部分带有误导动机的自媒体将此类图片设置为封面，将内容事件议题化、强化事件冲突，影响受众对信息的覆盖式理解和融合。如2019年3月掀起舆论风波的成都某实验学校食堂事件中，自媒体发布“学校食堂给学生食用的是腐食，家长维权，已有家长跳楼身亡”，封面却是学校光纤工人站在楼顶的图片，以“家长跳楼”的图像信息恶意攫取受众大脑注意力。图像本是对现实的再现，但在自媒体“大范围的业余”生产模式中，其为博眼球，以图欺骗，让无数受众陷入视觉陷阱中。

二是过分后期处理。图像处理技术的革新将传统的图像理论现实主义推向一个尴尬的境地，“有图有真相”被弱化。过去，编码者利用“有图有真相”的心理预设误导解码者的价值判断，使后者无意识地陷入前者的欺骗陷阱中。如今，自媒体以图欺骗的修辞手段越发丰富多样，并且虚构了事物之间不同的时空和语境关系，如对立、因果或包容的关系，影响了解码者对图像的认知、推理、事实复现和价值判断，建构出解码者对编码者意欲凸显信息的事实和知识，而忽略“隐藏”信息。显然，编码者可以不露声色地操纵解码者观看事物的视角，促使后者在认知中对图片进行虚假性的补充，继而滋生违背事实的解读。自媒体中的“每个用户都可以构建以自身为中心的独特的信息环境”①，话语空间不断被拓展，言论自由的限度难以把控，由此，众声喧哗，谣言四起。当图像被刻意安排和人为建构，自媒体所反映的是“我即真相”，而当这种图像被自媒体作为封面，妨碍信息真实呈现的后果又被放大。自媒体是自我表达和自我展示的平台，其封面为了更改或突出图像中的信息进行后期修图和过度美化，直接违背了信息真实，如描述稀有天气现象时，封面使用后期伪造的“龙吸水”、海市蜃楼图片，让受众误以为封面所描述的就是事实。新媒介技术下身体赋权，身体成为叙事主体，对容貌和身材的审美形成文化规范，虚拟环境中的审美异化让“美颜+滤镜”成为图像后期的标配。从视觉修辞角度来说，一张经过美化处理的图片已经超越了摄影技术原初的“再现”功能，而上升为一种符号资源，封面的位置举足轻重，封面过度美化加剧了对真实的脱离，进一步模糊了后期与真实的边界。图像原本是一种视觉符号和引导人们思维的工具，如今非但不能传播真相本身，反而成为假象的面具。

### （二）认知欺骗：虚假信息、真实的谎言、故事演绎

传播认知理论认为“人对于世界的表征并非必然与世界的真实本质完全相同。外来的信息受到人们已有的过去经验的影响，被抽象地甚至可能歪曲地储存在人的记忆系统之中”。② 当有限的注意力被聚焦，人们开

---

① 刘鹏：《用户新闻学：新传播格局下新闻学开启的另一扇门》，《新闻与传播研究》2019年第2期。

② 魏超、曹志平：《数字传播论要》，知识产权出版社2013年版，第152页。

始执行认知过程，认知由感知系统（接收信息）、记忆系统（信息编码、贮存和提取）、控制系统（监督执行决定）、反应系统（控制信息输出）等部分构成。自媒体对互联网中海量信息的选择性加工，影响受众认知框架中的信息接收、信息处理、决定执行、信息输出各个环节，从而使受众产生认知偏差和认知错误。

1. 虚假信息：信息炮制和信息扭曲

网络环境中人们泛滥的自由及虚假的需求诱使了海量虚假的信息。作为当前人们信息接收的主要来源，由于自媒体本身对利益的追逐、时效性对真实性的抵消、纠偏难度大、监管把关缺失、网络舆情助推等，虚假信息层出不穷，自媒体一片繁荣图景之下众声喧哗。

虚假信息体现为两种形式。一是信息炮制，即制造不符合事实的信息。在 2020 年 3 月 14 日，抗击新冠肺炎疫情特殊时期，今日头条自媒体“苏州河”发布感染新型冠状肺炎回国治疗被要求缴费的文章，迅速激起了网民的愤怒，在被相关部门认定为虚假信息之后，舆论风波仍未得到平息，其他自媒体仍然在继续转载该文章。自媒体作为公众表达情绪观点的平台，对于此类涉及普通民众切身利益的公共安全事件，忽视对于信息的核实，转发“国家不再承担新冠治疗费用”“新冠病毒可通过蚊虫叮咬传播”等虚假信息易激发群体危机和焦虑。食品安全等领域的虚假信息对中老年人的认知影响力巨大，自媒体炮制虚假错位的图片、视频、专家建议、专业数据等，如“全球 43 种麦片可致癌”“食盐中亚铁氰化钾有害人体”等缺乏科学依据，呈现出题目惊悚、罗列无逻辑证据、模糊视频呈现、无具体时间地点信息、以营销卖货为目的等特点，扰乱了舆论场，激化了社会矛盾。

二是信息扭曲。信息进入传播过程的时间越长，被扭曲的机会也越多，导致信息失真。出于人性中寻求刺激的共性或者恶意炒作的目的，对信息的感情色彩进行渲染，或加上一些想象，造成三人成虎，夸大其词，如药品研制期间就称某某可以治愈癌症、快递小哥号啕大哭想象成快递被偷、在涉及数据的事实中夸大数据等。尤其是涉及跨国新闻等接近性较低的信息中，个人猜想和添油加醋越发严重。自媒体信息扭曲还表现为断章取义。如一次疫情新闻发布会中邀请了中医专家介绍中医参与防疫的成果，在发言结尾处强调了中医对于病人的焦虑具有安慰作用，有自媒体则截取这一信息称“官方承认中医是安慰剂”，虽未直接信息造假，但切割了事情的前因后果，以个人喜好裁剪客观事实，以主观意见截取他人观点片段为支撑其固有观点，并非对真实信息的完整展现。

2. 真实的谎言：选择性披露、倾向性描述和虚假相关

真实的谎言是指所提供的信息是真实的，却产生了实际的欺骗行为，它比虚假谎言更隐蔽，更富有技巧性、诡辩性。亚里士多德在《谬辩篇》中将诡辩分为语辞诡辩和非语辞诡辩，语辞诡辩集中在对语言的歧义和双关等的运用上，非语辞诡辩则包括循环论证、错认反驳等策略。[①] 自媒体经常使用诡辩的技巧来误导受众的认知。格莱斯乌托邦理想主义中的“合作原则”认为谎言可以和真实并存，合谋欺骗受众。在人际交往中，谎言与真实并不总是对立的，传者往往可以利用受众“合作原则”的心理预设，在不违背“真实性”的前提下，巧妙地欺骗受者。

一是选择性披露。人们对信息的需求无限增长，信息价值的大幅提升加剧了信息的商品化程度，“重要的是交换价值，而不是真实的价值”[②]。出于眼球经济、受众需求、价值判断等原因，选择性披露所展示的是一种片面真实（Half - truth）。尤其是在证券市场等经济领域，公平披露原则作为信息披露制度的重要原则，受到自媒体的挑战，各平台由于商业利益驱动，有选择性地展示自我的利好部分，如在数字策略上，选择有利计量单位、隐藏或夸大变化趋势、使数字看上去更大或更小，从而影响投资者的决策。部分营销号有炒作选择性披露的信息，忽略相关背景，设定受众的认知框架，煽动舆论，受众通过片面的信息进行是非判断和行为选择，导致理性态度和行为的丧失。

二是倾向性描述。在“标签化传播”时代，信息的标签化易加深受众的归因思维。描述的倾向性直接影响受众的认知态度，受众一般倾向于认可直觉的刻板印象、基本归因错误、易产生共情的、责任感分散的、利于自我服务的信息，在众多的信息刺激中，个体总是选择符合自我认知框架的信息，表现出心理活动的专注性与倾向性。自媒体的描述倾向与娱乐化、标签化紧密相关，如在涉及特殊身份的信息中，“女大学生”“女司机”“富二代”等词的常用，本身带有倾向性，可能会产生与事实完全不同的意义，强化受众的心理定式。倾向性作为客观性的一个对立统一的关系，可以通过“无形的意见”体现出来，自媒体通过标签化的刻板印象和固有观点抢夺点击率，是将有倾向观点强加给受众，固化受众的刻板印象。

---

① ［古希腊］亚里士多德：《工具论》，刘叶涛译，上海人民出版社 2018 年版，第 398 页。

② ［法］赫伯特·马尔库塞：《单向度的人——发达工业社会意识形态研究》，刘继译，上海译文出版社 2008 年版，第 47 页。

三是虚假相关。虚假相关本是统计学上的概念，部分自媒体将不相关的信息放在一起，让受众误认为二者之间具有因果关系、类比关系等逻辑关系，造成信息之间的伪相关。在涉及数据、图表的信息中，自媒体运用“辛普森悖论”、统计术语、视觉性误导、平均数或小样本替代整体等基于事实和数据的真实谎言，用看似专业的分析欺骗受众的认知。

3. 故事演绎

故事演绎是通过故事化的叙述形式传递信息，一般常见于文学、影视中。随着视觉文化时代的来临，故事演绎对于信息的生动表达具有不可比拟的优势而越发普遍。心理学家对叙事的说服力研究中发现，充满情绪化的私人故事具有更强的说服力，哪怕故事细节经不起推敲，认知负荷（cognitive load）[①] 也会发挥作用，比起损失一整个故事的真实性，受众更愿意选择相信。认知心理学家杰罗姆·布鲁纳（Jerome Bruner）认为，叙述性的思考所发挥的影响要大于提议式的、逻辑化的、系统化的思考。[②] 而自媒体天生带着“we media”的属性，强调个人表达，其故事演绎是一种伪记录、伪真实，让受众很难分辨自媒体所演绎的故事，究竟是真实的信息分享还是精心策划的营销。自媒体在故事演绎的过程中，哪怕尽力还原真实，在细节的处理上或者前因后果的铺垫交代上，真实性仍然存在争议，例如李子柒制作的美食短视频就被批评其媒介滤镜剥离了中国乡村生活的真实性。无论是电影电视、纪录片还是自媒体短片，故事演绎的构成方式与真正的物质世界并没有直接的对应关系，真实仅仅是建立在受众的认同心理上的幻觉，故事演绎与真实之间的距离也是媒介构建的真实和现实真实之间的距离。

不同于电影电视本身的虚构性和纪录片无限逼近现实的演绎，自媒体的故事演绎，对真实性和故事性相统一的追求被弱化，甚至一味追求故事性表达和戏剧化冲突，强化营销和炒作的目的。“草根”逆袭、辞职去环游世界、“励志水泥姐”努力生活等精心策划的营销故事，以短视频的具象表达方式火爆网络平台。2020 年 2 月，抖音一段将高铁窗口拍摄的超速车和车沉鱼缸的画面拼接在一起的视频，演绎了一段感人的爱情故事，男孩因开车未追上女孩乘坐的高铁，遂将车沉入鱼缸。实际上只有车沉鱼

---

① John Sweller, J. Merrienboer and F. Paas, “Cognitive Architecture and Instructional Design”, *Educational Psychology Review*, Vol. 10, No. 3, 1998, pp. 251 – 296.

② Jerome Bruner, *Actual Minds, Possible Worlds*, Boston: Harvard University Press, 1987, p. 12.

缸确有其事，但却是汽车品牌2016年一场线下营销。当下非虚构写作蓬勃发展，部分自媒体忽视非虚构的合法性来源于真实性，只注重故事演绎，编造细节，塑造戏剧化主线和极端情绪，贩卖焦虑和情感，消耗受众注意力的同时，影响受众对主观真实的建构，影响人们对于客观世界的判断，导致分不清虚拟世界和真实世界的边界。

（三）行为欺骗：诱导参与和无效参与

认知实用主义将行动作为认知活动的核心①，行动基于认知过程中产生的信念、意图等心智活动而产生。在互联网环境中的行动则表现为注册、观看、点赞、评论、转发、关注、进一步的搜索以及延伸到线下的行为参与。自媒体发布诱导性的信息，诱导受众产生参与行动。

1. 诱导参与

自媒体账号发送谣言、色情、测试类、答题类等内容，诱导其他用户分享至朋友圈或关注公众号，分享或关注后用户才能见到答案或内容的行为就是诱导关注和诱导分享。观看、点赞、关注和分享量可以形成指标性的数据，成为自媒体与广告主进行交易的筹码，也是广告主评估广告投放的依据，实现自媒体商业价值。但自媒体的利诱用户参与、胁迫用户参与等，导致前后信息不一致，受众需求未得到满足，产生被欺骗感。

自媒体分布在社会各行业各领域，挂钩经济领域，披着灰色利益的外衣，其诱导参与对受众而言是高风险、高付出值的。如2018年集中发展的区块链自媒体，就通过流量吸引地下募集数字货币的项目，并发布相关测评文章炒作价格，诱导受众参与投资；部分自媒体脱掉“点对点网络借款”等敏感词汇，假借手机回租等幌子，以极速贷款等宣传掩盖后期的高利贷，诱导受众签订虚高合同，恶意垒高借款金额；保险销售的诱导参与形成购买行为，损害保险消费者的合法权益，导致保险消费纠纷、群体性事件的隐患。

在网络平台上，不少商家的宣传活动或者慈善组织的爱心活动会采用点赞有奖、爱心传递等形式，要求受众将自己的姓名、手机号码甚至是身份证号留下，套取受众的个人信息，还有部分自媒体账号通过算命、游戏等方式诱导受众输入个人信息。无论是企业营销还是个人营销，其网络化、关联化、互动化的程度不断加深，受众个人信息作为当下最有价值的

---

① ［法］让·米歇尔·怀尔：《认知实用主义问题》，黄远帆、胡扬译，《哲学分析》2016年第3期。

资源之一，却极易成为共享信息，进而遭到垃圾短信、电话推销、电话诈骗等，且这种个人信息输出被冠以“自愿的、自发的”之名。但不注册就无法进行搜索或保存、不关注就无法阅读全文或评论、不补充完整信息就无法进行下一步操作的现象如此集中的情况下，这种“自愿的、自发的”就是强迫性、强制性的。

2. 无效参与

互联网新媒体赋予公众更多社会决策的自主权和参与渠道，而自媒体发布的信息和所蕴含的情感，在网络传播中极易引起舆论响应和情感共鸣。自媒体所形成的无社会组织、无理性话语行为所带来的集体狂欢背后，对于受众而言，却可能是一场无效参与。

首先，空洞无意义的娱乐化参与。自媒体自带娱乐化的基因，参与始终离不开对娱乐需求的满足。信息化社会中，信息攫取眼球的“吸引力”是信息经济的“生产力”。信息生产者在追求利润的本能下，迎合并刺激受众对娱乐的盲从。正如波兹曼所言，“我们看到的是信息简单化的一种媒介，它使信息变得没有内容、没有历史、没有语境，也就是说，信息被包装成为娱乐”①。

其次，情绪化参与。网民的参与动机往往是伦理的对错和情感的共鸣，不是输赢的算计权衡。在参与过程中，个人越是渴望摆脱孤独就越容易陷入对周遭莫须有地猜疑和无条件地认同中。带有需求偏好的群体参与追求的是兴趣、价值观相似的互联网社群的建立，以满足个性化信息需求。垂直类的自媒体有利于聚集参与的实现。但在自媒体的发展过程中，一方面，部分自媒体难以进行可持续的优质内容生产，达不到受众的使用需求；另一方面，弗洛姆（Erich Fromm）在《健全的社会》中所说的“身份感”需求也在受众对垂直自媒体的使用中被放大，“身份被理解为个体或集体的自然力量的一种反映，而身份认同被理解为别人对自己行使权力的结果”②，但矛盾的是社群受众所注重的仪式感、参与感、价值感、组织感、归属感很难被良莠不齐的自媒体满足。尤其是当个人为了改变在群体中的命运，很容易为了获得身份认同而陷入主体性的孤独。个体沦为情感的奴隶，在集体式盲从中丧失了主体性的思考和判断力，真相在极端情绪的遮蔽下变得越发扑朔迷离。

---

① ［美］尼尔·波兹曼：《娱乐至死》，章艳、吴燕莛译，广西师范大学出版社 2009 年版，第 168 页。

② ［英］詹姆斯·库兰、米歇尔·古尔维奇：《大众媒介与社会》，杨击译，华夏出版社 2006 年版，第 46 页。

再次，碎片化的参与生产。信息的自由性生产和分享造就了自媒体平台中的各类知识的碎片化生产。自媒体的个人化属性更利于隐性知识的传播，个人经验、技能、认知和情感等资源通过社交网络平台可以快速实现裂变式的扩散。一方面，知识生产的参与是为了获取知识或参与公共性的知识生产，受众的参与互动被认为是“群体智慧”①，维基百科、知乎等平台对汇集集体智慧、促进知识交流产生了积极作用。另一方面，自媒体的知识生产受碎片化特性所桎梏，信息分散，间歇性较大，难以形成系统化的知识结构。同时，部分自媒体不顾信息质量，利用付费问答等形式获益，或散布未经验证的伪文化、伪科学，致使知识流通渠道不畅通，受众获取不到科学、有效的知识。这些自媒体也就不再是“群体智慧”的代表，而是勒庞所说的“乌合之众”的典型。显然受众的参与更类似一种“快餐式”的参与，从中所汲取的营养也难以保证。碎片化的知识使受众的思考能力扁平化，削弱了知识的结构性。

最后，虚假的公众参与。政治参与以满足公众需求、推动决策过程为目的，自媒体时代的公众参与是民众参与社会治理的一种方式，自媒体特有的社会动员方式让群体事件有了更高的社会参与度。而受众的无效参与则体现在部分自媒体以欺诈营销混淆官方，如某自媒体利用某地公众对于高铁开通的期望而发布的一篇文章中，隐藏自己的身份，以虚构的假设引导公众参与高铁站选址投票，获得了 7 万多次投票，公众的积极参与成了营销涨粉的工具。

## 二　自媒体欺骗的后果：信任危机、人格异化与生态紊乱

以微博、微信、短视频为代表的自媒体俨然已经成为社会舆论话语的一个中心平台，因而自媒体欺骗行为所产生的负面影响是整体的、全局的，构建出的是一个扭曲的非常态化的拟态环境，信任崩塌、人格异化、生态紊乱又进一步将受众推向认知的迷茫境地。

### （一）加剧信任危机

大众传播时代，人们对于信息的真假判断，不再依靠自己的纯经验，而是建立在一定的信任基础上的，这种信任又建立在权威依赖上，这一机制被称为委托信任，当其中的委托规则被破坏，就会产生信任危机。伴随着知识精细划分，受众开始通过自媒体等渠道来补充维持对世界的稳定性认知，而自媒体的欺骗行为又加剧了日益严峻的信任危机。

---

① ［美］詹姆斯·索罗维基：《群体的智慧》，王宝泉译，中信出版社 2010 年版，第 28 页。

信任焦虑成为一种现代性的精神症候。德国社会学家西美尔（Georg Simmel）曾指出，信任在本质上与现代性制度相连。信任是社会所有活动的基石，信任是最重要的综合力量之一①，从传统媒体到社交网络，“虽媒介可以有种种形式……但其本质是信任感”②，信任始终是传受二者之间重要的中介。信息爆炸的网络环境中，社交网络承载着对多元化的价值观和情感的巨大包容，不仅制造了话语的狂欢，更建构了信任他者的民主乌托邦。我们置身网络空间并与超出我们理性经验的人际关系进行互动时，依赖的是“道德共同体的包容度”，这是维稳人际之间信任的基础。但现代性风险滋生了诸多不确定性，信任双方面对风险无所适从，陷入本体性焦虑，彼此之间关系的持久性被打破，传统的信任契约被瓦解。

李普曼（Walter Lippmann）早就提到：“我们的看法涉及的空间、时间和事物超出了我们的直接观察范围。因此我们不得不根据其他人的说法和我们的想象将它们拼接在一起。”③ 借由此，其他的人说法常常成为我们感知现实的一部分。数字化生存下，人们对共鸣的渴望远超过对真实的追求，自媒体成为人们情感的宣泄池。

信任异化，谣言受到信任，真相反而不被信任。人们的生活经验、信任体系面临解构，信任的认知功能渐趋萎缩。传统媒体的失守使其自身的权威性遭遇信任荒漠，自媒体的乖张则让信任以一种反理性、反传统、极端化的姿态陷入了异化的怪圈。信任从一种理想的社会简易机制变异为制造隔阂、传播虚假信息、滋生互联网暴力的权力资本。自媒体的话语体系更使专家系统的权威地位遭遇了挑战，并打破了科学、民主对理性长久以来的垄断。借于此，人们丧失了对人际关系间信任的判断力，无法辨别可信及不可信间的界限。媒介被看作社会信任系统的中介要素，当欺骗行为贯穿人们的认知过程，通过吸引注意力、改变态度和行为等方式重构人们认识世界的框架，人们对媒介的作用机制和媒介所映射的真实性持怀疑态度，将虚拟环境看成完全不可相信的幻象。更为严重的是，信任危机又会线上线下互相延伸，形成社会性的信任危机，导致政府与民众之间、市场利益主体之间、一般社会成员之间的淡漠、疏离。

（二）扰乱信息生态

在自媒体欺骗行为的基础上分析其影响和对策，并不能完全准确把握

① Georg Simmel, *The Philosophy of Money*, London: Routledge, 1978, p. 27.

② 郑也夫：《信任论》，中信出版社 2015 年版，第 14 页。

③ ［英］赫克托·麦克唐纳：《后真相时代》，刘清山译，民主与建设出版社 2019 年版，第 10 页。

自媒体发展的困境和趋势，而需要在整个新闻生态系统（*news ecosystem*）[①] 中去分析。自媒体的发展促使传播权力向受众转移，相较于专业媒体和机构媒体，自媒体对受众的欺骗行为所产生的影响更为直接普遍，对信息生态系统的破坏也是基础性的。

首先，信息传播过程的价值弱化。自媒体的欺骗行为会影响信息的文化、受众、渠道、组织、制度与社会互动的状态：自媒体使得信息总量得以增加，但良莠不齐的信息，反而降低了信息生态系统中信息文化的价值；当受众处于信息过载状态时，受众对信息的认知过程更为困难和复杂，难以分辨真假；当信息的发布渠道造假成风，损失的不仅仅是单个自媒体账号的信誉度，而是整个媒介和平台的价值都被稀释；同时，受众对信息发布的组织和相关制度持怀疑态度，丧失信息传播中的权威性，信息生态的互动环节充斥着不信任，互动的有效性降低。如新冠肺炎疫情期间，赵某龙将自己的微信名设为“鞍山交警小龙”，发布封城封路的虚假信息，影响了疫情防控工作的组织和推进，混同官方媒体、混同传统媒体，存在私域入侵公域的风险。部分自媒体为了快速博取注意力而低俗命名，混淆个性和低级趣味，破坏公序良俗。

其次，信息生态环境的恶化。自媒体对注意力的粗暴抢夺、不实信息的发布、诱导参与的行为，让整个信息生态系统充斥着鱼龙混杂的信息，诸如专业新闻展现的敏感力、判断力、哲理等体现信息价值的特质被弱化。恶意营销所形成的集体狂欢，抽象化、情绪化的表达符号减弱了信息的客观表达，选择性披露和偏向性倾向使得信息的片面化被放大，阉割了信息的整体事实，对社会秩序产生负面影响。弗洛姆指出“对世界任何一种事实真相的破坏使人们失去批评性思考能力。事实失去了特性，只具有抽象的、定量的意义”[②]。因而对信息生态的破坏，最终会导致人们放弃对真实、有价值的信息的追求，而陷入一种无意义状态。

（三）诱发人格异化

“异化”指的是人在发展过程中，成为与自己相异的东西，行业内的不良现象可以定性为异化问题。而自媒体的欺骗行为，看似微不足道，仅仅影响人的认知过程的某一部分，却会潜移默化地对大众人格产生不可逆的负面影响，集中在对人的价值观的认知异化。

---

① Tamara Witschge, C. W. Anderson, David Domingo and Alfred Hermida, *The SAGE Handbook of Digital Journalism*, New York: Sage, 2006, p. 410.

② ［美］艾瑞克·弗洛姆：《逃避自由》，刘林海译，北方文艺出版社 1978 年版，第 92 页。

首先，信息崇拜致使人成为信息的奴隶。“在这个时代中我们周围的每一台计算机都成为信仰时代的‘真十字架’：救世主的标志了。”① 信息崇拜利用人们的愚忠、盲从让人们丧失了在实践中检验真理的动力和能力，继而仰仗在虚拟的世界中依赖信息获取认知。自媒体在互联网环境中进一步发展，人在互联网构建的虚拟环境中的活动越发频繁，碎片化、即时化的信息获取，让人停留在虚假的舒适区内，自媒体一些或无价值、或虚假、或欺骗性的信息仍然吸引着大众的目光，对包括虚拟自我的虚拟世界产生盲目的技术崇拜。

其次，个人认知扁平化，沦为他人情绪的附庸。勒庞（Gustave Le Bon）曾提到“群体中的情绪传染和暗示是促成群体心理的重要因素，而当处于群体之中时，个人的智力和个性被拉平甚至被削弱，群体道德反而会背道而驰，降低了文明的水平”②。自媒体欺骗的话语风格，呈现出极具情绪化、情感张力的特点，人被非理性情绪所支配，长此以往对自身的道德建设产生负面影响，过分沉浸于焦虑、嫉妒、恐惧、猎奇的情绪之中，情感被煽动、偏见被强化，产生不实际自主的观点和立场，并进一步导致个人的行为异化。

最后，个人价值由他人背书，身份认同错位。随着自媒体的常态化，人的实践场域也发生改变，伴随自媒体的消费文化将人符号化、数字化，不少人将自媒体平台视为获取利益的名利场，以技术主义为生存目标，渴望成为操作规则的管理者、获益者，却又无可避免地被均等化、普遍化，无论是自媒体本身还是受众，在这一过程中人的价值都被异化。最终，自媒体欺骗加剧了公共舆论的缺陷，也加剧人们对自身价值的判断的不确定性，强化了人们“身份的焦虑”③，媒体中的同龄人为何已经是年收入过百万的网红，为何只有通过点赞评论才可以获得被尊重感，这种腐蚀性意识也是一种人格的异化，并进一步侵蚀社会共同价值的凝聚力。

## 三　自媒体欺骗的治理：批判、优化与规范

自媒体欺骗的治理是个系统工程，涉及监管部门、网络平台、运营商和广大受众。自媒体欺骗的治理有赖于受众的自我调解和自我启蒙，成为

---

① ［美］西奥多·罗斯扎克：《信息崇拜：计算机神话与真正的思维艺术》，苗华健、陈体仁译，中国对外翻译出版公司 1994 年版，第 166 页。

② 转引自巢乃鹏：《后真相时代自媒体言论乱象及规范》，《人民论坛》2020 年第 11 期。

③ ［英］阿兰·德波顿：《身份的焦虑》，陈广兴、南治国译，上海译文出版社 2007 年版，第 8 页。

信息认知过程中的理性主体，同时依靠于自媒体本身的自律、相关法律法规的完善，共同规避自媒体欺骗所带来的负面影响，多方协作，共同推进自媒体的可持续健康发展。

### （一）受众：培育批判性思维

自媒体以用户需求为导向，其内容生产与受众偏好息息相关，甚至存在一味迎合受众，导致信息整体泛娱乐化、低俗化，自媒体的认知欺骗以影响受众认知为最终目的，因而杜绝自媒体的认知欺骗行为必须重视提升受众的媒介素养。

受众如何在海量信息中获取价值受到了广泛关注，从杜威（John Dewey）的“反省式思维”到比尔·科瓦奇和汤姆·罗杰斯蒂尔在《真相：信息超载时代如何知道该相信什么》提出的“怀疑认知方法”，即“我碰到的是什么内容、信息完整吗、信源是谁或什么、提供了什么证据、其他可能性的解释或理解是什么、我有必要知道这些信息吗”[①]。这些方法清晰阐释了受众在信息认知过程中有效甄别信息的可行方式。

面对自媒体的海量信息，受众需要强化批判性思维，以建立一种富有理性、逻辑性的思维能力为目标。首先，要对身处于自媒体海量信息中的自我进行审视。从生物学角度来说，人类会本能地认同与自身观点、信念相符合的信息，而对其他信息的反应则更为消极和拒斥；受众的固有观点纠正难度大，固有观点的回声效应强；且倾向于以自身个人喜好来接收信息。这些消极对待信息的认知反应都赋予了自媒体欺骗行为操作的可能性。其次，在认识自我的基础上再进行批判性思维的锻炼，以论证的过程考察信息的真实度。在论据的使用上，对来源不明的公众意见和权威意见、戏剧化的故事案例、缺乏对照性的科学研究和数据保持审慎态度；在具体推理上，对诉诸公众或权威、刻意制造两难境地、做价值观假设和描述性假设保持怀疑；在结论得出上，警惕二元思维局限，注重思考长期影响和负面影响。受众需重新调整自身对信息的衡量维度，摒弃固执己见、低俗喜好，注重信息的真实度、合理性，重新审视媒介与自身的价值。

### （二）自媒体：优化信息呈现

自媒体的欺骗行为一般带有吸引眼球、流量变现、诱导参与生产的意图，有效治理自媒体的欺骗行为，从生产的源头上需要自媒体自我优化内容供给，提高内容质量，优化信息的呈现，摒弃恶性竞争、缺失社会责任

---

① ［美］比尔·科瓦奇，汤姆·罗森斯蒂尔：《真相：信息超载时代我们如何知道该相信什么》，陆佳怡等译，中国人民大学出版社 2014 年版，第 34 页。

的诱导参与、无意义参与的议题构建。自媒体的内容生产和传播，应以文化自觉为内生驱动力，并结合麦奎尔（Denis McQuail）对媒介内容的评估视角，即信息品质、文化品质两个方面来对信息进行优化。

首先，信息品质上注重真实呈现。自媒体在尽力满足用户、追求效益的同时，仍需保持基本的信息真实底线，自媒体对信息真实性的追求应高于对传播影响力的追求。一方面，保持信息真实这一生命线，对信息进行真实呈现，在充分利用大数据和VR等新技术、Vlog等新形式，进行创造性演绎时，仍要以信息的真实性为核心准则，尊重受众，以人为本。另一方面，保持情绪上的清醒自持，对于信息的加工不使用过分渲染性、情绪化的话语方式，抛弃断章取义、添油加醋、捕风捉影的行为。

其次，文化品质上强调正确的价值引领。自媒体欺骗的动因和后果不仅仅是互联网问题或者可以简单归结为媒介问题，而是全社会的问题。自媒体应该承担起媒体的社会责任，自媒体人要提高职业修养、职业道德，既要追求积极的扩大和发展信息呈现的权利，又要建立与社会“分享共同价值”的传播体制。部分自媒体社会影响力较大，已经形成长期的信息发布和共享，虽然流量和关注度决定利益分配，但是更应该追求自媒体的长足发展，通过内容迭代优化，提供具有社会洞察力的真知灼见，为社会树立正确的价值导向。

### （三）平台：完善规范细则

自媒体通过命名欺骗、封面欺骗，攫取的是受众的短时注意力，操作简单，其治理策略集中在法律法规、预警机制等上层建筑的改进。如微信公众平台在严打引流低俗内容等违规行为、调整更新内容质量评价标准、从源头把控公众号的内容生产质量和运营质量等方面制定的相关准则，制定针对性强且可操作的细则是基础策略。

难度更大的是，进一步纠正自媒体对受众认知的恶意欺骗行为，首先，可以通过新的技术进行自媒体检测和管理，利用大数据、人工智能对自媒体内容发布进行事前审核，过滤侵入名实不符的命名、里外不一的封面、虚假信息等，并进行后期的常态化的追踪，实现对自媒体管理的精细化、科学化、标准化。但同时也需要深化对算法作为“网络行动者”的自我规制。行动者网络理论将算法定义为非人类的“行动者”，暗含流量优先、效益优先和信息操控的价值倾向。因此，需要重申算法模型的透明性，旨在避免算法歧视和流量偏向。

其次，各职能部门的沟通协作需进一步深化，自媒体的欺骗问题往往涉及领域交叉、多重监管的地带，横跨工商、公安、网监等多部门，这就需要各部门优化信息共享和沟通机制，整合各部门权限，进行集中讨论、集中治理，提高治理效率。最后，自媒体环境中，把关人的角色需进一步强化，可以通过技术手段提高其角色站位，佐以人工审核手段以预防打擦边球、偷换概念等行为，对制造二元对立、挑战常识等内容严格把关，建立长效的把关机制。同时，可以加强社会监督，完善自媒体粗暴抢夺注意力的举报和反馈机制，充分发挥民众参与互联网社会治理的力量。

## 结　语

自柏拉图《斐德罗篇》问世以来，时至今日人类仍在接受塔姆斯法老的批判：人们是否能如自己以为那样掌控工具？自媒体对受众目光与认知的隐形操纵，使“技术反思”的声音回荡于网络治理的场域。正如吉登斯所言：“决定性时刻常常标志着再技能化和赋权的时期。”[①] 技术赋权给予自媒体在信息生态中的独特地位，然而逐利动机驱使其凭借技术优势进行欺骗，媒介受众的认知结构在现代传媒所编织的意义之网中被肆意摆弄。由于自媒体呈现出的是对于传统媒体话语权垄断的反抗和草根阶层的话语自觉，对于自媒体的欺骗行为，受众常报以自我原谅式的包容，以至于习以为常，却又在潜移默化中沦为其声势浩大场景下的“应声虫”，失去了认知和行动的理性与独立。受众的注意力被肆意攫取、认知结构产生偏差、参与无意义，并加剧信任危机、扰乱信息生态、诱发人格异化。自媒体依靠欺骗形成的关联关系是一种“零和博弈”，其最终结果是两败俱伤。新媒介技术的革新和运用应该自由的后盾和权益的保障，而非获取私利的工具，自媒体仍然如传统媒体一样应当“戴着镣铐跳舞”，保障技术正义和文化正义的统一[②]。自媒体欺骗乱象的治理不应单纯仰赖科技理性，也应引导受众建立富有理性、逻辑性的思维能力，更需要监管部门、互联网平台及广大用户群体等多方角色共同面对挑战，动态调整磨合彼此关系。作为麦克卢汉所说的人体的延伸，基于亘古不变的人性，自媒体其欺骗行为不会自动消失，其治理和规范也不能一劳永逸，针对自媒体欺骗乱象的治理不能静观其变，而是应该将理性审视、政策研究和学术参与结合起来，能动地完善社会信息系统，持续追问“新技术会把我们引向何

---

① ［英］安东尼·吉登斯：《现代性与自我认同——晚期现代中的自我与社会》，夏璐译，中国人民大学出版社 2017 年版，第 132 页。

② 周建新、王梁宇：《技术正义与文化正义：文化科技融合的历程与本质》，《山东社会科学》2021 年第 10 期。

方?”并找寻可能的最佳答案。

## 第四节　主流媒体入局电商直播的政治经济学研究

在视觉文化转向的当代社会，视频内容生产是当下营销的重点方向，视频直播成为零售行业的新阵地。电商行业的成熟、新冠肺炎疫情的肆虐与宅经济的繁荣助推电商直播行业的兴盛。在媒体融合转型的媒介背景和脱贫攻坚的战略要求下，主流媒体作为新闻舆论传播平台，运用建设性传播思维，积极转变运营思路，整合社会资源加入电商直播的大潮中，为电商直播行业注入了新的活力，为推进社会治理现代化创造了更多的可能性。

基于媒介生态变局下对民粹主义与“后真相”新闻业危机的回应，为了呼吁风险社会中的价值理性和人本主义的回归，丹麦媒体人、学者乌瑞克·哈根洛普（Ulrik Haagerup）提出“建设性新闻”来对抗冲突性新闻框架。建设性新闻是在传统报道中引入积极因素，致力于准确性、真实性、必要性的平衡和批评，以一种更吸引人、更有力量的方式进行报道。美国学者麦金泰尔试图利用积极心理学来加强传统新闻道德，并确定了建设性新闻的四个分支，分别是聚焦严格报道的方案新闻（solutions journalism）、进行未来展望的预期新闻（prospective journalism）、重视非暴力冲突的和平新闻（peace journalism）以及报道社区冲突的恢复性叙事（restorative narrative）[①]。在中国新时代语境下，媒体、企事业单位、大众等多元参与主体将建设性新闻延伸为建设性传播，从新闻传播领域拓展至大传播层面，成为根植于中国本土的社会传播行动，为国内社会建设和发展注入了新的动力。

基于建设性传播思维，本节提出“建设性直播”的概念，以凸显主流媒体入局电商直播的理论和实践价值。建设性直播是指秉承积极传播的理念，具有推进政治建设、活跃市场经济、繁荣社会文化、推进社会治理、推动社会进步的直播形式。不同于以营利为目的、具有欺骗性、夸张戏谑、过度娱乐化的纯商业性质的直播形式，建设性直播将商业诉求与公

---

① Karen McIntyre & Cathrine Gyldensted, “Constructive Journalism: Applying Positive Psychology Techniques to News Production”, *The Journal of Media Innovations*, Vol. 4, No. 2, 2017, pp. 20 – 34.

益属性相结合，具有重要的政治社会价值，其导向正确、类型多样、内容丰富、形式活泼，既有推进政治建设、传播社会主流价值观念的时政直播，也有推广农产品、助力扶贫的商业营销直播，还有拓展文化知名度、推广地区特色的公益直播，是传播社会主流价值观、推动地方经济社会发展、提升地区治理水平、提高民众素质的重要助推力。主流媒体入局电商直播，顺应了国内精准扶贫需求，拓展了媒体的传播功能，延伸了媒体的社会责任，推进了媒体内容的创新与经营层面的转型，实现了媒体政治属性与商业、服务属性的融合，重塑了直播行业的主流价值导向，规范了电商直播行业的营销话语以及行为方式，提升了直播行业文化内涵，实现优质文化内容的输出，提振了国内经济并拉动消费，助力贫困人口脱贫，提升了社会治理能力水平，是建设性直播的典范。

主流媒体在保障新闻和信息传播的基础上转变自身运营思维，主动融入电商直播，对于提振国民经济、繁荣文化市场、促进社会和谐都具有重要价值，展现了主流媒体的社会责任担当。已有的研究大多集中于媒体实践与表征研究，较少从建设性传播角度探究主流媒体借助电商直播推动精准扶贫、行业互动和社会治理的动因和路径。本节拟在建设性传播理念的基础上，从行业、技术与市场层面阐明主流媒体入局电商直播的理论逻辑，探析主流媒体入局电商直播的实践意义，并指出其中存在的问题，提出应对的策略，以期拓展和提升主流媒体建设性传播实践的质量和水平。

## 一　主流媒体入局电商直播的现实逻辑

随着主流媒体转型趋势的步伐加快，新型主流媒体建设的潮流倒逼媒体生态的突破与重建，主流媒体入局电商直播成为时代发展的必然。基于媒体行业自身发展趋势、技术发展下场景的搭建以及消费浪潮下受众心理的转变，主流媒体入局直播电商直播契合时代背景下的产业逻辑、技术逻辑和市场逻辑。

### （一）产业逻辑：主流媒体转型的行业趋势

伴随着国内融媒体进程的加速，传统主流媒体正在积极探索转型成为新型主流媒体，新型主流媒体力图重塑权威性和公信力，积极利用互联网平台重建用户连接，打破固化的媒介生态，保障自身在传播场域的主体性和中心性。媒体融合本质上是一种传媒生态的变革，从管理层面的体制改革到传媒单位的市场化再到传播平台的移动化，均体现出传媒生态与格局的重构进程。主流媒体涉足电商直播领域的跨界尝试体现出主流媒体在运营思维层面从媒体思维向产业思维转变的趋势。

媒体转型趋势与传媒生态变革使主流媒体入局电商直播成为必然。习近平总书记强调，要统筹处理好传统媒体和新兴媒体、中央媒体和地方媒体、主流媒体和商业平台、大众化媒体和专业性媒体的关系，形成资源集约、结构合理、差异发展、协同高效的全媒体传播体系①。随着国内媒体转型和媒介融合的趋势增强，传统媒体不断打破与互联网、移动端之间的壁垒，遵循新媒体去中心化的传播逻辑，以建造全新的融媒体传播矩阵。由于技术的进步与新媒体平台的演化，传统主流媒体与新媒体开展了更加紧密的合作，达成了竞合共生的关系，从简单相加到彼此介入、彼此借力。主流媒体在生产新闻内容的基础上，不断拓展自身的行业边界，延伸主流媒体的社会价值。在融媒体生态环境下，主流媒体从传统的信息内容传播者到社会责任的引领者再到成为市场经济运作的参与者，拓宽了传媒业价值实现和生存发展的道路，主流媒体入局电商直播成为主流媒体延伸和彰显自身社会价值的重要路径。

主流媒体入局电商直播顺应了主流媒体转型为新型主流媒体的趋势。根据经典的二次售卖理论，传统媒体生产内容并提供给受众，再将受众注意力转卖给广告商获利。但是，在互联网环境下，传统媒体受众的流失使得传统的受众售卖运营模式难以维系。传统主流媒体转型为新型主流媒体，本质上是通过媒体融合发展重建用户连接，打破固化的媒介生态，进而实现多元产业的跨界融合与商业化经营。移动传播技术的发展、移动终端的普及以及网络资费的下降，为新型主流媒体的经营创新带来了新思路，用户和平台的下沉带来了新的市场增长空间。2019 年电商直播进入爆发期，直播带货成为当下的市场风口，对于新型主流媒体而言，唯有顺应商业经济发展规律，及时更新产业模式，积极融入电商直播领域，主动融入市场才能顺应潮流，主流媒体入局电视直播成为市场经济发展的必然结果。

主流媒体入局电商直播是主流媒体调整运营思维、拓展行业边界的重要举措。主流媒体在运营思维层面从媒体思维向产业思维转变，将内容属性与金融、服务属性融合，在多种社会场景中发挥其自身价值，并持续地调整自身产业边界，进一步实现主流媒体转型为新型主流媒体，推动主流媒体调整行业发展布局，最终为用户在信息传播、舆论引导乃至是经济扶持上提供更加优质的服务。

---

① 《习近平主持中共中央政治局第十二次集体学习并发表重要讲话》，新华社 2019 年 1 月 25 日。

### （二）技术逻辑：5G技术商用下的多元消费场景融合

梅罗维茨认为电子媒介打破了场景的物理空间和社会隔阂，建立了一个用于交流的公共空间。[①] 随着移动传播技术的普及，移动场景为用户提供了一种同时展开的非线性交流互动空间。电商直播则是基于移动传播设备并将个体传播的场景同步到直播平台上的媒介形式，能够将无时限的传播空间以一对多的方式扩展到每一个受众的个人空间内，“以场景化体验带动用户消费行为”[②]。

首先，景观化的消费场景搭建为电商直播构建了互动平台。依赖于网络直播，直播消费场景得以搭建并成为新的传播景观。电商直播将消费场景从线下转移到线上，使消费生活转化为虚拟景观成为可能。在电商直播的场景展现中，无数带货主播、明星、政府官员及公众人物与消费者产生了场景连接，“突破信息传递过程中的时空障碍”[③]。随着移动互联技术的普及和移动设备的升级换代，电商直播的营销模式和直播带货的场景不断升级，实现了多元化场景的共存。不同于传统主流媒体主导的电视直播，网络视频直播依托互联网视频直播技术搭建在线互动平台，丰富了场景的内容形态和表现形式，强化了人与人之间的连接方式与感知空间，构建了未来消费和生活的种种新的场景，赋予场景更大的价值。

其次，5G技术的商用为主流媒体入局电商直播的场景搭建提供了技术支持。由于新型主流媒体对电商直播领域的介入，电商直播的营销场景搭建拥有了技术、资金、人力等资源。与早期互联网平台电商直播的场景不同，主流媒体能够在搭建直播场景方面充分利用自身专业优势，产出高质量电商直播。2020年6月6日由中央广播电视总台与北京市人民政府共同启动的“新消费·爱生活——北京消费季”系列活动就是基于贯彻落实习近平总书记在后疫情时期关于“有序推动各类商场、市场复工复市，生活服务业正常经营”[④] 等重要指示精神而举办的系列电商直播。该活动依托于总台的5G+8K技术搭建的超清大屏，通过5G网络传输超高清、高码率的8K视频，多地连线，在线下商场搭建了全透明玻璃墙演播厅式直播间，向线上及线下观众进行全景展示，让用户体验到了视觉技术

---

① ［美］约书亚·梅罗维茨：《消失的地域：电子媒介对社会行为的影响》，肖志军译，清华大学出版社2002年版，第110页。

② 曾照智、欧阳友权：《论个人秀场电竞直播场景化商业模式下的社群效应》，《河南大学学报（社会科学版）》2020年第6期。

③ 陈世华、辜维莉：《媒介距离消解的政治经济学批判》，《东南学术》2020年第4期。

④ 《习近平时间丨有序推动各类商场、市场复工复市》，新华社2020年4月10日。

支撑的仿真在场消费。

最后，营销场景的搭建优化了电商直播的互动性和内容展现。从场景营销的角度来看，从传统的线下导购到电视购物的出现引发线上消费场景的诞生，再到传统货架式电商和短视频电商，营销场景的搭建逐渐由线下转移到线上，营销过程中的互动性呈现出一种由强到弱再到强的演变过程。基于短视频电商的场景营销基础，其内容营销、粉丝效应以及以用户为导向、移动化的特点成为电商直播运作的先决条件和参考示范，依托视频直播和移动传播设备的技术沉淀，电商直播营销场景的再造满足了当下商家和用户的需求，将线上传播与强互动性结合起来，实现了内容平台的电商化与电商平台的内容化，模糊了两大类互联网平台的运营界限。在新的营销场景之下，新的生活和消费理念得以塑造与传播，生产者和消费者进行更深层次的沟通交流，强化了相互的信任，提升了彼此的满意度，买卖交易关系变得更加灵活，互惠与合作关系更加稳固。

### （三）市场逻辑：视频化生存浪潮下的消费心理转变

移动互联网时代视频应用的革新与普及，为互联网用户带来了一种全新的生存方式——视频化生存方式。“视频化生存是日常生活的媒介化，也是媒介化后的日常生活。”① 在视频化生存的当下，人们的消费心理已经不完全局限于物质层面，文化产品的繁荣首先带来的是精神层面的消费心理满足。从受众视角出发，大多数直播观看者在观看网络直播过程中进行意义消费，表现出“寻求认同，建构主体，躲避空虚、逃离孤独，寻找安慰、自我麻痹”② 的行为特征，其本质在于个体通过媒介寻求情感共鸣与精神寄托，满足“享受健康生活的最基本需要和追求精神自我实现的需求”③。

直播电商的兴起是基于消费者的多种心理因素驱动而形成的。节约挑选时间和降低购买成本而选择直播购物的形式是消费者最为根本的消费诉求，契合了受众的实用型消费心理。在接触电商直播过程中，消费者能够借助平台所自带的互动性进而满足自身的社交需求，形成了社会交往型消费心理。主播基于自身形象吸引消费者进入直播间，此时受众已经不将价格等商品属性作为消费目标，而是将追求明星偶像类型主播作为消费动

---

① 彭兰：《视频化生存：移动时代日常生活的媒介化》，《中国编辑》2020 年第 4 期。

② 汪雅倩：《“新型社交方式”：基于主播视角的网络直播间陌生人虚拟互动研究》，《中国青年研究》2019 年第 2 期。

③ 赵月枝、范松楠：《环境传播理论：实践与反思——全球视角下的环境正义、公众参与和生态文明理念》，《厦门大学学报（哲学社会科学版）》2020 年第 2 期。

力，形成了追星型消费心理。电商直播间的场景搭建，为消费者提供了虚拟的逛街体验，这种场景成为现实生活场景的一部分，直播电商的“逛街”式场景消费成为线下购物的替代形式，形成了场景型消费心理。新冠肺炎疫情期间，一些平台为疫情重灾区开展的多场农产品电商直播获得了良好的经济收益，赢得了消费者的好评，消费者基于特定情感产生的购买行为，形成了情感型消费心理。电商直播形式满足了消费者多种消费心理需求，赋予消费者“面对面交互的沉浸式传播体验”①，成为电商直播得到长足发展的外在动因之一。

消费者对物质以及精神层面消费需求的升级成为主流媒体入局电商直播的动力。电商直播从 2016 年开始，经历了三年的初步发展，于 2019 年进入爆发阶段，部分电商直播间进入野蛮生长期。其中，直白式甚至低俗化的营销话语内容的展现，夸大效果、虚假宣传等行业乱象的出现，使得电商直播内容无法满足部分消费者从中获取除购买信息外的其他附加价值的需求。主流媒体的加入提高了直播内容的可信度和权威性，在专业内容呈现的基础上加入知识型、文化型的内容，消费者在安心购物的同时也能获取知识，满足了消费者从电商直播中获取优质内容的需求。消费者消费心理的转变给予电商直播得以发展的市场空间，消费者不断追求优质精神层面内容使得主流媒体入局电商直播成为符合市场逻辑的必然产物。

## 二　主流媒体入局电商直播的建设性传播价值

主流媒体通过入局电商直播有效帮扶了地方的精准扶贫，为提升社会治理水平提供了新的思路。依靠主流媒体以及多元主体的参与，建设性传播得以有效践行，成为媒体拓展行业边界，积极应对市场挑战的有力武器，更成为助推行业向好向上发展的内在驱动力。

### （一）精准扶贫道路延伸，提升社会治理水平

精准扶贫最基本的内涵是对真正的贫困人口进行对口帮扶，消除致贫因素与障碍，以实现可持续脱贫。社会治理是在科学制度和以人为本的指引下进行合理分配社会资源的一种手段，通过多元主体的积极参与和合作，来满足社会大众的合理需求。精准扶贫与社会治理的概念融合能够辅助治理主体合理分配社会资源与资本，对贫困治理主体进行结构性的重建，促成利益分配格局的合理化。

---

① 喻发胜、张玥：《沉浸式传播：感官共振、形象还原与在场参与》，《南昌大学学报（人文社会科学版）》2020 年第 2 期。

2020年4月20日，习近平总书记在陕西省柞水县金米村调研脱贫攻坚情况时，强调电商在推销农副产品的重要作用，肯定电商直播在三农领域的经济价值①。新冠肺炎疫情暴发期间，主流媒体与电商平台合作推出了多场具有公益性质的电商直播活动，2020年4月1日，中央广播电视总台央视新闻正式发起“谢谢你为湖北拼单”的大型公益活动，4月6日开启了第一场“小朱配琦”公益直播电商卖货。电商直播与主流媒体合作，结合“助农脱贫”的目标，主流媒体发挥建设性功能创造了精准扶贫的新范式。新冠肺炎疫情期间用户出行受限刺激了线上购物的爆发，电商直播更是激发了线上购物需求，辅以抗疫救灾、助农脱贫等目标，主流媒体入局电商直播增强了用户的现实需要和情感需求；主流媒体充分利用自身的互联网优势与传播力，在扶贫领域进行精准传播报道，在传媒领域不断扩大精准扶贫报道的影响力；电商直播的市场下沉帮助各级政府提振经济与拉动消费，成为帮扶贫困人口脱贫的途径之一。

主流媒体入局电商直播实质上是依靠自身平台的公信力与影响力为产品赋值，通过平台引流增加产品曝光度以推动产品销量增长。主流媒体入局电商直播以非对抗性的方式推动社会治理，从“授之以鱼”到“授之以渔”，进而刺激地区经济活力。在新冠肺炎疫情期间，主流媒体以“抗击疫情”的口号作为主题开展电商直播的公益活动暗合了建设性新闻中媒体以非对抗的方式参与社会治理的表达方式和行动方案。从新冠肺炎疫情初期，央视为刺激消费推出了一系列公益直播带货活动，地方电视媒体迅速跟进，县级媒体借助电商直播探寻出销售当地农产品的新路径，央视与国美合作“买遍中国”走遍31个省市区来推广地方品牌，使得政府、媒体、企业等社会资源得到充分调动，有关利益群体的社会资本被盘活，社区人员的参与能力得到了提升，最终通过调动各方力量帮助实现当地的精准扶贫。

### （二）主流媒体下场参与，拓展媒体传播功能

传媒生态变革不仅带来传播主体的多元化与精英主导的瓦解，同时使得大众更加方便快捷地参与到公共事务治理的行列当中，为传统媒体拓展传播功能和可持续的建设性传播实践创造了可能。随着互联网带来的技术赋权以及融媒体平台的发展与完善，媒体功能得以拓展和延伸，在新闻报道的基础上能够提供更多的信息和服务。

一方面，主流媒体的下场参与并与其他多元主体合作将为电商直播行

---

① 《习近平时间｜电商，推动乡村振兴大有可为》，新华社2021年3月16日。

业带来活力。建设性新闻本质上是以传递社会责任的正向功能为己任，以化解社会问题、弥合社会矛盾为目标的新闻报道形式。不同于传统建设性新闻中的实用新闻、民生新闻、公共新闻、公民新闻、暖新闻等报道方式，主流媒体在入局电商直播过程中，主动下场，以“参与者”的身份投身于社会建设当中，利用自身平台优势来吸纳流量，同时有效地调配网红、公众等多方力量，促进多元主体间的参与、协作，最终推动经济复苏和振兴。因此，主流媒体涉足电商直播不仅仅是一场商业营销活动，更是一场建设性传播活动。随着媒介格局的变化，社会的媒介化趋势加深，媒体变得无处不在，主流媒体积极探索建设性传播的实现路径，加快了推进国家治理体系和治理能力现代化的进程。

另一方面，主流媒体与电商直播的结合，使得主流媒体对媒体生产要素进行整合与重组，实现了内容属性与金融、服务属性的融合，并在互联网平台上拓宽了新的业务与形态，实现了媒体内容创新与经营转型，“主流媒体 + 电商直播”的创新模式高效地调度了主流媒体的自身资源和媒体公信力，强化了除媒体本身内容传播属性之外的品牌传播属性，也拓宽了媒体的服务范畴，强化了媒体的服务功能，将媒体服务从信息服务带入到消费服务的新领地，助力主流媒体在新的技术场景和用户场景下实现融合转型。主流媒体开放性地拥抱互联网思维，借助直播电商模式以输出品牌属性，打破与传统媒体圈子的合作，更加积极地进行运营创新，并充分利用各种社会资源，融入大众社会生活当中，将是未来主流媒体的大势所趋。

（三）优质文化内容输出，推动电商直播升级

优质内容的产出离不开直播过程中主播与用户的交流互动。根据英尼斯在《传播的偏向》中对媒介偏向的界定，可将媒介区分为“空间偏向”和“时间偏向”，其中空间偏向指能够改变信息空间运动，直播则属于空间偏向，它将信息空间延伸为日常行为的空间，进而延展了个体传播空间[①]。在延伸后的空间内，信息呈现出多向度传播的态势，传受双方能够在直播空间中通过同步性的互动形式进行信息传递。因此，在直播间这样一个被媒介化延伸后的空间内，传受双方即主播与用户形成了强连接性质的互动关系，主播在互动过程中消弭了彼此之间的界限，运用更加贴近用户习惯的话语与用户产生互动，不断创新营销话术，提升了营销传播

① ［加拿大］哈罗德·英尼斯：《传播的偏向》，何道宽译，中国传媒大学出版社 2015 年版，第 103 页。

效果。

一方面，主流媒体入局电商直播，受过专业培训的新闻主播们在直播带货过程中措辞将会更加严谨。以央视与国美合作的“买遍中国”系列直播活动为例，“知识型内容 + 顶级 IP + 场景”成为央视与国美合作下常态化运营的电商直播形态。在直播过程中，消费者不仅可以通过平台链接购买商品，还可以通过略带综艺效果的直播内容了解主播展现出的当地风俗以及产品背后的文化内涵。在“买遍中国”浙江站中，当介绍杭州龙井茶时，主持人王筱磊搬出乾隆的茶诗《坐龙井烹茶偶成》，使得消费者在购物的同时，感受到中华茶饮文化的独特魅力。

另一方面，主流媒体在涉足电商直播领域后，新闻主播化身电商主播，与流量明星、头部主播等嘉宾合作，共同构建元素丰富的优质文化内容。从“新消费·爱生活——北京消费季”系列活动到央视与国美合作的“买遍中国”系列直播活动，由央视主持人作为主导串场主播，同时邀请嘉宾成为常态。在“买遍中国”活动中，主播运用“知识带货”模型，在直播营销的过程中输出优质文化内容，在其他多场直播中，主播与嘉宾以知识、段子等内容作为基底，在不失幽默的前提下提升了知识含量。在全开放的直播互动空间内，央视新闻主播依托自身优势，并将严肃的新闻话语转变为活泼的销售话语，消弭了传受双方的界限，搭建了深层紧密的互动关系。

电商主播在直播带货过程中，惯用通俗直白的语言模式进行产品介绍，但在主播间内同时存在类似在卖场中才能上演的“杀价戏码”，此类内容在互联网上更是成为网友调侃的素材。电商主播们在直播中可以借用“央视经验”，规范言语措辞，增添文化底蕴，强化内容质量，保障电商直播的可持续发展。

## 三　主流媒体入局直播电商的问题与优化

在主流媒体入局电商的建设性传播中，多元主体的共同参与能使得社会效益和经济效益最大化，但媒体跨产业经营、助力精准扶贫始终是一个面临巨大挑战的复杂问题，集中表现在产业优势、内容产出、流量变现等方面。一方面，媒体将内容传播优势转嫁到销售产业上势必会存在水土不服的情况，从人才输出到经营优势均会出现短板。另一方面，媒体的服务性质难以将内存流量利益最大化，市场效益的巨大差距也成为当下主流媒体电商直播的运营阻力。

### （一）媒体主持习惯明显，亟须人格化传播树立新形象

主流媒体的入局，为电商直播行业带来了技术、人才、平台、流量等多方面的资源。在人才方面，新闻主播的专业素养与演播室场景的相得益彰，但其气场与话语习惯却与直播间的营销风格有所出入。以中央广播电视总台为代表的主流媒体中的主播为例，他们的传统工作内容多以新闻为核心，被置于国家宣传话语体系中心的他们在表达上常常表现得较为严肃和严谨。在新闻主播与电商头部主播合作过程中，新闻主播丰富的文化底蕴与电商主播直陈式的营销话语交织，两者相互协作下淡化了新闻主播的传统主持习惯。但随着主流媒体对电商直播行业的深入，在央视新闻与国美电器合作推出的“买遍中国”系列活动中，主持人们仍以综艺思维进行内容输出，仅作为主播介绍产品，忽视了用户体验和感受。在“买遍中国”贵州站中，尽管主持人与嘉宾之间互动频繁，但仍摆脱不了综艺的影子，嘉宾多次将可观看该场直播的移动设备递给台上的主持人，主持人却视而不见，无形之间丧失了与用户沟通的机会。

主流媒体应该改变传统的人才培养方式，树立全新的人格化主播形象。施拉姆等认为人们在进行媒介接触时存在一定的规律，遂提出选择或然率，认为用户选择信息与报偿保证呈正相关，与接触媒介的费力程度呈负相关①。由于社交媒体的演进，用户在内容选择所要付出的成本即“费力程度”也在用户主体性增强的趋势下大大降低。为了充分满足用户的工具诉求和情感需求，并提高用户对内容选择的主动性，需要建立一个以传播主体为中心且用户和产品与其有强连接的交际互动圈，以培养用户依赖。

人格化传播是赋予传播主体以人格化的特质，通过凸显“人”的特性，用户能够通过接触具有差异性的传播主体人格化内容，以感知媒体，最终树立起对媒体的正面情感认知，并通过外在表象的传播，持续构建主播特有的人格魅力，进而进行人格化传播。人格化传播能够向公众树立一个“活泼的、具有共同表达话语和经验范围的人”的传播主体，更能够帮助媒体及电商平台促成上述诉求的达成。基于人格化传播，新闻主播在直播过程中能够突破传统电视节目的严肃感，活跃气氛，“主播说联播”等系列节目以及“央视 BOYS”作为标签化的主持天团的推出，增添了央视新闻在传播话语中的互动性与亲民性，印证了打造与央视新闻自身品牌

---

① ［美］威尔伯·施拉姆、威廉·波特：《传播学概论》，何道宽译，中国人民大学出版社2010年版，第106页。

相符合的具有人格化魅力的“主播人设”的可行性。

（二）采编经营业务模糊，亟待品牌合作把握优质品控

新闻媒体采编与经营业务的严格区隔是维持媒体公信力的保障。主流媒体入局电商直播尽管是融媒体创新下的实践举措，却使得媒体在采编与经营两方面的边界变得模糊。精于采编业务的媒体却对经营业务尤其是采购销链条陌生，容易出现媒体采编业务与经营业务的混乱，最终影响媒体公信力的建设。因此，主流媒体需要在经营层面寻求解决思路，通过与电商平台合作，扬长避短，整合媒体资源优势，掌握优质品控，在产品层面为行业提供学习标杆，以维持和强化媒体本身的公信力。

电商直播卖货本质上是一种信任营销，是一场占领流量红利的正和博弈。主流媒体入局电商直播是以平台自身的公信力为依托，借助头部主播及名人吸引流量，以弥补自身平台的流量短板。从新冠肺炎疫情期间的“小朱配琦”“搭一搭、拉把手”的多场围绕疫情重灾区进行经济提振的连线直播到后疫情时期由中央广播电视总台与北京市人民政府共同启动的“新消费·爱生活——北京消费季”系列活动，以及由国美电器与央视新闻、央视网、浙江卫视等平台共同举办的“为美好生活拼了”“人人都爱中国造”“向美好奔跑”“美好生活私享家”等多场超级直播，响应了恢复经济、复产复工、精准扶贫、扶持本土优质品牌等多项国家号召。截至2020年年底，国美电器与央视新闻合作推出的“买遍中国”系列活动已经在上海、四川、贵州、广东、河南、新疆、辽宁、浙江、陕西等九地开展了颇具当地特色且极具影响力的超级直播。

依托自身特有的人力资源与渠道优势，主流媒体入局电商直播实现了社会效益与经济效益的双丰收，但主流媒体在产品采购、渠道维护、电商推广等方面都存在明显的劣势。深深扎根家电领域数十年的国美电器是一个拥有供应链能力、物流能力和后服务能力的企业，央视与国美的合作实现了传播端与供应链的高效连接，在选品上扭转了主流媒体本身的劣势，实现了直播产品的高品质输出。

公信力的塑造与维持是一个长期的过程，央视与国美的合作强化了央视这一媒体品牌在营销业务上的说服力，是当下主播信誉度不断消耗的境况下的一次有效探索，同时帮助国美电器将本土零售与直播相结合，使得品牌价值得以重估。主流媒体电商直播的高质量践行为整个行业领域树立了聚焦产品把控的模范作用，警醒我们要打击当下重营销公关而轻产品质量的电商直播行业风气，维护产品以及主播自身的品牌信誉度，延长行业生命力。

### （三）直播效益差异明显，亟须立足自身特色优化内容生产

主流媒体入局电视直播往往源于当地政府与媒体之间密切的政务合作，而媒体平台的不同往往会带来明显的流量差异变化，最终将会产生落差明显的直播效益。以2020年7—8月的宁波广播与奉化区政府联合推出的奉化水蜜桃营销计划为例，前期线上和线下的多方位宣传，加上当地主流媒体、新媒体的全方面推广，后期由宁波广播主播在三平台同时开展专题直播带货，最终平均每场直播三平台总观看量18.75万，成交量仅7500元，收效甚微。

在央视新闻、《人民日报》等头部媒体与大型流量平台合作的高收益表象下，掩盖着的是很多主流媒体在进行电商直播时面临着流量短板的困境，同时盲目入局与顺应政策入局使得大量媒体存在跟风现象。与主流媒体的内容生产和传播产业不同，电商直播属于电商新零售产业，主流媒体入局电商直播属于跨产业多元化经营，媒体需要面临与传统内容生产完全不同的考验。面对流量变现的巨大差异，主流媒体应该立足本土特色，对自身品牌内容及价值进行深耕，实现自身领域的流量最大化。自2018年年底起，湖南省益阳市安化县县委常委、副县长陈灿平用抖音号“陈县长说安化”发布短视频，向粉丝介绍安化的风土人情和自己的日常工作。由于新冠肺炎疫情的影响，安化县黑茶销售受到冲击，他于2020年春天开始直播带货，希望帮助茶农、茶商渡过难关。据安化当地统计，大约半年中，陈灿平做了300余场直播，总销售额1500多万元，位于抖音茶类主播前列。如今，这位网红县长的粉丝数已超过39万，是平台上拥有实名认证的县长之首。

直播电商从爆发期逐步走向平稳期，并将进入常态化发展格局，直播电商在各平台间的头部主播不断趋于稳定，主流媒体入局直播电商需要建立常态化运营机制，扎根本土，“通过本地化、情境化的探索”①，树立品牌特色，提纯信用为品牌立足。地方政府应发展区域政府＋区域直播产业基地＋专业运营团队模式，借助政府支撑的信用优势，重点突出当地特色文化与产品以及产业优势，主流媒体的电商直播探索必将成为实现社会效益与商业价值共赢的典型模板。

## 结　语

在媒体融合转型与新型主流媒体建构的时代语境下，借媒介技术革新

① 程倩：《从宗旨到行动：服务型政府叙事的话语分析》，《浙江学刊》2020年第4期。

与视频化生存浪潮的东风，入局电商直播是主流媒体转型升级并助力经济社会发展的创新探索。基于建设性传播的理论内核，主流媒体整合多方资源，与新媒体平台、电商平台、网红等多主体的参与合作，“在相互激荡、镜鉴与互补中”[①] 激发行业活力，在提振经济、繁荣文化、促进社会和谐等方面彰显更加鲜明的社会担当。主流媒体入局电商直播是建设性传播理念驱动下媒体行业与直播电商行业的强强联合，主流媒体通过内容和形式创新阻力脱贫攻坚，提升了社会治理水平，重塑了主流媒体在大众传播中的话语中心地位。但媒体的社会使命与电商直播的营销属性毕竟有着不同的规范和边界，主流媒体融入电商直播需要立足自身特色，切忌盲目跟风，坚守社会责任底线，坚持社会效益优先，注重“探索、检查、监控和评估”[②] 传播过程，“超越技术理性的牢笼”[③]，协调好多方利益关系，实现社会效益和经济效益的最大化。

① 贾冬阳：《“古今之争”与“古今一义”》，《海南大学学报（人文社会科学版）》2020 年第 1 期。

② 党生翠：《传播审计的中外模式比较》，《国外社会科学》2020 年第 4 期。

③ 陈世华、汪旭：《传播政治经济学视野下新媒体的发展趋向和出路》，《学习与实践》2020 年第 1 期。

# 第三章　追寻与迷失：形象的政治经济学研究

从人类诞生以来，理性和感性、身体和精神、形象和内涵一直处于博弈交叠的姿态，在移动互联网时代，借助于丰富多样的新媒体工具，形象得到了前所未有的展示，形象的生产、传播和交易成为经济运作、政治抗争和文化表征的重要内容，我们从为情所困陷入为形所困。其背后蕴藏着深刻的政治经济动因，带来深远的社会后果，需要对当前的关于身体、形象、颜值的一些流行观念进行政治经济学的批判解读，深刻认识流行观念背后的复杂权力结构和关系，准确地认知自己和他人，促进人的和谐交往和社会的健全发展。

身体影像流行背后有着深刻的政治经济文化动因。身体影像是思想史、艺术史和传播的身体转向的必然结果，受身体经济的驱动，体现了身体政治的复兴和政治边界的锚定，塑造了多样的文化景观，也带来了多重的文化悖论，信息传播科技传播和遮蔽了身体认知，需要我们回到马克思，正确引导身体观念，建立批判的身体影像学。

从为情所困到为形所困，形象传播崛起背后蕴含着深刻的政治经济文化动因。观形察色，形象传播的哲学根基是视觉转型趋势，在政治维度是权力抗争的表现形式，在经济维度是形象的交易和变现，在文化维度契合社会文化心理，在技术维度受数字图像技术的驱动。形象传播导致形象的拜物教和异化，让人身陷形象的困局，助长图像的暴政。形象传播的出路在于“得意忘形”：与形象保持距离，理性看待形象，反抗形象的霸权，让形象与内涵和谐共存，回归真善美的形象传播伦理，建构批判性形象传播学，践行视觉行动主义，推动社会变革。

从明星、网红引领到普通网友跟随，网络模仿即模仿现实世界、影视文学作品或者网络中他人言行并上传至网络中，其流行背后蕴含着深刻的政治经济文化动因。网络模仿的类型主要包括性别互仿、年龄互仿、职业互仿和形象互仿，隐藏着政治观念表达和话语权争夺、文本交易和变现、关系的塑造和维护、技术编码和改造。网络模仿的异化导致违法、违背伦理道德、版权冲突、树立错误模仿形象，网络模仿的出路在于模仿的合理运用，发挥模仿的正面功效，纠偏异化模仿，营造良好交往氛围，打破模仿窠臼，回归创新本位，超越流量逻辑，严格版权管理，营造多姿多彩的网络亚文化景观。

在景观社会和视觉转向的时代背景下，选秀的生产日益多元化，选秀的流行背后潜藏着深刻的政治经济动因，在思想根基上是媒介景观的共建，在政治维度是推动文化繁荣的需求，在经济维度是消费主义与粉丝经济的异化，在文化维度是文化工业视角下的“娱乐至死”，在技术维度是技术构建“想象的共同体”。选秀带来多元而深刻的社会影响，不仅具有推动文化繁荣、拉动经济增长、传递正向能量的价值，也存在价值观引导偏颇、粉丝参与转为情感劳动、粉丝的流量失序、短暂的狂欢泡沫、身体规训与审美异化、文化内涵缺失等问题。选秀的出路在于创新选秀模式、尊重人性与伦理道德规范、富有创造性、蕴含人文关怀、脱离异化审美规训，打造更为良性的文化工业体系，推动艺术与传播的创造性结合。

## 第一节　身体影像的政治经济学研究

这是个反转的时代。感性和理性、身体和精神、文字和图像的秩序似乎都被颠覆了。在当今读图和读屏时代，互联网数字多媒体技术驱动的视觉图像无处不在，成为流行文化的显著特征。世界转向视觉化表征，利用视觉呈现意图，表达诉求，成为一种新常态，影像丰富了我们的日常生活，影像的泛滥也让我们身陷影像的困局。随着思想史、艺术史的身体转向和视觉转向，社会生活中的身体成为社会关注的焦点，在纸媒、电影、电视、手机屏幕中频繁出现人的身影，既有身体的全方面展示，也有人生经历和故事的回溯和再现，这些从法哲学的角度来说本来专属于个人的身体影像在当代社会的流行和泛滥，形成了独特的身体影像文化景观。

身体是视觉的母体与根本，也是视觉所至的最频繁和最多样的对象。在当今互联网时代，传统社会备受冷落甚至遭受鄙视的身体借助形式多样、方便快捷的新媒体以独特又生动的表现形式和审美样式受到普遍认同与关注，身体影像成为当代社会的显性符号，成为视觉时代社会图景的重要组成部分。在思想史和艺术史的身体转向的驱动下，新媒体中的身体图像作为物质身体的虚拟再现引起了学界的广泛关注。在政治领域，主要研究身体影像在政治竞选中的价值和运用，涌现了电视总统肯尼迪、网络总统奥巴马（Barack Hussein Obama）和推特总统特朗普（Donald Trump）的身体影像的政治运用实践。在社会文化领域，身体影像被视为对身体不满的幻想和虚构再现①，终其一生，身体影像体现了自我客体化、习惯性身体监控、外表焦虑和饮食失调症状的纠缠②。社会文化模型强调身体吸引力的社会标准是难以达成的，但仍然导致了对“无吸引力”的身体的歧视，陷入了“美丽主义”（Beautyism）③。国内的研究则集中于对电影电视等影像文本中的身体，以银幕身体为窗口，捕捉藏身其后复杂多变的权力关系、文化景观④，揭示影视作品中个体存在状态与社会权力意识的互动关系⑤，探讨折射出的性别政治与社会文化意义⑥。遗憾的是，由于研究视野的局限，哲学、文艺学界重视的是身体本身的批判，而新闻传播学界重视的是电影电视身体形象的解读，新媒体身体影像的流行并不久远，近年来才出现井喷之势，目前并没有文献采取政治经济学的批判路径揭示身体影像背后的政治经济文化动因，也没有反思其带来的严重后果和影响，更没有指出身体影像的走向和出路，而这正是本节试图解决的问题。

从政治经济学的批判视角来看，身体影像景观是一系列社会、经济、文化转型的产物，背后是有其独特的哲学根基和社会思潮诱因，是身体经济的变现和身体政治的体现，受消费主义利益因素推动，有着深刻的文化意涵，也因为数字处理和网络传输技术成为可能。无处不在的新媒体让人们可以随时品鉴评点他人的身体影像，也可以生产、重塑、改造和传播人们的身体影像，满足了心理需求，淡化了生存压力，人性的弱点却成了科技精英的摇钱树，身体影像的走红从不是个意外，处处都是精心设计，只

---

① Sarah Grogan, *Body Image: Understanding Body Dissatisfaction in Men Women and Children*, New York: Routledge, 2007.

② Marika Tiggemann, Jessica Lynch, “Body Image across the Life Span in Adult Women: the Role of Self-objectification”, *Developmental Psychololgy*, Vol. 37, No. 2, 2001, pp. 243 – 253.

③ Leslie Heinberg&Kevin Thompson, “Body Image and Televised Images of Thinness and Attractiveness: A Controlled Laboratory Investigation”, *Journal of Social & Clinical Psychology*, Vol. 14, No. 4, 1995, pp. 325 – 338.

④ 李琳：《当代中国电影的身体政治研究》，《重庆邮电大学学报（社会科学版）》2015 年第 3 期。

⑤ 陈靓：《性别权力机制中的身体表征——〈大地〉的身体政治研究》，《复旦外国语言文学论丛》2009 年第 2 期。

⑥ 常江、李思雪：《身体的异化与解放：电视剧〈后宫·甄嬛传〉里的女性身体政治》，《新闻界》2014 年第 11 期。

不过是政治经济权力利用新媒体在巧妙“设局”。政治经济权力塑造的新媒体身体影像让我们痴迷于理想化的身体形象，迷失于完美身体影像的海洋中不能自拔，消耗了大量的时间和精力，政治参与和文化创造的使命被遗忘，反抗与改造的意识和能力都在消亡。身体影像的政治经济学批判能够让我们更加深刻地认识当前流行文化现象产生和变革的动因，也能再现传播政治经济学的理论魅力，复兴新媒体时代的传播政治经济学研究。

## 一　思想根基：身体影像流行是身体转向的必然结果

身体影像是思想史、哲学史、艺术史上身体转向的必然结果，身体转向为身体影像扫清了观念上的障碍，身体在流行文化中的现代定位与审美再生产使身体影像成为社会关注的主要场域和焦点，身体影像成为当代社会的显性符号，成为视觉时代社会图景的重要组成部分。

### （一）思想史的身体转向

尽管身体是日常生活不可或缺的物化载体，身体在人类历史上却经历了一番颇为曲折的认同历程。在思想史上，理性和感性、语言与图像、精神和身体纠缠不休。作为感性的身体及其呈现形式的图像，一直是被贬抑、否定、排斥和统治的对象。而理性和精神，及其呈现形式——语言文字一直是备受推崇的。古希腊就出现了身心二元论的，作为感性的身体成为理性暴力胁迫与压制的对象。在中世纪，身体被宗教神学视为物欲、情欲的化身，受到疯狂的镇压与迫害。文艺复兴虽一度纾解了身体的压制与重负，但笛卡尔（René Descartes）在对理性的颂扬与意识的迷恋中，身体被认为只有无足轻重的感知能力，遭受更多的漠视甚至遗忘。一直到尼采，西方身体观念才实现逆转，感性身体开始得以解放。尼采呼吁“一切从身体出发”“以身体为准绳”，身体的地位开始彰显，身体成为哲学研究的中心，维特根斯坦（Ludwig Wittgenstein）就说：“人的身体是人的灵魂的最好图像。”① 福柯揭示了身体被规训、宰制的历史，梅洛·庞蒂、德勒兹、杜夫海纳、阿恩海姆、伊格尔顿等思想家推波助澜，从身体的角度阐释世界的多样意义成为潮流，推动学术研究回到身体、实践和生活世界，身体研究声名鹊起。互联网时代，身体借助于信息和传播科技得到了前所未有的表达和张扬，这种哲学的身体转向最终转化为社会生活的基本取向，在消费主义浪潮的塑造下，出现了诸如身体文学、身体写作、身体审美等文化现象，身体成为人们关注和思考的核心议题之一。

---

① Ludwig Wittgenstein, *Philosophical Investigation*, Oxford: Blackwell, 1967, p. 17.

（二）艺术史的身体转向

人类的历史就是一部追求美的历史，在艺术史中对美的对象的认知经历了从精神到理性再到语言，再到身体的演变过程。在西方后现代语境中，艺术割断了自身与现实之间的联系，把先锋艺术视为艺术的典范，走上了狭窄化和专门化的歧途，导致了艺术的“贫乏性收缩”[①]。实用主义美学尝试扩大美学的领域，转移美学重心，力图把美学从纯粹艺术鉴赏中解放出来，走向生活并改善生活。舒斯特曼（Richard Shusterman）的身体美学强调美学的生活取向和践行品格，主张日常生活的审美化，审美领域向生活领域的扩张正是实用主义美学的最好示范，也是最好的实现形式。艺术家通过各种身体形象，表达着他们对当代社会的批判。普通人以身体形态和人生故事的呈现塑造着生动又多样的文化艺术形态。

（三）传播的视觉转向

约翰·伯格在《观看之道》里指出：图像先于意念，观看先于言语，正是观看确立了我们在周围世界的地位[②]。视觉在所有感官中最为基本。视觉与人类经验具有高度相似性，亚里士多德在诸种感官中尤重视觉，认为我们都特爱观看。儿童先观看，后辨认，再说话，图像曾是我们最初的传递手段。随着媒介形态从报纸、电视到移动互联网，视觉形象更加符合空间的、非线性的、多维的、动态的人类经验，日益走向日常生活的中心，海德格尔曾断言“世界被把握为图像”了。巴特（Roland Barthes）的自白，“我阅读文本、图像、城市、面容、姿态、场景等等”[③]，透露了“语言学转向”朝“图像转向”的过渡。米尔佐夫（Nicholas Mirzoeff）认为“作为文本的世界已经被作为图像的世界所取代”[④]。利奥塔（Jean-Francois Lyotard）赞成图像、形式和意象对理论的优先性，苏珊·桑塔格（Susan Sontag）也赞成“感受美学”优于“解释美学”[⑤]。随着麦克卢汉所说的“重返部落”的移动互联网时代的到来，人类以更符合经验的“视觉化”形式进行所有信息的生产与传播，视觉性成为文化主因。“一个幽灵，一个视觉图像的幽灵，在当代社会中徘徊。”[⑥] 我们被各种不同

① 刘连杰：《“身体美学”在中国的误读与混用》，《暨南学报》（哲学社会科学版）2012年第11期。

② ［英］约翰·伯格：《观看之道》，戴行钺译，广西师范大学出版社2005年版，第4页。

③ 曹意强：《艺术史的视野》，中国美术学院出版社2017年版，第3页。

④ ［英］尼古拉斯·米尔佐夫：《如何观看世界》，徐达艳译，上海文艺出版社2017年版。

⑤ ［美］道格拉斯·凯尔纳、斯蒂文·贝斯特：《后现代理论：批判性的质疑》，张志斌译，中央编译出版社2004年版，第197页。

⑥ 周宪：《视觉文化的转向》，北京大学出版社2008年版，第1页。

的视觉技术，如摄影、电影、电视、互联网，以及它们展示的影像——影视节目、广告、快照、社交页面、公共雕塑、报纸照片和图画、短视频——所围绕[①]，处于图像生产、流通和消费急剧膨胀的图像资源富裕乃至过剩的时代。图像显示出普世的象征意义，凭依数字处理和传输技术支撑，视觉图像日渐成为当下社会生活的信息生产和接收形式，重塑着独特的文化范式与生活样态。传统社会备受冷落甚至遭受鄙视的身体以独特又生动的表现形式和审美样式受到普遍认同与关注，塑造了“身体图像”的乌托邦。

## 二　经济之网：身体影像背后是身体经济的驱动

在感官营销中，形象作为视觉信号能够推动和促进消费行为[②]。身体是人在生产、生活、消费中使用和观察的物质实体，是经济运作的重要载体，身体经济也是现代经济的重要组成部分。身体影像背后蕴含着强大的经济动因，经济力量与身体影像纠缠不清。经济力量驱动下的身体影像让身体出现了社会脱位（social deslocation）[③]，在深化和拓展身体影像化的进程中，从“生理的身体”到“社会的身体”演进为“消费的身体”，扩张身体商品的形式，身体—生产—消费—审美四位一体，假借审美的名义，诱使身体生产和消费，身体与经济效益挂钩，成为经济关系的交织点，身体影像无法摆脱经济之网，人性的弱点成为少数精英牟利的手段。

### （一）身体是影像产品的劳动力

身体影像是生产方式变革的必然产物。对身体兴趣的高涨是社会转型的结果，与当今经济秩序中重工业生产的衰落和服务业兴起有着密切的关系。在传统社会，身体附着于生产活动中，而工业社会，借助于机器，身体与生产逐渐分离。而在后工业社会，脑力劳动成为主流，身体被实用化、去功利化，虚拟形式的服务产品层出不穷。身体已经从福柯意义上的生产主义身体转化为消费主义的身体，身体受到赞美、欣赏实际上是借助于以身体为核心的影像产品。当代社会，身体并没有摆脱生产工具的本质，只是从被动出售的受众商品变成了主动生产和消费的产消者（pro-

① ［英］吉莉恩·罗斯：《观看的方法》，肖伟胜译，重庆大学出版社2017年版，第3页。

② ［美］阿莱德哈娜·科瑞斯纳：《感官营销》，王月盈译，东方出版社2011年版，第206页。

③ 陶东风：《消费文化语境中的身体美学》，《马克思主义与现实》2010年第2期。

sumer)[①]，生产影像和消费影像合二为一。在现代消费社会中，文化产品以身体为中心来建构，影像文化中大量是以身体形式呈现的作品，身体变成了文化产品生产的劳动力，身体和身体故事的展现创造出一个图片、视频、短片，就是一个可供消费的产品，身体借助于数字图像和传播工具，自由地展示和传递身体图像，生产身体故事的图片、视频、电影等产品，供广大公众消费。身体的资本效应被孕育和挖掘，身体在身体产品的生产中，犹如拉磨之驴，乐此不疲、劳作不休，无法走出经济的圈套。

（二）身体影像是身体的商品化和售卖

身体与物品有相通之处。在消费的品类中，最珍贵、最美丽、最光彩夺目的物品便是身体[②]。后现代社会生产方式转变后，身体影像消费成为一个有利可图的行业，身体成了最美丽的商品，存在布尔迪厄所说的无所不在的商品化现象。身体的开发、管理、保养、美化、利用、展示、出售成为当前经济的重要组成部分，身体陷入市场化商业化运作逻辑的陷阱。本来身体是审美的主体，现在却成了消费的对象。无论身体影像中如何符号化和视觉化，都难以摆脱身体作为经济工具的本质。后工业社会的服务业，其中大部分是为身体服务的，为了塑造所谓的理想的身体，如运动、保健、健身、美容院、整形医院以及休闲胜地等的美体实践，都是身体的修复、改造和美化。身体产业借助于影像媒介传递着更迷人的外表能得到更丰厚的回报的理念，监察身体的外表，塑造时尚的流行与变迁，营造身体美学规范，悄悄潜入每个追求时尚的个体意识之中，控制其消费观念和行为[③]。文身、身体彩绘、美发、美容、健身、美体、舞蹈、杂技、行为艺术、瑜伽等，都是通过身体影像为人所知，并产生需求，开展消费，身体最终被视觉图像机制卖给了庞大的经济产业。

身体影像是销售身体的附属品的渠道。自古以来，身体带有种类多样的附属物，当代社会，身体附属物更加丰富，必须要借助于合适载体广泛散布，附属物必须借助身体来呈现，实现躯体化，身体影像的流行实质上是身体附属物在寻找广阔的市场。人类每天沉浸的“消费带来的令人兴

---

① Christian Fuchs, “The Political Economy of Privacy on Facebook”, *Television & New Media*, Vol. 13, No. 2, 2012, pp. 139 – 159.

② ［法］让·鲍德里亚：《消费社会》，刘成富、全志钢译，南京大学出版社2014年版，第120页。

③ 袁芃：《当代身体审美机制探析》，《南京政治学院学报》2008年第4期。

奋的满足”[①]，就来源于疯狂追逐的各种消费品。年轻、白皙、苗条、高挑、奢华的身体形象与各种商品若即若离[②]，唤醒长期受到压抑的欲望，创造虚假的欲求，提醒每个人可以通过消费商品改善自我。影视、商场广告、手机屏幕，对身体的视觉化呈现往往是以附属物为焦点，如服装、首饰、鞋帽，背后隐藏着庞大的附属物产业，如运动健身、美容保健、洗护产业、服饰行业，目的是推动身体对这些附属物的消费，还有附带着各种身体之外的产品，如汽车、手表、家具。身体的影像附着于商品外包装，活跃在流行文化中，促成对于身体外形的关注，加大对内部身体与外部身体的投资，与身体装饰相关的身体行业纷纷兴起，而身体经济的发达，又在不断塑造和新的身体，借助各种媒体平台广泛散布，引发新的审美风潮，身体影像与身体经济形成良性的循环机制。本来身体应该是主体，但是却成为身体附属物的附属物，身体和身体附属物显得本末倒置。

（三）身体的欣赏本身是眼球经济

在眼球经济时代，对身体的关注可以转化为收益。媒体以用户数量和使用时长为导向，用户的时间可以转化为用户和平台的收益。一方面，身体通过“表演自我”，借助视觉影像的展示与宣传，进行个人售卖，可以吸引到商家的关注，能给身体主人带来新的机会和收益，如怀揣模特梦想的女性在新媒体上展示身体，引起模特公司关注和招募。身体影像的展示，成为个体获取经济利益、拓展社会交往、实现自身价值的重要形式[③]。另一方面，身体影像也能吸引眼球，提高身体影像承载平台收看率和广告，身体主体可以参与平台分红，获得收益。正如受众商品论所显示的，媒体提供优秀的内容只是吸引顾客的免费午餐吸引顾客光临，然后出售给广告商，让观看接触广告，产生需求以及后续的消费行为。对身体的呈现、塑造和传播，都能够吸引眼球，给身体影像的承载平台带来点击率和关注度，可以转化为广告。尤其美女的身体能够吸引大量的关注，创造美女经济神话，实际上也在附带着各种身体之外的产品，如汽车、手表、家具。城市、企业等举行形象大使、代言人遴选活动，就是优雅的身体美学展现的吸引关注，推动经济社会文化的发展。

---

① ［法］让·鲍德里亚：《符号政治经济学批判》，夏莹译，南京大学出版社2015年版，第8页。

② ［英］迈克·费瑟斯通：《消费文化中的身体》，载汪民安、陈永国《后身体：文化、权力和生命哲学》，吉林人民出版社2003年版，第326页。

③ 张伟：《“视觉转向”与身体美学的现代逻辑》，《文艺理论研究》2017年第4期。

（四）身体影像的异化和剥削

身体的影像经济固然有利于身体主体实现自身的身体价值，推动身体经济的繁荣，但是经济驱动的身体影像已经让个体逐渐失去了对身体的控制权，身体日益被操纵在商家的股掌之间[①]，身体变成机器，可以通过健身、规划、饮食、化妆品、装饰，甚至整容，精确调节、重新塑造、自由展示，身体不再是自然的产物，不再是神圣的私有物品，而可以讨价还价[②]、自由买卖和交换，人成为身体经济的奴役。以抖音为代表的新媒体犹如无窗的赌场，屏幕往往会隐藏时间信息，模糊用户的时间观念，利用无处不在的移动设备，让用户不分昼夜为创造身体影像利润。新媒体的身体影像犹如赌场门口的老虎机和骰子机器，给受众快速强烈的愉悦反馈，极低的门槛带来看似极高的“奖励”，把大批量原本只打算“观光”的游客变成了无知无觉的赌客。受经济驱动的身体塑造和维护，其目标主要是展示和出售其外在的身体形象创造收益，而不是凸显其内涵和品位[③]。本来建立在科学与健康的基础上的身体标准被市场交换机制扭曲了。在身体影像的引导下，公众对于身体的要求看似多元，实则没有个性：瘦身、双眼皮、大眼睛、锥子脸、白皮肤成为通行标准。为了所谓的外在美，节食、瘦身、整容、浓妆，偏离了身体的初衷——身体训练与身体意识的和谐[④]。身体影像的过度消费带来了身体的亏空，身体隐私在消失。多少人没有量力而行，盲目追求身体消费而身陷囹圄，如大学生为了整容而身陷高利贷陷阱。当闲暇时光和休闲活动也被纳入市场的轨道，人们的精神需求、休闲方式日益依赖身体商品的购买，传统的价值和道德观念逐渐隐退了，精神的满足退居其次。身体影像背后所蕴含的商业动机和消费逻辑构成了一张缜密细致的网络，让人的身体深陷其中。身体的影像背后涌动着资本建构与增值逻辑，感性需求持续高涨和精神崇高性逐渐失落[⑤]。身体资本的开发及其价值增值是以身体本位的迷失为代价的。经济本来是为身体服务的，现在身体却是为经济服务，身体剥削成为常态。身体影像经

① 高春民：《论审美活动中的身体及其实践性》，《文艺评论》2016 年第 2 期。

② ［法］让·鲍德里亚：《艺术的共谋》，张新木、杨全强、戴阿宝译，南京大学出版社 2015 年版，第 75 页。

③ 代迅：《压抑与反抗：身体美学及其进展》，《西南大学学报（社会科学版）》2006 年第 5 期。

④ 姬志闯：《经验、语言与身体：美学的实用主义变奏及其当代面向》，《哲学研究》2017 年第 6 期。

⑤ 傅守祥：《大众文化时代的审美范式与身体美学》，《社会科学战线》2009 年第 9 期。

济，只是传统经济旧实践的新版本①。身体影像的多样性伴随着私有经济的身体劳动剥削。在更宏观的层面，数字化和商品化的循环交互②，使资本彻底地控制了身体影像的生产，独立的影像生产处于弱势。身体经济驱动下的身体影像带来深刻的文化意涵和严峻的社会后果。

## 三　政治框定：身体政治的复兴和政治边界的锚定

图像符号是权力纷争的核心场所，具有与生俱来的政治使命与社会属性。身体影像是一种“视觉的社会建构”，身体影像的看与被看总是发生在特定的社会情境和语境之中，隐含了身体政治内涵，据此可以读解出当代社会的政治文化症候。身体政治与身体影像形影相随，无处不在，身体影像交织着多种权力关系和文化力量。

### （一）宽松的政治语境使身体影像成为可能

任何图像总在一个特殊的历史环境中出现。任何身体影像都在一定的政治语境中运作，受政府和法律的制度力量所约束，其传播无法与政治话语相剥离。身体影像承载的社会意义都是由个体所无法驾驭的社会结构与社会文化所决定的。身体的图像主要是作为镜像、象征、表象与外部语境发生关联，是现实身体的互文和映像，折射出现实生活中政治、经济、文化权力对身体的规训。在传统中国，身体图像是政治的附属物受到严格控制和规训。改革开放以来，中国文化逐渐摆脱对政治的依附，建立相对独立、富有活力的文化机制。在审美领域，温和的政治选择与鲜明的现实利益相结合，在某种程度上告别了“政治—道德”一体化的文化形态③，审美风尚发生根本性的变化，由崇高的道德教化文化向审美的、享乐的消费文化转化，尤其是在移动互联网时代，观看和展示身体影像的需求更加强烈，也更加自由和便捷，不需要注册、批准、审核，就可以自由观赏、发布、评点和转发身体影像。但是身体影像不能超出政治的界限，并不能颠覆传统的意识形态，不能亵渎宗教，不能宣传主流意识形态之外的价值观念。监管部门反对低俗庸俗媚俗的政策，随时可以对身体图像进行有力规制。

---

① Robin Mansell, "New Visions, Old Practices: Policy and Regulation in the Internet Era", *Continuum*, Vol. 25, No. 1, 2011, pp. 19 – 32.

② ［加拿大］文森特·莫斯可：《云端：动荡世界中的大数据》，杨睿、陈如歌译，中国人民大学出版社 2017 年版，第 5 页。

③ 傅守祥：《大众文化时代的审美范式与身体美学》，《社会科学战线》2009 年第 9 期。

（二）身体影像是身体解放和观念传达

身体是快乐和表现自我的载体，是戈夫曼所说的传达自我印象的工具[①]，不仅仅是被动的刻写对象，本身也是积极主动的爆发性力量。身体影像是当代身体政治的展现，现代人以身体为隐喻[②]，表达诉求，开展斗争实践。在视觉文化时代，借助于自媒体工具，身体不再像传统社会那样被遮蔽和掩饰，而是尽可能充分地展示。新的数码图像带来了特别令人羡慕的见识和权力。卡西尔从人在符号中证实了一种新的力量——建设一个人自己的世界、一个“理想”世界的力量[③]。身体的频繁显现证明了身体束缚的适度放松、消费过程的自由裁决、政治领域的个人协商[④]。身体出现了解放的迹象，无论是领袖和政治人物通过传媒展现光辉形象，还是普通人通过自媒体渠道展示身体影像，都证明身体冲破长久以来遭受的精神和理性与的压制，通过身体的展示和身体故事的演绎，表达政治诉求，延展意义，自由展现身体的美感、才艺和故事，实现了自身的价值，通过身体符号动员，进行梅洛—庞蒂（Maurice Merleau-Ponty）所说的感性的抵抗[⑤]，践行着视觉行动主义[⑥]。一切的身体烦恼和诉求，都在身体影像中高声尖叫。

（三）身体影像是身体的再次规训

身体是政治的肉身载体。尼采曾在《权力意志》一书中断言“肉体乃统治的产物”，处于持续被权力裹挟与驯服的状态。福柯致力于探讨身体与权力之间关系，认为微观权力早已渗透至身体的每一个毛细血管[⑦]，身体被干预、管理、控制甚至征服的实践对象，被卷入政治领域中，“权力关系总是直接控制它，干预它，给它打上标记，训练它，折磨它，强迫

---

① ［美］欧文·戈夫曼：《日常生活中的自我呈现》，黄爱华、冯钢译，浙江人民出版社1989年版，第239页。

② 萧延中：《身体：中国政治思想建构的认知基础》，《中国人民大学学报》2005年第6期。

③ ［德］恩斯特·卡西尔：《论人是符号的动物》，石磊译，中国商业出版社2016年版，第263页。

④ 徐国超：《福柯的身体政治评析》，《天津行政学院学报》2012年第6期。

⑤ ［法］艾曼努埃尔·埃洛阿：《感性的抵抗：梅洛—庞蒂对透明性的批判法》，曲晓蕊译，福建教育出版社2016年版。

⑥ ［英］尼古拉斯·米尔佐夫：《如何观看世界》，徐达艳译，上海文艺出版社，2017，第271页。

⑦ 于海：《西方社会思想史》，复旦大学出版社2016年版，第393页。

它完成某些任务、表现某些仪式和发出某些信号”[①]。虽然当代社会身体得到了自由和解放，但是社会结构的力量绝不放弃任何施加影响的机会和可能。无论是生产主义的身体，还是消费主义的身体，一成不变的就是权力对身体的精心而巧妙的改造[②]。看似自由的身体影像领域实际上是一个充满张力的场所，权力不见首尾却又无处不在，不动声色却又雷霆万钧。作为一种社会交往的符号，身体影像不断地受到社会关于身体的权力话语（美/丑，健康/病态，活力/笨拙，正常/反常等）的支配。身体影像的标准化是机械化复制的新形式，暗含着正常化和驯化，只是从否定性的压制转型肯定性的激励[③]。影像传递的身体标准让本来多样的身体去模仿、追随，不符合标准的身体被诋毁、贬值，影像身体最终演变为甜蜜的符号暴力，形成一种新的话语霸权。身体影像并没有带来平等，权力拥有者和身体主体不平等现状在身体影像中继续维持和强化。身体图像的模板，诱使人们按照根据面容、发型、衣饰、身材等身体表象的标准来监管自己的身体，进行福柯所说的“自我的教化”[④]。影像文化中身体的标准，如苗条的身材、白皙的皮肤、细小的脸庞，犹如无形的枷锁，束缚着当代人。影像中身体的五颜六色的服饰和附属物实际是麦克卢汉所说的延伸的皮肤，是一种控制和支配的有力武器。看似共识、共享的理想身体标准，通过影像潜移默化地灌输给个体，接受训练、宰制、改造、矫正和规范化的身体是洋溢着权力意志的身体，不是自觉、活力的身体，而是被动、呆滞的身体，不再是主动追求真善美，而是根据商业目标的自我发明。

身体影像陷入了自由和专制、解放和奴役的悖论。一方面，身体影像的生产、传播和消费越来越丰富和多样，当代人享受着前所未有的身体文化。另一方面，权力以另一种更为隐性的方式规约着身体的展现形式，塑造身体标准、创造身体需求、推进身体消费，看似个人有充分的选择自由，实际是自由的丧失。身体影像释放了身体美感和潜能，也利用了身体的欲望和需求，身体的解放成为虚幻。随着看与被看之间界限的消解，身心融入广阔的图像世界中，到处都是虚无的形象，镜子的倒影、梦幻的光

---

① ［法］米歇尔·福柯：《规训和惩罚》，刘北成、杨远婴译，生活·读书·新知三联书店1999年版，第27页。

② 汪民安、陈永国：《编者前言：身体转向》，载汪民安、陈永国《后身体：文化、权力和生命哲学》，吉林人民出版社2003年版。

③ 李三虎：《技术与身体政治：现象学视角》，《华南师范大学学报（社会科学版）》2013年第2期。

④ ［法］米歇尔·福柯：《性经验史》，佘碧平译，上海世纪出版集团2005年版，第327页。

影和变幻无穷的幻觉造像[①]，影像已脱离了任何一种与真实世界的关联，我们如今生活在一种由仿真或拟像所宰制的视界政体中[②]。图像无处不在，建构了视觉文化的独裁统治。正如德勒兹所言，身体从多样体变成"受支配的统一"[③]。

在政治和社会领域，身体影像带来了私人领域的开放和公共领域的消亡。现代传媒构筑了无所不在的身体窥视场域，私人的身体演变为公共的身体，专属于个人的领域在缩小，个人的隐私在消失，身体影像的随意表演，私人领域公共化，造成了像雅斯贝斯所说的公共生活变成单纯的娱乐，严肃的公共事务变得无人问津。受制于政治的边界，公共讨论在消亡，家国情怀和社会责任感在淡化。洋溢着动物精神的身体在复苏，充满政治使命的身体在沉默。

## 四　文化困局：身体影像塑造文化景观和多重悖论

卡西尔说，人符号的动物。玛丽·道格拉斯（Mary Douglas）的身体象征主义将身体看成一个象征系统或者是话语[④]。身体影像作为一种社会建构的符号，体现文化价值观念变革，对身体的重新再现本来就是现实文化变革的回应。后现代的类象时代是一个由模型、符码和控制论所支配的信息和符号时代[⑤]，符号本身拥有了生命，以迅猛的速度剧增，并主宰了社会生活。身体影像塑造了独特的文化景观，带来了多重难以释解的悖论。

### （一）积极维度：身体影像塑造了独特的文化景观

身体在媒体上的自由展示和观看，使改造和创造理想的身体影像成为可能，释放了在职场、婚姻、家庭压力，丰富了精神生活，适应快速切割、图像化和高节奏的现代生活需要[⑥]。影像的交互性让人们从面对图像

---

① ［英］德波拉·切利：《艺术、历史、视觉、文化》，杨冰莹、梁舒涵等译，江苏美术出版社2010年版，第11页。

② ［英］吉莉恩·罗斯：《观看的方法》，肖伟胜译，重庆大学出版社2017年版，第7页。

③ ［美］乔纳森·克拉里：《观察者的技术》，蔡佩君译，华东师范大学出版社2017年版，第105页。

④ ［英］布莱恩·特纳：《身体问题：社会理论的新近发展》，载汪民安、陈永国《后身体：文化、权力和生命哲学》，吉林人民出版社2003年版，第20页。

⑤ ［美］道格拉斯·凯尔纳、斯蒂文·贝斯特：《后现代理论：批判性的质疑》，张志斌译，中央编译出版社2004年版，第153页。

⑥ ［德］沃尔夫冈·韦尔施：《重构美学》，陆扬等译，上海译文出版社2006年版，第250页。

世界到走进图像世界，在图像的虚拟世界里往返自如。数字图像科技，如磨皮、瘦脸、大眼、加符号等功能，使身体影像的改造成为可能，现实的强制性在弱化，身体不再先天的、固定的，而是可选择的、可变化的、可塑造的、可处理的、可逃避的①，人们通过影像技术可以达到自己想要的特定外形，提升了身体的自主性。对身体主体来说，影像中身体已经脱离了原本肉身，成为一种象征或符码，在身体影像的展示中确立自己的文化地位和身份，进行自我教育和启蒙。身体影像借助于现代信息传播科技，摆脱经久以来遭遇的压制成为社会关注的焦点，获得了独立与自由。影像机制营造着更为宽泛的身体展示活动场所，以复杂而多元身体的形象获得了广泛的审美认同，实现了自身的价值，成为一种独特的时代景观。身体偶像通过媒体展示向社会大众提供一个可供借鉴的身体审美标杆，引领现代社会的审美思潮，不断编织着公众的审美认同，传递了适合社会价值观念的身体观念，以一种隐性的规约机制传导和教化现代身体审美范式。身体作为文化和历史的载体，通过身体故事的演绎，传承和扩散了历史文化传统，丰富了文化景观，推动了社会进步。对观看主体来说，身体影像作为认知外在世界以及自我视觉体验的载体，为观看主体带来了更为多元的视看对象与视看路径，创造着颇为独特的视觉体验，参照别人的身体范式来反观自身的身体，引导自身的身体塑形，在视听快感与审美体验中潜移默化地主动接纳与审美认同，追求更加理想化的生活样式，成为个体不断趋向社会前进的内在动力。

（二）从消极层面：身体影像导致审美情趣的偏颇和异化

身体影像带来审美浅表化、感性欲望膨胀、享乐主义盛行、追求媚俗与畸趣、阶层分化和固化等负面影响。首先，审美浅表化。现代图像机制一统天下的是肤浅的审美价值，是不计目的的快感、娱乐和享受。休闲和娱乐文化成为文化的指南，敏感、喜新厌旧、休闲享受的美学人（homo aestheticus）成为新的时代模特，抛弃了刨根问底的追求，潇洒地享受着生活的一切机遇，身体影像的过度改造偏离了身体自然的初衷。借助于影像科技，恣意塑造和改造身体形象，如瘦脸、磨皮、拉长腿等，严重偏离了身体的本来面目，成为虚幻的存在，失去了应有的个性、诗性、灵性、神秘性等终极意义。身体影像中附属品的过度展示，为炫富拜金推波助澜，助长奢靡低俗的风气。

---

① ［德］沃尔夫冈·韦尔施：《重构美学》，陆扬等译，上海译文出版社2006年版，第252页。

其次，身体影像脱离现实的自恋。新媒体的全屏幕设计，隐去时间和所有外来干扰，让我们沉迷于欣赏占据屏幕的身体影像，完美的身体影像让人们容易脱离和逃避现实，沉迷于“帝王式的自我”。正如广告口号，“您所梦想的身体，就是您的。”这种集体自恋让人们在虚幻的身体影像中自我混淆和自我宽恕。沉迷于完美的身体影像，造成各种病态的自恋性人格，体现在孤芳自赏、过分自我意识、外观焦虑不安、恐惧老化、不化妆不出门，导致生命和情感的脆弱。而世界上本无完美的事物，更无完美的人。身体影像的象征终结真实①，虚拟的身体影像消解了真实与拟像的对立和差别。用完美的身体表现世界，灾难和残暴被弱化，差异的社会被拉平，现实的苦涩被抹去②。人们沉迷想象的虚幻快感，丧失了对现实世界进行批判与改造的意识和能力。视频时代引人入胜、不限地域、无所不在的身体，带来了一种虚假的失重状态和幻想状态。身体借助影像向世界开放，也遮蔽了世界。身体影像世界是被扭曲的世界，里面没有贫困，没有真实的生活，只有纸醉金迷和消费主义。新媒体犹如赌场的布局，装潢华丽色彩鲜艳，让人失去空间方位感，新媒体犹如花园迷宫，进去容易出来难。随时滑动而获得新的影像带来不可预知的期待和刺激，相当于老虎机的间歇性奖励，让人无法自拔。

再次，身体影像导致阶层的固化和分化。我们在一个世界里说话，在另一个世界里观察③。在鲍德里亚看来，消费其实是一个差异性符码之间的交流体系，消费即是地位和身份的有序编码，这种编码就是阶层区划④。特纳（Bryan Turner）也说，不同的社会阶层养成了不同的身体形象⑤。身体作为一个区分标记、作为阶级差异的象征再现也被引入身体影像的生产和消费中。由于不同的身体生产者和消费者的趣味与风格的差异。影像平台为不同社会人群规划好了活动的专门领域，形成等级化结构。身体影像平台固然为多元身体主体创造了表达的平台，却并不能促进

---

① ［法］让·波德里亚：《象征交换与死亡》，车槿山译，译林出版社 2012 年版，第 186 页。

② ［法］雷吉斯·德布雷：《图像的生与死》，黄迅余、黄建华译，华东师范大学出版社 2014 年版，第 315 页。

③ ［法］雷吉斯·德布雷：《图像的生与死》，黄迅余、黄建华译，华东师范大学出版社 2014 年版，第 28 页。

④ ［法］让·鲍德里亚：《消费社会》，刘成富、全志钢译，南京大学出版社 2014 年版，第 11 页。

⑤ ［英］布莱恩·特纳：《身体问题：社会理论的新近发展》，载汪民安、陈永国《后身体：文化、权力和生命哲学》，吉林人民出版社 2003 年版，第 30 页。

不同声音的平等、友好交流，而是同一阶层人群的抱团，导致不同阶层之间的对立、分化。身体影像成为判断个体身份与社会价值的重要指标，背后是社会地位与文化身份的隐喻呈现，成为现代个体融入特定社会阶层、获得社会认同的障碍。影像空间并不是一个自由、开放的空间，仍然被四分五裂的矛盾的价值观和利益所割裂；现实世界的不同侧面渗透到身体空间，难以互相理解，制造出一座毁灭的巴别塔①。

最后，身体影像助长了窥私欲。现代社会对身体影像的过度迷恋与膜拜，助长了一种普遍“窥视欲”。对观看者而言，窥视他人的身体成为普遍福利，窥探身体隐私成为视觉时代最具吸引力的卖点，影像平台寻找能够激发窥视癖的素材，无所节制地展示人的身体和私人生活，满足大众的窥视欲。私人化的身体影像成为公开浏览的对象。借助于身体影像，任何人可以自我透明化，在任何时候都可以生产、传播自身的影像，可以收看、消费、评论和转发他人的身体影像。对身体的展示，以牺牲身体本有的隐私为代价，人越来越透明和无处躲藏，对传统私人化身体的入侵成为现代社会的一种常态。Facebook 的隐私泄露让人成为争夺选民、广告轰炸的靶子。“集体窥私癖”背后涌动着全员窥视的冲动，意味着现代社会的审美异化，也预示着深刻的伦理危机，“非礼勿视”的传统价值观念遭遇瓦解②，视觉伦理成为现代社会面临的紧迫话题。

### （三）身体影像的性别偏见无处不在

虽然社会在不断朝着性别平等的方向前进，但是身体影像背后资本的利益扩张、权力的支配效应、技术的传播优势仍然与男性主义交织在一起。身体影像是存在明显的性别歧视现象，不平等的性别权力关系在身体影像中随处可见。几千年来，男性观看女性的基本模式仍无变更。在影像中，男人和女人的身体被物化、商品化与性化，两性行为的规定性更加固化，其内核就是性别本质主义③。身体影像中存在一种男性“看”与女性“被看”的二元对立的性别等级模式。男性是观看的主体，是欲望的主体，“看”是男性的特权，享受着看的视觉快感。男性以女性的身体为主要的窥视对象，就如同猎物与猎人的关系一样，女性身体是男性眼睛的猎

---

① James Curran, N. Fenton & D. Freedman, *Misunderstanding the Internet*, New York: Routledge, 2012, p. 11.

② 刘连杰：《“身体美学”在中国的误读与混用》，《暨南学报（哲学社会科学版）》2012 年第 11 期。

③ 张红翠：《身体转向与肉身化叙事》，《郑州大学学报（哲学社会科学版）》2007 年第 3 期。

物。女性总是被展示和被看的对象，是男性欲望的满足者和快感的制造者。“看”里包含男性对女性的霸权和对女性身体的规训。男性将其幻想投射到女性形象身上，女性形象带有一定的色情意味。电影、电视、报刊封面、商场橱窗抑或广告多以展现女性身体招徕眼光，而这些女性身体形象大多是按照男性眼光来衡量和塑造的，并不一定是女性的本来面目。身体的看与被看之间，隐含着“男权”和“父权制”的霸权结构，暗含女性身体遭受“殖民化”的现代逻辑①。

性别的等级关系蕴含着男性的视觉暴力，带来女性的视觉奴役。女性的身体美学向来都是男性的视觉盛宴。“男人对妇女犯下了滔天罪行。让妇女成为他们男性需要的执行者。”②“女性则在男性所设立的标准下被呈现出来。”③ 影像中女性的形象和标准都是男性塑造的，女性身体进行着迎合男性目光进行身体的自我美化工程，美丽之于女性，变成了宗教式的绝对命令④，女性根据影像媒介塑造的时尚审美标准，进行着貌似自主的身体改造，看似个性化的自我美饰，却是去除个性甚至埋葬个性，被解放出来的女性再次“监护”，接受“规训”，只是假借了时尚的名义，而不是封建男权家长制的名义⑤。女性的“美”不再是自然的，女性为了追求影像中的女人味，深陷于美丽的困境，展开了对身体的美丽战役。“清水出芙蓉，天然去雕饰”的天然美丽状态，已经被抛弃。影像文化中理想的身体样板，成了女性竞相效仿的对象，如娇小精致的脸盘，凹凸有致的纤细身材，柔弱妩媚的气质，指导其化妆、穿衣、减肥等。女性将这种男性的目光内化了，助纣为虐地为了所谓的美丽的身体而努力。整容、化妆、PS 这些速效美丽的手段，让无数爱美女性奋不顾身、趋之若鹜。女性沉迷于虚幻的身体印象，放弃了自己独立的身体意识，认可、赞同视觉文化中的身体标准，依附于男性的审美，女性的身心无形中被男性中心主义的视点所规训了。女性影像与男性影像的展示方式是大相径庭的，以显示男女气质有别。男性在影像中总是“威武”“强壮”“阳刚”，与女性的苗条、白皙、柔弱的所谓女人味形成强烈反差，借此男性强化着自身的

---

① 张伟：《“视觉转向”与身体美学的现代逻辑》，《文艺理论研究》2017 年第 4 期。

② 张京媛：《当代女性主义文学批评》，北京大学出版社 1992 年版，第 191 页。

③ 张锦华：《媒介的女人，女人的媒介》，中国台北：硕人出版有限公司 1995 年版，第 6 页。

④ ［法］让・鲍德里亚：《消费社会》，刘成富、全志钢译，南京大学出版社 2014 年版，第 124 页。

⑤ 赵行专：《大众文化语境下的女性身体美学》，《中国矿业大学学报（社会科学版）》2007 年第 2 期。

雄性气质。男性的“美”或“不美”，往往被轻描淡写，成就、声望、权势、金钱可来替代身体的不美，而女性身体的所谓缺陷却并不能通过成就来弥补，有成就的女性却总被认为与身体有关，借助身体影像的生产、传播和接受，性别等级和偏见更加根深蒂固。

（四）身体影像的多重悖论

身体影像带来多重难以释解的悖论。首先，身体狂欢与身体焦虑的二律背反。身体影像多元化的同时又衍生了普遍的身体焦虑，身体陷入控制身体与享受身体的矛盾。一方面，借助影像科技，身体摆脱长久以来的压抑与羁绊，自由公开展示、炫耀身体，确立自己身体行为方式，实现自身的价值，演绎着视觉时代的身体“狂欢的演出”①。观看者有如“沙发司令员”，调遣着无穷无尽的身体影像库存②。波德莱尔（Charles Pierre Baudelaire）1860 年描述过人工天堂，眼看就要实现了。但是身体又受身体影像的规训，严厉和残酷地控制自己的身体，身体背负枷锁步履蹒跚，以追随视觉文化中理想化的身体形象，日益背离身体本有的自然意蕴与感性诉求。完美的身体影像的反复鼓噪，迫使个体更加关注自己的身体，将自己的身体与扭曲的身体时尚标准进行比较，为了与时尚的身体审美趋于同一，女性为身上“多余的”脂肪而愁眉不展，茶饭不思；追求瓜子脸而为“大饼脸”而自卑；为了弥补身高不足，忍受高跟鞋的痛苦。身体图像的诱使与蛊惑，引发新一轮的身体危机，带来普遍性精神焦虑。也动摇了身体是什么、身体是谁的认知，身体变得捉摸不定，我们在身体影像的狂欢中无所适从。

其次，身体的在场与精神的缺席，身体欲望的泛滥和理性的退场。在消费主义盛行的后现代社会中，身体影像借助新媒体几乎充斥着社会生活的每个角落。身体影像狂欢的背后是感官刺激与欲望的张扬，缺位的是理性思考与崇高信仰。基于纯粹模仿的身体塑形忽视身体的精神意义与深度内涵，与身体审美的超越性与文化意义已然渐行渐远了。身体影像的收益是身体出售的奖赏，不再是灵魂的拯救。单纯展示身体，是创造力的衰退。“在肉体的跃跃欲试后面，是沉睡不醒的灵魂，是精神的无家可

① ［俄］米哈伊尔·巴赫金：《巴赫金全集（第六卷）》，白春仁、顾亚玲译，河北教育出版社 1998 年版，第 158 页。

② ［德］沃尔夫冈·韦尔施：《重构美学》，陆扬等译，上海译文出版社 2006 年版，第 235 页。

归”[1]。影像越来越倾向于人为的、刻意的策划和刺激，过度的生产身体趋于模式化、扁平化，变得日益空洞和贫乏[2]，身体影像的多样呈现却是创造性的式微，图像世界在贫瘠化。人们对同质化的身体形象越来越冷淡、木然和拒斥，越来越挑剔，从心旷神怡到见惯不惊、恶心作呕，削弱了视觉兴趣和新鲜感，导致广泛的视觉疲倦，并带来某种新的视觉匮乏或缺失[3]。

更严重的是，对身体影像的一味模仿，带来了身体的惰性，无限放大了人类的劣根性和惰性。新媒体简易的操作方式，不需要填写太多信息，一条短信即可注册；不喜欢的内容，下滑即可更换；系统自动推送，不需要用户遴选；影像生产的一键美颜瘦身，不需要长时间修改调节；一键转发等，让用户疏于动手和思考。新媒体简单的设置和操作，犹如赌场门口的老虎机和骰子机器，低风险、易操作，让人放松警惕。新媒体简单的滑动操作、全屏浸入，让用户形成“操作性的条件反射”，不需遴选、不需甄别，更不需思考。视觉时代的方程式是：可见 = 现实 = 真相[4]。“我看见”等于“我明白”。眼见为实的社会不再是一个开放的社会，而是最缺乏辩证思考时代了。在视像主宰下，真理和救赎的长篇大论被无视，没有线性的因果关系，只有总体的循环。图像如冰雹或风暴一样自天而降，麻醉了我们的大脑，沉迷于身体影像之后是无穷的空虚。身体的简单观看导致了集体的不思考，造就了马尔库塞（Herbert Marcuse）所说的“批判的停顿，没有反对派的社会”[5]。身体影像犹如给现代人嘴中塞一个“奶嘴”，扼杀时间，让人沉溺于感官刺激和诱惑，饮鸩止渴，渐渐丧失独立思考的能力，走向精神毁灭就不远了，正如英国诗人柯勒律治所说：“到处都是水，却没有一滴可以喝。”[6] 沉迷于新媒体身体影像中，人们的认知能力、思考能力、决策能力、自制能力持续下降，同时，冲动性在逐渐加强，心绪变化更快，易喜易怒。

身体影像导致了图像对文字、视觉化对非视觉化领域广泛而深层的

---

① 周平：《大众传媒与身体消费的意识形态构建》，《江汉大学学报（人文科学版）》2008年第8期。

② ［德］汉斯·贝尔廷：《脸的历史》，史竞舟译，北京大学出版社2017年版，第242页。

③ 周宪：《视觉文化的转向》，北京大学出版社2008年版，第349页。

④ ［法］雷吉斯·德布雷：《图像的生与死》，黄迅余、黄建华译，华东师范大学出版社2014年版，第323页。

⑤ ［法］赫伯特·马尔库塞：《单向度的人——发达工业社会意识形态研究》，刘继译，上海译文出版社2008年版，第1页。

⑥ 王甬平：《新媒体时代的主流媒体更应该坚守阵地》，《新闻论坛》2018年第2期。

“殖民”。视觉文化时代的法则是：人们爱看图像更胜于文字，看图是直觉的、快感的和当下的，与文字相比，图像显然更具诱惑力[①]。文字性的静观性体验被影像动态的感性直观所取代。图像压倒了文字，凌越于文字之上，无法显示的就被认为不存在。从机理上说，语言是线性的、抽象的和思考性的，阅读语言让读者可以反思，给予读者想象空间。而图像的传递是单向的，它培育了观众的被动型接受；影像提供了感性直观，也取消了观众掩卷沉思的契机。当有价值的东西限于可见之物，民族、国家、自由、民主、正义、阶级、法律、共和、义务、进步、公共利益等无法通过图像展现的深刻话语也就被遗忘了。

身体影像的膜拜带来了新的道德偏见。身体影像人为地给美和丑附加了道德内涵，“颜值即正义”的谬论广泛流传。美丽总是和善良联系在一起；丑陋总是和凶恶联系在一起。苗条和消瘦是美丽身体的标准成为美德的一个隐喻，而肥胖与人的品质联系起来，被认作懒惰、缺乏自控能力、意志薄弱的体现[②]。胖人总是一成不变地被描绘成阴郁而沮丧的：他们成为人们取笑的对象，被认为是没能跟上进步潮流的过时的人[③]。身体偏见使得人生活在完美身体影像的重负之下，那些身体不美的人所承受的不幸就更深重了。

## 五　技术形塑：数字传播科技传播和遮蔽身体认知

麦克卢汉提出媒介即信息，强调了媒介在改造社会中的重要角色。身体影像的流行因为技术成为可能，也受技术制约。视觉的自动化推动人工视觉的创新并没有根本上改变内在的经济因素，让大型媒体组织维持市场宰制[④]。全球市场、信息技术以及无法抗拒的传播律令的结合，已经产生了持续而无边界的控制效应[⑤]。

### （一）信息和传播科技塑造和传播身体影像

正如广告语所言：科技造就美丽。身体影像本来就是高科技、快节

---

① 周宪：《视觉文化的转向》，北京大学出版社 2008 年版，第 9 页

② 赵行专：《大众文化语境下的女性身体美学》，《中国矿业大学学报（社会科学版）》2007 年第 2 期。

③ ［英］迈克·费瑟斯通：《消费文化中的身体》，载汪民安、陈永国《后身体：文化、权力和生命哲学》，吉林人民出版社 2003 年版，第 340 页。

④ Nick Couldry & James Curran, *Contesting Media Power – Alternative Media in a Networked World*, Lanham: Rowman & Littlefield Publishers, 2003, p. 227.

⑤ ［美］乔纳森·克拉里：《观察者的技术》，蔡佩君译，华东师范大学出版社 2017 年版，第 58 页。

奏、高效率的社会的一种特产。我们没有时间和精力去认真欣赏一个真实的人，只有借助身体影像来迅速地消费。祈福于科技的神力，人们可以自由更改身体的自然面貌。层出不穷的技术和影像，提供给我们观看世界的视野，用视觉语言表现世界。现代化的威权粉碎了古典视觉的领域，衍生出了各种规训的技术，将视觉纳入管理，加以修正。信息传播科技对商品化的过程起到推动作用①，成为身体影像的主要教唆者和鼓动者。由于身体的强大吸引力，身体影像成了信息传播媒介重要的加工原料和商机。数字传播技术是身体图像的生产者与供应者，报纸、时尚杂志、电影、电视、网络等具有强大威力的传播媒介，全方位多角度地展现时尚的身体影像，充当着身体美学的引路人。大众根据媒体传递的身体标准来监管、打造身体。传媒与经济合谋，制定和传递身体标准，后现代社会丰富的传播工具和平台为身体标准的传播提供了多元而又便捷的路径。演艺、体育明星、青春偶像、模特等社会公众人士看似多元、其实单一的身体审美范式与参照标准，借助于电影、电视、互联网络、手机等现代视觉传媒的多维展现和包装下，以一种范式化的体例满足着公众的身体审美诉求，成为担负着引领社会身体消费的现代时尚属性的身体偶像。大众传媒、影视、时尚杂志、广告宣传，对身体偶像进行精心修饰并经影像技术处理，软硬兼施，现“身”说法，媚惑夹杂威吓，生产和传递身体审美认同。现代视觉传媒消解了传统身体审美范式的地域局限，传递跨地域、跨文化的身体审美范式，在数字传播科技的狂轰滥炸，我们曝光在身体影像的世界里，无处遁逃。

（二）技术算法遮蔽了我们的认知

反乌托邦三部曲《一九八四》《美丽新世界》《我们》早就强调了科学技术具有恶的、摧毁人和控制人的一面，新媒体科技则一脉相承。传媒与商业的合谋，宣传种种虚幻的身体意像与希望，不断制造和扩大真实需求和虚假需求的差距。传媒通过意义的嫁接，运用“漂浮的能指”，把不具有必然联系的意义“嫁接”到该商品上，激发、诱导、塑造着人的感性欲望，催生了炫耀性消费，科技理性摧毁着人的生活理性。技术构建起影像自由展示的平台，让个体自以为是能够自由选择与购买产品的主体，形成虚假的身体需求，又意识不到这种虚幻性，影像平台推送背后实际上是经济力量的衡量，并非观者的自由选择。细分市场的互联网时代，技术

① ［加拿大］文森特·莫斯可：《传播政治经济学》，胡正荣译，华夏出版社2000年版，第138页。

算法定点推送，由于一次点赞、转发、收藏、关注，都有可能会让你走上“不归路”。互联网时代的影像平台属于强算法性平台，内在算法会大肆推荐和推送感兴趣的内容。以算法为内核的娱乐App，其实就是利用大数据掏空人的时间，变成一种精神鸦片。图像的新奇历险将人们从拉斯科岩洞壁画的辉煌黎明引向当代黄昏，现实被传媒图像所吞噬，艺术由监视器和合成图像所主宰①。作为人工制品的身体与最尖端的图像生产技术以惊人的速度相结合，影像身体已将自然形态的身体逐出公共领域，最终演化为一种对镜头记录习以为常的面具②。

（三）技术造就不平等和影像鸿沟

数字技术开启了新的视看范式，看与被看更加自由，看与被看的手段不断丰富，看和被看范围得到大大增强。但是被看的身体是可视的、透明的，处于观看者的绝对窥视下。而观者的信息则是隐匿的，观者与被看者之间存在信息的不对称。现代视觉机制赋予观者以强大的权力，不断向被看者施压，要求被看者不得不根据收看者的身体想象进行再造。借助无处不在的视觉机器，随时可见私人化的身体，观看者的视觉话语与视觉权威在膨胀，视觉接收端的社会大众津津乐道地品鉴他人的身体，私人的身体遂变成公众化的审美符号，不符合身体审美的影像被彻底遗忘。用户和媒体在生产和传播身体影像中是不平等的，人一上媒体的赌桌，就是不公平交易的开始，就注定是输家。在强大的新媒体巨头面前，个人的身体自觉变得不堪一击。新媒体的分发和推送机制，加剧了身体影像的霸权，由于“沉默的螺旋”（The Spiral Of Silence），从众的压力使个人的身体意识臣服于新媒体所传递的身体影像标准。受制于经济基础的差异，收看的选择范围是有限的，城乡差距、东西部差距仍然显著，带来了新的影像信息鸿沟。身体影像受到基于阶级的所有权不平等的现实所统治，真实世界里资源的不平等分配不可避免地渗透到身体影像的运作中③。历史证明，技术总是让这个世界变得更加复杂和充满变数，而不是更公平、更美好④。

---

① ［法］雅克·朗西埃：《图像的命运》，张新木、陆洵译，南京大学出版社2014年版，第3页。

② ［德］汉斯·贝尔廷：《脸的历史》，史竞舟译，北京大学出版社2017年版，第242页。

③ James Curran, *Media and Power*, New York: Routledge, 2002, p. 154.

④ ［加拿大］文森特·莫斯可：《数字化崇拜：迷思、权力与赛博空间》，黄典林译，北京大学出版社2010年版。

## 结语：身体影像何去何从?

从政治经济学的批判视角来看，身体影像在特定的政治经济语境下诞生，为经济、社会、政治模式服务，新媒体的身体影像和其他文本别无二致。正如英国作家赫胥黎（Aldous Huxley）在《美丽新世界》里所说：权力者对于人的控制，可以通过爱与幸福的感受实现，而非通过暴力与恐惧。我们享受身体影像的欢愉和欣喜的背后隐藏着被操控与利用的危机，屏幕背后的上帝视角给你想要的一切幻觉，然后慢慢从意识知觉上吞噬你。在上帝死了、人死了、作者死了等一系列惊世骇俗的口号之后，作为身体再现的身体影像该往何处去，如何突破媒体塑造的身体影像“茧房”呢?

首先，回到马克思，坚持身体影像的唯物主义。无论身体影像如何变化都不可能脱离坚实的现实土壤。身体影像是被社会文化建构塑造而成，但是决定性的因素还在于经济基础，不能被身体影像遮蔽身体的物质性。经济或者阶级地位是理解身体影像是关键[①]，需要我们用“双眼”——文化和物质地理解身体的意识形态，更关注社会现实中的权力而非身体影像文本背后的权力[②]，挖掘“媒介/技术背后的社会形态和权力关系”[③]。对身体影像进行马克思主义分析，需要解释身体影像的新与旧、机会和风险、延续和断裂、中介和结构、生产和消费、私人和公共、劳动和娱乐、商品和公共物品的复杂关系[④]，探讨广泛的议题，如身体影像的辩证法，数字化、商品化和数字身体的商品形式，身体影像的劳动、剩余价值、剥削、异化和阶级问题；全球化与身体影像的意识形态；身体影像抗争、数字媒介和身体、身体影像美学等。最重要的问题是，身体影像如何被建构、被谁和为谁而被协商，什么是替代性的[⑤]。始终要铭记：身体作为抗争的基础。当我们一无所有时，至少我们还拥有我们的身体。

---

① ［英］马尔科姆·巴纳德：《理解视觉文化的方法》，常宁生译，商务印书馆 2013 年版，第 118 页。

② ［加拿大］文森特·莫斯可：《云端：动荡世界中的大数据》，杨睿、陈如歌译，中国人民大学出版社 2017 年版，第 4 页。

③ 陈世华、陶杰夫：《媒介即环境：媒介环境学的理论溯源》，《南昌大学学报（人文社会科学版）》2017 年第 3 期。

④ Christian Fuchs, “Marxs Capital in the Information Age”, *Capital & Class*, Vol. 41, No. 1, 2017, pp. 51 –67.

⑤ Robin Mansell, “Political Economy, Power and New Media”, *LSE Research Online Documents on Economics*, Vol. 6, No. 1, 2004, pp. 96 –105.

其次，重视视觉之外的欣赏形式。视觉的魅力是不言自明的，但是不能忽视其他的感知形式。尽管现代性以视觉为中心（ocular-centric），但米切尔（W. J. T. Mitchell）说，影像与语词往往不可避免地交互缠绕在一起。为想象力而奋斗就意味着与“一切皆图像”作斗争，要追回我们对无限的探索权利，必须通过限制视像自身对任何言辞进行认证的专属权利[①]。卢梭（Jean – Jacques Rousseau）如是说“看得少些，想象多些。”海伦·凯勒（Helen Keller）自述道：“失聪比失明带来的影响更加严重和复杂。声音带来的不仅是语言，还能活跃我们的思想，使我们和这个充满智慧的世界保持同步。”[②]韦尔施（Wolfgang Welsch）在《重构美学》中声称要提高听觉的地位，不能陷入鲍德里亚所说的“大众犹如牲畜一般缄口不言”，而要树立人与人之间直接交流的信念[③]。

再次，回到身体和生活，理性引导正确的身体观念。身体影像研究不能脱离现实的观照，身体影像研究要坚持人本主义关怀，以人们的日常生活实践为基础的。正如乔姆斯基（Noam Chomsky）所说：我们是有血有肉的生灵，不是机器人，埋首工作但依然是活生生的人[④]。身而为人，就意味着我们能从丰厚的文化传统积淀中获得滋养，获取技能和智慧，也应该成为能够思考——能够创造性地思考、独立思考并上下求索——能够为社会做出贡献。当前流行的身体影像没有能够提供指导我们生活的核心价值，我们要提倡正确的价值观念和健康的生活方式，培养一种身体的自觉，促进身体的真正解放。身体是人类福祉的关键场所，在身体影像浪潮中要保持冷静自如，回归理性。要观看影像，更要理解一个人的素质、气质、教养、风度、风格等内涵或者“精、气、神”，反对浮华、炫富、拜金、奢靡、及时行乐、娱乐至死的身体观，建立自律、好学、善思的正确身体观。

最后，建构批判性身体影像学。如维特根斯坦所说，“图像迷住了我们”[⑤]。身体影像作为一种艺术，应该内含马尔库塞所说的“否定的

---

① ［法］雷吉斯·德布雷：《图像的生与死》，黄迅余、黄建华译，华东师范大学出版社2014年版，第325页。

② ［美］马丁·林斯特龙：《感官品牌》，赵萌萌译，天津教育出版社2011年版，第33页。

③ ［英］E. H. 贡布里希：《象征的图像》，杨思梁译，广西美术出版社2015年版，第277页。

④ ［美］诺阿姆·乔姆斯基：《财富与权力：乔姆斯基解构美国梦终结的10个观点》，杨文展译，中信出版集团2018年版，第119页。

⑤ ［美］W. J. T. 米歇尔：《图像何求》，陈永国、高焓译，北京大学出版社2018年版，序。

合理性”[①]。艺术是大拒绝，即对现存事物的抗议。正因为身体影像如此流行，强而有力又充满诱惑，我们更必须批判性地加以思考。影像从来就不是观看世界的透明窗户。我们需要吸纳批判性视觉方法论、批判图像学、视觉人类学，建立批判的身体影像研究，丰富当代日常生活批判的新路径。批判身体影像研究的三条准则：认真看待影像、思考视觉对象的社会条件和效果、斟酌审视影像的方式[②]。借鉴社会信息学的传统，在大的社会环境下对身体影像进行语境化的定位[③]，详细研究塑造身体影像生产和消费背后的协商过程，通过身体可视性符号考察人类文明的变革[④]，洞悉身体影像的复杂性悖论（paradox of complexity）：梦想和现实、希望和恐惧、匮乏和丰富，考查互联网时代身体影像的个人、制度和技术维度[⑤]。

当我们学会如何理解身体影像时，只是完成了第一步，改变它才是最终目的。需要有关部门的有效监管、平台的有力约束、用户的自觉自律，共同营造健康的身体影像世界。

## 第二节　形象传播的政治经济学研究

反权威、反中心、反理性的后现代社会是个反转的时代，真相与假象、形象和内涵、文字和图像似乎都被颠覆。从国家形象、企业形象，到个人形象，形象成为传播场域的核心议题。人们在日常生活交往中青睐一眼定情，“这是个看脸的社会”，“颜值即正义”的论调风靡一时。外在形象似乎已经超越精神内涵成为评价一个人的最重要的标准和法则，形象的负担成了“生命难以承受之重”，不化妆不敢出门，照片不 PS 就不敢发布，我们已经从为“情”所困变成了为“形”所困。为什么颜值和形象会提高到如此的优先性的地位？看脸、看颜值的形象传播崛起背后蕴含了什么样深刻的政治经济文化动因，又会带来什么样的后果？我们应该如何

---

① ［法］赫伯特·马尔库塞：《单向度的人——发达工业社会意识形态研究》，刘继译，上海译文出版社 2008 年版，第 52 页。

② ［英］吉莉恩·罗斯：《观看的方法》，肖伟胜译，重庆大学出版社 2017 年版，第 21 页。

③ Robin Mansell, “Social Informatics and the Political Economy of Communications”, *Information Technology & People*, Vol. 18, No. 1, 2005, pp. 21 – 25.

④ 王海龙：《读图时代》，上海锦绣文章出版社 2013 年版，第 54 页。

⑤ Robin Mansell, *Imagining the Internet: Communication, Innovation, and Governance*, Cambridge: Oxford University Press, 2012, p. 4.

去理解，又应该如何去应对？

社会学家伯格说，社会学令人神往的一面是就是使我们用新的目光去审视我们生活于其中的非常熟悉的世界①。流行的观念和文化已经成为观察和分析社会变动的一个重要指针，流行文化与权力运作的各个环节相关联，成为观察社会变革的新视角，不仅是深入探讨整体社会结构及其运作逻辑的一个出发点，也是分析未来人类文化重构动向的关键②。看脸、重形象的形象传播盛行作为一种流行的视觉文化观念，是视觉经验的社会建构，对理解当代社会文化建构至关重要。在学界，连篇累牍的文献坚称社会模态才是理解视觉影像的最重要因素；大卫·哈维（David Harvey）声称镶嵌着文化生产的经济过程形塑了视觉想象③；构成性诠释法主张研究数字影像的功能性，分析观看的社会惯行和观者的社会认同；符号学视角则揭露暗藏在美丽事物平静表面下的成见。但是尚没有从政治经济学的视角分析形象传播的表征、内涵、后果和出路，本节则采取政治经济学的批判视角，探析形象传播背后的深刻动因，指认其深远的后果，指明未来的出路和方向，以期更加深刻地认识形象传播的本质和困境。

## 一　观形察色：形象传播的政治经济意涵

福柯坚称知识和权力彼此交叠（imbricated）：所有知识都是话语，权力渗透在所有话语中。形象传播的风靡作为一种社会认知，贯穿着权力的渗入和形塑。塑造形象和观看形象的视觉行为背后隐含着复杂的政治经济机制和社会文化内涵。

### （一）思想根基：视觉转型趋势

在漫长的历史长河中，图像被视为非理性的激情的产物，备受代表理性的文字所贬抑。现代社会经历了图像转向，图像被视为整个话语的基础隐喻或类比④，图像标志着现代之本质，现代性以视觉为中心，马丁·杰伊（Martin Jay）用术语“视觉中心主义”（ocularcentrism）来形容视觉在当代西方生活的核心地位⑤。图像转向是我们时代的独特风景，是罗蒂所

---

① ［美］彼得·伯格：《与社会学同游》，何道宽译，北京大学出版社2014年版，第1页。

② 高宣扬：《流行文化社会学》，中国人民大学出版社2006年版，第8页。

③ David Harvey, *The Condition of Postmodernity: An Enquiry into the Origins of Cultural Change*, Oxford: Blackwell, 1989.

④ ［美］W. J. T. 米歇尔：《图像何求》，陈永国、高焓译，北京大学出版社2018年版，序。

⑤ Martin Jay, *Downcast Eyes: The Denigration of Vision in Twentieth-century French Though*, Berkeley: California University, 1993, p. 493.

说的“语言转向”的接续。我们生活在图像的世界里，海德格尔声称，从本质上看，世界被把握为图像了[①]。法国社会学家德波断言：“无疑，我们的时代……偏爱图像而不信实物，偏爱复制而忽视原稿，偏爱表现而不顾现实，喜欢表象甚于存在。”[②] 后现代社会的预言家丹尼尔·贝尔也说，目前居“统治”地位的是视觉观念。图像组织了美学，统率了观众[③]。米尔佐夫（Nicholas Mirzoeff）认为当代社会的“视觉化”是显而易见的，甚至是强迫性的了[④]。当代文化不但体现出高度视觉化的特征，而且是一种普遍的视觉化。这种难以抗拒的视觉化趋势，证明了“文化逻辑”的深刻转变。

现代景观社会助长了对形象的关注。现代工业社会本质上就是景观主义社会。整个社会生活表现为一种巨大的景观的积聚[⑤]，景观也正是由一个个形象汇聚而成。各种建筑、人物的形象是景观的重要组成部分，成为人们观看的重要对象。形象不仅是我们时代政治和大众文化的一个热点话题，也渗透到人类心理和社会行为的普遍反思中，融入自身知识结构中。弗雷德里克·詹姆逊（Fredric Jameson）描写的人文学科从“哲学”到“理论”的转向不仅基于哲学以语言为媒介这一认识，而且以整个再现实践为媒介[⑥]，而形象就是万事万物的再现。这也回应了吉尔·德勒兹的一贯主张，即哲学始终执迷于形象的问题。当代图像转向和景观集聚为形象传播扫清了思想上的障碍，我们每天都在观看形象、制作形象、利用图像、破译图像、解释图像，形象成为现代社会关注的一个核心问题。

（二）政治维度：形象崛起是权力抗争

福柯用独特的学术视野探讨了权力、知识和人的身体之间的斗争对抗关系，指出权力通过实践、话语和技术“铭刻”在人的身体上。形象外观的“生产”是权力/知识作用于人们身体的复杂过程。形象的美与丑、健康与否、卫生与肮脏，都不只是个人的选择，也是一种社会规范与政治关系。恰如费斯克所言：“美的意义是政治的而非审美的；健康与美同样

---

① Martin Heidegger, “The Age of the World Picture”, in Martin Heidegger, The Question Concerning Technology and Other Essays, translated by William Lovit, New York: Harper& Row, 1977, pp. 116 – 154.

② ［法］居伊·德波：《景观社会》，张新木译，南京大学出版社 2017 年版，第 1 页。

③ ［美］丹尼尔·贝尔：《资本主义文化矛盾》，赵一凡等译，生活·读书·新知三联书店 1989 年版，第 156 页。

④ Nicholas Miezoeff, *The Visual Culture Reader*, London: Routledge, 1983, p. 6.

⑤ ［法］居伊·德波：《景观社会》，张新木译，南京大学出版社 2017 年版，第 7 页。

⑥ ［美］W. J. T. 米歇尔：《图像何求》，陈永国、高焓译，北京大学出版社 2018 年版，序。

是社会政治意义上的，都是用于社会权力运作的话语。”①

形象的生产和展示历来是抗争的工具，是权力的庇护所。自古以来，形象是一种占卜、防卫、迷惑、治疗、启蒙的手段。形象不是“精神的透明外壳”，而是通过形象的展示和表达，进行梅洛—庞蒂所说的感性的抵抗，在每一次形象的塑造、展示中实现对世界的再次掌握与领会②。形象把抽象的思想变为感性的材料，使概念动人心弦，令原则生机勃勃。几万年来，形象都在打动人心、促人行动。形象赋予个体以活力，能让人动情，比思想更能动员人群。形象是某种杠杆，观者与被观者进行持续不断地协商交易，好比我把形象押在你那里，换来你对我的保护。比如树立一个爱国者的形象，来换来国家的庇护。

形象是社会动员的常用工具。每个社会大宣传时代都可见到形象的身影，从原始图腾到现代革命标识，形象被用于视觉性的仪式和宣传鼓动。图像转向常常与当代政治的“新统治”相关，无论是意识形态概念还是领袖人物都重视形象的塑造，人们摧毁前政权的偶像不过是为了树立自己的偶像。连上帝都始于神秘而终于图像中，因为只有形象能使圣灵变得实在，使诺言变得有血有肉③，给大众树立一面集结的旗帜。政治合法性是表演的，而不是神授的，政治经常是通过利用或反对象征和形象来进行的，而非通过理性争论或身体冲突④。政治干预也是通过形象而进行，政治总是一场表演，每个参加者通过扮演一个角色，确认了自己的地位，获得了他人的认同。

形象政治成为当今民族国家的政治潮流。形象是现行秩序在其自身上保持的不间断的话语，是对自己的赞美式独白（monologue elogieux）⑤，是被权力塑造的自画像。“身体政治”的隐喻就是把一个社会集体看作或图绘为单一的巨大身体，如霍布斯（Thomas Hobbes）的《利维坦》封面上的巨大肖像⑥。“国家首脑”这个尽人皆知的形象隐喻悄然地延伸了这

① ［美］约翰·费斯克：《理解大众文化》，王晓珏、宋伟杰译，中央编译出版社 2011 年版，第 111 页。

② ［法］艾曼努埃尔·埃洛阿：《感性的抵抗：梅洛—庞蒂对透明性的批判法》，曲晓蕊译，福建教育出版社 2016 年版，第 64 页。

③ ［法］雷吉斯·德布雷：《图像的生与死》，黄迅余、黄建华译，华东师范大学出版社 2014 年版，第 72 页。

④ ［英］阿雷恩·鲍尔德温等：《文化研究导论》，陶东风等译，高等教育出版社 2004 年版，第 236 页。

⑤ ［法］居伊·德波：《景观社会》，张新木译，南京大学出版社 2017 年版，第 10 页。

⑥ ［美］W. J. T. 米歇尔：《图像何求》，陈永国、高焓译，北京大学出版社 2018 年版，序。

个类比。形象作为政治的支点，已经政治化了，这也是现代形象政治的新颖之处。现代国家的重要使命就是塑造形象、保护形象、完善形象。现代国家热衷于建设和投资形象的诸种途径，形象被纳入政治轨道。现代国家积极地强化、训练、投资和建设国家形象、政党形象、政府形象的诸种途径，并让形象服从于政治理性的逻辑，成为国家理性实践的手段。现代国家的重要使命就是塑造形象、保护形象、完善形象。因此，形象既是对象，又是手段；既是目的，又是方法，国家政治经济活动深陷形象目的论的陷阱中①。此刻，形象既是民族国家的政治经济对象，也是民族国家自身。

但是，无论形象如何变化，形象一直是思想控制系统的一部分，体现政治运作是一套规则②，政治体制规定生产形象和接收形象的条件，以及理解形象的方式。权力所有者制定和推广形象的标准，不符合标准的形象被贬损、边缘化。不妨以一种戏拟的方式来改造一下培根的名言，“知识就是力量（权力）”，可改成“形象就是力量（权力）”。

（三）经济维度：形象的交易和变现

后代社会是消费社会，商品已经成功占领了对社会生活主要领域，一切皆可商品化，形象是重要的商品形式。我们辨别可见物的历史中有三大阶段：魔幻的眼光，美学的眼光，最后是经济的眼光，第一种眼光催生了偶像，第二种催生了艺术，第三种催生了视像③。在消费社会中，视觉形象以其独有的图像直观性，超越了抽象的文字而更具吸引力和传播力。在读图时代，视觉具有优先性和至上性，它压倒了其他感官。当代社会和文化越来越倾向于视觉化，经济活动越来越偏向于形象的生产、传播与消费，商品以形象的形式来呈现，催生了“形象经济”，人们的消费行越来越明显地受到形象的控制或影响。形象的传播是美丽的变现、形象的出售、形象资本的交易。形象就是商品，商品就是形象。消费者购买的不仅仅是商品本身，而是认可作为商品再现的形象和使用商品的人的形象。当代消费行为把各式各样的形象作为消费的对象，外在的包装、形象、直观印象比商品功能和质地更为重要。各种商品的形象以及商品消费者的形象被用来吸引消费者关注和购买，消费者越来越倾向于借助商品和商品使用

① 汪民安：《身体、空间与后现代性》，江苏人民出版社2006年版，第33页。

② ［英］吉莉恩·罗斯：《观看的方法》，肖伟胜译，重庆大学出版社2017年版，第159页。

③ ［法］雷吉斯·德布雷：《图像的生与死》，黄迅余、黄建华译，华东师范大学出版社2014年版，第26页。

者的形象来判定商品的品质和决定消费行为，例如现今风靡的“网络带货”行为，播主利用自己的形象来销售形象的附属品，形象的商业价值被反复榨取。

形象传播本质上是凡勃伦所提出的“炫耀性消费”，就是占有商品形象外观，目的是迎合别人的目光而向他人显示或炫耀。消费社会中的消费品和服务本身好像需要被看见和被展示才有吸引力。比如拿着商品拍个照片又放回去，在商品旁边蹭合影，“恭喜×总喜提奔驰一台”。这里重要的不是人对物品的拥有，而是塑造一个拥有商品的假象，被他人看见、关注和见证，是树立自己的形象，并被他人认知。法国社会学家德波注意到，当代社会人们与商品的关系已经从传统的“占有关系”转向“炫耀关系”。偶像崇拜是文化工业的主要策略，就是以看似独特的个性和气质的形象博得公众的青睐。消费偶像的重要功能为公众树立具体可感的“生活样板”。在“景观社会”中，展示一件商品比拥有一件商品更为重要。鲍德里亚认为，视觉消费实际上就是对商品形象的注视、观看和追踪，形象的消费在生产出对形象的欲望，形象就是资本，是金钱的另一面。

形象就是当今社会的主要生产活动，已形成一种“形象文化”，并催生相应的“形象产业”。偶像崇拜是文化工业的主要策略，就是以看似独特的个性和气质的形象博得公众的青睐。消费偶像的重要功能为公众树立具体可感的“生活样板”。从医学美容到演艺化妆，从形象设计到健美运动，“形象产业”不但和普通人的日常生活关系密切，而且造就了利润诱人的市场。“形象文化”的运作规则有赖于身体美学标准的确立，就是对形体的某种要求，它不断地趋向于偶像化。“形象技术”成为我们的日常生活方式，我们按社会期待的标准来改造形象和塑造形象的技术，包括当代身体产业的种种发明，化妆技巧、形象设计、健美瘦身、着装时尚、美容手术等医学手段等身体技术归根结底是服务于视觉的技术，对身体改造就是对关于身体形象的审美化眼光的迎合，形象产业的发达推动了社会的形象消费浪潮。

#### （四）文化维度：契合社会心理

形象传播既契合人的生理和接受规律，背后也有深刻的社会文化因素。

首先，形象是现实与认知的中介。克里斯·詹克斯（Chris Jenks）在《眼睛在西方文化中的核心地位》（*The Centrality of the eye in Western Culture*）中说道“注视（looking）、观看（seeing）和知道（knowing）危险

地相互缠绕"[①]。看是人生存的基本形态之一，人类拥有的全部感觉中，视觉是最发达的。伯格说，观看先于言语[②]，图像先于意念。儿童先观看，后辨认，再说话。形象是一种观念的拟人化，具有使人着迷的力量，能够"俘获并拘禁"观赏者[③]。在西方，人化为图像是最好的归宿，因为图像是人最美好的一面，是得到保护、置于可靠之处的自我[④]。通过图像，活者控制了死者。"真正的生"见于虚拟的图像中，而非实在的躯体中。贡布里希（Ernst Gombrich）认为图像在语言和自然万物之间占据着一个奇妙的地位[⑤]，形象是事物和认知之间的中介，建立了彼此的联系，通过形象这个可视的中介我们来认识人和事物的本质。形象是知觉的经验和行动的生产者，不是置于现实的前边或者后边，而是参与共同组成的事实。形象以高度抽象的、用一个词就可以唤起的极简符号让实体进入认知或记忆的意识之中。形象承担了生产意义和交流意义的重要功能。

其次，形象传播是在构造社会关系。人与世界的关联，大多是通过视觉和观看来联结的。眼睛是人通向世界的桥梁，视线与视像的关系就是人的生存关系，正是观看确立了我们在周围世界的地位。伯格一语道破："我们从来就不只是看一样东西；我们总是在看东西和我们之间的关系。"[⑥] 看本身就是特定情境和语境下的一种交往性的社会行为。正如费斯克所言，看制造意义，是一种进入社会关系的方式，一种将自己嵌入社会秩序的手段[⑦]。我们在一个世界里说话，在另一个世界里观察。人与人通过形象这一特殊中介而构成复杂的社会关系。形象从来就不是现实的一个简单再现，而是可说物与可见物之间的联系。用福柯的理论来解释，我们不妨把形象视作一种权力的话语形式，占有图像资源、塑造形象的权力、传播形象的渠道都是自身社会地位的体现。我们在观看形象的过程中，知道自己在社会中的位置，犹如帝王式地审视着无数的形象。形象本

---

① Chris Jenks, "The Centrality of the eye in Western Culture", in C. Jenks (ed.), *Visual Culture*, London: Routledge, p. 1.

② ［英］约翰·伯格：《观看之道》，戴行钺译，广西师范大学出版社2005年版，第4页。

③ ［德］霍斯特·布雷德坎普：《图像行为理论》，宁瑛、钟长盛译，译林出版社2016年版，第4页。

④ ［法］雷吉斯·德布雷：《图像的生与死》，黄迅余、黄建华译，华东师范大学出版社2014年版，第10页。

⑤ ［英］E. H. 贡布里希：《象征的图像》，杨思梁译，广西美术出版社2015年版，第29页。

⑥ John Berger, *Ways of Seeing*, London: Penguin, 1972, p. 9

⑦ ［英］约翰·菲斯克：《解读大众文化》，杨全强译，南京大学出版社2001年版，第38页。

是一种自我之存在及其与他人关系的证明，一方面，我从别人的形象那里看到了我自己，另一方面是我在看他人正在看着我的形象，来确证自身存在及其与他人、世界之关系，两个层面叠加纠缠，构成了视觉现象的复杂性和文化意义。

最后，形象是自我表达的外观符号。形象不仅是个体的私人财产，还是一种社会交往的符号。在视觉文化时代，形象不再像传统社会那样强调遮蔽和掩饰，而是尽可能充分地展示。人们通过生动的形象进行自我表达。人各有志，意味着人们塑造着自我形象来展现自我[①]，获得自我身份，得到社会承认，在生活中扮演着属于自己的角色，实现自己的价值。形象的功能既在于展示和显现，也在于隐藏和伪装。形象就是一种角色面具，通过形象被加以感知，凭借形象来引起他人的关注，通过形象进行交流、表达自我。形象不仅是自我的一部分，它更是整个自我的代表，以局部表象代替了整体。我们正是通过形象具有了一种偶像性[②]，“丢脸”的人既失去了他人的信任，也丧失了对形象的掌控。形象作为外观符号是个人最后一份私有财产，超越了人的肉身外观，呈现出复杂多样的视觉文化意义。今天人们对自己身体的关注不只集中在内在的生理健康上，更强调外在的看得见的“健康”时尚，它通常呈现为体形的美。无论是东方人对白皙皮肤和匀称身材的偏爱，抑或西方人对咖啡肤色和梨形身材的着迷，都透露出某种对外在形体视觉愉悦的迷恋。形象塑造的种种流行趋势昭示着当代人对身体外观的高度关注。形象置身于社会和文化实践中，不仅仅是一种符号，而颇像是历史舞台上的一个演员被赋予在场的地位，讲述我们的故事和历史，又依自己的形象创造世界的进化故事。

（五）技术维度：数字图像技术的驱动

形象传播是数字影像处理和传输技术高速发展的产物。形象的历史首先是一部媒介发展史，形象的狂飙式增长是由于新技术对仿真物的迷恋造成的[③]。梅罗维兹（Joshua Meyrowitz）说，科技的革新总是通过将之与熟悉的模式、形象和象征符号结合起来，媒介的高速发展使得人们亲历现场

---

① ［美］大卫·科泽：《仪式、政治与权力》，王海洲译，江苏人民出版社 2015 年版，第 21 页。

② ［德］汉斯·贝尔廷：《脸的历史》，史竞舟译，北京大学出版社 2017 年版，第 23 页。

③ ［英］德波拉·切利：《艺术、历史、视觉、文化》，杨冰莹、梁舒涵等译，江苏美术出版社 2010 年版，第 10 页。

去感受事件和他人活动的重要性不复存在①。作为基础座架的技术孕育出形态各异的传播媒介，而传播媒介不同的偏向更是对所处文化的走向产生了极为重要的影响。古希腊天然的口语传统和莎草纸的使用，助推了公民民主意识和世俗文化的发展，智者的辩论启发了民智；中世纪，羊皮纸作为《圣经》的书写材料，被教会严格控制，基督教借此牢牢把握着对世界的解释权；而后伴随着中国纸的传入和印刷机的发明，义务教育和世俗文化下移普及，报业开始真正兴起；而在第二次工业革命尤其是 20 世纪以来，以电力为主导的技术设施，更是激发了包括电影、电视等在内的新一轮的媒介革命。"一种新媒介的长处，将导致一种新文明的产生"②，从印刷术与报刊到电视和互联网的演进从根本上体现出的是一种以语言为中心的文化到以视觉占据中心的文化的剧烈转向。电影让以语言文字符号为代表的印刷文化让位于以形体面部表情等形象占据中心的视觉文化。在互联网时代，图像或影像成为人们传递信息、理解世界的重要方式：我们几乎时时被各种不同的视觉技术——例如绘画、摄影、摄像——以及它们展示的影像——电视、电影、广告、快照、公共雕塑、自拍——所围绕③。种种不同的影像技术，通过视觉语言表现形象，为我们提供塑造和观看形象的渠道。互联网数字影像处理和移动传输技术，使形象的塑造、改变、收看、传输更加方便快捷，利用手机智能软件，一键拍摄、修图、拼接，轻松实现形象的生产和传播。

然而，形象的生产和传播总是无法摆脱图像技术媒介的过滤。自进入机械生产时代以来，形象就变成了一种可操控的图像。如在第二次世界大战期间，德国军方就曾不断利用电影对国内进行战争宣传，让德国国民见证"真实记录"的前线影像，认为德军在战争中无往不胜。这种视觉形象披上了"爱国主义"的伪装，得到政府和民众的大力支持和认可，但随着战败的消息传入国内，这种虚假的幻象便立即破灭。具备图像构建功能的"传播技术使人们接触到了更广泛的真实，同时也造成了巨大的虚幻"④。

---

① Joshua Meyrowitz, *No Sense of Place*: *the Impact of Electronic Media on Social Behavior*, New York: Oxford University Press, 1983, p. vii.

② ［加拿大］哈罗德·英尼斯：《传播的偏向》，何道宽译，中国传媒大学出版社 2013 年版，第 72 页。

③ ［英］吉莉恩·罗斯：《观看的方法》，肖伟胜译，重庆大学出版社 2017 年版，第 3 页。

④ ［加拿大］哈罗德·英尼斯：《传播的偏向》，何道宽译，中国传媒大学出版社 2013 年版，第 118 页。

具有造梦功能的媒体通过形象的传播来制造偶像，让每个普通人都能重新找到自己心目中完美的形象投射与寄托。媒体社会无止境地消费着它所制造的形象，这些人工制品与最尖端的图像生产技术以惊人的速度相结合。媒体技术塑造的形象已将自然形态的形态逐出公共领域，最终形象演化为一种对镜头记录和电视转播习以为常的面具。媒体为观众制造着各种关于形象的陈词滥调，形象作为人的替身出现在公共领域。形象的生产最终通过数字技术革命制造出一种与真实身体不再相关的人工合成的“虚拟形象”，让形象悬浮在我们现实的物质现实之上，我们很难分清事物和形象之间的差别。互联网上的虚拟形象可被称为一种“数字假面舞会”，参与者之间，不是言语交流，而是借助于形象。电子屏幕上的（终端）身份显示了最终形象，人造形象战胜了鲜活的主体，富有生命的形象似乎被简单的刻板形式所取代。形象的消费正在互联网上蔓延，人们无所顾忌地生产和上传自己的“形象”供人观赏，仿佛在参加一场永不结束的虚拟狂欢，这就是波斯曼所预言的技术异化。从工具时代（传统社会）到技术统治时代（工业社会），再到技术垄断时代（网络社会），文化向技术投降。技术垄断是一种文化状态，更是一种心态，文化向技术寻求满足，并接受技术的指导①，技术傲慢始终是技术垄断的严重危险。理性/技术的冲突始终是传播的核心问题。

## 二　为形所困：形象传播泛滥的后果和困境

流行文化领域从不乏廉价的理想和迎合时尚的谄媚②。“艺术的奇迹”正在于：可以抹去距离，随着看与被看之间界限被消解，身心融入广阔的图像世界中，在这个世界里到处都是“虚无的形象、镜子的倒影、梦幻的光影和变幻无穷的幻觉造像”③，形象迷失了。

### （一）形象的拜物教

人类历史从来不乏拜物教，传统的拜物对象一般包括人体、物体、神像和护身符四大类，马克思补充了资本主义社会的商品拜物教、货币拜物教和资本的拜物教。读图时代，图像拜物教盛行，其本质上是对图像魔力的崇拜，这是夸大图像功能并将其“魅化”的后果。当消费商品转变为

---

① ［美］尼尔·波斯曼：《技术垄断：文化向技术投降》，何道宽译，北京大学出版社 2007 年版，第 42 页。

② ［德］汉斯·贝尔廷：《脸的历史》，史竞舟译，北京大学出版社 2017 年版，第 329 页。

③ ［英］德波拉·切利：《艺术、历史、视觉、文化》，杨冰莹、梁舒涵等译，江苏美术出版社 2010 年版，第 11 页。

消费形象时，“商品拜物教”也就顺理成章地转化为“形象拜物教”。形象作为身体、物体的再现，成为新的拜物对象。我们崇拜一切形象，包括身体形象、物品形象、服务形象，尤其是身体形象。鲍德里亚认为，人的肉体是消费社会中最美、最珍贵和最光辉的物品①，唯一具有深不可测的含义的物品，肉体代替了灵魂而起着道德和意识形态的功能。晚期资本主义社会的人，比以往任何时候都更重视其身体和身体的美，我们越来越崇拜身体的形象。但是这些形象不一定是真实的、自然的，而可能是虚构的或者歪曲的。“形象”由此不再源于天生自然的形象，而是以纯粹图谱化的形象强占了大大小小的屏幕。

形象拜物教使现代人盲目地被形象奴役（包括他人的形象和自己的形象），被形象牵引和宰制，试图在形象的展示和收看中实现个人和群体的超越和解放。个人沉迷于形象的塑造，而标准却是流行文化赋予的，而不是自觉的追求。化妆和 PS 技术制造出来的形象则是一张去人格化了的虚假形象。他们宁可天天带着虚假的形象出门，也不甘于做一个相貌平平的普通人，人们沦为镜中的自恋者，在形象塑造的游戏中浑浑噩噩。真实的人和虚拟的形象之间有一座实实在在的媒介墙（mediatique）②。人的内涵被简化成一些程式，在自恋圈子景观化的过程中，形式大于内容、风格大于存在、表象大于现实；形象的变化就是在追赶时髦，同时让绝大多数民众总是“落后于”某一观念、某种时尚的急迫感觉。传播活动自此不再是相互理解别人努力，而是要去适应永远比我们变得快的时代气氛，我们自己成了自身最大的对手。

（二）形象的异化

盲目崇拜会让人失去理智，形象拜物必然带来形象的异化。人类历史上的偶像崇拜的教训罄竹难书，而互联网时代，形象塑造的单向度越来越普遍，或是出于宣传推广目的的完全的、正面的形象，或者吸引眼球的负面的、丑陋的审丑形象。形象的泛滥让形象变得稀松平常，把有血有肉的世界实体化为形象，显示出普世的象征意义，营造了“形象”的乌托邦。事物的再现与真实的事物的对立，形象喧宾夺主，形象不再是模仿真实，而是轮到真实的物品去模仿它，终于事物越来越像是形象的蹩脚翻版

① ［法］让·鲍德里亚：《消费社会》，刘成富、全志钢译，南京大学出版社 2014 年版。

② ［法］多米尼克·吴尔敦：《拯救传播》，刘昶、盖莲香译，中国传媒大学出版社 2012 年版，第 52 页。

了[①]，虚假物在自欺欺人，复制品竟胜于原件。形象让丰富的变得扁平，让意味深重的变得轻松。形象越来越真假难辨，形象的谎言泛滥，随着数字化和虚拟现实的普及将愈演愈烈。

脱离身体的形象无视身体的体验、无视恐惧，缺乏实质内容而难以为继，无法抵御技术过时的影响而存续下去。由于缺乏情感，形象很快就会成为一纸文献，随视听大潮席卷而去。形象做不到与时代错位而存，而被我们称为艺术的图像，传递了远古的颤动，体现出了超越时空的魅力。可以任意塑造的形象的不确定性一直动摇着我们最坚定的信念。

形象在政治领域的广泛运用催生了"形象政治"，加剧了形象的政治化和市场化。形象传播成为政治危机之源和政治危机的结果。形象凌驾于文字之上助长了政治游戏和政客的形象腐败。竞选活动和日常维持"良好形象"的费用令人咋舌，诱发挪用公款和暗箱操作，令冒险家势力再度猖獗。形象由富人们制作、传播、遴选，由穷人们接收，形象资源的贫富差距，造成了形象传播能力、传播机会的不平等、不民主、不均衡。出镜率成了社会地位的衡量标准：一边是众人瞩目的权势阶层，得到授权的形象发布者；另一边是卑微的个人，或默默无闻者，与屏幕无缘。在公共领域，政治形象优先于个人形象。权势阶层拥有形象，如从前拥有贵族姓氏和利剑，底层人却无法拥有和生产形象，而我们今天尚无恰当的机制来分配形象资源，两者之间的鸿沟演变为严重的阶层矛盾。形象传播中性别偏见、阶层偏见、城乡偏见、地域偏见屡见不鲜。女性作为被看的形象，重外观和表现，而男人作为观看形象的主题，重行动，男性作为主导者、主动者和控制者的文化霸权便被遮蔽。

新的支配带来了新的异化，形象越是复杂和精致，自身所能得到的经验便越是贫乏。形象的政治经济价值被挖掘，使形象生产成为工业，形象作品成为工业产品，市场的要求压倒了作品的要求。形象产品模糊了虚构世界与真实世界的界限，将人们从真实的社会问题引开，增强虚构世界的现实认同，误导人在虚拟的欢娱中将现实理想化，逐渐失去自己的自主思考和想象空间[②]。马克思说宗教是人民的精神鸦片，形象工业也以同样的原则发挥作用。

天下没有免费的午餐。形象越来越易得，付出的代价也会越来越大。

---

① ［法］雷吉斯·德布雷：《图像的生与死》，黄迅余、黄建华译，华东师范大学出版社 2014 年版，第 252 页。

② 于海：《西方社会思想史》，复旦大学出版社 2016 年版，第 363 页。

在政治经济权力与技术联手炮制的铺天盖地的形象中，本真的形象却成为一种稀缺之物。过度的生产使形象趋于模式化、扁平化，变得日益乏味。“形象社会”以形象的泛滥来对抗公共领域内真实人物的缺席，形象取代了真人并与之展开角逐。形象再也不是自我的财产，不是自己能主宰的对象，我们和身体处于一种复杂而矛盾的关系中，在历史的无情事实面前，再次死亡。

（三）形象的困局

形象的异化让我们身陷形象的困局，如维特根斯坦所言：“图像迷住了我们。”形象的魔力让我们从趋近形象到为形象所困，在图像资源较为稀缺、图像传播渠道较为单一的传统社会，人与图像的关系必然呈现为人主动地趋近图像。但是在图像资源高度丰富、图像传播渠道高度发达的互联网时代，人作为主体与作为图像的客体之间关系发生了变化，图像不再是稀缺的宝贵的资源了，是随处可见、唾手可得的“快消品”。在形象的海洋，无数形态各异、内容千差万别的形象像簇拥着我们，包围着我们，甚至追踪着我们。无论我们身在何时何处，只要睁开眼睛，就难以逃避形象的困扰，从电影、电视到广告和网络图像，从印刷物、城市规划、建筑景观，形象在不断地改变我们的生活方式，同时也在塑造我们的观念和价值。

科技的革新总是将熟悉的模式、形象和象征符号结合起来，以营造一种科技发展趋势[①]，“茧房”效应再次凸显。一方面，形象的生产、传播和消费越来越便捷，形象产品越来越丰富，形形色色的形象符号充斥在我们日常生活的每个角落。另一方面，形象的过度生产与消费特征越来越明显，人为的、刻意策划的种种新奇古怪的形象花样不断，却让人们对视觉形象日益冷淡、木然和拒斥，“见惯不惊”，过度的形象生产在满足人们视觉欲望的同时，也在削弱人们的视觉兴趣，导致广泛的视觉疲惫，造成某种新的视觉匮乏或缺失，正如高度人造环境中自然景观的匮乏[②]。形象复杂性、多样性和视觉效果的提升是以形象的同质性、类型化和仿像化倾向为代价。在解读过程中，一方面，我们以一种自以为完全“自然的”方式在解读形象；另一方面，我们无意识地承受着某些内行人的知识的影响，让我们淹没在那些欺骗我们的诡秘形象编码之中，并以此来“操纵”

① ［英］戴维·莫利：《传媒、现代性和科技》，郭大为译，中国传媒大学出版社 2010 年版，第 213 页。

② 周宪：《视觉文化的转向》，北京大学出版社 2008 年版，第 348 页。

我们[①]。

物极必反，形象爆炸意味着形象的死亡，形象泛滥却在扼杀形象，形象的丰富背后却是形象的缺失。人类深陷在形象海洋的包围之中，用形象来自我设计、装扮自己，天涯海角也无法逃离形象的控制[②]，到最后，便是内涵的消失和意义的崩溃。鲍德里亚说过："信息越来越多，意义却是越来越贫乏。"[③] 形象被曲解、颠覆或者重新定义，我们"有传播，但却没意义"[④]，我们有形象却没内涵。形象使人们背离社会化，人们之间隔膜更深。"表现的霸权"取代真实的信条，正如米歇尔所言"它崇尚外貌，迷信面容"[⑤]。用形象表现世界，灾难和残暴被弱化，现实的苦涩被抹去。转瞬即逝、迷惑人心的事物被视为精彩的，于是万事万物也就大同小异，促成了一种对各式行为、作品、罪行、游戏和灾害的玩乐性和梦幻式消费。形象的消费助长了窥私和窥淫癖，最终成为色情性的消费。人越是青睐形象，就越是远离自己本真的生活世界，越来越身陷被消费社会体制所控制的生活。形象传播不限地域、无所不在，将真实变为虚幻，将虚幻实物化，将实际事故和真人秀混同起来，带来了一种虚假的失重状态。图像曾经是认识世界的窗户，现在却是墙壁。形象不再是认识世界的透明窗口，而是掩盖着一个不透明的、扭曲的和任意的再现机制，是意识形态神秘化的一个过程。于是，终有一天，世界被变为一幅图画，历史成为连续剧。我们不能简单地认为当今世界的新科技帮助人们超越了边界的限制，而应当意识到它还在不断地制造新的边界。

（四）图像的暴政

当我们眼光离开形象，而转向更广阔的图像时，发现一个更加可怕的现象：图像对文字的殖民。视觉文化时代有一场不见硝烟的图像对文字的"战争"。用米歇尔的话说就是语言和图像之间有一场"争取支配地位的漫长斗争"。"读图时代"的标志就是确立了图像的霸权，具体反映在生产、流通和消费均呈现出一种以图像为中心的模式。当代社会的生产在相

---

① ［法］玛蒂娜·乔丽：《图像分析》，怀宇译，天津人民出版社 2012 年版，第 2 页。

② ［英］弗兰克·韦伯斯特：《信息社会理论》，曹晋、梁静、李哲译，北京大学出版社 2011 年版，第 26 页。

③ Jean Baudrillard, *In the Shadow of the Silent Majorities; or, the End of the Social and Other Essays*, New York: Semiotext (e), 1983, p. 95.

④ Mark Poster, *The Mode of Information: Poststructuralism and Social Context*, Cambridge: Polity, 1990, p. 63.

⑤ ［美］W. J. T. 米歇尔：《图像何求》，陈永国、高焓译，北京大学出版社 2018 年版，第 313 页。

当程度上是围绕着图像来建构的，图像是生产的重要目标和产品。图像本身也是一个具有巨大潜能的生产手段和要素，图像作为对象或生产要素被生产出来，也在生产出更多的条件和资源。相比文字，图像具有明显优势，图像就被“魅化”了，文字曾经拥有一统天下的优势衰落了。在视觉文化时代，图像是“主角”，文字不得不担当“配角”。图像的“霸权”对文字或文本构成威胁，使之成为依附性和边缘化的媒体，这意味着视觉领域对非视觉化领域的暴力“殖民”，即视觉媒介和景象统治了如语言、写作、文本性和阅读之类的语言活动。这也正是巴特最重要的发现：图像对意义的抵制。

图像凌越文字的优势是耐人寻味的，从阅读文字的智性快乐转向图像的感性直观快感，其后果是深远的。图像霸权的可怕结果是集体的不思考。我们昨日的文明，都认为图像妨碍了观看，而后现代则出现转折点：观看比信仰重要得多[①]，视觉时代的方程式：可见性 = 现实 = 真相。“我看见”取代了“我明白”，人们凭图像来思考，在可见性、现实与真相之间画等号，图像制造的幻觉取代了人的生命的体验。即兴的图像灵机一动凌驾于文字的深思熟虑，可视空间的扩展以缩减理想国的领地为代价。我们在看图像，令我们对真实的世界视而不见。图像曾经是认识世界的窗户，现在却是现实和认知之间的铁幕。全世界倡导和推崇图像，却并没能像人们所认为的那样，有利于世界思想的沟通。所有的文化都或多或少可被称为愚昧的，因为无法揭示自身的视觉原则。在眼见为实的文明中，无法显示的就不存在，可表现的就被认为不容置疑，带来了图像的专制。当我们一切都围绕可见之物，那些只是因说出而存在的东西，那些纯粹的神话，那些过往现实的基础：民族、阶级、法律、共和国、责任、进步、公众利益、正义、国家等，也就没有什么价值了。如果世界上被化约为一幅幅图像，那么这个世界便是平面的、自给自足、肯定性的。图像曾经是流行的政治反角，而现在却成为现状的守护神。视觉王国什么时候被推翻?

## 三　“得意忘形”：形象传播的出路和走向

新的图像技术带来了特别令人羡慕的见识和权力，但是也让我们迷失了自己。在地球的各个角落，文字和图像、科学和传说、技术和传统都在

---

① ［英］吉莉恩·罗斯：《观看的方法》，肖伟胜译，重庆大学出版社 2017 年版，第 6 页。

通过崭新的方式相互融合和共同发展①，形象如冰雹或风暴一样“从天而降”，我们又该如何应对？

首先，与形象保持距离，理性看待形象。在崇尚理性的启蒙时代，我们身处图像前，在反理性的后现代社会，我们身处视像内。“当局者迷旁观者清”，要理性地认识形象，就要脱离观看的对象，拉开距离，抽身出来，做一个“游移的观察者（ambulatory observer）”②。距离产生美，如果不首先将眼睛转开，是发现不了自己的盲点的。让我们把眼睛转到书本上看看吧，从表面转向背后，从表象转向本质，从形象转向内涵。眼见即为实的社会不再是一个开放的社会。形象如果从我们手里接管了认识事物的权力，那么当代社会大概就成了人类历史上所曾见的最缺乏辩证思考的时代了。要追回我们对世界的无限探索权利，必须通过限制视像自身对任何言辞进行认证的专属权利③。“看得少些，想象多些。”卢梭如是说。我们需要站在形象的彼岸和远处，冷静分析、理性地审视形象。

其次，反抗形象的霸权，让形象与内涵和谐共存。弗洛姆说，在人类历史上，是不服从的思想和行为推动着社会进步④，而不服从不但需要极大的勇气，更需要独立思考和感受的能力。面对形象霸权，我们要秉持“勇于求知”和“怀疑一切”的“批判态度”，向形象的霸权说“不”，坚持对理性的信仰，对传统、迷信、习俗、权势认可的每一件事都投以怀疑的目光。所有文化都培养明辨的智慧能力，因为文化都以透过表象看清实质为理想。我们应该极具创造才情，思路清晰且善于反思，不要轻易相信符号和形象，而是要用质疑和探索的眼光审视所有的形象，去寻找我们看不见的东西。面临着大众文化的图像转向，哲学以许多新的突破报以回应，如符号学、结构主义、解构、系统理论、言语行为理论、普通语言哲学，这是我们可资借鉴的思想资源。我们要反抗形象的霸权，抵抗居于支配地位的视界政体（scopic regimes）⑤，为想象力而奋斗，与“一切皆图像”作斗争，为不可见的事物辩护。图像与词语、形象和内涵远不是相

---

① ［英］戴维·莫利：《传媒、现代性和科技》，郭大为译，中国传媒大学出版社 2010 年版，第 322 页。

② ［美］乔纳森·克拉里：《观察者的技术》，蔡佩君译，华东师范大学出版社 2017 年版，第 32 页。

③ ［法］雷吉斯·德布雷：《图像的生与死》，黄迅余、黄建华译，华东师范大学出版社 2014 年版，第 325 页。

④ ［美］艾里希·弗洛姆：《论不服从》，叶安宁译，上海译文出版社 2017 年版，第 1 页。

⑤ ［英］吉莉恩·罗斯：《观看的方法》，肖伟胜译，重庆大学出版社 2017 年版，第 159 页。

互排斥，而是相互滋养和相得益彰的。腹有诗书气自华，内涵与形象应该相互接续、相互作用、相互补充、相互说明。我们越是喜欢形象，就越是热爱内涵。形象只是内涵的一种表达和交流手段，它将表征和内涵统一起来。从人本主义的观点来看，形象应该是自我完善自我丰富的工具，而不是被利用的工具，形象传播最终是将人的潜力充分发挥出来，让人不是凭感觉或意识推论得出的人，而是体魄和魂魄兼具的现实的人，使人摆脱外部物质利益的支配控制，使人逃离由协定和契约构成的围住自己的狱墙[①]。为了不至于窒息或绝望，人们要在内在不可见的空间重新留下活动余地——通过诗歌、阅读、书写、假设或梦想。

其次，回归真善美的形象传播伦理。本原为真，公正为善，自然为美，真善美是人类的终极追求。物极必反，阴阳调和，辩证统一，在泛滥的形象背后，不乏回归视觉自然的冲动。重归视觉自然意味着摆脱高度人工性的形象意象，趋向并亲近视觉对象的自然状态。回归自然不仅视觉主体的视角转换，也不仅是视觉对象的返璞归真，更重要的是一种对视觉自然的渴望，一种对人为性和压制性的形象的反抗。强调视觉自然的重要性，就是彰显和开启已经被忘却和遮蔽的人与自然的本原关系。面对高度符号化和人为化的形象世界，我们要看到形象富裕过剩后面所隐含的本真形象的匮乏和需求。德勒兹认为真正有价值的是那些能够启迪人们深入进行哲学、社会学思考的影像[②]。人类只有充分意识到自己的处境，意识到自己的患难，从而形成一种生活的新视野——实现人类的自由、尊严、创意、理性、公正、团结，才能将我们自己从衰败、丧失自由或毁灭中拯救出来。我们需要创造性的形象生产和传播，就是通过关心、责任、尊重与理解的态度，贡献新型的、真正的人类社会的远见卓识，用“情感的自发流溢”来复写“美的自然”[③]。

最后，建构批判性形象传播学。文字与图像的交叉研究已经成为现代人文研究的主要特征。米尔佐夫将视觉文化研究描述为一种“后学科的学术尝试”[④]。批评图像学或“形象科学”（Bild wissenschaft）已在人文学科、社会科学，甚至自然科学领域遍地开花，有必要建构批判性形象传播学。正如罗戈夫（Irit Rogoff）所言：视觉文化研究需要确立一种批判的

① ［美］艾里希·弗洛姆：《论不服从》，叶安宁译，上海译文出版社2017年版，第24页。

② 聂欣如：《电影的语言》，复旦大学出版社2012年版，第102页。

③ ［德］恩斯特·卡西尔：《人论》，甘阳译，上海译文出版社2013年版，第193页。

④ ［英］德波拉·切利：《艺术、历史、视觉、文化》，杨冰莹、梁舒涵等译，江苏美术出版社2010年版，第3页。

视角，重新审视人们观看的方式和表征的历史，为我们提供了一种进入当代日常生活批判的新路径①。无论基于什么样的出发点，我们都应当拓展思路，从更广阔的角度重新探求形象到底是什么，而不是局限于“西方”或是“世俗”的观点②。批判性形象传播学不仅是关于形象传播生理规律的自然科学，而且是关于形象抗争的政治学，是关于形象恐惧、图像恋癖的心理学，是偶像破坏与偶像崇拜的社会学。批判性形象传播学核心是致力于探究形象资源的符号学潜能，形象运作的社会脉络，形象潜在的意义，对形象性质的辨析及其欺骗性和操纵功能的批判。对形象的批判性理解需要考虑交流的语境，解释其历史性特点和文化特征，思考形象的社会条件和视觉效果，审视形象所诱发的观看方式，探究观者带入观看活动的视觉性，创造性地解释和透析形象。我们不仅要考虑形象的权力、权威和高尚，还要考虑它们的无力、无能和卑贱。我们不仅仅考虑形象的生命、活跃、动力、欲望和弹性，还要考虑形象的沉默、缄默、野性和不可理喻的顽固。我们要追问形象何求，掌握形象悖论的两个方面：它是活的，也是死的；是有力的，也是软弱的；是有意义，也是无意义的，不仅要指明形象被赋予了什么，也要指出它们缺少什么，并不占有什么，哪些东西是不能赋予它们的；等等。

人是目的，批判性形象传播学要突破个体的局限，研究个体最大限度的自主性、所受到的局限，保持多维、开放的视角，提出兼顾实践的极端多变和非常多元的权力新理论，塑造更民主的形象生产和传播，让形象传播不再是一个空洞的词汇，而是意味着多元化环境下对新的和谐理想的追寻③。帮助我们躲避被动印象即“大量灌输”，通过对形象的“自然”解读激活我们身上或多或少被内化了的习惯、历史和文化④，摆脱人被形象束缚、奴役的状态，让形象真正成为人全面发展的工具，为我所用。

## 结　语

形象资源的富裕和形象产品的泛滥成为视觉文化时代的标志。我们正处于一个形象生产、流通和消费急剧膨胀的时期，处于一个人类历史上从

---

① Nicholas Miezoeff, *The Visual Culture Reader*, London: Routledge, 1983, p. 24.

② ［英］戴维·莫利：《传媒、现代性和科技》，郭大为译，中国传媒大学出版社 2010 年版，第 332 页。

③ ［法］埃里克·麦格雷：《传播理论史：一种社会学的视角》，刘芳译，中国传媒大学出版社 2009 年版，第 212 页。

④ ［法］玛蒂娜·乔丽：《图像分析》，怀宇译，天津人民出版社 2012 年版，第 2 页。

未有过的形象资源富裕乃至“过剩”的时期。在此不妨模仿马克思的说法：一个幽灵，一个视觉图像的在当代社会中徘徊。移动互联网时代，我们眼睛终日受到各种形象的诱惑和刺激，甚至是围困和“逼促”。我们的眼球从未如此忙碌和疲劳。如今看得越来越多，看得越多则越是要看，越是要看就看得越来越快，我们越来越难以分辨真伪善恶、是非对错，人类正陷入一场前所未有的视觉文化危机。

当今危机和转型的时代是我们把握机遇寻找新的出路、创造新的可能的时代。人类的未来关键在于秉持怀疑的能力、批判的能力和不服从的能力。让我们再次回到马特拉的论点：不平等与不公正已经引发此起彼伏的多主体、多层面和多种形式的社会抗争，我们不仅要研究控制机制，也要研究各种反抗形式，以及各种控制和反抗力量的斗争①。我们要践行视觉行动主义，增强思维和行动之间的互动，运用学术形式来采取行动，推动社会变革，行动可大可小，从一个口号到一篇战斗檄文，从一场表演到直接的政治活动，从文本话语到所有形式的图像、声音和视频。我们要借用科学、历史、语言、技术和宗教的理论来阻挡波斯曼所说的“技术思想世界（technological thought-world）”的凶猛势头②，开启一场深刻的对话，与技术思想世界拉开距离，批评它，修正它。当我们知晓如何看这个世界时，只是完成了必需步骤之一，改变它才是最终目的，这也是著者的希望。

## 第三节　网络模仿的政治经济学研究

法国社会学家塔尔德（Jean Gabriel Tarde）曾断言，“从社会角度来说，一切事物不是发明就是模仿”③。“人类的本质是复读机”，无论是正面榜样的经验学习，还是负面典型的教训吸取，模仿在我们的社会生活中占据了重要地位。在移动互联网时代，模仿行为不仅仅局限于对身边事物、影视文学作品的模仿，更是通过对互联网上的事物进行模仿并再次传送至网络虚拟社会中，供其他网民观看和再次模仿，形成模仿的循环，形

① 赵月枝：《传播与社会：政治经济与文化分析》，中国传媒大学出版社 2011 年版，第 294 页。

② ［美］尼尔·波斯曼：《技术垄断：文化向技术投降》，何道宽译，北京大学出版社 2007 年版，第 119 页。

③ Gabriel Tarde, *The Laws of Imitation*, New York: Henry Holt and Company, 1903, p. iii.

塑了同质与异质、复制与创新并存网络亚文化奇观。在社交媒体平台上，模仿他人成为重要的UGC（用户生产内容）来源，亦成为吸引流量的黄金法则。但由于网络平台上的模仿现象仍是新生事物，缺乏有效监管，言行颇为混乱，网络模仿为资本所侵蚀，成为资本逐利的工具，娱乐至死的倾向愈演愈烈。一方面，网络模仿受到全民热捧，成为明星、网红撬动网民注意力的流量密码，为了吸引流量，模仿者无所不用其极；另一方面，未成年人成长于充满偏见与歧视的信息茧房中，在低俗、暴力、成人化的网络环境的诱导下，难以察觉和抵御模仿的异化，现实与虚拟世界之间的鸿沟演变为严重的认知矛盾。随着网络亚文化的崛起，非主流的言论和行为以看似独特的个性和形象博得公众的眼球，甚至借用模仿对主流群体的反向歧视，遮蔽青少年的理性认知，加剧社会的不确定性。模仿行为在满足人们视觉欲望的同时，在无形之中侵犯了被模仿者的权威，造成被模仿对象甚至某个群体的形象的丑化和贬损。我们逐渐迷失在模仿的圈套里，为流量而模仿，为模仿而模仿，失去模仿的本真之义。为什么模仿在网络世界中如此普遍？其背后蕴含了什么样的政治经济动因，又会带来什么样的后果？我们应该如何去理解，又应该如何去应对？辨析网络模仿的表征，揭示网络兴起的动因、存在的问题，探寻网络模仿行为的引导和重塑路径，具有重要的现实意义。

当前关于网络亚文化研究的文献较为丰硕，却鲜有文献涉及网络模仿现象的特征、成因、危害等议题，网络模仿现象有着广阔的研究空间。从传播政治经济学的批判视角来看，网络模仿不再是一个独立于生产者的孤立文本，而是被纳入政治经济权力的结构框架中①，本节拟从传播政治经济学的批判视角出发，探析网络模仿背后的政治经济动因，阐明其存在的问题和产生的深远后果，探索网络模仿行为的引导和规范路径，指明未来的走向和出路，以期繁荣正能量的网络亚文化景观。

## 一　颠覆与借用：网络模仿的类型与表征

在自由、匿名、宽松的网络媒介环境中，常态化的秩序被颠覆，传者与受众打破现实生活中的局限，借用对方性别、身份、形象、言论和行为，使用各种符号在虚拟世界交流互动。网络模仿的形式已远远不局限于某一种特定类型，随着社交平台的发展、表达形式的多样化、眼球经济的

---

①　陈世华：《为“颜”所困：变脸的传播政治经济学批判》，《南京社会科学》2020年第8期。

繁荣，网络模仿衍生出复杂化的形态，主要表现为性别互仿、年龄互仿、职业互仿、形象互仿四种类型。

### （一）性别互仿

性别互仿，即不同性别之间的互相模仿，男性模仿女性或女性模仿男性。性别可分为生理性别和心理性别，又名社会性别。生理性别从一出生就是固定的，而社会性别却是在每个人的成长过程中逐渐被塑造的。酷儿理论学者劳丽蒂斯主张将生理性别和社会性别分开，“一个人并不必然因为具有某一性别的身体就会具有隶属于这一性别的一整套社会属性。二者之间并不存在必然联系。”① 当生理性别和社会性形象可以被分开时，人们关于性别的认知界限逐渐泛化，在互联网空间中男性与女性的形象互仿不再成为禁忌，甚至成为吸引流量的重要法则。性别互仿的主体一类是文艺工作者，这类模仿者纯粹出于艺术表演的需要；另一类则是在互联网空间中享受性别互仿红利的模仿者。在某些社交平台或者短视频平台上，部分自媒体博主或者网络红人出于吸引眼球的目的，以男扮女装或女扮男装的形象呈现在镜头前。部分网红在两种社会性别之间转换得游刃有余，在社交媒体平台上展现出的社会性别身份与其本身的生理性别毫无关系。正如中国性学者李银河所说，“性别反串”符合世界潮流，其原因在于，它在审美上比较刺激，是向传统性别规范挑战的表现。在后现代反权威、反理性、反中心的思潮驱动下，通过性别互仿挑战性别规范备受网友热捧。

### （二）年龄互仿

年龄互仿即不同年龄阶段的人互相模仿，表现为儿童模仿大人、老年人模仿年轻人、小孩模仿父母等，例如网剧少儿版《红楼梦》，尚未成年的儿童装扮成成年人模样，出演爱情题材的电视剧。J. H. 普拉姆在描述童年的摇篮期说道，“儿童是一个特别的产物，有它不同的本质和不同的需求。他们需要与成人世界分离并受到保护”②。儿童与成人有着自然和社会性的区别，成人和儿童之间的主要区别之一，就是成人知道生活的某些层面，包括种种奥秘、矛盾冲突、暴力和悲剧，这些都被认为不适宜儿童知道。③ 作为信息传播技术产物的影视剧是媒介与人类意识形态高度结合的产品，不同题材的文学艺术以电影和电视剧的形式登上荧屏，提升了

---

① Teresa De Lauretis, *Technologies of Gender*: *Essays on Theory*, *Film*, *and Fiction*, Bloomington: Indiana University Press , 1987, p. 3.

② John Plumb, “The Great Change in Children”, *Horizon*, Vol. 13, No. 1, 1997, pp. 4 – 12.

③ ［美］尼尔·波茨曼：《童年的消逝》，吴燕莛译，广西师范大学出版社 2004 年版，第 21 页。

观众的审美趣味。少儿版《红楼梦》将部分不适宜在儿童面前展现的内容暴露给儿童，模糊了成人与儿童之间的界限，儿童对成年人言行的模仿加速了尼尔·波茨曼所言的“童年的消逝”。短视频平台上老人模仿年轻人的情感段子，演绎各种单相思、三角恋的桥段，固然有让人眼前一亮之感，但却有违老年人合适的行为举止，有为老不尊之感。

当下网络上兴起一种“白秀幼”的审美文化，以女性刻意忽视客观年龄，将自身伪装成幼态的形象为特征。该审美偏好将女性的美感定义圈定在“幼态”的范围内，众多女明星以展示“少女感”作为吸引粉丝眼球的手段，成为衡量女星自身颜值并未衰退的重要标准。各大公共平台上被“A4 腰”“锁骨放硬币”和“反手摸肚脐”刷屏，女孩子们以穿得下只有一个 S 码的 BM 风（韩国女团风格）衣服为荣。受到具有“光环效应”的明星们的带动和影响，不少网红也开始模仿这种“白秀幼”的少女感审美，“半藏森林”堪称此类审美的典型代表，在互联网空间中以成年人的属性成功打造出“幼态”的形象，吸引粉丝的眼球。

### （三）职业互仿

职业互仿即不同身份的主体在互联网空间中进行职业特征模仿，例如学生模仿教师、模特模仿医生、警察等，以及流行的模仿游戏人物的 cosplay 现象等。此前某小学生在网络上模仿任课教师言行的视频在互联网上蹿红，这种身份反差吸引了众多的眼球。平台主播身着性感装扮在小学教室里假扮教师进行摆拍，并上传至平台以获得网友的点赞。教师作为教书育人的典范，女网红此举在获得网友关注的同时，也招致了大量的批评。职业互仿本质上是一种炫耀性模仿，展示模仿后的职业言行目的是迎合受众的目光，承载的不仅是自媒体人吸引流量的需求，人们的娱乐休闲方式和价值观念也开始受自媒体平台多层次、全方位的影响。只有在认清网络模仿的合理框架的基础上，不断改进和完善自身的内容生产才能更加契合社会大众的精神文化需求。

### （四）形象互仿

形象互仿即模仿其他群体或个人的外形、言论和行为。作为个人展示的前台，形象赋予个人以魅力，供人开放解读。在个人进行外在展示时，形象的呈现是具有辨识度的，因此也是最容易被生产传播和模仿的关键要素。徐勤根在网络平台上发布“‘人类高质量男性’求偶”的视频广为流传，从妆发造型到语言表达，这位所谓的“人类高质量男性”看起来与当今社会格格不入，他在小红书等社交平台发布了一些“高质量男性”的自拍姿势照片，照片中的妆容和姿势都保持了他一贯的怪异风格。网络上逐渐从“人类高质量男性”衍生出了“人类高质量女性”“当今高质量年轻人”等话题，掀起了一股模仿“高质量人类”相关话题的热潮，不少明星网红也在个人的社交平台上发布模仿视频，某口红品牌的代言人也在最新发布的广告中以“人类高质量男性”的造型出场。这类模仿热潮实质上反映了大众通过对精英形象的批判、模仿来释放“自我”，感受戳破以往存在“壁垒”的阶层滤镜的快感，让精英的精致生活成为普通人可以触及、模仿甚至嘲讽的对象。人们通过生动的形象进行自我表达，塑造形象来展现自我，[①] 徐勤根所呈现的个人形象、自我介绍等方面不符合大众对于优质男性的心理预期，甚至其在画面中呈现的形象有点滑稽，但是也因此标新立异、以丑为美，具有可模仿性和广泛传播的群众基础，从而成为网友争相模仿的对象。

## 二　抗争与逐利：网络模仿的驱动和缘由

从传播政治经济学的视野来看，网络模仿现象是特定时代环境下的社会建构，是对社会存在的反映，作为一种传播现象潜藏着复杂的政治经济动因，可以从政治观念表达、眼球经济交易与变现、关系塑造与维护、技术编码和改造等维度进行剖析。

### （一）政治维度：政治观念表达和话语权争夺

福柯的“规训”理论认为，权力通过实践、话语、技术烙印和“印刻”在人的身体上。[②] 模仿通过身体承载某种行为及表达一种观点。“互联网模因是数字文化的话语单位，这些话语单位表明了一种意识形态实践。”[③] 科技的革新将模因的传播以新颖的模式、形象和象征符号重新组合并呈现出来，通过将模因注入模仿中，完成政治观念表达和话语权的争夺。从航母 style、央视主播康辉巧妙模仿“明学”到《人民日报》发起的 H5 军装照刷屏朋友圈，这些模仿现象皆由官方主动发起，在网络上被网友频繁模仿。

首先，政治观念表达。“航母 style”的刷屏背后是官方基于 2012 年中国首艘航空母舰“辽宁舰”成功完成舰载机起降训练的背景，起飞指

① ［美］大卫·科泽：《仪式、政治与权力》，王海洲译，江苏人民出版社 2016 年版，第 21 页。

② ［英］阿雷恩·鲍尔德温等：《文化研究导论》，陶东风等译，高等教育出版社 2017 年版，第 276 页。

③ Bradley E. Wiggins, *The Discursive Power of Memes in Digital Culture: Ideology, Semiotics, and Intertextuality*, New York: Routledge, 2019, p. xv.

挥员的“起飞手势”成为最大亮点，受到网友的热情追捧和模仿。在简单的刷屏动作背后是网民对国家首艘航母的信心，表达了网友对于祖国日益强大的自信。在湖北武汉新冠肺炎疫情逐渐缓解期间，《人民日报》等主流媒体模仿当下网红主播带货的口吻发文为湖北复兴经济加油，同时推出央视主持人朱广权与淘宝主播李佳琦一起合作通过网络直播为湖北农产品带货促销。主流媒体通过模仿与网友们的互动，在新媒体平台、直播间的良性互动中，延伸了政治话语的表达框架，政府助力网络模仿进入了良性循环的局面。

其次，主流话语权的争夺。随着移动互联网的普及尤其是当下自媒体的繁荣兴盛，UGC 内容生产方式成为互联网内容的重要来源，内容纷繁复杂的网络世界成为话语权争夺的重要领地，把握内容方向、引领舆论导向成为官方网络治理的重要考量。近年来央视主持人接连在快手、抖音等短视频平台开设账号，以亲切的形象和朴实的话语表达拉近与普通大众的距离。主持人通过模仿当下年轻人的话语特征，在短视频中使用“老铁”“打 Call”等网络词汇，主流媒体通过模仿使用象征符号融入特定群体，力争在网络政治场域占据一席之地。

### （二）经济维度：文本交易和变现

马克思认为资本是一种生产关系、阶级关系，也是一种处于运动中的价值。资本一旦停止运动，就丧失了它的生命力。因此它只有在不断的运动中才能够不断地榨取剩余价值，从而使自己不断增值。信息传播技术的革新扩宽了民意表达的渠道，然而资本催生下的自媒体和网络红人从诞生伊始也带有天然的逐利属性。互联网每天都会产出海量信息，舆论热点稍纵即逝，因此，制造话题、抓住眼球是吸引网友注意力的要点。布尔迪厄认为在资本主义社会中流通着三种基本形式的资本：经济资本、社会资本和文化资本。面对当下技术驱动带来的互联网空间中巨大的利益市场，在经济资本的推动下，不少内容博主将原创与模仿相结合，以制造更多吸引眼球的内容。每一种消费行为，都是一种文化生产行为，因为消费的过程总是意义生产的过程。① 许多用户模仿互联网上的内容并不仅仅是为了模仿行为本身，更大程度上是参与模仿话题从而获得更大的流量和关注度。

大多数 Web 2.0 网页最初都是作为朋友之间交流沟通的平台，网民们在互联文化中培养社交能力、与朋友交谈、展示假日照片等。通过社交

① ［美］约翰·费斯克：《理解大众文化》，王晓珏、宋伟杰译，中央编译出版社 2011 年版，第 42 页。

媒体，日常随意的言语行为已经变成了正式的题词，这些题词一旦嵌入广大公众的更大经济中，就具有了不同的价值。[①] 在消费社会中，视觉形象的呈现和言行的模仿在互联网空间中具有重要的观赏价值，催生了“眼球经济”，人们在社交平台上模仿，也在社交平台上消费，最终完成文本的交易与变现。例如抖音上最初火起来的“C哩C哩舞”，就是由抖音上的自媒体博主发起和带动，引发全网模仿。引发全网模仿的目的在于吸引更多的用户点击量和粉丝关注，涨粉和点击量成为衡量自媒体博主账号“经济价值”的重要指标。演员杨幂在微博上发出的一张照片，挑战“漫画腰”的动作吸引了大量的关注度，与此同时引起了网友们的批评，网友指出这种动作会导致模仿者在没有专业人士的指导下造成伤害，但明星发布网络热点话题的模仿内容有助提升自身知名度，由此抬高自己的经济价值，不少明星依旧走在蹭热点的模仿之路上，例如最近兴起的“人类高质量男性”话题爆火之后，某新生代男团成员就发布了模仿徐勤根的视频，吸引粉丝和普通用户的眼球。网络模仿的直接目的是为迎合受众的吸睛需求，而从本质上来看，吸引用户眼球并通过文本的交易和变现带来收益才是最终诉求。网络模仿的风靡将一种内容生产行为打造成带有符号性的文本，并对符号文本进行加工，用来吸引人们的眼球。对模仿行为的观看就是意义生产的过程，短视频平台中漫画腰式的形体模仿、影视桥段模仿等行为产生的经济价值远大于真实的行为本身。

### （三）文化维度：关系塑造和维护

在古希腊，亚里士多德就将模仿视为人类的一项基本技能。[②] 塔尔德提出了“模仿律”（law of imitation），认为：越是满足文化里主导性重点的发明，越是可能被该文化模仿；模仿总是从社会优势的高处流向社会弱势的低处，当精英使新事物、新思想合法化后，整个社会就会模仿。[③] 在互联网时代，正如费斯克所言，观看制造意义，是一种进入社会关系的方式，一种将自己嵌入社会秩序的手段。[④] 模仿高度融入网络社会，人们在模仿和观看中制造意义并完成意义的传达，人与人通过模仿行为完善复杂

---

① Jose van Dijck, *The Culture of Connectivity: A Critical History of Social Media*, New York: Oxford University Press, 2013, pp. 6 – 7.

② ［古希腊］亚里士多德：《诗学》，罗念生译，人民文学出版社 1996 年版，第 47 页。

③ ［法］加里布埃尔·塔尔德：《传播与社会影响》，何道宽译，中国人民大学出版社 2005 年版，第 16 页。

④ ［美］约翰·费斯克：《理解大众文化》，王晓珏、宋伟杰译，中央编译出版社 2006 年版，第 38 页。

的社会关系。模仿从来就不是原创内容的简单再现，而是借助源文本来改造自身与社会之间的联系。我们可以将模仿视为一种话语表达形式，模仿者借用图像文本资源来塑造形象，完成对自身社会地位的构建与呈现。正如伯格所言："我们从来就不只是看一样东西；我们总是再看东西和我们之间的关系。"① 我们在观看模仿的过程中，知晓模仿者个人的社会地位与形象，代入自身的心理投射，从他人的呈现中看到了我自己。通过文化关系的塑造，模仿者确证了自身存在及其与他人、社会间的关系，构建了模仿行为的复杂内涵和文化意义。

约翰·赫伊津哈（John Huizinga）认为"人类社会的伟大原创活动自始至终都渗透着游戏"②。"在文化中，我们发现在文化本身存在之前，游戏就是一种给定的重要存在，从文化最早的起点一直延展到我们目前生活其中的文明阶段，游戏伴随着文化又渗透着文化。"③ 网络模仿本质上是一种游戏行为，而游戏行为本身是文化交往的组成部分，网络模仿的行为中暗含了多元化的关系塑造与维护。互联网上的 UGC 用户通过对原创对象的模仿，得以与其建立某种跨越时空的关联，例如在短视频平台火起来的小学生模仿任课教师在课堂上的言行，学生扮演教师角色，对教师形象夸张化呈现的视频，一方面，是对当下师生关系的一种投射，是学生对于改变当下现状的期望，渴求当下种种不合理师生相处状态的改变；另一方面，模仿者通过模仿原创者的内容与其建立起某种联系，模仿者的受众在观看其上传的内容时自我代入，加深受众对其的认同感，这也回应了人类学家格尔茨（Clifford Geertz，又译格尔兹）的论断："人类是悬挂于自己编织的意义之网上的文化动物。"④ 正如大卫·休谟（David Hume）所说，我们感知到的世界，绝大部分都是一种想象性的构造。⑤ 世界是自己内心投射的影子，"天下无心外之物"，对当下热点现象和事件的模仿，折射出内容生产者和观看者对某种事物存在的刻板印象，并在模仿的过程中深化此种印象。

（四）技术维度：技术编码和改造

霍尔认为任何传播过程都是循环互动的过程，离不开编码—解码的环

---

① John Berger, *Ways of Seeing*, London: Penguin, 1972, p. 9.

② ［荷兰］约翰·赫伊津哈：《游戏的人》，中国美术学院出版社 1996 年版，第 5 页。

③ ［荷兰］约翰·赫伊津哈：《游戏的人》，中国美术学院出版社 1996 年版，第 4 页。

④ ［美］克利福德·格尔兹：《文化的解释》，韩莉译，上海人民出版社 1999 年版，第 5 页。

⑤ ［美］H. G. 布洛克：《美学新解》，腾守尧译，辽宁人民出版社 1987 年版，第 73 页。

节，“讯息的象征形式在传播交换中居于一个优先位置；而‘编码’和‘解码’时刻，虽然在整体的传播过程中只具有‘相对的自主性’，但却是具有一定程度的决定性意义的时刻”①。网络中的内容生产者基于传播意图借助传播技术对信息进行编码生产，受众基于自身经验借助传播技术对信息进行解码消费。随着数字处理和移动传输技术的升级，网络服务变得更加个性化和多元化，例如抖音设置“合拍”，即视频创作者通过生产非完整意义的内容，留给他人二次创作的空间以待他人协作生产，这种“合拍”视频的创作手法即受益于技术的创新与发展。

正如麦克卢汉所说“媒介是身体的延伸”，“人类使用新媒介和新技术是自己的放大和延伸”②。网络模仿是技术的编码和改造，正是由于媒介技术的发展，使得同质化的行为可以在互联上被大规模复制粘贴，形成“全民狂欢”的局面。原先在小众圈层中流行的文化，经由少数网民发起并通过互联平台进行艺术包装和传播，就可以实现“病毒式”地扩散，登上网络热搜，进一步在更广泛的圈层中传播。不同于以往的模仿形式，由于互联网信息技术的快速发展，内容生产者将舞台搬到了屏幕上，个人无须专业的拍摄设备或精深的专业技术也可以在社交平台上再现他人的场景，网络模仿变得轻而易举、唾手可得。

## 三　越轨与失序：网络模仿的异化和迷失

马克思认为，自由是人类本质在其外化活动中的实现，异化则是对自由的否定，即人不能从事自我实现的活动。③ 盲目的模仿让人失去理智，产生社会越轨行为，模仿拜物必然带来模仿的异化和人的迷失，例如违反法律法规、违背伦理道德、加剧版权冲突等问题。网络模仿成为自媒体人获取新粉丝关注、培养用户黏性的重要手段之一，为了博取眼球获得收益，网络模仿的边界持续泛化，造成了网络空间的种种乱象并带来恶劣的社会影响。

### （一）违法的陷阱

凝视是一种统治力量和控制力量，是看与被看的辩证交织，是他者的

---

① Stuart Hall, “Encoding and Decoding in the Television Discourse”, in A. Gray, et al. eds. *CCCS Selected Working Papers* (vol. 2), London: Routledge, 2007, p. 387.

② ［加拿大］马歇尔·麦克卢汉：《理解媒介——论人的延伸》，何道宽译，商务印书馆2000年版，第9页。

③ ［加拿大］本·阿格尔：《西方马克思主义概论》，慎之等译，中国人民大学出版社1991年版，第9页。

视线对主体欲望的捕捉。传统的视觉中心主义所建构的中心化主体就在这种视线的编织中塌陷了。[①] 当视觉中心主义的图像社会与互联网平台相结合，面对庞大的凝视群体，越来越多的被凝视主体渴望获得被凝视带来的利益，如何吸引并留住受众的视线成为指导传者言行的首要逻辑。互联网上的违法现象并不鲜见，网络模仿的盛行更是加剧了暴力倾向和色情暗示，在某些网络直播平台上，部分秀场主播打着展示才艺的幌子，展示含有色情意味的舞蹈动作、言行等，以及在短视频平台上发布含有暴力倾向的视频，直播时展示具有暴力倾向的行为，青少年儿童模仿杀猪、刀捅西瓜等这类视频会在社会上造成不良的行为导向，诱使部分世界观尚未定型的受众盲目模仿，加剧未成年人的暴力倾向。

自媒体诞生在商业逻辑的驱动之下，它所售卖的商品并不仅是其生产的内容，更重要的是它所拥有的受众，如何吸引受众的眼球成为自媒体争相竞争的关键。传播政治经济学奠基人达拉斯·斯麦兹认为，大众传媒生产的信息和言论只是吸引受众注意力的“免费午餐”，其目的是培养受众对广告信息的好感。[②] 盈利变现的需求促使自媒体为拥有更广泛的用户群体和更精准的投放转化而不断制造出新的热点，抄袭和模仿他人的内容，甚至不惜试探法律的底线。例如网络上盛行的用儿童表情包来表达亲亲、抱抱等亲密行为，尤其常见于情侣之间的聊天界面，儿童天真可爱的表情被商业化团体制作成具有性暗示的图像，表情包成为成人化符号表达的模因（Meme），在互联网空间中被广泛传播。这些亲密行为本来是专属于成年人之间的动作，却被商家用儿童的言行来制作成表情包，被广泛使用于网络上。网络模仿活动不再是用户完全自由自主的观念表达和互动行为，而是在各方利益驱动下的内容结合体，互联网原住民盲目地被模仿奴役，被模仿牵引和规训，却无法通过对模仿内容的参与、展示、观看实现个人的主体性解放。

### （二）道德的异化

古语有言：“天性，人也；人心，机也。立天之道，以定人也。”意即个人需要有良好的品德和智慧才可以将这个包罗万象、千变万化的世界，临危不惧地掌握在手中。自古以来，道德就作为法律的补充用来约束人们的行为规范，成为当权者维护社会稳定的重要手段，道德不是玄乎的

---

① ［法］克里斯蒂安·麦茨、吉尔·德勒兹等：《凝视的快感：电影文本的精神分析》，吴琼编，中国人民大学出版社2005年版，第8页。

② Dallas Smythe，“Communication：Blindspot of Western Marxism”，*Canadian Journal of Political and Society Theory*，Vol. 1，No. 3，1977，pp. 1－28.

空中楼阁，而是内化于每个个体的心中，荡涤大众的心灵。在当下图像资源高度丰富的网络空间中，“无论我们喜欢与否，我们自身在当今都已处于视觉（visuality）成为社会现实主导形式的社会”①。“纯欲”风的图片吸引了大量的眼球，成为随处可见的快消品。在图像的海洋中，无数妆容相似、大面积露肤、摆出具有性暗示意味的姿势的“纯欲”照片簇拥着人们，包围着人们。这也引发了年轻女性对这种风格的盲目模仿，在不同社交平台展示自己的模仿秀，质实言之，“纯欲风”已然成为软色情的遮羞布。在“图像社会”（society of the image）里，图像成为视觉中心主义的表现形式，也塑造了形态迥异的社会景观。德波指出，景观的本质是拒斥对话。景观是一种更深层的无形控制，它消解了主体的反抗和批判否定性，在景观的迷入之中，人只能单向度地默从。② 影视作品是社会景观的重要组成部分，传播者出于宣传推广、吸引眼球的目的，翻拍某些高知名度的经典影视作品，被改编过的形象在潜移默化地塑造我们的观念和价值取向，我们无意识地承受着某些制作者的价值观的影响，从而被“操纵”。儿童版的《红楼梦》反映出在资本的“霸权”下，当今社会的文化生产呈现出一种经济利益为中心的模式，文化作品是资本生产的重要商品，它的主要目的是攫取受众的注意力，完成视觉和思想领域的暴力“殖民”。“文化乃是以游戏的形式展现出来，从一开始它就处在游戏当中。”③ 影视作品和自媒体生产的内容同属于文化工业时代下制造出来的文化产品，同时网络技术的赋权使得传播者与受传者之间的关系发生了转变，“受众”逐渐转换为“用户”，用户的主体性与互动性显著提升，各类新媒体平台及自媒体人为吸引流量提供了丰富的用户参与方式，“网络模仿”的高互动性、富有游戏精神的方式很快成了自媒体吸引流量、提升用户黏性的常用手段。某短视频平台博主发布了一则“易拉罐制爆米花”的视频，引起中小学生模仿，随后发生“爆米花女童炸伤案”，网红赚取流量的背后，其代价则是未成年人的生命健康安全。

在当下社会中，男性形象的女性化绝不意味着女性从固有女性形象的

---

① ［斯洛文尼亚］阿莱斯·艾尔雅维茨：《图像时代》，胡菊兰、张云鹏译，吉林人民出版社 2003 年版，第 5 页。

② ［法］居伊·恩斯特·德波：《景观社会》，王昭凤译，南京大学出版社 2006 年，第 15 页。

③ ［荷兰］约翰·赫伊津哈：《游戏的人》，中国美术学院出版社 1996 年版，第 49 页。

束缚中获得了互补性的解放。[①] 名人在网络平台上呈现出来的反串形象并非客观中立的，而是蕴含着特定的目的。作为一种文化产物，网络模仿加剧了道德的异化。男性和女性的性别差异，决定了性别相关特征的分野，对于性别角色的呈现方式大相径庭，然而在视觉化的趋势下，不少男性借助网络平台呈现被刻意改造后的女性形象，从表情、发型、妆容等方面模仿女性，刺激观众的猎奇审美，从而进行受众注意力的“二次售卖”。虽然传播者实现了吸引眼球的目的，但“阴柔之风”在互联网空间中发酵，导致性别形象呈现的异化和理性的衰落，传者为实现个人私利颠倒大众审美，侵蚀了社会的公序良俗。

（三）版权的困局

在互联网时代，一方面，我们面临来自网络的信息呈指数级增长；另一方面，产权诉讼的威胁以及对网络资源的访问日益有限，原创与模仿抄袭之间的矛盾日益突出。后现代文学理论提醒我们，没有什么东西是完全原创的，我们依赖于混合和重用过去，增加或改造旧的情节、见解和想法。[②] 模仿的异化让不少内容生产者深陷版权冲突的困局，为了精准把握当下传播热点话题、制作吸引公众眼球的内容，部分自媒体人的内容生产频频涉嫌侵权。依据《中华人民共和国著作权法》第四十七条规定，模仿他人创作成果，进行歪曲、篡改的，是属于侵犯著作权的行为，需要承担侵权责任。例如电影解说短视频的火爆，也带动了相关产业链的发展，但目前短视频平台上的解说视频，大多以商业营利为目的，制作者在电商平台以低价购买素材商品，然后根据其内容制作成电影解说视频，因此侵权行为屡见不鲜。正如麦克·费瑟斯通（Mike Featherstone）所言，人们沉溺于折中主义与符码混合之繁杂风格之中；赝品、东拼西凑的大杂烩、反讽、戏谑充斥于市，对文化表面的“无深度”感到欢欣鼓舞；艺术生产者的原创性特征衰微了；还有，仅存的一个假设：艺术不过是重复。[③] 网络平台上的内容生产层出不穷，其中原创内容相对匮乏，重复和模仿占据了内容平台的主流。古风美食博主“李子柒”凭借其唯美静谧的中华田园乡村生活，对中华传统美食烹饪过程及传统文化的展现，吸引了众多

---

① Stuart Hall & Tony Jefferson, *Resistance Through Rituals: Youth Subcultures in Post-War Britain*, London: Routledge, 1976, p. 215.

② Caroline Eisner & Martha Vicinus, *Originality, Imitation, and Plagiarism: Teaching Writing in the Digital Age*, Ann Arbor: The University of Michigan Press, 2009, p. 1.

③ ［英］迈克·费瑟斯通：《消费文化与后现代主义》，刘精明译，译林出版社 2000 年版，第 11 页。

粉丝，在海外视频网站上同样拥有大批粉丝。在“李子柒”走红之后，越南博主模仿“李子柒”的视频被众多网友指出抄袭，从画面呈现、人物、视频内容都与“李子柒”几近原景重现。显而易见，当下网络社会，版权法律无法保证对单个作品的权益保障。互联网的迅猛发展带来的不应只是参差不齐的信息爆炸，而应该是营造一个更加理性、公正的公共空间。

（四）价值观的迷失

明星演员作为公众人物，在社会上具有较大的影响力，不知不觉间悄然兴起的“A4 腰”、“直角肩”、“iPhone 腿”、锁骨放硬币、反手摸肚脐等各种各样的“身体挑战”出现在公众视野中。曾经在网络上的一组“炫富摔”在社交平台广为流传，通过炫耀自己的财富和身材从而使虚荣心获得极大满足的挑战，成功吸引不少网红竞相模仿，随即在社交媒体平台上“出圈”。为了拍好这种“炫富摔”，网红博主们多次试拍，精挑细选一张照片后精修，最后发在社交平台上供粉丝观赏。这种照片表面上能暂时博得粉丝的眼球，但其本质上并未传递任何建设性意义。在这个略带浮躁又肤浅的快节奏时代，似乎人们更喜欢这种“荒诞式”的审美模式，这样的审美夹杂着视觉的快感、虚伪的外表、浮夸的内容，不少用户却日日沉浸在这些“病态”的视觉大宴里不能自拔，殊不知这些“精神快餐”在带来短暂的娱乐消遣时，也在社会上形成种种不正确的价值导向，作为“眼球经济”的消费者，这种不正确的取向最终将会反噬用户自身的价值观。虽然小学生模仿教师上课的视频给众多网友带来了一时的欢乐，其本人出发点可能并不是针对某一位教师，但这种视频的广泛传播会在一定程度上损坏严肃的传道授业解惑的师者形象，“钟美美”的视频能在全网得到如此高度的关注，与大众心中对教师的刻板印象有一定关系，现实中严肃但负责的女教师作为被模仿的对象出现在“钟美美”的视频当中，成为被恶搞的对象，网友们对于此类女教师的刻板印象将会进一步加深。

当下抖音、快手这一类的短视频平台占据了公众注意力，在带给我们娱乐消遣的同时，平台的内容模仿而导致的价值观偏移问题也悄然而至。例如在一次关于互联网网络红人“半藏森林”负面新闻事件之后，各大社交平台掀起对“半藏森林”的模仿，从“茶艺妆”“绿茶话术”到“茶艺拍照姿势”无所不包，甚至垂直领域的博主无论男性还是女性开始教授女性如何习得以上“茶艺”技能。就审美而言，这些内容呈现的形象的确能够迎合当下盛行的审美价值观，但不能让这种“白秀幼”的幼态审美成为当下审美的唯一标准，不能让其成为禁锢多元化审美的工具。

当网络平台生产的内容被逐利的模仿对象所裹挟时，这种“病态式”的全民追捧将会逐渐潜移默化地代替原本多元健康的价值观和审美观。这类行为只会促使女性更加迎合男性的凝视，部分女性在自愿成为被男性凝视的主体之后，这种被异化的审美被男性与凝视的主体强加给大众女性，人们被畸形审美绑架的同时，又把外貌焦虑传给了他人。在审美更为多元的现代社会，审美标准不应该单一化，“白幼瘦”不应该成为女性审美的唯一标准。对异化的形象的全民追捧，反映了当下以网红为代表的意见领袖霸占了公众的话语权，当下盛行一时的内容和形象也只是网红自媒体与资本合谋的产物，受众成为被利用和操纵的工具。资本生产出来的商品通过网红的带动成功引发大众的竞相追逐和模仿，网民们成为被资本支配的“工具人”，开始自发为商品买单，将自己变为资本待割的“韭菜”。

## 四　纠偏与重塑：网络模仿的引导和规范

技术的编码和改造带来网络模仿的热潮，也加剧了违反法律、违背道德、利益冲突等乱象，网络模仿必须以发挥正面功效为指向，纠偏异化的模仿乱象，营造良好的网络交往氛围。

### （一）模仿的合理运用，发挥榜样的正面功效

模仿固然受到政治经济权力的束缚，但是，随着人的自我意识和主动性的唤醒，作为一种重要的工具，当模仿的运用和创造掌握在人的手中，就会成为发扬榜样力量、营造良好社会关系的重要工具。模仿具有重要的政治内涵，是政治观念引导和话语权争夺的重要场域，可以成为政府引导舆论、树立风向的工具。不同于以往的宣传手段，模仿行为本身使得政治观念引导具有表演性，政治观念表达往往通过主流媒体对议题的设置、表演的设计、话题的推广等手段来展开，通过对模仿流程的掌控，政府可以占领新型网络空间中的舆论高地，让舆论领袖的力量为政府所用。

榜样的力量是无穷的，可以通过合理的模仿发扬榜样的力量，不宜让未成年的儿童一味模仿杀猪、恶搞这类含有暴力因素的视频内容，而应该在互联网上传播更有正面导向的内容，例如加大对军人训练内容的宣传，引导未成年人树立正确的参照和学习对象。榜样的力量会带动未成年人学习积极的视频内容，树立正确的价值观，在全社会营造正向的社会风气。人们的观念和行为通常会受到参照群体的影响，将参照物作为自己的标准，从而不断调整和优化自己的行为模式。例如参加2020年东京奥运会体操比赛的运动员丘索维金娜连续参加了八届奥运会，她积极进取、奋勇拼搏的精神为当代青年树立起学习的榜样。习近平总书记在第五届全国道

德模范座谈会上强调："道德模范是道德实践的榜样。要深入开展宣传学习活动，创新形式、注重实效，把道德模范的榜样力量转化为亿万群众的生动实践，在全社会形成崇德向善、见贤思齐、德行天下的浓厚氛围。"[①] "正能量"社会群体及个人符合社会价值导向的成功事迹和正面形象给青少年群体树立了良好的模仿榜样，大力宣传此类正面人物的事迹，对于青少年的世界观、人生观、价值观的形成具有重要的引导作用。这类更贴近生活中的正面人物，他们所具备的拼搏精神激励着青少年奋发向上，积极塑造青少年的人生价值取向，更值得广大网友模仿学习。

（二）纠偏异化模仿，营造良好交往氛围

模仿使形象呈现变得栩栩如生，使观念表达动人心魄，意义塑造引人入胜。一条积极向上的视频或图文能让人心生暖意，成为一面引导受众的旗帜。吸引流量、传递观念、文化共情都可见到模仿的力量，因此，应该引导模仿成为网络空间中的积极力量。习近平总书记在围绕建设网络强国发表的系列重要讲话中强调，"要让主旋律和正能量主导网络空间、移动平台等传播载体"。模仿是营造天朗气清的网络空间的过程中的重要一环，荡涤政治风气、树立舆论新风向需要通过纠偏异化模仿、营造良好交往氛围来完成。党和政府通过操纵网络模仿强化政治权威，深化社会认同及遵从。个体通过模仿塑造自身形象、强化受众对个人符号特征的记忆。

在互联网空间中，整个社会生活表现为一种巨大的景观的积聚，[②] 各种模仿现象是景观的重要组成部分，成为人们观看的重要对象。在景观所造成的广泛的"娱乐"的迷惑之下，"大多数"将可能偏离自己本真的批判性和创造性，沦为景观控制的奴隶。[③] 面对网络模仿已然异化的当下互联网空间，我们需要纠正异化的模仿，肃清含有暴力因素的行为、具有色情暗示的内容。杜绝异化的模仿需要多方合力，监管部门的监督，相关平台的自纠自查和配合整合，自媒体博主自律意识的强化。面对异化的模仿，我们要秉持批判的态度，坚持对暴力、色情等模仿的内容予以批判，培养受众明辨是非的能力。网络模仿虽让人际互动更为便捷，但是自媒体的违法违规现象更为严重，网络空间中的原创性随之削弱，传播伦理受到极大挑战。为了提高人们对异化的模仿的辨认与防范能力，急需在打击异化的模仿方面设计合理的制度框架。大部分自媒体在发布内容时并无严格

---

① 《第五届全国道德模范座谈会在京召开》，新华社 2015 年 10 月 13 日。

② ［法］居伊·德波：《景观社会》，张新木译，南京大学出版社 2017 年版，第 7 页。

③ ［美］弗尔茨、贝斯特：《情境主义国际》，载《新马克思主义传记辞典》，重庆出版社 1990 年版，第 767 页。

的原创审核机制，自媒体平台存在把关不严、缺乏相应筛查措施等失范现象。因此，为了创造创意、理性、公正的互联网空间，需要监管部门合力打击异化的模仿，自媒体平台及时进行筛查把关，多重合力共同创造天朗气清的网络空间。

（三）打破同质模仿窠臼，回归创新本位

“新则活，旧则板；新则通，旧则滞。”党的十九大报告指出，创新是引领发展的第一动力，坚持创新发展，就必须把创新摆在国家发展全局的核心位置，不断推进理论创新、制度创新、科技创新、文化创新等各方面的创新。在互联网时代，要树立强烈的创新意识，在能运用既有模式的基础上，颠覆模仿的固有范式，回归创新性和创造性。“问渠哪得清如许，为有源头活水来。”创新不仅是一个国家和民族发展进步的源头活水，对于互联网空间中的各方力量而言，也是持续发展的重要动力。除了常见的视觉表达方式，要积极开拓多样化的叙事方式。

在媒介化的传播中，在政治叙事、眼球经济、文化塑造层面，要辨析模仿的功能性传播和规范性传播，功能性的模仿源于获益、谋利，而规范性的模仿则根植于创新、理性。比如优秀的模仿案例多是靠多样化的叙事手段来呈现，而现实社会中的模仿多是照搬、复制。在当下的互联网环境中，泛滥的内容生产传播背后，都隐藏着重复和模仿。创造性的模仿需要自媒体博主提高自身的创作素养，加强对自身内容的建设，在最初的内容原创者获得一定成功后，后来的生产者要以创新为目标，以受众为中心，运用新的表现手法和传播形态，生产创造性的内容。回归创新本位的模仿不是贬低当下的模式，相反，是要找回模仿的积极价值。

创造性模仿意味着摆脱高度重复性的内容生产模式，趋向并亲近受众的自然状态。创造性模仿不仅是内容主体的对象转换，也不仅是传播方式的单一转变，更重要的是一种对内容生产和受众渴望的探寻。强调创造性模仿的重要性，就是彰显和开启当下已经被忘却的内容生产传播与受众需求的本原关系。面对高度符号化和模式化的互联网内容生产平台，我们要看到堆砌的内容背后所隐含的创造性模仿和原创内容生产的匮乏和需求。让我们再次回到塔尔德的论点：“所有的相似都是由于重复。”① 内容生产者只有充分意识到重复性模仿的弊端和困境，从而形成一种创造性模仿的新方式，才能摆脱陷于窠臼的生产和传播，创造出更富价值的内容。模仿是对内容的创意性再生产，但不是对模仿对象的简单临摹，而是我们的观

① Gabriel Tarde, *The Laws of Imitation*, New York: Henry Holt and Company, 1903, p. 14.

念和情绪的自然流露。在可视化的内容之外，应该要为不可见的精神空间留下思考的余地。

（四）超越流量逻辑，严格版权管理

创新性模仿的前提是要严格遵守相关版权的规定，承认他人原创内容的合法性，无论是文字图像，还是音频视频，模仿都应该超越单一的流量逻辑，通过模仿来进行理性的社会交往。互联网空间中技术的运用是开放的，内容生产者的创作受到多重因素的影响，必须通过严格的技术手段和行政监管来规范模仿行为。无论是自媒体内容生产者创作的图文内容还是视频，都依法拥有相应的版权，互联网平台上掀起的模仿之风在一定程度上破坏了法律规定的创作者的版权，造成侵权事件频发，甚至部分博主打着“模仿”的名义行洗稿、抄袭之实，严重侵犯了原创作者的版权。抄袭、混淆等行为可能短期内会让自媒体获得原创者的流量红利，但本质上违背了相关版权的法律法规，在自媒体日益发达的当下，亟须完善网络模仿相关规定，让网络模仿进入规范化、法制化的轨道。侵害版权的行为将受到法律的严惩，自媒体积累的口碑与人气也会因此受到反噬。自媒体的内容生产与传播应该在法律法规的框架之内，提升版权意识，在保障他人权益的前提下，创造性地进行内容生产与模仿。

## 结　语

模仿可大可小，从一句话到一个动作，从一段舞蹈视频到美食制作过程，任何一项模仿行为的出现都有深层的驱动因素。任何事物都具有矛盾性和两面性，对待互联网上的模仿现象需要用多重的眼光来审视。移动互联网技术带来便利的网络内容生产和传播工具，网络模仿以多样化的呈现方式，迅速拉近了传者与受众的距离。但是网络模仿也容易滋生新的问题，内容生产者为了吸引眼球、获取流量，可能会做出违背法律和道德的行为，侵犯他人的知识版权，树立错误的价值导向。面对社交平台上的种种模仿现象，如果不假思索地一味追捧，只会在社交平台的洪流中迷失自我。应该采纳传播政治经济学的批判视角全面地认识和审视当下网络模仿的现象，认清其现存的问题，理性思考、规避风险，避免走向无意义的模仿与重复，在模仿中找到娱乐消遣的乐趣所在，理性看待其隐藏的风险，对网络模仿现象进行积极引导，积极宣传正面榜样的形象，打击异化的模仿现象，在保护版权的基础上进行创造性模仿，营造多姿多彩的网络亚文化景观。

## 第四节　选秀的传播政治经济学研究

在视觉转向的“景观社会”时代背景下，伴随视听环境长大的“电视一代”成了视听消费的主力军。在电视时代，选秀成为异军突起的电视节目，平台及节目发动观众为选手投票，售卖周边产品，掀起全民追星的浪潮。为了博取关注度，节目针对有争议的选手和议题进行大肆炒作和渲染，贩卖杜撰的情感故事或者包装制作虚假的正能量偶像形象，消费大众的同理心。在互联网时代，近年来从韩国引进的选秀节目通过改头换面在国内大火后，也将韩国选秀文化圈内的“打投”、骂战等病态的饭圈文化带入中国。偶像养成类选秀综艺将选秀节目的影响力推向新高峰，但随之而来的“颜值至上”、审美与身体规训、粉丝经济失序等乱象一度霸占公众眼球。资本通过控制平台和舆论，让粉丝成为资本“圈钱”的工具，刻意挑起争端，鼓动粉丝参与骂战，充当“饭圈”乱象的推动者，制造出虚假的繁荣数据，利用粉丝对“爱豆”的支持从而对粉丝进行精准“收割”。资本利用对话语权的掌握甚至试图颠覆社会主流认知，如何定义“偶像”、如何定义“美”成为舆论场上喧嚣不止的话题，选秀文化及粉丝群体抢占公共舆论高地，资本趁势挑起公众对立和舆论战争。部分并无专业素养的选手通过参加选秀获得与自身实力不相匹配的高人气，从而实现“明星梦”，然而成为明星后大幅提高的收入与“德不配位”的才能，造成了社会“拜金”风气甚嚣尘上，青少年择业观受到影响，加剧了明星与大众之间的矛盾分化。甚至在某种程度上，在大众眼中，明星早已沦为资本洗钱的工具，资本利用选秀出道的明星操纵流量，制造舆论热点话题，利用“沉默的螺旋”压制民意，操纵舆论风向。

秀是媒介技术发展的产物，是指媒介平台制造选秀节目等媒介景观，并通过传播优势在公众间播出，营造出文化工业背景下的表演文化氛围，秀的类型在电视媒体时代，是以《星光大道》《中国好声音》为代表的传统选秀节目。在互联网媒体时代是2015年兴起的偶像养成类选秀，主要以腾讯、爱奇艺等视频平台为主导的《偶像练习生》《创造101》男团及女团选秀为代表。而无论是传统选秀还是偶像养成类选秀，都存在着过度消费选手、刻意制造煽情效果的乱象。在传统电视选秀节目中，部分选手在舞台上会讲述自己人生的悲惨经历，以此获取大众的关注、博得更多的眼球，节目呈现为煽情而煽情的特征。在养成系选秀中，主要集中在选秀中的粉丝、饭圈文化中的现象。从花钱买热搜到打榜投票，从明星榜单到数据造假，从互撕谩骂到人肉暴力，粉丝们在冲动消费、攀比心理和资本操弄的多重作用下，陷入“掐架互骂”的饭圈纷争中，充当了资本的“韭菜”。

当前关于选秀节目的研究文献主要是基于社会心理学等视角去审视选秀节目的价值和内涵，或者就单个选秀节目分析其特色、发展和启示，较少从批判视角出发探究其背后的深层动因和深远影响。从传播政治经济学的批判视角来看，选秀节目不单是取悦大众的视听游戏，而是被纳入政治经济文化的结构框架中，选秀的生产和消费是当下景观社会的重要表征，反映了消费社会中资本利用粉丝经济洗劫社会财富、加剧社会分配不公的趋向。本节采取传播政治经济学的批判视角，将选秀置于时代语境中，探析选秀背后深层次的政治经济动因，厘清选秀兴衰流变的表征，以期更加深刻地认识选秀的价值和风险，推动选秀的转向与重塑。

## 一　选秀的政治经济动因

### （一）思想根基：媒介景观的共建

媒介景观源于法国社会学家居伊·德波所提出的景观社会理论，即通过媒介呈现给大众的宏大奇观或景象。现代景观社会是选秀诞生并流行的时代背景。选秀的兴起契合了德波的“景观社会”的预言，景观原义为一种被展现出来的可视的客观景色、景象，也意指一种主体性的、有意识的表演和作秀。“在现代生产条件无所不在的社会，生活本身展现为景观（spectacles）的庞大堆积。直接存在的一切全都转化为一个表象。”① 在媒介景观社会的构建下，各类选秀节目不断推新。各种类型的人物形象生产、塑造和遴选是选秀的重要组成部分，成为人们观看的客体。“视觉转向”下的媒介社会，我们所认识的世界是由媒介所呈现的视觉现象构成，这种视觉的堆积变成一种创造意义的景观，景观的堆积构建了我们对于世界的认识，我们通过景观理解世界，同时也被景观所封闭。媒介借助符号为中介搭建人与人之间的社会关系，德波认为：“景观不是影像的堆积，而是以影像为中介的人们之间的社会关系。”② 媒介制造出来的符号、物品渗透进人们的日常生活。景观构建起了我们的社会环境，人们的日常生活被商场、电视、街道等景观所包围，人们也通过媒介建造的景观认识世

---

① ［法］居伊·德波：《景观社会》，张新木译，南京大学出版社 2017 年版，第 3 页。

② ［法］居伊·德波：《景观社会》，张新木译，南京大学出版社 2017 年版，第 3 页。

界、理解社会和改造世界，正如鲍德里亚所指出的，电视过多地生产了威胁我们真实地感知现实世界的影像与信息。“符号文化的胜利导致了一个仿真的世界的出现。记号与影像的激增消解了现实与想象世界之间的差别，电视传播的瞬时性抹平了时间与空间的距离。”①

（二）政治维度：推动文化繁荣的政治需求

政治力量具有推动文化繁荣的需求，选秀节目的繁荣也是政治力量推动的结果。自先秦以来，就有“百家争鸣”的诸子百家不同流派之间相互争鸣、盛况空前的学术局面。中华人民共和国成立后，毛泽东提出“百家争鸣、百花齐放”的文化艺术和科学事业的发展方针，以大力推动我国文化艺术事业的繁荣。选秀作为一种新兴的娱乐表现形式，其新颖的形式和趣味的内容吸引了大量眼球，具有规模庞大的观众群体。在此基础上，大力推动选秀文化的发展，不仅满足了文化繁荣的需求，更是社会不同阶层的黏合剂。在全球连结为麦克卢汉预言的“地球村”的今天，文化生产也具备了满足国内需求后实现文化输出的可能。我国拥有 5000 年的文化传承历史，文化生产具备深厚的基础，并且随着我国国家实力的全方位提升，文化繁荣与输出成为国家的新的文化需求。在实现中华民族伟大复兴的重要征程中，建立“四个自信”中的“文化自信”具有重要的战略意义。在新时代，我国的国家实力日益强大，然而我国在国际上的文化影响力和话语权却与我国的自身实力不相匹配，与美国等西方发达国家在文化领域和舆论高地上占据支配地位的情况更是不可同日而语，美国凭借好莱坞等文化基地制作出一系列具有全球票房号召力的影片，同时制作了收获大量口碑的美剧，不仅对外输出了西方文化，也大大提升了自身形象。我国亟须提升自身的文化影响力，制作一些具有强大影响力的优秀文艺作品，改善我国的国家形象，提升国际影响力。对外文化输出是当仁不让的重要领地。同为亚洲国家，韩国对外文化输出成果十分突出，这离不开韩国政府对其文化产业的大力扶持和推动。20 世纪末韩国提出“文化立国”战略，对文化产业的发展进行合理规划，对影视综艺等文艺作品大幅提供投资补助，大力开拓国际市场，推动“韩流”产品走向全世界，由此韩国诞生了一批优秀的影视综艺节目。从 20 世纪初，国内开始被“韩流”影响，大量韩国电视剧“霸屏”中国的电视机，占领中国的影音市场。从《来自星星的你》《太阳的后裔》等爆款电视剧到《Produce IOI》《Running Man》等综艺在国内大火并被国内电视台和互联网平台媒

① 石义彬：《单向度、超真实、内爆》，武汉大学出版社 2006 年版，第 270 页。

体相继买下版权引进，韩国的影视文化已经深刻地影响我国当前的文化发展。王岐山曾针对韩剧《来自星星的你》表示："韩剧的内核和灵魂，恰恰是中国传统文化的升华，是用电视剧宣传了中国传统文化的内容。"[①]

### （三）经济维度：消费主义与粉丝经济的异化

马克思认为，自由是人类本质在其外化活动中的实现，异化则是对自由的否定，即人不能从事自我实现的活动。质言之，选秀作为电视时代开启后文化工业的新兴节目形式，受到了消费主义与粉丝经济的双重影响。"选秀"在流量经济的逻辑之下，通过市场力量与资本力量的合谋与博弈，成为一种合法存在的媒体奇观。"选秀"的背后是电视经济和互联网流量经济形成的强大市场力量，它代表着产业及其相关社会资源的共同利益。电视媒体、平台媒体及其相关力量对于提高收视率的强烈需求，经纪公司和投资方代表的利益诉求，艺人及其运作团队提高曝光率和知名度的诉求形成了合力，从而以"选秀"这种具有观赏性和高参与度的娱乐方式占据了公众的闲暇时间，操纵了公众有限的注意力。这种力量形成了一种十分稳固的造星模式，以至于大部分拥有才艺并试图利用这种力量的艺人，都必须自愿加入这种培养模式，与这种平台力量合作或合谋，从而塑造了"选秀"经济的合法性和社会影响力。在消费文化兴盛的现代社会，丰盛的商品被生产出来等待着人们的挑选。詹明信（Fredric Jameson）写道，文化正是"消费社会本身的要素；没有任何其它社会像这个社会这样，为记号和影像所充斥"[②]。文化在社会生产中占据着关键地位，生产商制作出与众不同的符号、影像，令其摇身一变成为消费社会的文化工业产品，并赋予它某种特定的符号意义。参加选秀的明星个人成为电视文化工业体系的流水线产品，并通过媒介被赋予某种符号意义。在生产力得到巨大发展的工业社会里，商品成为过剩的消耗品，海量的商品需要提升知名度以扩大销售市场，或者通过媒体、名人的宣传制造新的符号意义和消费空间，商品生产者需要大幅提升销量以完成资本再生产，因此，媒体和明星成为商品生产者的传播渠道。选秀出道后成为明星的选手因其自身具有的强大影响力而与资本相互绑定，成为商业力量用来扩大产品知名度的载体，借由明星之口宣传品牌和产品。品牌商通过邀请明星拍摄精美的广告并投放在媒体平台上，加剧社会消费主义风气的盛行，强化人们对物质文化的过度追求。"在消费的普遍化过程中……只有符号的发送和接受，

---

① 陈文：《韩剧内核恰恰是中国传统文化的升华》，《新闻晨报》2014 年 3 月 6 日。

② Fredric Jameson, *The Political Unconscious*, Ithaca: Cornell University Press, 1981, p. 131.

而个体的存在在符号的这种组合和计算之中被取消了。"[①] 粉丝自愿沦为消费社会中符号的接收者。在流量时代，资本利用粉丝对于明星个人的喜爱，将这种喜爱转化为经济收益，甚至粉丝的购买力也成为衡量选取明星代言人的重要标准，因此，品牌方的要求会造成粉丝不顾实际需求大量购买明星代言产品。通过与明星的形象绑定，"平凡与日常的消费品，与奢侈、奇异、美、浪漫日益联系在一起，而它们原来的用途或功能则越来越难以解码出来"[②]。正是由于明星对公众的巨大影响力，让粉丝经济、消费主义与选秀牢牢绑定。

（四）文化维度：文化工业视角下的娱乐至死

尼尔·波茨曼有言："我们的问题不在于电视为我们展示具有娱乐性的内容，而在于所有的内容都以娱乐的方式表现出来，这就完全是另一回事了。"[③] 随着工业革命和技术的发展，文化工业诞生，电视成为文化工业的一个分支，从文化工业的视角下来看，随着电视的诞生，越来越多的综艺占据着人们的注意力，人们逐渐成为波茨曼口中"娱乐至死的物种"。随着眼球经济与消费社会的发展，选秀成为资本逐利的工具。专业的制作团队打造出精良的选秀节目，吸引观众的眼球，以大量娱乐化的内容麻痹观众，"奶头乐"的批评话语不绝于耳。低龄粉丝群体沉浸于通过互联网平台建构的虚拟陪伴与互动，造成粉丝的疯狂追星现象，频繁发生学生群体粉丝为"爱豆"集资而花费大量金钱、参与互联网打榜、转赞评、骂战等不理性行为。在选秀等文化工业的流水线产品的"轰炸"下，人们习惯于观看这类同质化严重的节目，越来越不愿花费时间去观看制作精良、需花费一定脑力成本的电视节目，电视节目陷入单一化、同质化、过度娱乐化的怪圈中。

（五）技术维度：技术构建"想象的共同体"

形象的历史首先是一部媒介发展史，形象的狂飙式增长是由于新技术对仿真物的迷恋造成的。[④] 选秀的发展也是形象通过媒介生产和传播的过程。在互联网时代，通过即时传输技术实现了群体在线观看，形象的共享

---

① ［法］让·鲍德里亚：《消费社会》，刘成富、全志钢译，南京大学出版社2000年版，第224页。

② ［英］迈克·费瑟斯通：《消费文化与后现代主义》，刘精明译，译林出版社2000年版，第124页。

③ ［美］尼尔·波茨曼：《娱乐至死》，章艳译，广西师范大学出版社2004年版，第114页。

④ ［英］德波拉·切利：《艺术、历史、视觉、文化》，杨冰莹、梁舒涵等译，江苏美术出版社2010年版，第10页。

式呈现让选秀中的偶像成为粉丝群体的联结“密码”，营造了一场粉丝人人参与的狂欢仪式，先进的剪辑技术和艺术手法被用于选秀节目及偶像个人形象的呈现和传播中，偶像与粉丝之间的距离被拉近。与电视时代不同的是，在互联网时代出现的偶像养成类选秀综艺，通过构建一种偶像成长—成型的媒介环境，让粉丝参与到偶像成长的过程中。本尼迪克特·安德森（Benedict Anderson）认为民族是一种想象的政治共同体——并且，它是被想象为本质上有限的（limited），同时也享有主权的共同体。“它是想象的，因为即使是最小的民族的成员，也不可能认识他们大多数的同胞，和他们相遇，或者甚至听说过他们，然而，他们相互连结的意象却活在每一位成员的心中。”[①] 通过互联网平台构建的粉丝群体正是一种“想象的共同体”，粉丝间成员并不一定相识，但通过偶像符号的联结，拥有共同意象的他们集聚在一起，数字处理和传播技术的演进让选秀通过电视和互联网等传播平台走近用户、联结受众。从电视到互联网平台的演进，在根本上体现出的是一种以媒介为中心的视觉文化的转向。电视使得粉丝以个人的形式通过手机媒介为参与选秀的选手摇旗呐喊。在互联网时代，粉丝以集群的形式加入各自的粉丝群体，技术的发展让偶像选秀成为多边参与的“游戏”，围绕参与选秀的“爱豆”，形成了一整套从线上到线下，涵盖资本、平台、渠道、粉丝等参与主体，最终实现流量变现的完整链条。移动传输技术为“沉浸式”在线选秀和实时追星创造了前提条件，粉丝群体在线上完成应援消费、粉丝互撕辱骂、刷量控评、制造热点干扰舆论、攀比炫富等行为。正是这种共同的意象使得粉丝群体紧密团结在一起，成为精神上的共同体，同时在线下也有共同的组织联结粉丝间的行动。

## 二 选秀的价值和风险

作为文化工业的传播实践，选秀有其多元的价值与暗藏的风险。在互联网时代，既要看到选秀带来的繁荣景象，也要看到选秀暗含的风险和带来的一系列问题。选秀作为一种社会产物，既有为社会赋能的一面，也有消解社会价值观的一面。

### （一）选秀的正向价值

从价值维度来看，选秀制造的文化工业产品输出推动了文化的繁荣，

---

① ［美］本尼迪克特·安德森：《想象的共同体：民族主义的起源与散布》，吴叡人译，上海人民出版社 2003 年版，第 5—6 页。

以虚拟经济和售卖周边产品等方式拉动了经济的增长，偶像个体具有的某种品质也对具备高度黏性的粉丝群体拥有强大引导力，并传递符合社会主义核心价值观的正向能量，选秀在文化、经济、引导力方面都展现了重要的价值。

1. 推动文化繁荣

秉持“百家争鸣，百花齐放”的原则，在电影电视剧等娱乐形式呈现繁荣之际，综艺节目也悄然夺取了公众的注意力，选秀作为综艺节目中观赏性和娱乐性较强的节目类型，更容易吸引大众的眼球。无论是电视选秀还是互联网时代的选秀，都在本质上让娱乐节目更多元化，促进了文化繁荣。选秀节目中众多的文化基因契合了现有的文化理念，节目中“越努力越幸运”“向阳而生、逆风翻盘”的口号与社会提倡的“正能量”价值观具有高度的一致性。选秀是推动文化繁荣的重要路径。选秀作为一种综合艺术，呈现了舞蹈、歌曲等不同艺术形式，丰富了节目的艺术类型和文化内涵。通过节目的呈现，人们对不同的艺术类型认知更加深刻，促使更多的观众参与到文化艺术的学习、模仿、创作中去，电视选秀将艺术通俗化处理，并由“爱豆”引领鉴赏，比如韵味悠长的古风歌曲、古典舞表演，表演者将古典艺术与现代表演形式结合起来，带给受众多元的审美体验，丰富了观赏者的审美认知，让中国的传统文化与现代文化实现共同繁荣。

2. 拉动经济增长

随着时代的变迁，互联网技术的不断更新推动着信息交流方式的变革，新型“网络社会”逐步形成。在新的网络环境中，越来越多的网民开始参与到互动社交平台上的内容生产与消费，自发地进行信息生产。墨里齐奥·拉扎拉托（Maurizio Lazzarato）提出信息时代的劳动不仅包含物质生产，同时还包括了“生产商品的信息和文化内容的劳动”，以及并未被传统划入“工作”领域的活动，比如“界定和确定文化和艺术标准、时尚、品味、消费者指针以及更具有策略性的公众舆论等不同信息项目的活动”。[①] 从传播与劳动的互动关系视角出发，可以发现，选秀产业形成了一种以粉丝“参与”为核心的新型节目模式，依靠粉丝自发进行以打投、应援、购买周边产品为基础的新型生产与消费模式成功地完成了资本的微观运作，多方共同实现商业营利的目的。电视综艺时代，选秀节目中

① ［意］莫利兹奥·拉扎拉托：《非物质劳动》，载许纪霖《帝国都市与现代性》，江苏人民出版社 2006 年版。

出现的各个品牌赞助商、节目冠名商，在提升自身品牌知名度的同时，也促进了产品的销售，观众群体在线下会提升购买该产品的概率，从而促进了经济的增长。在互联网时代，选秀节目中插播的广告、各个品牌的赞助商等，例如《创造 101》中的小红书、康师傅冰红茶、英树；《乘风破浪的姐姐》中的节目冠名商护肤品牌梵蜜琳，都在节目播出后获得了巨大的品牌效益。选秀是拉动经济增长的重要路径，选秀能够转换为“注意力经济”，伴随着选秀节目新形式、新规则的不断迭代，商业品牌始终与节目牢牢绑定。从电视时代到移动互联网时代的发展，也见证着不同广告商利用新型传播平台拓展品牌知名度的方式变迁，在选秀平台完成注意力的“二次售卖”后，相关品牌知名度得到提升，商品交易愈发繁荣。

3. 传递正向能量

选秀具有传递正向能量的功效。无论是电视时代的选秀，还是互联网时代的选秀综艺，都拥有较高的收视率，观众在观看此类综艺节目时，不仅是观看选手和选秀过程，更会受到节目中传递的价值观影响，尤其是偶像类选秀综艺，偶像个人不仅仅是他们个人身体的具身表演，更是粉丝争相模仿的对象。偶像的一言一行都对粉丝具有相当大的影响力。因此，节目和选手传递出来的正向能量能对社会产生正面的传播力，这也是大众媒介的传播责任。节目中所传递的积极拼搏、真善美的价值观能让大众感受到进取的力量。“爱豆”所具备的美好特质、实力等优秀的个人形象展示对粉丝群体具有强大的号召力，成为粉丝们模仿的对象，引导观众不断思索与追求自我价值。即便“偶像”个人并非完人，但由于他们所具备的高关注度，完成了对社会主流价值观的引导学习，凝聚了观众的代入与投射。在电视时代，《中国好声音》《星光大道》这类主打素人选秀的节目，注重发掘普通人的励志故事，选秀塑造的平民偶像具有相当大的真实性，选秀个体具有的特殊性，也许身有残疾，也许成长路上遭遇重大挫折，但一路跌跌撞撞却始终怀揣一颗赤子之心，坚定不放弃自己的梦想，让平凡人对梦想的执着追求打动观众，经历磨砺之后的蜕变对于青少年有着强大的示范作用。在互联网平台时代，《创造 101》塑造了 101 位勇敢追梦的女孩形象，其中不乏类似杨超越这样的出身寒微、在底层奋斗的励志代表，她们在节目既定的规则约束下，充分发挥自身的主观能动性，通过媒介完成自身形象的建构，打破了先赋地位的束缚，提升了自身的后致地位，为反抗现有社会结构固化创造了多种可能性，成为底层观众突破困境的重要精神引领。

（二）选秀的负面效应

在权力和资本的合谋下，选秀节目中形成及表现出来的价值观由其生成并受其控制，资本利用由选秀节目衍生出来的文化和秩序来控制社会文化和社会秩序，并不断地干扰社会正常的舆论氛围和公共秩序，挑战社会业已形成的公共治理规则和公序良俗，社会的良性秩序运作受到严重挑战。选秀对大众文化和价值观念的误导需要社会公众、文化管理者和教育工作者的高度重视。

1. 价值观引导偏颇

随着文化工业的崛起，选秀节目的发展深刻影响着社会大众的价值观。社会大众的观看已经不仅仅停留在娱乐性层面，而且将其作为指导日程生活的准则，尤其是在电视机前成长起来的一代，他们从对电视节目的观看转向对“符号”的观看，并在节目塑造的虚拟环境中形成自身的价值观。《中国好声音》这类选秀，在节目伊始就过分渲染选手的悲情背景，增添故事氛围，这种节目呈现手法会对选手及观众的价值观塑造带来一定负面影响，参加节目的选手纷纷上台卖惨，仿佛悲惨的程度更高，就能在节目中更胜一筹。在媒介的引导下，选秀节目变成了比惨节目。当节目与资本的利益绑定时，选秀及生产的“爱豆”转变为工业线上的商品，除却“爱豆”的实力，脸也成为吸粉的利器。海尔布隆纳认为图像广告始终是削弱文字世界各种前提条件的最具摧毁性的力量。① “实力不够，颜值来凑”，对于脸的过度重视加剧了社会的颜值焦虑，价值观尚未定型的粉丝群体尤其是青少年粉丝对于“颜值至上论”更是奉为圭臬，不少实力优秀的选手却因为相貌不够出众无法获得观众的青睐，而缺乏实力但颜值出众的选手持续受到资本方和观众的喜爱，由此获取与其自身实力不相匹配的财富与地位。对脸的膜拜让脸的生产者和观赏者都深陷于脸的“暴力”中，他们对于医美整形手术的热衷带火了“美容院经济”，却也因此被“囚禁”于脸的“殖民统治”下，为了变美不惜削骨隆鼻，无视此类手术对身体健康的危害。对于颜值的过度崇尚，加剧了脸对社会的“暴力”，社会整体陷于“颜值焦虑”的旋涡，人们在媒介构筑的“脸的拜物教”环境中逐渐迷失。

近年来流行的偶像类选秀综艺已变为输出资本方及平台方价值观的平台，资本方打造外形与才艺俱佳的偶像，让其成为粉丝争相追捧的对象，

---

① Robert Heilbroner, “The Demand for the Supply Side”, *The New York Review of Books*, Vol. 28, No. 10, 1981.

向粉丝输出固定的形象审美，输出特定的价值观，但这种价值观的引导存在偏颇。在资本的庇护下，“某明星日薪208万”“娘炮形象”类畸形审美等乱象在影视界和娱乐圈愈演愈烈，加剧了社会阶层的分裂和拜金风气的盛行，可能激化了社会矛盾。某选秀歌手前往日本“靖国神社”参加婚礼等事件频频发生，严重践踏了公众的容忍底线，在粉丝文化建构的视觉霸权中，理性与价值观被动摇。

2. 粉丝参与转为情感劳动

在选秀伊始，粉丝喜爱的就是选手本人，而在选秀逐步发展的过程中，粉丝对于“爱豆”的喜爱逐渐从情感变为一种劳动方式。詹金斯（Henry Jenkins）提出了“情感经济”（affective economy），选秀平台和经纪公司利用粉丝对“爱豆”的迷恋，将粉丝的真情实感转化为“情感劳动”，在互联网平台的运营下，粉丝的情感劳动生产的价值也全部或部分地被资本占有，粉丝的情感成为异化的劳动。哈特认为，情感劳动是非物质劳动的两个重要子集之一，情感劳动生产的是诸如轻松感、幸福感、满足感、兴奋、激情的无形产品，它能创造一种处于交流或联结的感觉。[①]粉丝的“爱”已被异化为“情感劳动”，成为被剥削的“剩余价值”和资本增殖的来源。马克思认为劳动是“制造使用价值的有目的的活动”。[②]情感劳动在商业资本的控制下，被打造成具备商业价值的产品进入商品市场，创造政治经济学意义上的“使用价值”。

3. 粉丝的流量失序

在偶像选秀节目的赛制中，“送爱豆出道”成为饭圈女孩的既定目标，这也让饭圈集资竞赛几近疯狂，由于社会整体的监管不规范，饭圈人利用既有规则漏洞谋取私利，挪公款、做假账、“粉头卷款喜提海景房”等一系列丑闻频频爆出。

从2005年湖南卫视的《超级女声》开始，选秀节目与粉丝之间的互动就一直存在，在“超女”系列中，粉丝通过发送短信为喜欢的选手投票，而在互联网时代，粉丝通过互联网进行投票，甚至需要购买平台方指定的合作商的产品来为心仪的选手投票。这在一定程度上也造成了粉丝的流量失序，即资本方和平台方都过度注重围绕偶像个体所产生的一系列数据，包括粉丝打投数、微博转赞评的数据等，这些数据已不再是数据本身，而是具有商业价值的符号象征。在被选秀综艺包围的态势下，粉丝沦

① Michael Hardt, “Affective Labor”, *Boundary 2*, Vol. 26, No. 2, 1999, pp. 89 - 100.

② 《马克思恩格斯全集（第23卷）》，人民出版社1972年版，第208页。

为平台和资本逐利的工具，粉丝自愿“为爱发电”，甘愿为偶像制造一系列的数据，刷出客观的流量数据，让偶像的商业价值更高。在饭圈内部，这种流量失序已经越来越严重，从当下偶像的各种刷数据到蔡徐坤的“微博转发数造假”风波被央视点名，可见饭圈的流量失序已经成为不可忽视的乱象。

自选秀节目兴起，粉丝对偶像的喜爱和追求就从未停止过，这也催生了资本利用粉丝群体建立“饭圈文化”的乱象。“饭圈”作为偶像个人粉丝的大本营，一切行为都是为了提升自家“爱豆”的名气和流量而存在。这种存在初始就功利性极强的群体也就使得很多不理性的饭圈行为屡见不鲜，“饭圈”粉丝互撕谩骂、拉踩引战、造谣攻击等各类有害信息污染了原本风清气正的网络空间，撕裂了社会弥合的纽带，某些粉丝更是在部分敏感问题上蓄意挑起社会群体的对立，“肖战 227 事件”就暴露出缺乏有序规制下的粉丝群体失控的严重后果。如同字母书写和印刷书籍，电视敞开了秘密，使以前私密的事得以公之于众。[①] 粉丝不断挖掘具备一定争议的选手的黑料，曝光个人隐私。集体的不思考和缺乏引导导致了粉丝群体对社会大众的互联网暴力。偶像打投、应援、集资、控评等为主题的粉丝社区、群组聚集了大量的粉丝群体，以“爱豆”为中心的“饭圈文化”逐渐在整个娱乐圈蔓延开来，评估演员艺人的标准不再以优秀的作品为前提，人气、流量、数据等指标逐渐绑架年轻一辈的明星，更有蔡徐坤的粉丝质疑周杰伦是没有粉丝的过气歌手，导致了微博上的“坤伦大战”。

4. 身体规训与审美异化

正如卡西尔所说，人是符号的动物，“符号化的思维和符号化的行为是人类生活代表性的特征”[②]。选秀节目的粉丝被各式各样的景观环绕，身处于符号化的环境之中，浑然不觉。在现有的选秀体系下，人们的选择和消费并不是真正意义上的自由选择，因为围绕选秀节目所产生的一切符号都在资本的掌控之下。在选秀节目中，平台方对于选手或者偶像身体形象的打造，体现的是资本对于粉丝群体喜好的把握以及对于粉丝群体的身体规训和审美异化，“像明星一样，在舞台表演的景观代理人与个人是矛盾的；非常明显，他是自己个性的敌人和是他人个性的敌人，这是一样的”[③]。互联网空间的审美体系被资本支持的娱乐明星所掌控，无数媚态

---

① ［美］尼尔·波茨曼：《童年的消逝》，吴燕莛译，中信出版社 2015 年版，第 114 页。

② ［德］恩斯特·卡西尔：《人论》，甘阳译，上海译文出版社 1985 年版，第 35 页。

③ ［法］居伊·恩斯特·德波：《景观社会》，王昭凤译，南京大学出版社 2006 年，第 23 页。

横生的“少女感”、撒娇卖萌的“小鲜肉”由资本统一打造后推出，“偶像”犹如工业流水线上的同质化商品，失去独特个性和审美。更有美容院推出“美容贷”，高鼻梁、锥子脸、大眼睛的审美标准充斥着社交平台，大众被束缚在传播者制造的“信息茧房”中无法反抗，无力辨别当下广为传播的审美标准的对错，被动成为传播者对大众身体进行规训和审美异化的产物。在选手和偶像的亲身带领下，某种特定的审美被固定，例如对于女团成员的“高瘦白秀幼”的审美形象的固定，一旦参加选秀的选手在外形上不符合大众对于女团选秀的这种固定的审美形象，便会激起观众的强烈讨论，例如创造101中的王菊，出众的实力与大众对女团固定的审美期待的违背构成了鲜明的矛盾，引起了观众大量的争议。由选手背后资本的力量作为推手，以选手作为形象载体，制造出类型迥异的选手形象作为规训粉丝的参照物，然而这种迥异的类型，究其本质是文化工业下的流水线商品。从对身体规训的角度而言，每次选秀选出的偶像，在身体形象上是符合大众对其形象的期望的，女生的刻板形象以及男生的刻板形象在固化。例如女团成员对体重的要求和控制就有严苛的标准，这也加剧了粉丝的效仿。从对审美的异化而言，“高瘦白秀幼”这种形象妨碍了多元化的女性审美，加剧了审美的单一性。

5. 文化内涵缺失

为迎合大众的娱乐需求，选秀市场不断膨胀和细分，才艺选秀和养成系选秀被创造，选秀文化应运而生。正如巴赫金所提到的“狂欢节”一样，选秀节目带来了短暂的泡沫狂欢。这种泡沫狂欢是一种虚假的狂欢仪式，通过对选秀节目的沉浸式观看与参与，人们沉浸在短暂的狂欢当中。“作为一种底层的民间的生命激情与力量，狂欢就从来没有停止过对文化这一理性之网的冲击，它甚至会偶现峥嵘，将理性文化弃之不顾，成为支配社会的一种主导情绪。”① 选秀节目固然为文化产业发展带来了许多表象上的市场繁荣，但是一味制造同质化的偶像，就会弱化文化的创造活力，选秀文化演变成了消费和狂欢。

在肆意狂欢的后现代社会，艺术与日常生活之间的界限被消解了，高雅文化与大众文化之间层次分明的差异消弭了；人们沉溺于折中主义与符码混合之繁杂风格之中；赝品、东拼西凑的大杂烩、反讽、戏谑充斥于市，对文化表面的“无深度”感到欢欣鼓舞；艺术生产者的原创性特征

① 王建刚：《狂欢诗学：巴赫金文学思想研究》，学林出版社2001年版，第9页。

衰微了；还有，仅存的一个假设：艺术不过是重复。① 在各类选秀节目中，各种类型和各大平台的选秀不间断地进行，但其内容的同质化严重，文化内涵缺失。正如费瑟斯通所提到的，持续进行的选秀不过是重复。在各档同类型的选秀综艺节目中，节目流程、赛程设置等环节几乎一致，"换汤不换药"的平台选秀，无法培养相对高雅的大众文化品位，在一次又一次的复制文化中麻痹了大众的审美。在以爱奇艺和腾讯平台为代表的偶像选秀节目中，导师根据最初的舞台表现对参赛选手进行等级评定，依照其表现被打上不同的等级，并给学员按照等级分配颜色不同的服装，每一次选手排名的升降都会对应着衣服颜色的改变，这种将衣服颜色与选手本人表现挂钩的行为，直接在选手内部进行间接的等级暗示，违背了公平原则，加剧了在选秀环境中学员的颜色"拜物教"心理。"电视所提供的是一种文化快餐，是事先已经消化过的文化粮食，提供预先已形成的思想。"② 各类信息被传者按照特定规则编码成某种符号传输给受众，受众在麻木和无动于衷中被动接受各类信息而无须对此作出回应，单向度的信息灌输不断麻痹着受众的感官，从而形成选秀场域中"沉默的螺旋"。在媒介时代，我们从视觉形象中接受的刺激越丰富，越强烈，我们对这些视觉形象的感知越麻木和无动于衷。

## 三　选秀的重塑和重塑

选秀要真正实现艺术与传播的文化意蕴，需要真正体现以人为本的人道关怀，选秀节目的制作和播出必须以促进社会的良善发展为指向。在节目叙事呈现中，整合既有的模式，培养创新意识，创新选秀模式，厘清当前尚未规制的选秀乱象的生成逻辑，并进行合理规范与科学引导；在塑造选手层面，须尊重人性与伦理道德规范，增强人文关怀；在价值观培养层面，注意规避异化的审美规训，倡导健康向上的良性审美。

1. 创新选秀模式，加强创意传播

湖南卫视主办的《超级女声》在举办伊始在全国获得了空前的影响，营造了规模宏大的造星运动，但连续数年同质化的"新瓶装旧酒"的选秀模式也让观众产生审美疲劳，该节目影响力日渐式微。《中国好声音》在 2012 年横空出世令人眼前一亮，其新颖的制作模式让节目具备许多看

---

① ［英］迈克·费瑟斯通：《消费文化与后现代主义》，刘精明译，译林出版社 2000 年版，第 11 页。

② ［法］皮埃尔·布尔迪厄：《关于电视》，许钧译，辽宁教育出版社 2000 年版，第 30 页。

点，但对“煽情作秀”的过度挖掘也导致该节目备受批评。针对原来的“煽情作秀”，当下受众更期望看到选手本人以及在节目中真实的一面，通过电视或互联网与自己喜爱的选手建立起某种亲密的虚拟联系。同时，选秀节目是表演性的，表演往往通过较为固定的节目形式呈现出来，舞台表演、选手访谈、幕后训练都可见到模板化的塑造。面对高度符号化和套路化的选秀节目，我们要看到选秀泛滥背后创新的匮乏和需求。为了满足大众对于选秀的多元偏好的需求，平台和团队需要采用多样化的模式开展节目，增强观赏性和趣味性。制作者要充分了解到观众对于文化产品的类型和内涵的需求，传播者需要创造性地生产美的形象，丰富观众在文化市场的选择余地。

2. 减少人为干预，注重人文关怀

平台媒体的发展带来选秀的新一轮繁荣，在眼球经济的利益驱使下，选秀逐渐异化。无论是《星光大道》这类央视打造的真人秀节目、省级卫视主导的《中国好声音》《超级女声》，还是新时期视频平台制作的《创造 101》选秀，节目所具有的普遍性特征就是重“秀”而轻“真实”，节目按照既定规则和剧本来要求选手配合宣传，要求选手按照既定规则进行训练和参赛，而不是注重呈现选手本人真实的面貌，并不强调完全的纪实性。在新一轮的偶像养成系选秀中，除展示才艺外，节目呈现还参照韩国、美国等既有的真人秀游戏规则，致力于捕捉、渲染选手的负面新闻和私人绯闻，刻意迎合和满足观众的“窥私欲”。在选秀节目扎堆出现及对选秀节目加强管制的背景下，制作一档新颖独特的优质选秀节目才是冲出重围的关键之钥。针对当前选秀类节目存在过多人为干预的现象，才艺类真人秀需要对当前剧本干预参赛者的方式进行调整，描绘出真实的选秀景象。针对当下选秀节目中过度“煽情作秀”的现象，选秀节目应该释放更多人文关怀，避免过度挖掘选手隐私、散播选手黑料而挑起相关粉丝的网络骂战。选秀节目除了能带给受众视听觉的浅层享受，节目中展露的对理想的追寻、探索人生更多可能的一面也激励着青年人学会去找寻人生的真谛。

3. 脱离审美规训，营造多元审美

面对媒介营造的审美霸权，我们要秉持“怀疑一切”的“批判态度”，培育更独立的思考能力，理性地认识媒介构建的拟态环境。在 2021 年东京奥运会后，舆论场中对于“美”的争议再度引起争议，在为国争光的运动员身上，人们看到美并不只是“直角肩、A4 腰、超模腿”这类贴满了标签的标准。美可以多样化，有瑕疵的皮肤、健实有力的身躯、不屈不柔的眼神，都透露出个人用汗水凝结成的沉稳，运动员身上多样化和有层次的高级美，打破了大众对于美和偶像的固有认知。在这种有力量的美感面前，我们看到曾经的审美“霸权”在逐渐与流量松绑。习近平总书记在庆祝中国共产党成立95周年大会上提出了“四个自信”，即道路自信，理论自信，制度自信，增添了文化自信，完善并拓展了“三个自信”。其中的“文化自信”是相当重要的一环，中华文明上下五千年的文化理应拥有更为多元和包容的审美文化，单一的审美标准不应该再束缚着大众的思想。“百花齐放、百家争鸣”的口号在今天的网络空间中仍然适用，随着中国国力的增强，我们正在逐步建立起“四个自信”，中国传统文化开始重回荧屏，古风歌曲、古典舞、汉服等具有中国特色的艺术元素在年青一代中逐渐流行。

## 结　语

从电视时代、互联网时代到移动互联网时代，选秀构建了多姿多彩的“文化景观”，选秀的崛起既是文化工业崛起的缩影，也是政治权力、商业资本与技术推动下的产物。借助电视、平台媒体等媒介，选秀节目拥有“一夜造星”的能力，创造了“饭圈文化”。从传播政治经济学的视角来看，无论我们是否观看选秀节目、为选手投票，都可以在日常生活中感知到选秀的影响力，在某些层面看到选秀文化的影子，甚至在不知不觉中为“偶像”、平台媒体贡献注意力。在文化工业越发繁荣的当下，快餐式的艺术有一定价值但也暴露出诸多问题，仍待我们理性地去审视。在积极构建“文化自信”的道路上，需要更多优质的艺术与文化传播内容，共同传播中华文化并呈现其多样性与包容性。

# 第四章　狂欢与焦虑：网络亚文化的政治经济学研究

随着经济社会的发展，人们物质生活水平提升，精神生活的需求日益强势，宽松的政治经济环境和迅速发展的互联网技术，衍生出各种青年亚文化形态，繁荣了文化市场，也潜藏着一定的风险，需要运用政治经济学的批判视角反思当前流行的流行亚文化现象，发现其背后的驱动因素，洞察网络亚文化的复杂权力关系。

新媒体时代下，各种微型快餐式、碎片化的文本备受欢迎，网络段子成为常见的话语表达模式。网络段子传承传统段子的精髓又具有新的时代特性，具有创作主体多元化、媒介形式多样化、内容批判性弱化、传播范围更广的特性。网络段子流行背后有着复杂的政治经济动因，在政治维度是话语抗争与权力规约，在经济维度是商品化与双重蒙蔽，在文化维度是关系货币与快感生产。网络段子泛滥带来思维钝化与碎片化、文字素养的衰退、加剧商业资本的宰制、伦理道德的滑坡。网络段子的出路在于正本清源，重拾段子的批判精神，发挥段子的正面效能，回归段子的本真性，成为善意的导引，重构段子的审美体验，遵循真善美的传播伦理，促进社会的变革与发展。

网络谐音作为一种流行文化风靡网络空间，受到网民和媒体的追捧，其流行具有深刻的政治、经济、文化、技术动因。在政治维度，规避政治风险，表达政治诉求；在经济维度，迎合眼球经济，追逐流量变现，在文化维度，辅助情感表达，打造交往游戏；在技术维度，输入法刺激谐音生产，算法技术助推谐音变异。谐音的异化传播对语言形态、传统文化、社会价值观念产生了深远的负面影响，污染语言文字，加剧文化危机；损害个人名誉，影响社会和谐；阻碍社会交往，弱化社会参与；固化思维模式，湮灭理性精神。谐音传播的出路和规范在于：正本——加强语言教育，规范汉字使用；务实——拥抱真实生活，回应现实动向；友善——心怀善意，尊重他人。推动网络谐音内外兼修，提升网民审美趣味和家国情怀，营造风清气正的网络环境，助力文化中国建设。

网络祈愿是指人们通过线上的方式为自己或他人进行祈祷的行为。在我国，以青少年为主体的网络祈愿是多神论传统下的亚文化消费景观，是用户基于不同场景选择的社交表演。通过多元化的语义狂欢、协同化参与的表意路径和共鸣的个性化的表达，网络祈愿构建了群体间的互动仪式链；其功能是娱乐与社交，心理机制是想象中的赋权；负面效应在于单向度的幸福观与用后即弃的消费观。网络祈愿文化的纠偏在于摆脱错误偶像观，塑造“榜样型锦鲤”。

作为一种网络炫富的套路，网络热词“凡尔赛文学”是社会思潮、媒体技术和网民心理相互作用的产物，背后映射着文化实践方式的时代变迁。“凡尔赛文学”通过貌似谦虚的反向语态，悄然展示个人生活水准的高级优越感，本质上是自我吹捧和自我迷恋的高级话术，是言不由衷、表里不一的体现。“凡尔赛文学”热潮的兴起受到政治、经济、文化和技术因素的多重驱动，与社会阶级固化、消费主义盛行、身份认同焦虑和传播技术的推动有着密切的关联，反映了网民群体精神的空虚和价值取向的偏离，折射出现实生活中的拜金主义、消费主义思潮，误导公众沉迷自恋、破坏人际关系并引发信任危机。应该言行合一对凡尔赛文学进行纠偏与引导，抵制网络攀比，重塑正确价值观；突破模仿跟风，鼓励创造性表达；践行言行合一，增进社会和谐，营造健康向上的网络文化景观。

## 第一节 网络段子的政治经济学研究

作家王蒙曾言：“唐有诗，宋有词，明清有小说，现在我们有什么？只有段子。”在“微”文化横行的互联网时代，“微”小说、短视频、微博等形制短小的媒介文本在网络上蔚然成风，网络段子成为新媒体时代典型的话语表达模式，编段子、说段子、看段子、传段子已然成为最平常不过的媒介实践活动。各式网络段子已然成为网络空间的重要话语力量，短小且蕴藏无限能量的网络段子，一方面能够激发人们的想象力，锻炼语言能力，但另一方面也有可能成为禁锢想象力的枷锁、侵蚀语言能力的毒药。更严重的是，随着网络段子的不断进化与变异，娱乐化、低俗化、刻意制造社会对立、不良价值观导向等问题越发突出，不良段子借助于社交媒体渠道病毒式传播，成为滋生社会问题的温床。我们亟须重新认识网络段子，厘清新媒体时代网络段子的特质与发展动因，规避其负面效应，为其寻求明朗的出路和走向。

福柯用“话语”表示“一组陈述，这组陈述为谈论或表征有关某一历史时刻的特有话题提供一种语言或方法”[①]。作为一种独特的话语表达方式，网络段子通过对某一时期特定话题的谈论和演绎，深刻影响着人们的思维观念和日常生活实践。作为一种话语体系，从福柯的“话语即权力”的角度来看，网络段子的生产、消费、传播与流通的过程中往往牵涉各种社会权力关系主体的意图和考量，网络段子的生产既反映了特定社会阶层对于社会现状不满、渴望改变的愿望，也存在政治权力对自身进行合法化的规约，更有资本的植入与变现，以及文化传统的传承和再造。网络段子的生产和流通背后有着复杂的政治经济文化驱动因素，是多元主体交织的复杂文化场域。本节将从传播政治经济学的批判视角对网络段子进行深入的审视，揭示其背后交错的权力关系网络，阐明其深远的社会影响和后果，并提出规范和引导的路径，以期规划和指引其可持续健康发展，繁荣网络亚文化景观。

## 一　鉴往知来：网络段子的内涵和特质

段子通常被界定为“社会上比较流行的各种各样让人发笑、引人注意、发人深思的‘脱口秀’”，“逗人开心、骂人过瘾、探人隐私的‘笑话’或是新鲜离奇、无中生有、庸俗不堪、包罗万象的‘故事’”[②] 等，不一而足，具有鲜明的草根性、娱乐性和批判性，或发人深省，针砭时弊，抒发民意，或使人轻松愉快，舒缓心绪，或粗鄙不堪，污染社会风气。

随着时代的发展和文化场域多元主体的介入，段子不再局限于口头的、非正式的民间文体形式，其衍生出了更加多样的形式和更为丰富的意涵。作为“一段主体明确的观点、描述、情节或者故事片段”[③] 或是“一个相对独立的情节和故事片段”，网络段子可以界定为特定主体运用对偶、比喻、夸张等修辞手法，通过各种媒介形式呈现的用以表达观念、抒发情感的短小且完整的叙事段落。在移动互联网时代，段子在传承传统段子精髓的基础上，借助于互联网的交叉网络传播，衍生出暗含时代特性的新的属性和特征。本节论及的网络段子主要指的是由网民群体生产的、经

① ［英］斯图尔特·霍尔：《表征：文化表征与意指实践》，徐亮、陆兴华译，商务印书馆2013年版，第64页。

② 吴明举：《庸俗“段子”应该断》，《求是》2001年第18期。

③ 刘新圣：《段子高手、推手与幕后链条》，《人民论坛》2010年第6期。

由互联网传播的各种文字、图像、视频等形式的段子，相比于口头段子或短信段子等传统形式，网络段子的生产主体更加多元、传播速度更为迅捷、传播范围更加广泛、传受互动更为密切，内容与形态也更为多样，产生的影响更为深远，带来的后果也更加严重。

在新媒体环境下，网络段子已成为网民群体的重要表意方式，同时呈现出许多新的时代特质。

第一，创作主体多元化，表达动机有所不同。传统段子创作者多为平民百姓，编写段子作为茶余饭后的谈资，批判世情，针砭时弊，并不以此为业、靠此维生，权当业余兴趣。进入新媒体时代，网络段子的创作者更为多元，除了平民、网民，职业段子手成为段子生产的生力军，官方职能机构、商业经济主体也参与其中。在网络时代，“段子手”逐渐演变成一种网络内容生产职业，最具代表性的便是某些网络“大 V”，多为垂直领域的内容创作者，靠创作网络段子赚取人气，图谋变现，赢得经济利益。比如搞笑幽默博主通过创作娱乐化段子维系与粉丝之间的关系，并通过出书、植入广告、售卖商品等方式寻求注意力变现，获得可观的经济收益。网络段子成为多元主体竞相表达诉求的复杂话语场域。从段子主体的表达动机来看，可分为意图性表达与仪式性参与。意图性表达是指段子主体期望通过段子的生产与传播实现自身的主观目的，比如段子手期望提高自身影响力以换取经济利益，官方主体则希望借此进行合法化建构。仪式化参与是指创作主体并无明确意图，创作段子只为获得游戏化的体验或建构某种关系链接，比如网民通过社交渠道分享与创作特定话题的段子。

第二，媒介形式多样化，表意空间拓展。在古代，段子多以口头语言的形式出现，如街头传唱的民谣和顺口溜，或是书面文字，如唐宋时期的“杂纂”，也有以歌曲形式呈现的《诗经》中的“风”。到近现代则发展出更加丰富的形式，如相声、小品、脱口秀等。到了新媒体时代，如麦克卢汉所言：“我们的任何一种延伸（或曰任何一种新的技术），都要在我们的事务中引进一种新的尺度”①，媒介技术的发展为网络段子的呈现引入了新的“尺度”，各种文字段子、图片段子、音频段子、表情包、视频段子层出不穷，进一步丰富了网络段子话语体系的表现形态，丰富了段子的表意空间。

第三，内容批判性弱化，娱乐属性凸显。传统段子的内容多为抨击时

① ［加拿大］马歇尔·麦克卢汉：《理解媒介——论人的延伸》，何道宽译，译林出版社 2011 年版，第 20 页。

弊，讽喻世风，批评社会不良现象，规劝世人从良向善，具有鲜明的批判性。比如《诗经》中的“风”作为早期段子的代表形式，便以现实主义精神和鲜明的讽喻特色著称。在《魏风·硕鼠》中，诗人把剥削者比作肥硕的老鼠，把贪得无厌、暴戾恣睢刻画得入木三分。到了近现代，段子的形式虽然不断推陈出新，但其批判性却逐渐弱化，渐渐消解殆尽，互联网的商业化导致其所承载的用于获取经济利益的网络段子的批判性日益消耗，取而代之的是娱乐化属性的凸显。如“潘长江跳进游泳池——灭顶之灾”调侃身高，并不具有建设性的意义。“段子手”们乐此不疲地捕捉一切碎片化的生活细节，经过戏剧化加工，被创作者和平台用于吸取点击、增加流量进而获取广告收益，呈现给受众的往往只是一个意义碎片，一笑了之以后，一无所获。

第四，传播范围更广，影响更为深远。传统段子多以口头人际传播为主，口耳相传，受制于当时的政权结构，仅在小范围内传播，即使是短信段子，影响力也相对局限。进入互联网传播时代，网络段子的传播突破了以往的空间障碍，无远弗届，特别一些热点段子的传播范围与影响力几乎难以估量，如讽刺“武术大师”马保国的段子“年轻人不讲武德，耗子尾汁”风靡全网。而这其中潜藏的破坏力也是不容小觑的，比如一些负面舆论事件借助网络段子这种更易为人所接收的形式进一步扩大影响力，有可能会对社会稳定造成负面影响。例如一些关于贪腐官员的网络段子，虽然能够起到舆论监督的作用，但是也可能造成群众与官员的心理隔阂，足以引发对政府的信任危机，如“中国官员现状：装的是样子，混的是日子，保的是位子，上的是场子，下的是馆子，圆的是肚子，练的是胆子，搂的是妹子，哄的是娘子，享的是乐子，霸的是车子，占的是房子，把的是章子，盯的是票子，为的是孩子”，流传甚广，严重损害了中国官员群体的整体形象。

## 二　权力的博弈：网络段子流行的政治经济动因

传播政治经济学关注各种社会关系，尤其是各种权力关系与资源（包括传播资源）的生产、分配和消费的相互建构[①]。作为一种网络话语文本和文化景观，网络段子是政治经济环境的综合产物和社会建构，背后潜藏的是多元权力主体博弈的过程。洞察网络段子的本质要突破其语言与

---

① ［加拿大］文森特·莫斯可：《传播政治经济学》，黄红宇、胡春阳、姚建华译，上海译文出版社 2013 年版，第 10 页。

符号的表象，描摹符号与意义的深层逻辑勾连，深入网络段子的生产、流通和消费的各个层面，解析其中交织的复杂权力关系。

（一）政治维度：话语抗争与权力规约

段子自产生初期起就具有鲜明的政治性，政治批判是早期段子的主要意图。在古代，民间百姓通过编制暗含辛辣讽刺意味的民谣、顺口溜等口头传唱，表达自身对于统治阶层的愤恨与不满，这些口头段子往往直抒胸臆，一针见血，浓缩了民间的讽喻智慧。比如汉朝后期流传的民谣："灶下养，中郎将。烂羊胃，骑都尉。烂羊头，关内侯。"[①] 讽刺的是朝廷腐败，党争不断，朝廷党派为了拉拢势力滥授官职的现象，连"灶下养"的厨工都可以获封中郎将。在自由、匿名、交叉传播的互联网场域，网络段子的内容更为多元，但仍延续了对于不良社会现象的批判。从深层次来看，网络讽刺段子体现的是普通网民的话语抗争。德塞图曾用"弱者的战术"的比喻来描述这一现象，他认为，游击战术是一种弱者的艺术，不与正规军正面交锋，而是寻找对方的弱点伺机而动，打得赢就打，打不赢就跑，始终保持对抗的姿态[②]。网络讽刺段子便体现了这种"游击策略"。在新媒体时代来临之前，主流话语空间往往被官方内容所占据，普通民众便通过创作段子自发创造独特的表意空间，表达对于特定社会现象的批判态度和抗争姿态。到了新媒体时代，由于技术的赋权与助力，普通民众终于有了相对来说更为广泛的表意空间。比如"杯水车薪新解：形容每天工作只需要到办公室喝杯茶的工夫，一个月的薪水就能买辆车"，通过对成语的巧妙运用，讽刺某些公职人员懒散、不作为的行为作风，更暗含了对于贪污腐败的批判。

在霍尔眼里，"大众文化总是不可避免地包含着抑制与对抗的双向运动"[③]，因而，相对于威廉斯的文化是整个"生活方式"的定义，他更愿意把它描述为"斗争方式"，大众文化领域是一个持续斗争的"战场"。网络段子作为一种大众文化领域内独特的话语表达方式，有普通民众的参与和抗争，也会有主流话语的介入，本质上是一种话语权的争夺。在当代社会中，"权力的行使经过语言的意识形态运作，语言或已成为社会控制和权力的基本媒介"[④] 因而，段子作为一种话语形态，不仅是"大众文化

---

① 范晔：《后汉书·卷十一·刘玄传》，崇文书局 2016 年版。

② 陆扬、王毅：《文化研究导论》，复旦大学出版社 2006 年版，第 292 页。

③ Stuart Hall, "Notes on Deconstructing 'the Popular'", in Raphael Samuel, *People's History and Socialist Theory*, New York: Routledge, 2016, p. 228.

④ 辛斌：《福柯的权力论与批评性语篇分析》，《外语学刊》2002 年第 2 期。

的战场”，同时也是权力施展的高地。典型的例子便是20世纪初曾流行一时的“红段子”，“红段子”是指内容以积极正向为主、传播主流价值观的段子类型。从2005年起，广东移动公司连续发起五年的“红段子”创作大赛在社会上引起较大反响，2010年2月4日工业和信息化部和国家广电总局在北京共同召开“红段子现象——网络时代的中国文化精神和产业走向”座谈会，人民出版社出版了《“红段子”现象》一书，足见“红段子”的政治社会价值。“红段子”以主流政治文化为主要内容，体现了主流价值观争夺段子话语的建构权与定义权的努力，也体现了其通过段子进行权力合法化建构的意图。

“话语并非仅是斗争或控制系统的记录，亦存在为了话语及用话语而进行的斗争，因而话语乃是必须控制的力量。”① 网络段子的话语形态本身潜藏着难以估量的能量，既能激浊扬清，也可能扰乱既有的社会秩序，其中的分寸往往难以把控，充满了不确定性。因而，网络段子在创作与传播的过程中必须处于权力主体所规约的边界之内。新媒体时代堪称“草根话语时代”，技术赋权使得每个人都拥有了属于自己的麦克风，因而各种类型的网络段子层出不穷。在繁花似锦的表象下，快速发展的网络段子也滋生出一些不良导向，比如破坏社会风气的“黄段子”，一些子虚乌有制造社会对立的“灰段子”。网络段子虽然赋予特定普通民众表情达意的话语空间，特别是新媒体环境下，人们获取了更大的表达自由，但前提是不能越过特定的政治与文化边界，不能挑战法律和伦理底线，不能侵蚀精神文明，否则终将沦为“文化垃圾”，为大众所抛弃，“内涵段子”软件的关停便是负面例证。

### （二）经济维度：商品化与双重蒙蔽

正如迈克尔·曼所言，商业与市场交换作为一种弥散性权力②，已然悄无声息地渗入段子的生产与传播过程中。网络段子创作主体的职业化道路，成为“受众商品论”③ 的有力佐证。“段子手”通过发布免费观看的各类段子，吸引大量粉丝的关注，然后转手把粉丝的注意力“卖”给广告商，实施二次销售，同时实现粉丝经济的变现。这是新媒体时代各种职

① ［法］米歇尔·福柯：《话语的秩序》，载许宝强、袁伟主编《语言与翻译的政治》，中央编译出版社2000年版，第3页。

② ［美］迈克尔·曼：《社会权力的来源（第一卷）》，刘北成、李少军译，上海人民出版社2002年版，第11页。

③ Dallas Smythe, “Communication: Blindspot of Western Marxism”, *Canadian Journal of Political and Society Theory*, Vol. 1, No. 3, 1977, pp. 1 – 28.

业内容创作者惯常的盈利路径。资本力量入侵了段子的生产链条，广告植入了段子的主体内容，当粉丝数量成为广告主衡量“段子手”是否值得投入资金的标准时，网络段子的性质也悄然发生变化。受众注意力的“质量”让位于注意力的“数据”，网络段子的内容逐渐变得娱乐化、情绪化和肤浅化，内容的品质和格调不再重要，重要的是能否最大限度抓取受众注意力。微博大V段子手“回忆专用小马甲”从最初的宠物博主逐渐转型为搞笑幽默段子博主，原因就在于，幽默段子显然比宠物内容的受众面更广，能够获取更多的粉丝、吸引更多广告资源。

网络段子是一种可以在互联网直接营销的商品。当初“红段子”短信的推广与流行也是中国移动的一种商业营销手段。中国移动通过推广“红段子”短信，赚取短信发送的业务费用，并借此契机全面推广其彩铃、彩信、动漫等多媒体业务，获益匪浅。段子的运作早已形成完善的产业链，专门的段子网站会招募段子写手进行创作，完善的产业链层层盘剥，段子已然成为一种明码标价的商品。现如今，新媒体技术的便利性使得网络段子的创作与推广更为便利，但资本的侵蚀如影随形，内容平台往往与创作主体签订协议，层层盘剥分利，网络段子成为资本获取剩余价值的有效手段。网络段子商品化倾向的背后隐藏着一整套难以察觉的商业关系，对我们的日常生活实践产生了潜移默化的影响。

“商品化”过程是指把事物的使用价值转化为能够为其带来交换价值的市场商品。网络段子的商品化过程意味着它从最初的批判现实、表情达意的叙事话语构成体转化为可供市场交换的交易货币，从一种民间文学体裁转化为一种大众文化商品，商品化的过程也是物化的过程。资本的入侵使段子的言说主体不再具有独立性，因而段子的批判属性也逐渐退化，正如麦奎尔所言，“艺术和文化越商品化，越容易失去批判力，其内在价值特性就被市场成本和需求的准则替代或等同”①，草根的话语便成了资本的话语。更重要的是，这种商品化背后存在着一种“双重蒙蔽性”：首先，它将资本与劳动力之间的社会关系自然化，资本主体与段子手合谋所创作的段子虽然能够为受众所识别，但受众依然熟视无睹，见怪不怪，仿佛这是最正常不过的事情，粉丝依然会在这类段子下与创作者保持高度互动，甚至由于对创作者的信任及其“光环效应”，对这种植入广告照单全收。资本与段子手之间的关系对受众来说只不过是公开的秘密。其次，商

---

① ［英］丹尼斯·麦奎尔：《麦奎尔大众传播理论》，徐佳、董璐译，清华大学出版社2019年版，第81页。

品被物化，“这个社会过程的产物被赋予自主的存在和塑造社会生活的权力”①，网络段子在被物化的过程中也悄无声息地被“赋权”了。由于商品化的作用，网络段子变身资本的话语，用一种极其隐蔽的方式宣扬其所倡导的生活方式与标准，不知不觉地建构着我们对于客观世界的认知，潜移默化地塑造、限制、界定或以其他方式控制了社会的发展方式，而人们却一直被蒙在鼓里。

（三）文化维度：关系货币与快感生产

网络段子是网友个体自我呈现的手段。戈夫曼认为，个体表达的符号活动包括“给予”与“流露”，前者包括各种词语符号及其替代物，后者包括了被他人视为行为的某种征兆的范围广泛的行动②。网络段子的生产和传播是个体“给予”层面的表达方式，因为它本身就是一种话语模式，比起传统诗词歌赋含蓄的“流露”，传达的信息则更为明晰和直观。在短短的一则网络段子中，既可了解话语主体所关注的社会生活问题，又可知其对特定事件的态度，从深层次看，网络段子亦可反映话语主体的社会阶层、价值观、生活品味、兴趣爱好、身份地位、受教育水平等个人属性。这些个人属性就如同段子的“伴随文本”，共同构成网络段子的意义框架，这种意义框架是社会文化和社会群体所共同建构的，网络段子可视为网络话语主体自我呈现的方式，通过特定渠道、面向特定网民群创作和传播段子，从而彰显社会地位和阶层品味。

网络段子是群体交往的社交货币。施拉姆（Wilbur Schramm）说，“如果两个主体之间要实现有效沟通，他们之间必须有相互交叉的经验和兴趣点”③，共通的语义空间是人际传播的基础，共同的经验和兴趣点是有效的人际传播的重要条件。因此，要维系社会交往关系，不仅需要高频的双向交流，还需要一定的“社交货币”确认彼此的关系，从而建构认同。在拟剧理论中，剧班是指在表演同一常规程序时相互协同配合的任何一组人，而以个人为中心的不同人际关系网可视为一个个大小不一的剧班，比如同事、同学、家人、闺密等，这些剧班通常都会有共同的话题和兴趣。要维系特定剧班的关系就需要各自“习得词汇”交流信息，从而

① ［加拿大］文森特·莫斯可：《传播政治经济学》，黄红宇、胡春阳、姚建华译，上海译文出版社 2013 年版，第 169 页。

② ［美］欧文·戈夫曼：《日常生活中的自我呈现》，冯钢译，北京大学出版社 2017 年版，第 2 页。

③ ［美］威尔伯·施拉姆、威廉·波特：《传播学概论》，何道宽译，北京大学出版社 2007 年版，第 40 页。

维护剧班相互依赖的契约与内聚力。而网络段子便是这种“习得词汇”与“社交货币”，在特定剧班和群体之中分享与传播，比如在同学之间通过社交媒体（微博、QQ群、微信群、抖音等）分享一个关于考试的网络段子，在嬉笑怒骂中疏解心绪，也在互动中明确彼此的身份认知，建立和加固情感连接，从而确认和维系彼此的社会交往关系。

网络段子是消费社会中的快感文化。在消费社会中，所有的商品既有实用价值，也有符号价值。受众在网络上生产和消费段子的同时，也在生产意义和快感，具有意义和快感的话语结构形成了大众文化的重要资源。大众看似具有极强的自主性，能够自发创造属于自己的表意空间，把控所属阶层的话语权，但被商品化的网络段子实际上早已被消费主义所收编，受众的这种主体性也已被“收割”。因为“文化商品想要流行，就必须满足相互抵牾的需要”①，也就是否定差异，寻求大众共通的“兴奋点”。最终，网络段子还是难以挣脱娱乐化、媚俗化、情绪化的宿命，因为只有这样才能最大限度地吸引受众。段子从原初体现草根智慧的民间文化变成消费社会的快感文化，追求的是感官的刺激、短暂的欢愉、情绪的宣泄，虽然保留部分抗争的姿态，却在逐渐丧失抗争的力量，原初的批判意旨在消费文化的冲刷下逐渐消耗殆尽。

## 三　歧路与迷失：网络段子的异化

互联网的普及和升级为网络段子的创作与传播带来极大的便利，各种媒介形式的网络段子呈现“井喷”式的增长趋势。但是，受政治权力锚定、经济力量收编和消费文化稀释的影响，网络段子早已脱离原来的意义轨道，渐渐迷失了方向。异化的网络段子在不同主体之间流传，对个人、组织和社会产生了深远的影响。

### （一）思维钝化与碎片化

卡西尔在《人论》中说：人是一个对理性问题能给予理性回答的存在物，一个人在他生存的每时每刻都必须查问和审视他的生存状况②。理性的思维和深度的内省是人的特有属性，我们才能与自在客观世界建立联系，建构生存的意义，探寻真理与价值。只有通过不断地审视与思索，人们的思想、经验、知识与文化才能持续进步与发展，才能不断充实人类的

① ［美］约翰·费克斯：《理解大众文化》，王晓珏、宋伟杰译，中央编译出版社2001年版，第34页。

② ［德］恩斯特·卡西尔：《人论》，甘阳译，上海译文出版社1985年版，第35页。

智慧宝库。但由于新媒体技术的革新，各种媒介成为我们人体的延伸，时间与空间割裂，思维的连贯性被切碎，各种信息唾手可得，巨大的信息量仿佛洪水一般吞没我们本就所剩无几的注意力。信息过载触发大脑的保护机制，接触媒介程度越高，对信息“质量”的关注便越低，以避免不适之感①。碎片化的信息促使我们的深度思考能力逐渐退化，注意力越发容易涣散。新媒体时代的网络段子便是这种碎片信息，寥寥数语、一张图片、十几秒的视频就是一个段子，我们快速滑动手机屏幕，各种段子接连呈现，我们在一个段子上停留的时间往往只有十来秒。简短而激烈是网络段子的特点，一个段子只有一个刺激点，不需要深度思索便可领会。一方面，网络段子不断迎合新媒体时代下人们短、平、快的思维方式，用固定的、模式化的方式制作段子，网络段子的创作模式日益固化；另一方面，网络段子导致网络受众的思维方式不断模式化，人类如同陷入一个无法可解的恶性循环中。

长此以往，人们的思维方式逐渐变得“段子化”。首先，注意力时间越来越短，无法集中精力进行阅读，在浏览信息时，看到较长的文字段落下意识地划走，同时更加偏爱观看图片与视频；其次，无法进行深度思考与抽象总结，脑海中的信息图景只是一张张碎片，无法拼凑成完整的画面与信息链条；最后，丧失批判力与自省能力，变身“积极废人”②，一方面对现实生活状态感到不满，另一方面又选择逃避与妥协，得过且过。各式网络段子重构了人们的思维，人逐渐从理性的动物变成符号的动物，倾向于用片段式的、符号化的言辞和短语去看待和理解世界，批判力与行动能力渐渐丧失。有网友曾在豆瓣小组讨论，“感觉自己的灵气消失了，阅读时无法体会诗歌的意境，看小说看文字是能看进去，但几乎也就仅此而已了，很少会有看到某一行字脑中瞬间迸发火花的那种感觉”，众多网友回应深有同感，“感觉自己笨口拙舌、思想不敏捷、表达不流利”“脑子很浑浊”“变得麻木”“灵魂被牢笼所禁锢”等，“感觉自己的灵气消失了”这一话题也冲上了微博热搜，话题讨论量达 6.2 万人次。实际上，网友所说的“灵气”便是人类深度思考与内省所带来的与外在世界建立联系、发掘人生意义与价值的体验，但人们只要一打开智能移动终端，各种网络段子等碎片化信息便占据人们的注意力，人们再也无法用自己的理

---

① ［英］丹尼斯·麦奎尔：《受众分析》，刘燕南译，中国人民大学出版社 2006 年版，第 161 页。

② 刘昕亭：《积极废人的痛快享乐与亚文化的抵抗式和解》，《探索与争鸣》2020 年第 8 期。

性思维去感知这个世界，人类也逐渐变成"后人类"（post-human），不是通过语言表达、诠释意义、理性智慧与交往的人种，而是关注感官的、感性的和经验的东西①。因此，人们要找回消逝的"灵气"，就必须对段子等强调感官刺激、只能带来稍纵即逝的欢愉的信息内容保持距离与警惕。

（二）文字素养的衰退

语言学家萨丕尔（Edward Sapir）说，每一种语言本身都是一种集体的表达艺术，它就如同一件看不见的外衣，披挂在我们的精神上，预先决定了精神的一切符号表达的形式②。如今的网络段子作为互联网流行文化中特有的语言表达形式，充斥着人们的语言环境，人们已经习惯于在网络上看段子，也习惯于讲网络段子，网络段子的表达模式无声无息地嵌入了人们的潜意识。但网络段子中存在着许多网络文化元素，某种程度上解构汉语表达模式，对汉语语言美感、文学性和规范性都造成了一定的冲击，造成集体文字素养的衰退，记忆碎片杂糅而成的"现实存在"实际上却消解了"集体记忆"的生成基座③。

首先，汉语美感的消逝。汉语之美在于语音韵律，在于修辞的形式，在于讲求得体、巧妙以及唤起形象感知的内容。在古代，段子多以打油诗、顺口溜等形式呈现，也有以音乐歌词方式呈现的《诗经》中的"风"，这些古代段子在文字上较为考究，讲求对仗，修辞方式灵活多变，呈现的形象也活灵活现，颇具意境，能够带来独特的语言审美体验。现当代的网络段子则更加凡俗化、口语化，由于多元文化因素的综合作用，网络段子中的汉语美感逐渐消逝。从语音来看，当代的通俗文字段子多以短词、短句构成，只有寥寥数语，语音或视频段子也多是口语化语言，无法形成形式和谐、韵脚规整的韵律美感。从形式上看，网络段子并不太讲究修辞策略，有时会使用类比或比喻，但更加倾向于通过直观的表达带来直接的感官刺激，因而缺乏整齐均衡、气势畅达等修辞美感。从形象内容来看，由于当前视觉转向的趋势，段子中的形象内容倾向使用图片或视频的方式进行表达，虽然具体直观，但却少了对于特定意象的想象空间以及由语言文字唤起艺术意境的独特的美感体验。从深层次来看，网络段子所带来的浅层快感使人们离精神上的审美体验越来越远。"康德以为，愉快在

① ［日］佐藤信夫：《修辞感觉》，肖书文译，重庆大学出版社 2012 年版，第 10 页。
② ［美］爱德华·萨丕尔：《语言论》，陆卓元译，商务印书馆 1985 年版，第 201 页。
③ 王琰、赵婕：《大数据时代被遗忘权的现实逻辑与本土建构》，《南昌大学学报（人文社会科学版）》2020 年第 6 期。

先还是判断在先，是美感与快感区别的关键。由愉快而判断对象为美，乃是生理快感，只有由人的各种心理功能和谐运动而生愉快，此才为美感。”① 人的审美感知是一种心理功能与社会经验的复合产物，美感的产生既需要充分调动多种心理机制，也需要个人的修养、品味、知识、社会经历等因素的参与。但正如康德之言，网络段子所带来的往往只是一种直接的、短暂的、浅层的感官快感，短暂易逝，一无所获，无法达到精神上的审美愉悦。人们若长久沉溺其中，不仅会逐渐丧失语言审美能力，还会导致整体精神文明的迷失与衰落。

其次，传统文学的失落。在当下，人们的阅读喜好已然发生根本性的转变，从篇幅看，偏爱短篇胜过于长篇，越短小精悍的文字作品越受欢迎；从题材看，偏爱娱乐化内容胜过严肃宏大的内容题材，搞笑、幽默、恶搞等内容颇受欢迎。究其原因，在快节奏的现代社会，人们的注意力越来越碎片化，因而短小的作品更契合阅读习惯，快节奏的生活同时带来倍增的压力，娱乐化内容则契合心理需求。但从文化环境的角度来看，网络段子等微型娱乐化内容的走俏，其背后是通俗大众文学的崛起和传统文学的失落。越来越少的受众愿意阅读稍长一点的文学作品，比如小说、散文，文学体裁越来越微型，微小说、段子等颇受欢迎；越来越少受众有耐心去揣摩一首诗表达的意境，或深度沉浸于一篇小说里的故事情境。相对于宏大深刻的文学体裁，人们的选择是逃避现实，消解崇高，宁愿读几则娱乐化的网络段子，也不愿意读一篇能引起灵魂深处共鸣的、引发深度思考的文章。网络段子则正是此种文化环境下的产物，这类娱乐化快餐式的文学样态大行其道，挤占了传统文学的生存空间，带来传统文学的失落。再者，各种传统汉语文化经由段子话语的消解，也逐渐丧失了其原本崇高与深刻的意义，成为一种世俗的“笑料”，比如类似“兔死狐悲，兔死狗烹，狐朋狗友：这几个成语说明了兔子、狐狸和狗之间是三角恋关系”这样的成语新解。而人们的阅读审美趣味也离康德式的精神性审美越来越远，同时越来越偏向尼采式的生理性审美②，人们也逐渐沦为马尔库塞口中的“单向人”③，在欢声笑语中丧失质疑、否定、批判能力。

再次，语言规范遭到破坏。言真方为美，心诚才有美言，语言的美是

① 李泽厚：《美学四讲》，广西师范大学出版社 2000 年版，第 143 页。

② 余虹：《文学的终结与文学性蔓延——兼谈后现代文学研究的任务》，《文艺研究》2002 年第 6 期。

③ ［法］赫伯特·马尔库塞：《单向度的人——发达工业社会意识形态研究》，刘继译，上海译文出版社 2008 年版，第 205 页。

建立在语言的“真”和“善”的基础上的，是建立在规范化的基础上的。现当代的网络段子作为互联网流行文化、消费文化以及文化全球化等多元文化因素影响和作用下的产物，其中掺杂了各式各样的用词与表达模式，破坏了汉语的语言规范，对现有语言环境造成不良影响。首先是谐音字，比如用“淦”替代“干”，“夺笋”替代“多损”；其次是英文或拼音缩写，比如“bgm”表示 background music（背景音乐）、“yyds”表示“永远的神”；最后是音译外文，比如“靠你叽哇”是日语的你好、“马克”是英文 mark（做记号或收藏）。这些不规范现象有些是为了规避监管而衍生的词语变体，有些是为了达到娱乐效果对原有词汇进行恶搞，也有一些是约定俗成的网络流行语。语言与精神完全是智能的同一不可分割的活动[①]，中华大地幅员辽阔，方言土语丛生，同时历史悠久，朝代更迭分合，而中华文明却能够历经风霜而屹立不倒，这离不开汉字这条“看不到的魔线，将中国广阔疆域的各地人民融为一体，成为自觉的中国人”[②]。网络段子中不规范用词的大规模传播，不仅会造成汉语语言规则的废失，不利于优秀传统文化的传承，还会造成沟通障碍，有可能造成社会群体的圈层区隔，不利于民族认同感的维系。

（三）加剧商业资本的宰制

网络段子生产者正在遭受数字劳工式的新型剥削。从巴赫金的“狂欢”理论的角度来解读，网络段子手在生产和消费“狂欢”过程中宣泄冒犯的快感、自我的解放、对不合理现象的批评等主观心理感受；从政治经济学的角度而言，是政治经济、文化、技术等宏观因素对个人与群体的综合建构，暗含互联网环境下资本主体与媒介平台对内容生产者的隐性剥削方式以及这三方之间不平等的权力与劳动关系。网络平台看似为网络段子作者提供免费的技术支撑和平台支持，为传受双方都带来极大的便利，但是网络段子作者夜以继日的创作却未获得由平台支付的对称性的报偿。这是一种隐性的剥削方式，创作者往往难以察觉，察觉之后也难以摆脱，因为在段子创作过程中裹挟了太多愉悦、情感付出、群体认同、自我呈现等动机与心理，这种媒介使用模式也已经深度嵌入他们的日常实践，成为其生活的一部分。除此之外，还有来自资本主体的盘剥，段子作者为了能够获得广告主提供的经济利益，经常会创作“伪段子”，实则“真广告”，

---

① ［德］威廉·冯·洪堡特：《论人类语言结构的差异及其对人类精神发展的影响》，姚小平译，商务印书馆 1999 年版，第 52 页。

② 王德岩、李肖：《汉语美学》，中国社会科学出版社 2009 年版，第 5 页。

网络段子成了谋利的法宝，段子作者则沦为平台与资本的数字劳工，网络段子的生产过程已经被资本逻辑所主宰。

网络段子是对受众休闲时间的消费剥夺。在马克思看来，休闲时间是用来自我发展、自我享受的一种自由时间[①]。而斯迈兹则提出了“垄断资本主义之下无休闲”的论说：睡眠时间以外的时间都是工作时间，偶尔的放松也只不过是劳动力的再生产。虽然斯麦兹指代的是垄断资本主义，但也在某种程度上诠释了当下的媒介实践现实。人们早已习惯在任何碎片的空闲时间掏出手机，刷微博、刷朋友圈成了休闲方式，但事实上这样的“休闲”只不过是变相的劳动，人们被迫参与生产，生产的是对于消费的欲望。比如在浏览网络段子时，我们会看到广告段子；访问段子作者主页时，我们会看到置顶的商品销售链接；原本只是打算刷刷微博段子消磨时间，却情不自禁把一套高价的护肤品加进了购物车。在浏览网络段子的过程中，各种消费引流链接无处不在，跳过了这一个，难保下一个就可以躲开。鲍德里亚论断，“休闲并非就意味着一种享受自由时间，它的定义是对非生产性时间的一种消费”[②]。因而，网络段子受众的休闲时间已被商品化，成为段子手与资本合谋增加剩余价值的砝码。段子受众陷入了潜在的循环当中：不断劳动获取可贵的休闲时间，又在休闲时间中消费，因而又必须持续劳动提高消费能力。

在数字资本主义时代，在对网络段子作者的劳动剥削以及对段子受众的休闲剥夺的双重作用下，消费主义意识形态对网络段子的宰制将逐渐深化。资本逻辑深度铭刻于网络段子的生产和传播过程，也入侵了网络段子的意义建构过程，网络段子已不再是草根话语的代表，而是资本话语的典范。这类段子通常会将类似“潮流”“酷飒”等形容词与某个特定的商品进行绑定，实现意义建构，再设置各种“标准”，比如“理想身材”“精致生活”等，进一步规训日常生活细节，这些意义与标准镶嵌在段子的语言框架中，与网络段子融为一体。如“好看的皮囊千篇一律，有趣的灵魂两百多斤”的网络段子将外形与智慧对立，违背了常识。“花 10 万元整形变漂亮，然后找个高富帅，可以带来 50 年的幸福，平均每年是 2000，除以 365 天就是 5. 5 元。也就是说，从变美开始每天 5. 5 元就可以让高富帅围着你转，现在这社会花五块五毛能干吗?”借助网络段子推销

---

① 李彩霞、李霞飞：《从“用户”到“数字劳工”：社交媒体用户的传播政治经济学研究》，《现代传播（中国传媒大学学报）》2019 年第 2 期。

② ［法］让・鲍德里亚：《消费社会》，刘成富、全志钢译，南京大学出版社 2014 年版，第 153 页。

健身、美容、整形等"美丽工业"的商品和服务。资本力量通过在网络段子里植入广告，或是直接生产段子式的广告，通过广告符码进行意义建构，用隐性的手段重构了段子的意义表征，同时把段子手的粉丝、段子的浏览者捕获进一张充满各种价值标准、生活形态、社会身份等元素的符号与意义的大网之中，影响着他们对于世界的整体感知，但这个过程却未必可感。

（四）伦理道德的滑坡

随着新媒体技术的发展和迭代，各种自媒体平台呈现出蓬勃生机，每个人都可以通过各类媒体平台进行段子创作，不受技术手段限制。除了专业化和商业化程度较高的职业段子手，网络段子的创作主体也有来自不同阶层、不同地域、不同文化水平的业余段子手，这些段子手思想素质不一，段子品质也参差不齐。有的段子手为了博出位、蹭流量、吸引眼球，不惜跨越道德伦理底线，创作低俗网络段子，污染社会风气，有时也有刻意制造矛盾冲突，固化刻板印象，造成社会阶层分化与对立的行为，引发"社会秩序海啸"[①]。

低俗网络段子有泛滥成灾的趋势。报业大亨默多克曾言"如果报纸的格调低一点，读者数量就会多一点"[②]，低俗内容之所以受欢迎，是因为它能带来直接的感官刺激，能够满足原始的生理欲望，因而能够最大限度上获得受众的注意。在网络段子内容领域，最典型的低俗段子是"黄段子"，这类段子要么以身材容貌、男女之情作为调侃谈资，要么以直接或暗示性语言引人遐想，如"春晚安检挺严，填充物是不能带进场的，即便你是×××（某整形艺人）"。影射失德艺人的网络段子"在监狱里只能从0做起了"则暗含性暗示。网络段子接龙微博博主"苍南派"，经常通过设定故事情境由粉丝接龙的方式进行互动式段子创作，评论中的粉丝接龙内容多有色情成分，具有暗示性情色元素的评论往往能获得较高点赞，而博主则是放任态度，因为这种内容能为他带来更高的粉丝活跃度，而这种情况在图片段子或视频段子中更为泛滥，因为平台审核难度与成本更高。其次，是一些恶搞整蛊的视频段子，惯常做法是设置故事情境，隐蔽拍摄捉弄他人或者宠物的过程，从被捉弄者或宠物自然而非表演的反应中取乐，比如在熟睡的朋友的鼻孔中点烟、把宠物扔到门外等，这类内容

---

① 阳军、樊鹏：《新技术革命的风险，挑战与国家治理体系适应性变革》，《国外社会科学》2020年第5期。

② 孙宜君、孙飞：《我国大众传播低俗化现象透析》，《新闻界》2005年第4期。

实则是为了迎合受众的低级趣味而不顾他人（宠物）的感受。最后是猎奇段子，通过设置奇巧的情节满足受众的特殊癖好，比如详细叙述同性之间的亲密接触，实则是为了吸引眼球而一味迎合受众异化的低级审美趣味。这些低俗化网络段子以情色、畸形审美、无底线取乐作为噱头，为了吸引眼球、博出位而罔顾伦理道德底线，无视社会责任，不仅会造成段子审美的异化、人际关系的疏离，还会破坏精神文明建设成果，甚至引发犯罪。

刻意制造矛盾的网络段子层出不穷。一些段子手为了追求意义建构时的快感，经常使用夸张手法刻意制造矛盾，从而使观看者获得讥讽的、报复的、掌控的、颠覆的快感，逢迎受众心中的朴素正义感，或是某些残余的落后思想。首先是仇视“特权”阶层，包括官员、富人和专家，极力渲染为官不义、为富不仁，丑化专家形象，这三者分别对应权力、金钱与知识话语，段子手通过矮化他们的形象而获得颠覆主流权威的快感，比如段子中官员形象往往是“肥头大耳”的，暗讽其搜刮民脂民膏的丑态。其次是刻意固化人物标签，如“妈宝男”“拜金女”，段子手极尽夸张特定群体的特征，强化刻板印象，同时使他们下场悲惨，从而达到报复快感。最后是性别歧视，一些段子中物化女性的现象非常严重，比如把女性当作“生育机器”，不生孩子就会受尽婆家刁难，或把女性当作“花瓶”，外表不漂亮的女性无法获得尊重，好看的女性则往往能够达到人生巅峰，实则是迎合男权视角的畸形审美，同时是落后思想的表征。如“历史一再告诫：千万不要让女人哭，长城都能哭倒”，无端夸大女性的“负能量”。这些网络段子为了最大限度上获取快感，往往极尽夸张、丑化、放大矛盾，或者是断章取义，罔顾事实。这不仅会影响人们对于客观现实世界的判断，还会引起阶层分化。不同群体之间或是彼此贴标签，或是彼此仇视对立，这会造成人际信任缺失，影响社会稳定。

不良价值取向的网络段子屡见不鲜，蕴含畸形价值观的段子不一而足。比如宣扬享乐主义，倡导“人生苦短，及时行乐”，行乐者是懂得生活，奋斗者只是可怜的“打工人”，不以艰苦奋斗为荣，反以之为耻。其次是宣扬拜金主义，不少“凡尔赛文学”的网络段子有许多奢靡、铺张、炫富的场景，主张追求金钱，追求物质享受，忽视对于人格的完善。最后是颜值至上的倾向，如“三观跟着五官跑”，外形欠佳的人总是受尽欺凌，貌美者的人生却是顺风顺水，比如不少短视频段子手就乐于拍摄类似“丑女被欺凌后变美复仇”这类桥段的视频段子，从反转的情节中制造快感，重视对于颜值身材近乎苛刻的塑造，漠视精神领域的追求。各种扭曲的价值取向被镶嵌在段子之中，或是以显性的符号语言呈现，或是隐匿在叙事逻辑当中，潜移默化地影响着观看段子的每个人，影响人们的价值判断与价值追求，轻则丧失理性信念，精神世界失去支撑，重则善恶不分、是非颠倒，造成社会整体的伦理道德滑坡。

## 四　正本清源：网络段子的出路与走向

网络段子借助互联网平台和新媒体工具为不同阶层提供了表达思想与观念的话语空间，但同时，在各种权力关系的侵蚀下，网络段子的话语力量被分解，禁锢了人类的想象力与思考力。面对网络段子逐渐异化的趋势，我们该如何创作与传播网络段子？网络段子在未来又该如何走下去？

第一，重拾段子的建言精神。段子原本就是批判建言精神的阵地，在古代，政治批判段子颇具讽喻风格，对不良现象的批判一针见血，例如北宋民谣段子“三千索，直秘阁，五百贯，擢通判”便讽刺了朝廷卖官鬻爵的现象。从残酷的统治者到贪官污吏，从举止礼仪到各种社会不良风气，都曾是段子批判的对象。但由于现当代社会文化环境的变迁，网民在全民娱乐和全民狂欢的网络中陷入“娱乐至死”的境地，网络段子的批判性逐渐丧失。批判精神应是段子的灵魂，也是精髓所在，段子的出路在于重拾批判精神，特别是在当下，各类娱乐内容充斥着我们的媒介信息环境，但理性与批判的声音却相当匮乏。在创作网络段子时，我们要反思现状而不是得过且过，要长远思量而不是专注于短暂的欢愉，要绽放深度思索的火花而不是掩藏锋芒，要追求价值理性而不是工具理性。批判不只是个别人或某个时代的特征，而是人类精神生活中必要的基本素质，我们应发挥段子这一话语体系所赋予我们的力量，将理性与思想的光芒照进现实，保持质疑、追问与反思的姿态，经受“斗争磨炼、革命洗礼和精神锻造”，[①] 推动社会的进步和革新。诸如“国人仇的不是富，是不仁；恨的不是官，是贪腐；愤的不是穷，是不公；怒的不是房，是奸商；怕的不是警，是枉法；愁的不是钱，是通胀；反对的不是改革，是顽固不化；看的不是《水浒》，是替天行道；发的不是微博，是民声加民意”，表达了对向往美好生活的合理诉求，充满了正能量。

第二，发挥网络段子的建设性效能。网络段子虽然受到政治经济力量的制约，但如果各创作主体能够发挥主观能动性，把网络段子生产创作的

① 余聪、张亮：《人工智能时代意识形态批判的哲学反思——“人机关系”视野中的批判向度》，《浙江学刊》2021 年第 2 期。

主导权重新握在手中，作为一种重要的话语力量与社交货币，网络段子能够发挥指引方向、导人向善的建设性功效。首先，网络段子赋予人们言谈的权利，正如福柯所言，“话语通过三种途径发挥作用，分别是赋权、限制和建构”①，网络段子作为民间话语结构体，能起到监督权力、反映民情的作用，“知屋漏者在宇下，知政失者在草野”，群众的监督能够有效纠正权力主体的错误行为。比如网络段子“群众跑来跑去，领导批来批去，部门转来转去，会议开来开去，最后问题还是从哪来回哪去”，便讽刺了相关部门不作为的情形，反映了群众办事程序烦琐、苦不堪言的状况，有关部门便可根据民情民意进行内部改革完善，比如倡导群众办事“只跑一趟”。“我可以吃熊猫吗？我看刑”则普及了动物保护法律。其次，网络段子还可疏解情绪，避免社会不良情绪积压引发社会不稳定因素，提供纾解舆情的指引，起到社会减压阀的作用，例如段子“当代白领新解：领了工资后交房租、水电费，再买一些日用品，发现工资白领了”，便以一种自嘲和调侃的方式疏解经济压力带来的负面情绪。最后，网络段子作为社交谈资与关系货币，可起到增进人际关系的作用，如有孩子的家长们常把孩子开学称为“神兽归笼日”，并称“春风十里不如校园有你”，家长们通过这种只有彼此能够心领神会的幽默吐槽来建立一种类似“战友”的人际关系，彼此理解与支持。但是这些正面效用发挥的前提是合理使用，监督权力应避免刻意的对立与仇视，疏解情绪则应避免过于感性与情绪化，促进人际关系的前提是平等与尊重，不能无底线地取乐，因为交往的有效性来源于真实性、正当性、真诚性的基本公共伦理。

第三，回归网络段子的本真性。在媒介化社会中，各类媒介已经化身为人类感知真实世界的触角，媒介信息常被人们当作真实信息加以接受，人们甚至很难分辨其中的差别。各类网络段子在很大程度上成为人们的信息来源，影响人们的判断与实践。但媒介信息，包括网络段子在内，经由筛选、过滤、加工后往往打上了个人的主观烙印。虽说文学艺术作品来源于生活、高于生活，网络段子的创作过程常常离不开艺术化的加工，但却不应为了猎奇、取宠、吸引眼球而去扭曲事实、夸大影响、固化标签，甚至是杜撰造假。“艺术不仅要满足美的要求，而且要满足思想的要求，要能从艺术中认识社会生活、社会阶级斗争和社会发展规律。”② 文艺作品、文化内容应该兼具艺术性与思想性，“不是专造幻象以娱人耳目，而应是

① 庄琴芳：《福柯后现代话语观与中国话语建构》，《外语学刊》2007 年第 5 期。

② 宗白华：《美学散步》，上海人民出版社 2005 年版，第 65 页。

宇宙万物真相的阐明，人生意义的启示”，如“有一位小学生表示自己长大后想当小丑，有的老师会怒斥其‘胸无大志’，高情商老师则会说‘愿你把欢笑带给全世界’”这则颇具反差色彩的段子，引起了我们对于教育方式反思以及对于成功定义的思考。网络段子应取材于真实社会生活，反映真实的人类情感与生活状态，阐明各种权力关系纠葛下人们面临的困境，才能真正发挥段子的话语力量，让文明之光照亮每个人的心灵，使人们获得启迪，深刻反思，促进社会变革。网络段子应回归本原，段子创作者应该发挥主观能动性，主动剥离政治经济权力的束缚，跳出资本宰制的圈套，主动承担社会责任，从公共利益出发，真正传播真善美的信息与观念。

第四，善意的导引。网络段子作为一种相对固定的话语表达模式，创作题材多有相似，比如讥讽权力压迫、批评社会不公、表达诉求期待、分享日常趣事等，但创作者的心理动机却不尽相同，有的是为发泄私愤，有的是为哗众取宠，有的是为建构人际认同，有的暗含报复社会的阴暗心理。特别是在网络的匿名机制下，各种不良心理与扭曲的价值观被掺杂在网络段子里，造成不良社会影响。网络段子作为内容生产阵地，应成为善意的导引，秉承“现实观照的自觉”[①]，传递正确的价值观。段子创作应从集体利益出发，而不是私仇私怨；应以建构性作为落脚点，而不是破坏性为目的；以社会和谐为目的，而不是制造仇恨与对立，多一些理性思考，少一些负面情绪，如一些类似“人生不就是关关难过关关过”的励志段子，向社会传达正能量。以善意、平和、理性的心态去生产段子内容，引导人们发现社会问题与不良价值导向，同时提供解决问题的思路。网络段子应引导人们向上向善，以正确价值观为导向，培养人们的道德判断力，荡涤灵魂深处的尘埃。须知，虽然各种制造对立、宣扬不良价值取向的段子能在短时间内获得大量注意力，但长远来看，只有正向、深刻的内容，才能真正获得受众的青睐。

第五，重构审美体验。首先，现当代网络段子虽更为凡俗化、口语化，不及古诗词、民谣类段子在用词、修辞及意象上讲究，但现代汉语同样能带来不一样的语言审美体验。比如语音上可尽量押韵，使之朗朗上口，如哲理段子“忙时井然，闲时自然，顺多偶然，逆多必然；得之坦然，失之怡然，捧则淡然，贬则泰然”；或可多使用修辞，突出形式上的严整与气势，或可使用意象表达观念，给读者以想象的空间。恰如宗白华

① 刘中玉：《文化自觉与传统文化现代化》，《东南学术》2020 年第 6 期。

所言："美感的养成在于能空，对物象造成距离，使自己不粘不滞，物象得以孤立绝缘，自成境界。"① 只有与物象保持一定距离，才可产生特定的美感体验。图片与视频段子虽然直观，但却扼杀了读者的想象力，应鼓励使用规范汉语创作段子，虽然各类网络用语较为流行，但是有时难免产生交流障碍，同时容易误导正在学习汉语的青少年。其次，从网络段子的内容上讲，虽然娱乐化段子无可厚非，但过度娱乐化并无益处，只会逐渐麻醉受众，使受众沉溺于表层信息与通俗娱乐而失去行动能力。网络段子应该多给受众启迪与思考，促使受众进行深度反思，体验阅读与思考带来的精神上的美感体验。最后，网络段子创作应以主流正面价值观为基调，引领社会风尚，弘扬中华民族传统美德，发扬优秀传统价值观，使受众在阅读网络段子的同时获得精神的洗礼，应该超越"悦耳悦目"的生理感官愉悦，塑造"悦志悦神"的道德与精神上的审美感知②。由此，以语言美、精神美和道德美，重新建构网络段子的审美体验。

## 结　语

当今危机和转型的时代是我们把握机遇寻找新的出路、创造新的可能的时代③。正如鲍德里亚所强调的"娱乐道德"，现当代的文化与商品无不充满了自娱的绝对命令，即深入开发能使自我兴奋、享受、满意的一切可能性④。人们越来越少地将自己的生命与时间用于思索与劳动，而是越来越多地用于追求快感与享受愉悦。反映在网络段子这一话语文本上，其批判性随着时间的流逝逐渐消失，取而代之的是感官的刺激和短暂的快感。我们不应仅停留于网络段子语言与符号的表象，止步于符号与意义的简单勾连，而应该将网络段子置于移动互联网的时代语境中，深入段子的生产、流通与消费领域，考察段子中牵涉的消费主义逻辑与权力关系，洞察其背后的资本宰制与权力规训，构思解放和革新、为我所用之道。网络段子要走出低俗化、碎片化、娱乐化的泥潭，挣脱资本与权力的束缚，则必须回归理性与批判，遵循真善美的传播伦理，承担社会责任，促进社会的变革与发展。正如卡西尔所言，人类生活的真正价值存在于审视，存在

---

① 宗白华：《美学散步》，上海人民出版社2005年版，第44页。

② 李泽厚：《美学四讲》，广西师范大学出版社2000年版，第177页。

③ 陈世华：《为"形"所困：形象传播的政治经济学批判》，《厦门大学学报（哲学社会科学版）》2020年第6期。

④ ［法］让·鲍德里亚：《消费社会》，刘成富、全志钢译，南京大学出版社2014年版，第63页。

于对人类生活的批判态度中①。

## 第二节 网络谐音的政治经济学批判

“语言是人的本能，是人存在的一个基本条件。”② 近年来，网络谐音作为一种流行文化风靡网络空间，衍生出符号和语义容量更大、更具趣味性的谐音梗，受到网络用户和媒体的追捧，通过社会交流机制日益渗透至社会经济、政治和文化生活。作为一种隐喻，网络谐音是“感知、思考、发现相似性”③ 的表现，激活了个性表达，满足了社会交往需求，丰富了网络交流形态，塑造了独特的网络景观。随着网络文化对日常生活和社会交往的入侵，人们对由来已久的网络谐音逐渐习以为常，视其为辅助表达的工具和娱乐消遣的素材。然而，网络谐音的负面效应潜藏在暗处却贻害无穷，新人迷信“520”“1314”等谐音带来的仪式感，扎堆前往民政局进行结婚登记，民政局工作人员被迫加班；出自马保国的“耗子尾汁，年轻人不讲武德”经网友的二次创作后爆火网络，“马言马语”掀起全民恶搞的审丑狂欢，玷污了中国武术；某商场尺码表滥用“谐音梗”，以 M 码对应“美”，L 码对应“烂”，XL 码对应“稀烂”，迎合消费主义社会“白瘦幼”的畸形审美，散播女性身材焦虑。

在数字时代语境下，网络直播、短视频、H5 等图像媒介大量涌现，以其直观、具象、生动的优势适应了信息高速传播的需求和人们的视觉消费习惯。而网络谐音作为一种流行语言文化现象，看似偏离数字时代图像化趋势，实际上折射了现代社会的经济、政治、文化、技术语境及存在的问题，反映了人们对政治风险的规避、眼球经济的追求和技术形塑，延续了历久弥新的声音政治，破坏了语言文字规范，导致了理性精神退化，亟待引导网络语言的合理运用和健康发展。

当下学术界日益重视视觉文化的研究，语言和文字受到冷落，少量关于网络谐音的研究主要从语言学维度总结其历史源流、发展脉络及价值功能，或结合当下传播实践分析其在政治、经济、文化生活中的价值，态度略显盲目乐观，未能突破网络谐音的外在特征透视其本质和规律。本节尝

① ［德］恩斯特·卡西尔：《人论》，甘阳译，上海译文出版社 1985 年版，第 8 页。
② ［美］史迪芬·平克：《语言本能：探索人类语言进化的奥秘》，洪兰译，汕头大学出版社 2004 年版，第 425 页。
③ ［法］保罗·利科：《活的隐喻》，汪堂家译，上海译文出版社 2015 年版，第 44 页。

试采取传播政治经济学的批判视角，透视谐音现象背后的政治渊源、经济驱动、文化土壤和技术力量，揭露谐音狂欢背后折射出的政治民主环境匮乏、眼球经济入侵和人性异化等危害，指明引导网络谐音向真、善、美良性发展的规范路径和未来走向。

## 一　谐音之生：谐音传播的政治经济动因

“字词的声韵相同或相近”是谐音的外在表征，网络谐音是网络文化的重要组成部分，具有大众性、趣味性、隐喻性、融合性等特征。近年来，网络谐音的进阶——谐音梗大量涌现，受到网友及网络媒体的追捧，其精髓集中体现于“梗”。“梗”是对“哏”的误用，而“哏”的语义主要为有趣、滑稽，更加强调文本语境下产生的趣味性和讽刺性语义。网络谐音与社会政治经济运转机制密切相关，是人与政治双向选择的过程，受资本扶持和操控，契合社会交往需求，受技术变革驱动，背后交织着错综复杂的政治、经济、文化和技术因素。

### （一）政治维度：规避政治风险，表达政治诉求

语言嵌有人的思维活动，正如霍布斯在《利维坦》中所言：“语言的一般用处是将心理讨论转化为口头讨论，或把思维序列转化为语言序列。”① 网络谐音虽常以有趣、搞笑、猎奇的面目示人，却并非仅用于娱乐消遣，也作为民众表达政治诉求的手段。作为互联网时代的新型话语形式，形式和语义创新的网络谐音本质上仍是一种语言序列，蕴含了表达者的观点、态度和判断。

在中国封建社会，谐音就成为民众表达政治诉求的合法化外衣。在等级森严的社会环境中，统治者注重管控社会舆论，并辅以相应的惩戒措施。《国语》有言：周厉王“得卫巫，使监谤者，以告，则杀之”②；商鞅变法时，将认为法令不便的民众“尽迁之于边”，以至于“其后民莫敢议令”③。其间虽然出现过春秋时期、贞观之治等言论开放的朝代，但言论禁锢始终是封建君主专制下政治生活的主流。在严苛的时代语境中，有识之士采用相对隐晦的谐音表达政治诉求。如东汉末年，张角“黄巾起义”中依照“五德终始”之说提出“苍天已死，黄天当立”的口号，其中“苍天”指代汉王朝，而“黄天”指代黄巾起义军，这一口号本质上

① ［英］霍布斯：《利维坦》，黎思复、黎廷弼译，商务印书馆1985年版，第21页。

② 左丘明：《国语》，北方妇女儿童出版社2016年版，第16页。

③ 司马光：《资治通鉴》，北方妇女儿童出版社2016年版，第15页。

是运用谐音为起义寻求道义支撑。

而在当代，谐音的政治表达传统得以传承延续。即使在以自由、开放著称的互联网时代，新媒体赋予的表达权力往往受到政治权力的约束。赫伯特·马尔库塞在《单向度的人》一书中提出："技术本身不能独立于对它的使用，技术社会是一个统治系统，而这个系统在技术的概念和结构中发挥着作用。"[①] 媒介应用以技术为最基础的条件，但技术背后的力量却又凌驾于技术之上。一方面"人人都有麦克风"，互联网为政治议题讨论提供了公共论坛。另一方面，法律法规及技术形成合力，约束政治表达。在寒蝉效应的震慑下，为了规避政治风险，民众会借助网络谐音表达政治诉求。例如，网友在论坛中以"大6"代替"大陆"，以"明煮"代替"民主"，以"政斧"代替"政府"，以"河蟹"代替"和谐"，隐藏讨论主题。在物价飞涨时，网友也通过"蒜（算）你狠""药（要）你命"表达对市场监管失序的不满。政治生活是社会生活的有机组成部分，在任何时代，政治参与和政治风险都是相生相存的，民众不得不约束言行以规避政治风险。在相对紧张的政治环境中，民众将政治诉求进行合法化畸变，隐喻性、匿名性较强的网络谐音在某种意义上就是将政治表达进行合法化畸变的产物。

### （二）经济维度：迎合眼球经济，追逐流量变现

追逐新奇、有趣、刺激的事物是人的冲动和本能，带来非理性的自觉选择，成为眼球经济的生长点。正如"受众商品论"所揭示的，媒介提供内容是吸引受众光临的"免费午餐"，目的是将受众出售给广告商。进入互联网时代，注意力成为一种稀缺且流动的具有货币价值的商品，用户参与成为数字时代的战略资源，在开放介入互联网上，用户生产的共享知识、网络争论、网络参与、点击、喜好、触碰、网络浏览等都被作为平台的免费礼物提供受众，目的是增加用户数量，将其出售给广告商和第三方来盈利，用户的数字劳动产生了商业价值。

威廉·吉布森（William Gibson）预测，进入知识经济时代，我们将生活在两个世界中，一个是真实的物质世界，另一个是虚拟的数字化世界，即所谓的"赛伯空间"（即赛博空间）世界。[②] 赛伯空间是视觉化的空间，形象、直观且带有迷惑性和欺骗性。受电子屏幕的阻隔，视觉成为

---

① ［法］赫伯特·马尔库塞：《单向度的人——发达工业社会意识形态研究》，刘继译，上海译文出版社2008年版，第85页。

② 方健华：《赛伯空间：又一个"娱乐至死"的舞台？——关于网络文化对青少年发展影响的思考》，《中国青年研究》2014年第7期。

沟通人们与商品或服务的主要途径。追逐新奇、有趣、刺激的视觉形象是人的冲动和本能，带来非理性的自觉选择，成为眼球经济的生长点。在资本逐利本性的作用下，文字受到眼球经济的影响，网络视觉空间的浮躁化进一步入侵文字表达。

依托于智能化信息技术，多样化的社会消费需求催生了电子商务、网络直播等新型商业形态。在“流量为王”的时代，广告主、娱乐公司、新闻媒体等力量试图通过网络谐音这一流行文化抓住人们的眼球，实现眼球经济变现。广告商运用轻松诙谐、含蓄曲折或者猎奇低俗的谐音广告语引起人们对商品的注意，以期提升广告宣传效果。例如：天猫的广告语“上天猫，就购了”，“购”与“够”谐音，在便于记忆的同时巧妙地传达出天猫商城的品牌理念。“海鸥飞到巴黎都不叫了，因为巴黎鸥来哑（欧莱雅）”，将音译而来的品牌名具象化，加深了品牌印象。然而，谐音广告语的成功也使许多品牌奉谐音为万能，导致谐音化的广告语爆炸式增长。

资本包装和炒作下哗众取宠的网络红人也在为谐音梗的传播推波助澜。“迷人的郭老师”的“猕 hotel”，马保国的“耗子喂汁”，“游乐王子”的“雨女无瓜”，各路网络红人生产的网络谐音广为流传，却并无巧妙构思和实际意义。在资本力量的驱动下，社交平台、短视频平台疯狂推送，各大媒体争相报道，使得人们被眼花缭乱的谐音狂欢所环绕和裹挟。

不仅如此，不少新闻媒体也盲目跟风追逐热点，或在报道中融入谐音梗，或直接以谐音梗为报道对象。新冠肺炎疫情期间，在《战“疫”》《记“疫”》等生动形象的谐音标题获得大众赞许后，许多媒体跟风效仿，出现了诸如《战“疫”邮我》《“疫”去花开》《“疫”举成名》等令人费解的标题。其中，《战“疫”邮我》令人费解，《“疫”去花开》则忽视了新冠病毒将长期存在的事实。在市场化背景下，网络媒体以受众为导向，借助网络谐音创新传播形式增加大众关注度无可厚非。然而，“一种重要的媒介会改变话语的结构”[①]，网络媒体日益加剧的娱乐化倾向玷污了新闻生态，消解了公共机构的理性精神，污染了网络话语空间。

网络谐音由网民创造，最后又脱离了网民的控制，受到资本的垄断乃至操控。在市场经济背景下，商业机构和媒介组织在逐利浪潮中迷失自我，逐利至上。为实现盈利目的，资本利用网络谐音扩张自身的商业理念和价值观，捕捉、放大大众的猎奇心理，将其转化为流量，从而最终实现

① ［美］尼尔·波茨曼：《娱乐至死》，章艳译，广西师范大学出版社 2004 年版，第 33 页。

眼球经济的交易和变现。

（三）文化维度：辅助情感表达，打造交往游戏

文化多样化背景下，作为传统谐音的延续和变种，网络谐音在互联网空间与全球文化领域进一步延伸和拓展。福柯认为，话语是“能使人们更准确地连接社会形成的分析和认识论的描述”①。网络谐音是社会语境下的话语产物，基于人们对社会的认知和观察，顺应社会交往的需要，连接了人与生活于其中的广阔社会场景。

首先，传统文化为网络谐音提供了文化土壤。在汉语结构体系中，音节的数量远少于汉字的数量，使得一音多形的现象在汉语应用中普遍存在，形成了谐音双关的修辞传统，对当代中国人的文化理解产生了深远影响。历史悠久的歇后语以巧妙的谐音著称，例如：孔夫子搬家——尽是书（输），四两棉花——弹（谈）不上；古代文人也常将谐音融入诗词，如唐代诗人刘禹锡的诗句“道是无晴（情）却有晴（情）”。古代名人与现代行业结合产生了诸如“焊武帝”“糖太宗”等谐音词。中国广阔地域中方言的近音也为网络谐音的发展创造了有利条件。例如，“2019 年度十大网络用语”之一的“雨女无瓜”产生于《巴啦啦小魔仙》游乐王子扮演者袁奇峰的“台湾 + 海南 + 广州”口音，“肿么了”（怎么了）就带有浓浓的河南口音。随着全球化触角的无限延伸，文化交流模糊了不同地区及国家间的语言边界，世界范围内的语言文化为网络谐音提供了丰富素材。“‘你是葱吗？’泡菜问洋葱。‘onion 哦～’洋葱说”，用韩语“你好”的谐音“onion”，便是跨文化交流中运用谐音的典型代表。

其次，互联网社交为网络谐音创造了应用空间。根据“社区解放理论”，信息化碾碎了交往时空和文化场域的界限，社区从原有的村庄、邻里等地理概念中解放出来，在虚拟的网络空间中重建，身处其中的社群成员形塑兴趣、情感、价值共同体。网络社区交往较之传统社区在对象、方式、场景方面更加多元，在屏幕社交时代，文字在社会交往中占据重要地位。但人们在网络社交过程中无法使用表情、语气、语调等非语言信道，主要依赖语言信道。因此，需要挖掘语言形式以辅助情感表达。霍尔的编码解码理论认为受众对信息具有主导型解读、协商性解读和对抗性解读等多重解码方式，为了应对话语对象的多元偏好的习惯，话语主体总是采用多样的修辞策略和话语类型。网络谐音糅杂的比喻、拟人、双关等修辞手

---

① ［法］米歇尔·福柯：《知识考古学》，谢强、马月译，生活·读书·新知三联书店 2003 年版，第 231 页。

法正是话语主体灵活运用符号传达意义的手段，能够迎合不同话语对象的多元接受习惯，在一定程度上有助于营造幽默诙谐、轻松活泼的社交氛围，如“输什么液，想你的液（夜）”通过谐音表达了爱慕和单相思的情感。

最后，后现代主义思潮为网络谐音开辟了情感温房。后现代主义思潮以反传统、反理性、反权威为旗帜，在年轻群体中备受吹捧。快节奏的现代社会催生出孤独、焦虑和恐慌心理，诱发了现代人尤其是年轻人的反叛情绪。在匿名的网络世界，网友们通过参与网络谐音的文字游戏创造违背语法规则、既定范例、文化传统的谐音梗，或解构传统权威，以恶搞形式传达自身全新的观点、态度和想法，或以自我贬低的方式对抗社会的高要求，从而消解自身生存境遇压力。例如，新冠肺炎疫情居家隔离期间，网友们在对火神山、雷神山医院进行“云监工”时，为施工设备取名“送高宗”（高层混凝土输送车）、“道光帝”（道路抛光机），以缓解无法外出的压抑无聊情绪，另一方面对政府的高效治理表达由衷赞誉和认可。

### （四）技术维度：输入法勾连刺激生产，算法技术助推谐音变异

哈罗德·英尼斯（Harold Innis）认为，新的传播技术不仅给予我们新的考虑内容，而且给予我们新的思维方式。[①] 谐音形态的演变与互联网技术的迭代息息相关，网络谐音带有互联网技术变革的印记。人们依托技术创造谐音文化，自由、开放的互联网为网络谐音的迅速广泛生产、传播和消费提供方便快捷而广阔平台。网络谐音在受益于技术的同时，也受技术所形塑和框定。

拼音输入法刺激了网络谐音的产生。首先，拼音输入法的键盘只能输入字母，无法识别音调，且有时需要输入分隔符，防止字音粘连，这加大了精准定位词语的难度。网友为了节省时间，在较为轻松随意的社交语境中，倾向于选择位于语音栏前列的词语。[②] 例如，在输入“先生”时，由于将翘舌音输成平舌音，出现了“先森”，自带诙谐意味，且不会对语义理解造成太大影响，因此逐渐被网友接受。此外，拼音输入法的推荐算法也在无意中创造出许多同音谐音。大量网络谐音诞生于网友使用贴吧、知乎等网络平台的社交实践，泻药（谢邀）、卤煮（楼主）、火钳刘明（火前留名）源自拼音的英文首字母输入原则，而 2333 的出现则是因为在手机九键输入法中，“啊哈哈哈”对应“2333”。

---

① ［美］尼尔·波茨曼：《童年的消逝》，吴燕莛译，中信出版社 2015 年版，第 34 页。

② 陈世华：《网络汉语谐音词成因、影响与对策》，《中国出版》2013 年第 22 期。

网络屏蔽算法辅助了网络谐音的变异。互联网技术在赋予民众表达权、阐释权的同时，也成为监管工具。网络屏蔽算法是互联网技术监管的重要手段，对网络内容进行把关、屏蔽、过滤和筛选，通过对数据包进行过滤和拦截，从而过滤争议词汇。然而，由于网络屏蔽算法存在缺陷，使得网络技术监管在实际应用过程中容易将字词剥离出语境，仅仅对字词进行片面的删减和屏蔽，导致了许多啼笑皆非的网络谐音。为了防止在输入敏感词时被屏蔽，网友们也会借用谐音词表达情绪。以“淦（干）”为例，“淦”的基本意思为水渗入船中，可引申为捕鱼或打鱼，但由于其与闽南方言脏话中的干（第四声）谐音，而许多软件弹幕评论会将“干”字屏蔽，这才使得许多网友以“淦”字代替“干”，以表达愤怒、激烈的情绪。

繁荣的社交媒体助推了网络谐音的传播。“网络群体传播赋予了所有网民参与叙事、阐释的权力与机会，使得原本分散的个体叙事、阐释行为在高度链接化的传播系统中被连接成一个整体。”[①] 在积聚的群体叙事机制作用下，某一网络谐音可能在社交媒体引发裂变传播。在无数次网络社交过程中，多元主体将网络谐音融入社交语言中，实现网络谐音的裂变传播。例如，在 2020 年七夕节前夕，一则自嘲单身的“孤寡孤寡孤寡”谐音的“咕呱咕呱咕呱”的青蛙叫拟声词之所以风靡社交圈，就得益于网友们在群聊和朋友圈的分享与讨论。

## 二　谐音之死：谐音传播的异化和困境

后现代社会催生了一种反理性、反权威、反中心的“痞子精神”，即一种从卑贱立场出发来抹杀卑贱与高贵的一切区分的心理倾向，常常使高贵坠落为卑贱，使人从文明、成熟、细腻、深沉倒退为野蛮、幼稚、粗鄙和浮躁[②]。网络谐音可视为文化大众化的洪流中，人先天固有“游戏本能”被唤醒的产物，“游戏是一种自愿的活动或消遣，在特定的时空里进行，遵循自由接受但绝对具有约束力的规则”[③]。事实上，如今的网络谐音大多停留于“玩”这一层面，“以戏要的注意力摆弄”或“浅尝辄止的专注”为显著特征，通过反传统、虚伪化、低俗化污染和摧毁着原本纯

① 隋岩、唐忠敏：《网络叙事的生成机制及其群体传播的互文性》，《中国社会科学》2020 年第 10 期。

② 邓晓芒：《人之镜》，作家出版社 2017 年版，第 121 页。

③ ［荷兰］约翰·赫伊津哈：《游戏的人：文化中游戏成分的研究》，何道宽译，花城出版社 2007 年版，第 31 页。

净的语言和文字。

谐音作为一种大众流行文化，准入门槛低，生产和传播的主体多元，内容丰富，渠道便捷，对象广泛。网络谐音生产、消费和传播主体在性别、年龄、经济水平、教育程度、人文素养等方面存在差异，导致网络谐音质量参差不齐，在传播过程中可能会发生脱离其原义的变异。谐音的异化传播不仅阻碍了谐音文化的健康发展，也对语言形态、传统文化、社会价值观念产生了深远的负面影响。

（一）玷污语言文字，加剧文化危机

网络谐音对语言和文化的污染和摧毁主要体现在语法规则的失范、真实性原则的颠覆和叙事内容的俗化三方面。

首先，部分网络谐音打破了汉语的语法规则。网络谐音的创造主体十分多样，且创作动机十分复杂，使得许多网络谐音梗的生产与传播随意性较强。网民将符号、数字、字母任意组合，生产出许多不符合汉字结构规范的内容，颠覆了汉语的表达习惯，污染了语言文字的纯洁性，加剧了汉语生存与发展的困境。“Duang”“墙裂支持”“豹头痛哭”“自抱自泣”“无 fuck 可说”“Duck 不必”等错误成语入侵日常话语，严重破坏了汉语体系，造成了理解困难和交流障碍。

其次，部分网络谐音糅杂了虚假信息。这类谐音梗主要可以分为两种类型：一种是违背常理和事实逻辑的谐音梗。以自然界中的植物、动物名称的谐音梗为例，如：“天体物理学家发现今天计算出来的太阳质量比平时重，原来今天是重阳节。”“动物园测肺活量，哪一个动物没及格？羊，因为羊没吐气（扬眉吐气谐音）。”这些谐音梗以成语为框架随意构建事物之间的联系，违背了自然常理逻辑，会误导大众进入真假难辨的怪圈。另一种是颠覆文化典故，肢解历史的谐音梗。例如，“展昭上茅房看见包大人蹲那儿拉屎。展昭：‘包大人，为什么你每次都蹲中间那个坑呢？’‘因为我铁面无私啊！’包大人清了清嗓子，‘铁面无私便中间（辨忠奸）。’”铁面无私的包公形象本是清正廉洁的文化象征和精神符号，却在网友的低俗趣味中消解了其意义。恶搞文化名人、民族英雄、历史事件的谐音梗不仅会妨碍大众准确了解历史事实、构建正确的历史观，也玷污了传统文化和民族精神。

再次，部分网络谐音表现了叙事内容的俗化。大量包含低俗、色情、暴力内容的网络谐音迎合低俗审美趣味，附和人性阴暗面，在损害汉语意境美的同时，也冲击了社会主流价值观，破坏了社会文化氛围。例如，震精（震惊）、颜射（颜色）、金肛狼（金刚狼）、迎男而上（迎难而上）、皇叔（黄书）公然利用谐音梗传播色情低俗内容。而“小明问小红，能不能给我吸一口你的果汁？小红说：‘西八。’然后小明就把小红的果汁吸光了。”则将中文音译后的韩语脏话“西八”嵌入其中，不仅没能实现网络谐音的多元文化融合性创造，反而传播了异国文化糟粕，污染了网络文化空间。

语言不仅是传递信息的渠道，也是传承文化遗产的载体，罔顾事实、庸俗低俗和丧失敬意的语言改造行为，阻碍了民族文化的继承与弘扬，不利于中华民族增强文化自觉、坚定文化自信。

（二）损害个人名誉，淡化群际温情

弗洛姆说“人人身上可能都有施虐和受虐特质”，源于摆脱孤独与自我软弱的需要。人们通过施虐获得某种权力，扩充自我，通过受虐消解在外在权力中，从而获得得以共生（symbiosis）的安全感[①]。基于网络开放、匿名、自由的传播特性，网络谐音创作者的顾虑和社会约束力大大降低，人们试图通过某些人格蔑视、地域歧视、性别歧视的谐音梗嫁接和转移现实生活中的孤独感和无力感，施展自我权威。但“符号暴力”理论认为，语言、文化、思想和观念能够构成为人们自觉或不自觉地接受的“看不见的、沉默的暴力”。符号权力通过影响世界的表象来影响世界，创造了言辞的合法性以及该言辞表达者的合法性的信念[②]。若任由此类文化糟粕在网络空间肆意横流，进行虚拟化施暴，将践踏人文主义，阻碍文明进步。

基于网络开放、匿名、自由的传播特性，网络谐音创作者的顾虑和社会约束力大大降低。网络谐音中的猎奇、恶搞趋势的日益泛滥违背了汉语使用的礼貌性与合作性原则。人文精神和道德规范是社会进步的重要引领，是衡量社会文明程度的重要标尺。许多谐音梗包含对某些人格蔑视、地域歧视、性别歧视，成为文化糟粕的遮羞布，践踏了社会交往的人道主义精神，阻碍了国家团结和社会和谐。

一方面，部分网络谐音部分损害了他人利益。伊罗生（Harold Robert Isaacs）指出：“群体认同是动态的，永远处于蜕变的状态。”[③] 今天的世

① ［美］埃里希·弗罗姆：《逃避自由》，刘林海译，国际文化出版公司 2007 年版，第 108 页。

② ［法］皮埃尔·布迪厄、［美］华康德：《实践与反思——反思社会学导引》，李猛、李康译，中央编译出版社 1998 年版，第 196 页。

③ ［美］哈罗德·伊罗生：《群氓之族：群体认同与政治变迁》，邓伯宸译，广西师范大学出版社 2017 年版，第 20 页。

界，无数族群退回到各自的“姆庇之家”①，人类社会正把自己撕裂成愈来愈小的碎片。谐音中的暴力因素体现了技术联结下，频繁互动对抗争与冲突的强化，不同利益群体妄图净化并抢占文化空间。例如，在女性主义思潮驱动下，一些网络谐音作为流行文化不仅未能紧跟进步潮流，反而公然囊括、支持、鼓吹对女性地位、能力方面的歧视。“妙龄少女不适合干大事，因为大事不妙。”“我家门口医院呼吸科只接收男患者。我看病时问大夫‘你们这是不是区别对待妇女同志?’大夫说：‘不，这恰恰是我们对女性最大程度的尊敬。我们呼吸科，绝不雾化（物化）女性。’”而“为什么见面的时候说幸会，但是分别的时候不说幸别？这简直是幸别（性别）歧视”。这类谐音梗以轻浮口吻讨论性别歧视这一严肃的社会议题，在不同程度上包含了性别歧视观念。若是任凭这类网络谐音梗广泛传播，不仅会伤害女性权益，还会对社会性别价值观造成不良影响，激化性别矛盾，影响社会稳定和谐。

另一方面，部分网络谐音危害了国家形象。以广为传播的“菲律宾游泳队”谐音梗为例，“菲律宾跳水队员很自信地扑通一下跳进水里。大家都说：他那么扑通却那么自信”。这则谐音梗出现的背景是，菲律宾游泳队在2015年举办的新加坡东南亚运动会中表现不佳，两位队员的入水动作均激起了较大的水花。这一比赛视频在网络广为流传，成为网友们的笑料。有心的网友便以这一事件为依据创作出“菲律宾游泳队”谐音梗。也许网友的创作初衷并非出于恶意，但这一谐音梗无疑包含了嘲讽意味。这类谐音梗的生产和传播不利于中国和菲律宾两国人民和谐友好共处，也不符合中国构建外交大国形象的国际关系理念。

（三）阻碍社会交往，弱化社会参与

“人类语言是根据经验创造的人类代码。”② 网络谐音作为一种修辞用语，是人们根据经验将语言进一步符号化的产物。根据“符号互动论”，人依据在“社会互动”过程中自我阐释的“意义”（关于对象事物的认识）采取行动。③ 麦克卢汉将媒介分为冷媒介和热媒介，热媒介只延伸一种感觉，具有“高清晰度”。隐喻性的谐音作为冷媒介清晰度低、信息容

---

① 肯尼西基库尤人（Kikuyu）把部落比作所有族人所出自的女性共祖的子宫，即“姆庇之家”（House of Muumbi），意指民族的原乡情结。

② ［美］威尔伯·施拉姆、威廉·波特：《传播学概论》，陈亮、周立方、李启译，新华出版社1984年版，第43页。

③ ［美］乔治·H. 米德：《心灵、自我与社会》，赵月瑟译，上海译文出版社1997年版，第125页。

量小、对受众参与度高的特性与网络浅阅读氛围格格不入①。对网络谐音的阐释具有个性化倾向，而故意使用错字、别字、模糊读音的行为无疑进一步增加了人际交流的理解难度。

一方面，网络谐音阻塞了交往互动。“理解一个开放的世界，不但意味着承认无法沟通性和反思文化上的共处，而且还意味着认同标记的必要性。”只有保留一定的象征距离，使联结世界的话语是可认同、可定位的，现代社会的公共空间才能得以良好运行。② 然而，根据数字鸿沟理论，在全球数字化进程中，不同国家、地区、行业、企业、社区之间，由于对信息、网络技术的拥有程度、应用程度以及创新能力的差别，会造成信息落差及贫富进一步两极分化的趋势。个人的语言理解能力受教育水平、知识经验和价值观念等诸多因素的影响，且与文化语境相互作用、相互影响。网络谐音中常常运用字母或数字代替字词，或将两个字的读音统一在一起进行理解。例如：yyds（永远的神）、xswl（笑死我了）、awsl（啊我死了）、dbq（对不起）、xgg（小哥哥）、five（废物）。省略性用语作为网络式的新型表达，不符合传统表达习惯，需要调动知识经验储备加以理解，若是信息接收者缺乏相关的知识经验背景，便无法准确把握其含义，造成沟通障碍。许多身处数字荒漠的老年人对互联网接触较少，仍保留着传统的表达习惯，无法及时、准确地理解年青一代的谐音话语，这在一定程度上扩大了代际鸿沟，设置了交流壁垒。

另一方面，网络谐音消解着社会权力。“社会是由多重交叠和交错的社会空间的权力网络构成的。”③ 沟通是权力运作的关键一环，利用谐音外衣掩盖政治意图，仅仅以戏谑的口吻表达想法、观点、意图，而不提出切实建议是“政治游戏”泛滥的体现。大卫·科泽（David Kertzer）认为社会复杂化集聚了政治生活的象征和神秘外壳，政治已经“从具体的活动转变为马克思曾说的日常生活的幻想（fantasy of everyday life）了”。④“语言就其特有的本性和本质而言，是隐喻性的”⑤，运用具有较强隐喻性

---

① ［加拿大］马歇尔·麦克卢汉：《理解媒介——论人的延伸》，何道宽译，译林出版社2011年版，第36页。

② ［法］多米尼克·吴尔敦：《拯救传播》，刘昶、盖莲香译，中国传媒大学出版社2012年版，第31页。

③ ［美］迈克尔·曼：《社会权力的来源（第一卷）》，刘北成、李少军译，上海人民出版社2007年版，第1页。

④ ［美］大卫·科泽：《仪式、政治与权力》，王海洲译，江苏人民出版社2016年版，第6页。

⑤ ［德］恩斯特·卡西尔：《人论》，甘阳译，上海译文出版社2013年版，第140页。

的网络谐音表达政治诉求，阻碍了下情上传。部分网络谐音承载个人负面情绪，且常有侮辱意味，成为宣泄个人情感的"语言垃圾"，政治表达效果有限。如果任由网络谐音的政治非理性表达趋势进一步深化，形成民间舆论场的意见极化，不利于准确了解真实的社会境况，威胁国家安全和社会稳定。政治参与的最终目的在于完备政治运作机制，改善政治生态。若是无法准确有效传递民意，那么网络谐音外衣下的政治表达将丧失意义。在我国，公民具有知情权、参与权、表达权和监督权。随着"互联网+政务"的发展和完善，公民的参政方式日益多样，下情上传的渠道得到畅通，公民的政治参与应当是理性的、文明的，而不是情绪化的、野蛮的、戏谑的。戴维·阿普特（David Apter）指出，政治领域存在以语言为代表的艺术性象征（artistic symbols），但艺术不是终点，国家不仅仅是社会的合法表达，而是在以表达目的的优先权为基础的前提下，联结意义与认同。① 引导民众通过合理的政治表达语言参与政治生活，才是推进国家治理体系和治理能力现代化的应有之义。

（四）固化思维模式，湮灭理性精神

马尔库塞说："功能化的、省略的、统一的语言是单向度思想的语言。它僵化了概念并阻碍了概念的发展，拒绝认识事实本身及其历史内容，是一种坚决地反批判、反辩证法的语言。"② 传播技术具有可供性（affordances），既能满足人类的特定需求，又具有主观能动性，会影响甚或改变使用者的意愿，使事态的走向发生变化。③ 技术在为人们提供便捷的同时，也限定和束缚了人们的批判、辩证的理性思维，扼杀了人们的鉴别力，使个人处于被安排、被支配的地位，操纵、麻痹、奴役了身处一定技术空间中的人，使人成为必然性的奴仆，限定和束缚了人们的鉴别力和理性思维。正如霍克海默和阿多诺所言，"文化工业的发展使效果、修饰以及技术细节获得凌驾于作品本身的优势地位"④。受程式化语言的影响，个人表达方式趋于同质化，加剧了技术时代对人的操控和人性的异化。

网络谐音加剧了思维的范畴化趋势。范畴化是一种自动的认知过程，

① ［美］戴维·E. 阿普特：《现代化的政治》，李剑、郑维伟译，中央编译出版社 2011 年版，第 170 页。

② ［法］赫伯特·马尔库塞：《单向度的人——发达工业社会意识形态研究》，刘继译，上海译文出版社 2008 年版，第 89 页。

③ 易前良：《平台中心化：网络传播形态变迁中的权力聚集——兼论互联网赋权研究的"平台"视角》，《现代传播（中国传媒大学学报）》2019 年第 9 期。

④ ［德］马克斯·霍克海默、西奥多·阿道尔诺：《启蒙辩证法：哲学断片》，渠敬东、曹卫东译，上海人民出版社 2006 年版，第 112 页。

将世界划分为界限明晰的领域，满足了认知简约的基本需求，但也会引发某种独特的感知曲解，导致“行为”和“认知”的系统性刻板印象。[①] 网络谐音虽然是网友创造力的体现，但在成形后以相对固定的模式存在。相较于网络谐音的内容，许多网友更加关注网络谐音的形式，一味地迎合流行趋势，简化表达流程。在社交平台和自媒体的大肆渲染下，网民以知晓当下流行的网络谐音为荣，并自觉将其运用在日常交往中。当想要表现无人理解，而自己又疲于辩解的无奈、愤慨时，使用“无 fuck 可说”（无话可说）；当想要传达自己的悲观情绪时，使用“蓝瘦香菇”（难受想哭）；当想要展现自己的可爱、无辜时，使用“酱紫”“我萌”“先森”等词为自己涂抹上天真的色彩，实则离坦诚、自然的表达越来越远。

在口语和文字时代，社会交往主要通过口语和书信实现。虽然沟通效率较低，但在一定意义上延长了传受双方思考与理解的时间，拓宽了自主表达的空间。人们可以较为自由地构建话语逻辑，选择思维方式，书写个人语言。但在现代社会，大众性极强的网络谐音日益渗透社会交往。基于特定语境，传者能迅速调动包含网络谐音的话语体系，受者也能准确理解传者借助网络谐音所表达的意义。大众的思考变得转瞬即逝，网络谐音成为单向度的语言，湮没了社会创新意识和批判精神。

久而久之，个性化的语言将被遗忘，大众单向接收着社交平台或新闻媒体输出的概念。“现代人处于一种‘他’所想所说的东西都是任何一个人所想所说的境地，他并未获得不受他人干扰独立思考表达自己思想的能力。”[②] 社交媒体算法推荐在为人们的沟通交流创造更多便捷的同时，也抢夺了人们话语领地，弱化了人们的思维能力。人们的思考逻辑和言语表达被技术塑造，使得理性批判的精神家园逐渐丧失。

## 三 谐音之道：谐音传播的出路和规范

任何一种文化现象的出现，都与人的需求息息相关。网络谐音顺应了互联网时代传播模式，契合大众的消费心理和表达需求，具有传递信息、娱乐大众、述情达意等功能，但是网络谐音的隐忧不容忽视，谐音本身作为表达工具并无是非之分，关键在于如何科学合理运用谐音的正向功能，规避其负面效应。正如施拉姆等人所言：“规范语言是随着人类传播的产

---

① ［澳］迈克尔·豪格、多米尼克·阿布拉姆斯：《社会认同过程》，高明华译，中国人民大学出版社 2019 年版，第 90 页。

② ［美］埃里希·弗罗姆：《逃避自由》，刘林海译，国际文化出版公司 2007 年版，第 74 页。

生而产生的，而不是人类传播随着规范语言的产生而产生。”[①] 传播媒介的流变使语言和文字的形态不断革新，但由于人具有创造性与能动性，其变化和演进过程是一个不断引导和规范的过程。我们需要以全面的、辩证的、与时俱进的眼光审视谐音传播，取其精华，去其糟粕，通过语言文字教育部门、网络监管部门、信息服务平台、传媒行业和网友多方发力，共同引导网络谐音回归理性轨道，推进人类理解和沟通。网络谐音不仅是文字的演绎，而是对谐音的生产、消费、传播创造了交往的场域。交往行为要达成相互理解，必须满足三类“效度要求”：真实性要求、正当性要求、真诚性要求。我们需要以全面的、辩证的、与时俱进的眼光审视谐音传播，描画和重塑其真实、正当、真诚的面貌，实现“物我新而寰宇变”[②]。

### （一）正本：强化政府监管，增强行业自律

政府和传媒行业是网络谐音规范的重要主体，能够对网络谐音生产与传播进行外部约束。在网络传播过程中，一方面，政府需要帮助大众辨别积极正面与消极负面的网络谐音，避免消极负面网络谐音在互联网空间的传播。政府应当积极发挥监管功能，明确信息服务平台的主体责任，加强网络信息监管部门管理执法，对网络谐音内容进行审核，并倡导通过技术化手段，对谐音作品设置算法屏蔽和受众分级。另一方面，网络媒体要增强行业自律，自觉遵守网络谐音的使用规范，必要时在内容生产过程中对谐音添加注释，防止网络谐音误导大众认知产生。传媒行业协会应加强行业自律，引导新闻媒体保持正确用语导向，扮演好“把关人”角色。“当新闻与整个娱乐界的集中进行竞争时，最终结果可能是新闻完全失去读者和观众。”[③] 将网络谐音作为娱乐噱头，也许会让新闻媒体在短时间内获得受众的关注，但“流量为王”势必不能长久，只会让新闻媒体迷失在同质化市场中。新闻媒体应当将更多时间、精力放在打磨新闻内容上，坚持“新闻本位”，坚信“内容为王”，深入挖掘网络谐音背后反映的社会现象，积极回应社会公众的真实需求。

### （二）务实：回归真实本位，丰盈价值内核

实践是对“实然”的改造，以便使其与“应然”相符，“实践就是对

① ［美］威尔伯·施拉姆、威廉·波特：《传播学概论》，陈亮、周立方、李启译，新华出版社 1984 年版，第 46 页。

② 陈先红、杜明曦：《叙事运输理论：隐喻，模型与运用》，《南昌大学学报（人文社会科学版）》2021 年第 4 期。

③ ［美］罗伯特·麦克切斯尼：《富媒体，穷民主——不确定时代的传播政治》，谢岳译，新华出版社 2003 年版，第 66 页。

一个给定的世界的改变，以便使其与另一个给定的世界相一致。”即它是对实践存在物的改变，并将其改变得与一个观念相符合，要实现的不仅仅是“不存在的”“还没有的东西”，同时也是“应然的东西”，即有价值的东西。[①] 语言来源于人们在社会生活和生产中的信息需要，又反过来指导人们认识世界和改造世界。网络谐音创造应当以社会现实为依据，保证网络谐音的真实性和可信度。“符号与其对象之间的联系一定是自然的联系而不是约定的联系。”[②] 网络谐音的生产应当坚持“意义的意义”原则，即意义与存在、认知主体与被认知的实在之间应当具有同一性，否则知识就无法被解释，一个语词就无法“意谓”一个物。正如李泽厚所说，“主观情感必须客观化，必须与特定的现象、理解相结合统一，才能构成具有一定普遍必然性的艺术作品，产生相应的感染效果。”[③] 若是网络谐音漠视客观性，仅是个人情感的宣泄，无法产生普遍的现实意义，便丧失了自身的核心价值。

网民应当生产和传播真实可信的网络谐音。网民要秉持真实性原则，主动了解常识，仔细辨别网络谐音中人物、事件、典故的真实性，不应肆意歪曲事实，以免助长网络谣言、流言；从源远流长的中国谐音文化中汲取营养，巧妙融入经典意象、历史名人事迹和传统典故，丰富其价值内涵，弘扬中华优秀传统文化；主动学习世界先进文化及涌现的新兴事物，推动网络谐音与国际美学碰撞发酵，使网络谐音展现多样文化之美。

媒体应要积极承担社会责任，及时关注网络谐音发展动态，在新闻和信息的选择、加工和报道过程中及时纠正包含虚假信息的网络谐音，合理运用大众喜闻乐见的谐音文化，传播富含价值的信息，构建良好的网络传播生态。例如，《中国市场监管报》在一则《政府工作报告》宣传报道中，以漫画形式展现人物“谐音式”对话，通过“钱厂长，看你最近有点累，最近睡得少?”“是啊，税少了，费减了，加紧生产!”“听说你也要回家办事，哪个省市?”“不用回啦，手机省事!”等富有生活气息的对话场景，以幽默诙谐的口吻生动活泼地展现了2020年《政府工作报告》实施以来减税降费惠企利民，建设服务型政府等民生政策，获得了良好的传播效果。

---

① ［英］迈克尔·奥克肖特：《经验及其模式》，吴玉军译，北京出版社2005年版，第277页。

② ［德］恩斯特·卡西尔：《人论》，甘阳译，上海译文出版社2004年版，第144页。

③ 李泽厚：《美学三书》，安徽文艺出版社1999年版，第62页。

### （三）清源：发挥教育功效，守护语言净土

现代社会极大提升了接受正规教育的人数、广度和深度，也创造出“新型文盲”，语言能力、历史涵养、推理能力、阅读水平等均发生严重退化[①]。在读图时代“反语言文化”影响下成长的新一代，对文字的敏感度已被极大削弱。语言和文字为处于社会信息系统中的人类提供了认识和改造世界的便捷工具，建立了人与自然、人与人之间互动、协作与交往的通道。接受语言和文字教育是人走向社会化的必经之路。学校教育是人们接受系统化语言和文字教育的主要场所，但如今冗杂的互联网信息冲击了传统教育系统，干预了人们的社会化进程。青少年儿童在获取网络信息的同时，其认知、态度和价值观也正在被“象征性现实”构成的“拟态环境”所提供的信息所形塑。然而，教育水平有待提高的青少年儿童所接受的“网络教育”的水平参差不齐，在网络谐音时极易受到错误语言和汉字信息的误导，造成认知错位，不仅会对个人今后的学习和生活产生不良影响，从长远来看也会影响民族历史文化传承和华夏文明的存续。

弗洛姆说，一个健全的社会必须像如今为儿童提供上学的机会一样，为成年人提供受教育的机会。健全的社会应当发展“集体艺术”，使人的感官以一种有意义的、熟练的、创造性的、积极的、与人分享的方式对世界做出反应[②]。面对纷繁复杂的谐音文化，文化教育部门应当主动承担社会教育责任，推动普通话和汉字教育朝规范化方向发展，重组“机构的和社会的‘话语秩序’”，明细一个社会内的话语实践整体，以及它们之间的关系，划定建立和表达话语结构的范围。话语秩序的表达对于任何一个话语结构的建立而言都是至关重要的。[③] 一方面，国家语言文字工作委员会作为上层建筑，应当积极履行社会文化职能，贯彻执行国家关于语言文字工作的方针、政策和法令，促进语言文字的规范化、标准化，并及时更新和推广语言文字规范标准，加强普通话和规范汉字的使用。另一方面，学校应当加强语言类和汉字类课程教育力度，增进青少年儿童对汉语和汉字的正确认知，引导其树立汉语和汉字规范应用的意识，在日常生活中自觉抵制消极负面的网络谐音。

---

① ［美］克里斯托弗·拉什：《自恋主义文化：心理危机时代的美国生活》，陈红雯、吕明译，上海译文出版社 2013 年版，第 118 页。

② ［美］艾里希·弗洛姆：《健全的社会》，孙恺祥译，上海译文出版社 2017 年版，第 297 页。

③ ［英］诺曼·费尔克拉夫：《话语与社会变迁》，殷晓蓉译，华夏出版社 2003 年版，第 41 页。

（四）友善：心怀善良正义，缔结人际和谐

正义有两个原则，一是保障公民的平等基本自由方面，每个人对与其他人所拥有的最广泛的平等基本自由体系相容的类似自由体系都应有一种平等的权利，包括政治自由、良心自由、思想自由、人格自由等。二是规定与确立社会及经济不平等的方面，社会和经济的不平等应被合理地期望适合于每个人的利益，并依系于地位和职务向所有人开放。[①] 合作原则和礼貌原则是汉语使用的两个重要原则，在维系人际关系、维护社会和谐方面发挥了重要作用。然而，网络谐音中违背合作原则和礼貌原则的现象屡见不鲜，或给当事人带来困扰，或导致不同利益群体产生纠纷，违背了和谐社会的初衷。亚里士多德认为，拥有适度品质的人在交往中“为着高尚和有益的目的而努力使人快乐而不使人痛苦”[②]。尊重是人际交往的最低标准，也是一个人道德品质的集中体现。萨托利（Giovanni Sartori）说：“我们相当娴熟地掌握了自由的技巧，但对掌握平等的技巧仍然毫无头绪。”[③] 借助网络谐音进行娱乐消遣无可厚非，但必须以尊重为前提，守住道德伦理的底线，杜绝肆意侮辱、诽谤甚至攻击他人的行为。

网络谐音的“善”体现在物质和精神两个层面。在物质层面，一是网络谐音生产者应当增强知识产权意识，尊重已有知识成果，切勿肆意改造、曲解文学作品、音乐作品等文化产品。二是网络谐音生产者要加强自律，不得在网络谐音中抹黑、诽谤、诋毁商业品牌或经济组织，以免损害其合法权益。精神层面上，网络谐音生产者应当彰显人情温度。无论是借助网络谐音表达个人诉求，或进行娱乐消遣，网络谐音生产者都应该坚持尊重、无害原则，不得嘲讽、侮辱、诽谤个人、地点、区域、性别或种族。传播者要认真鉴别，拒绝使用包含歧视意味的网络谐音，并在既定语境中选择合适的网络谐音，避免给他人带来精神伤害。

网络谐音的发展应当遵循“艺术必须符合道德要求，必须包含道德内容”的要求，“美”和“善”应当是统一的，“美”是形式，“善”是内容，艺术的形式应当是“美”的，艺术的内容应当是“善”的。[④] 网

---

① ［美］约翰·罗尔斯：《正义论》，何怀宏等译，中国社会科学出版社 2017 年版，第 47 页。

② ［古希腊］亚里士多德：《尼各马可伦理学》，廖申白译，商务印书馆 2003 年版，第 117 页。

③ ［美］乔万尼·萨托利：《民主新论》，冯克利、阎克文译，上海人民出版社 2015 年版，第 538 页。

④ 叶朗：《中国美学史大纲》，上海人民出版社 2005 年版，第 46—47 页。

络谐音不可野蛮生长，而是要在符合社会主义核心价值观的基础上，兼顾形式上的古典性和现代性、高雅性和大众性，摒弃低俗、庸俗内容，丰富审美意蕴，为社会现实服务。

### 结　语

语言是人类社会的产物，其演变轨迹与社会进程息息相关。网络谐音的产生，并非语言发展的偶然，而是政治、经济、文化、技术等诸多因素共同作用的产物。网络谐音作为一种流行文化，顺应了互联网时代的发展趋势，符合现代人的表达习惯，为大众提供了观念表达、娱乐消遣和社会参与的需求。然而，任何事物都具有两面性，网络谐音天然带有社会发展的烙印，外化了现代社会的缺陷，反映出社会民主的不健全、资本的强大与浮躁、人性的异化和技术的不完善。在复杂的网络环境中，网络谐音也存在失范、失实、低俗等问题，向传统语言文化和社会交往提出了挑战。我们应当积极把握主动权，从政府、行业和个人三个层面着手，共同抵制低俗、色情、暴力的网络谐音，拥抱规范、诙谐、优美的网络谐音，推动网络谐音内外兼修，在潜移默化中提升网民审美趣味和家国情怀，营造风清气正的网络环境，助力文化中国建设。

## 第三节　网络祈愿的政治经济学研究

网络祈愿又称为互联网祈祷（Internet Prayer）、数字祈祷（Digital Prayer）或虚拟祈祷（Virtual Prayer），是指人们通过线上的方式（如邮件、帖子等）为自己或他人进行祈祷的行为，区别于离线祈祷（如教堂等面对面的线下语境）。传统的祈祷能为自己和他人提供精神和社会支持，正如卡尔·马克思在《人民的鸦片》中直言祈祷的功能是安抚人心。随着社交媒体的兴起，这种精神支持在数字祈祷中找到了新的表达方式。例如，通过电子邮件发送祈祷请求，提供在线祈祷指导，并通过在各种网站上发布帖子，招募数百万人为某个全球议题（通常是为某个遭遇不幸的人）祈祷。

本节探讨的网络祈愿现象迥异于世界上盛行的在线宗教祈愿，特指近年来我国青少年在社交媒体中的祈愿现象，主要祈祷个人获得财富或知识。例如，2018 年的“拜锦鲤教”成为商家和青少年共同参与的现象级传播事件；各类考试时的祈愿图形符号的“刷屏”与转发已经成为不少青少年的常态化媒介行为。受到现代教育的年轻人缘何会热衷于迷信网络祈愿？网络祈愿折射出什么样的青少年文化？网络祈愿的传播组织形式如何？有何功能与负面影响？这些重要的议题都值得深思。

## 一　网络祈愿的本质：多神论传统下的亚文化消费景观

新的一代人将会以其自身的方式对他们继承的独特世界作出反应[①]。我国的网络祈愿文化实则为流行的青年亚文化。"亚文化主要是指通过风格化的另类符号对强势文化或主导文化进行挑战从而建立认同的附属性文化，具有抵抗性、风格化、边缘性等特点。"[②] 如果把文化作为意识形态来分析，核心就是"再现"问题[③]。在当代，再现可能是最重要的和最富于生产性的问题。网络祈愿图像的生产极其丰富，以照片、动图、漫画、拼图、波普风格等后现代风格为主，画风轻松与有趣。例如，自古以来，人们把"好运"的寓意赋予"锦鲤"，寓意中举、飞黄腾达。在互联网时代，人们对锦鲤符号意义进行二次创作，不断衍生出新的所指，任何能代表好运的人、物、事都可能被视作"锦鲤"，囊括了人们在爱情、考试、求职等方面获得幸运的诉求，"锦鲤"逐渐演变为人们取悦自我的"道具"：如 2018 年，"锦鲤"越来越趋向与真人化，运气好的艺人如杨超越、王思聪等，被网友们制作成表情包，赋予"幸运符"的寓意，组成庞大的"锦鲤家族"；还有一类锦鲤被称为"沙雕锦鲤"，人们从清奇的角度赋予沙雕符号独特的意义，例如"转发这个小猪佩奇，前任变成吹风机"，"转发这个锅，可以炖了你朋友圈里的所有锦鲤"，转发这些"沙雕锦鲤"无疑是给网友们增添乐趣，达到一种取悦自己，愉悦他人的传播目的。另一类锦鲤则属于"功利性锦鲤"，比如"高分喷雾"，其转发时间段集中于各大考试时期，即使没有实质性作用，但满足了人们的侥幸心理，承载了众多考生焦虑的情绪。"锦鲤"俨然成为人们日常生活中的社交语言。

不论何种类型的请愿祈祷的作用基本都是帮助应对生活中的压力[④]。在世界上盛行的在线祷告中，信徒们认为"与上帝的联系"或"与其他

① 罗钢、刘象愚：《文化研究读本》，中国社会科学出版社 2000 年版，第 134 页。

② 胡疆锋：《中国当代青年亚文化：表征与透视》，《文化研究》2013 年第 3 期。

③ 罗钢、刘象愚：《文化研究读本》，中国社会科学出版社 2000 年版，第 20 页。

④ E. James Baesler & Yi-Fan Chen, "Mapping the Landscape of Digital Petitionary Prayer as Spiritual/Social Support in Mobile, Facebook, and E-mail", *Journal of Media and Religion*, Vol. 12, No. 1, 2013, pp. 1 – 15.

神灵的联系”才能为被祷告的人提供精神和社会支持[①]。然而我国的网络祈愿现象呈现出“去宗教化”的面貌。原本祈祷在宗教框架中的意义是连接信徒与上帝、自我和他人。然而，在我国青少年热衷的网络祈愿文化中，仅表现为自我和他人的互动仪式，原本占据中心地位的“上帝”演变成为互动仪式中不断变换形式的符号，如传统的中国文化符号、娱乐明星、政治家、某学科领域内的重要贡献者、动漫人物或各类表情包等，鲜有宗教祈福的严肃与虔诚，充斥着娱乐与戏谑的情调。

正如邓晓芒所言，因为中国的宗教是唯物主义的、世俗的多神论，中国人的信仰往往走向两个方向，一个是政治实用主义；另一个是技术实用主义[②]。我国青少年网络祈愿与星座或塔罗牌所代表的占卜文化较为相似，祈愿的“神”（不论是各类传统宗教神祇还是现代人造的“神”）都具有多神论的特点和实用主义的祈祷动机（如一夜成名、财富追求、考试成功等）。消费社会分化出来的网络祈愿不再建立于某种具有象征意义的基础之上，而是建立在某种技术之上，即通过网络技术（包含了信息、算法，制造者和公众）才得以传播。这些祈愿图像继承了我国传统文化中多神论的基因，不论是传统文化符号、流行文化符号、异域文化符号等都可以按照不同的需求被无差别地整合为各类祈愿“标准组合”：例如孔子、马克思、国家领导人、杨超越、白孔雀、七彩祥云、记忆面包……然而，它们绝不可能让那些真正象征性或说教性的过程发生作用，因为那将会损害这一仪式意义所在的集体参与——这种参与只有通过“一键转发”的动作，一套被精心抽空了意义内容的符号形式编码才能得以实现。

多神论底色下的网络祈愿符号的应有尽有满足了大众对于丰裕物质生活的幻想。幻想是一种再现手段，它原本的隐私性质并不阻碍它对社会经验的意义发生巨大作用，加之公开于网络空间，具有集合效应的网络祈愿幻想富有政治的属性：实现阶层的跨越。受青年喜爱的通俗文化往往是幻想的激发器，这种幻想绝不是逃离社会现实，而是对主导意识形态及其在社会关系中的体现的直接反应——消费社会的镜像。今天的商业文化宣扬和张扬而非掩藏其要弄机巧、制造神话和仿真的能力，这在各色商业化的锦鲤祈愿表情包中屡见不鲜。

各类星座玄学博主、商家、教育考试机构，甚至知名媒体等都在网络祈愿中扮演了议程设置的角色，助推了祈愿文化的流行。青少年在文化消

---

① Richard Meyer, “Prayer Goes Digital”, *St. Anthony Messenger* , No. 12, 2013.

② 邓晓芒：《中西文化心理比较讲演录》，人民出版社 2013 年版，第 93 页。

费中获得愉悦感和神秘感，而上述传播主体则收获了潜在消费用户的关注或购买行为的达成。商业传播主体通过传播看似分化各异的图文景观实现了对祈愿者的一致化规训。这种消费符码让异质化协同为理想化的一体，即我们可以通过选择某种形式的网络祈愿，就可能实现景观拜物教所推崇的世俗幸福与成功。在同质化与内容迭代快速化并存的网络祈愿表情包中，“一个符号参照另一个符号、一件物品参照另一件物品、一个消费者参照另一个消费者”①。

简言之，从网络祈愿的炫目多彩的表征形式和数字化的发生场域而言，它似乎是全新的亚文化消费景观。然而，从精神本质上来看，网络祈愿不过是多神论的时代性变体，将崇拜的对象从传统的神祇转换为消费社会中形形色色的人造“新神”，是一种“历史与现代并存的文化想象”②，用以暂时性地满足青少年的心理需求，但其“用后即弃”的技术实用主义动机使网络祈愿文本与其他的消费产品并无二致。因此，网络祈愿可以被视为披着新文化外衣的多神论主义的华丽复辟。

## 二　网络祈愿的心理表征：用户基于场景选择的社交表演和情感慰藉

祈祷作为一种文本或表演，是一种可观察的文化对象。祈祷并不单纯地相信某件事情会如愿发生，它更多的是关于祈祷者与祈祷者之间的关系，上帝之爱、他人之爱和自我之爱。在心理学文献中，祈祷所寻求的社会支持通常被定义为被他人关心、重视和爱的感觉③。网络祈愿成为青年人在日常生活中向他人进行自我呈现的重要路径。例如：转发各式各样锦鲤的祈愿行为，看似从众式的表演，标明自己和所属群体的一致性，强化虚拟社区中“想象的共同体”；转发各式考试或转运之类的祈愿行为，一方面可能是出于青年人戏称的“日常迷信”心理，另一方面则是希望以此让他人知悉自己的现状，寻求“同行者”或“同情者”。

网络祈愿的戏剧化特征分外明显，即把原本不可见的私人化的祈福变成社交媒体“前台”中公开的表演。数字化的“布景”“道具”“布局”“台词”一应俱全。例如模仿九宫格布局的各种姿势的杨超越形象的 PS

---

① ［法］让·鲍德里亚：《消费社会》，刘成富、全志钢译，南京大学出版社 2000 年版，第 17 页。

② 陈世华：《“古风”文化的政治经济学批判》，《山东社会科学》2020 年第 7 期。

③ Irwin Sarason, Henry Levine &Robert Basham, “Assessing Social Support: The Social Support Questionnaire”, *Journal of Personality and Social Psychology*, Vol. 44, No. 1, 1983, pp. 127 – 139.

头像、各类高分喷雾、各类偶像、表情包、吉祥物等。通过各色符号装备引起他人的围观和共鸣。原本庄重的祈愿转化为表演的各种技术。在线祈祷的特殊性在于随时随地制造出一个众人“陪伴”的场景。因为在当下这个忙碌的社会，信徒和非信徒无论在好时光还是坏时光都需要有一种相互联系和支持的感觉。网络祈愿者与素不相识的旁观者共同构成了守望相助的“想象的共同体”。

至于是否相信网络祈愿的效果，知乎网友所言是出于“宁可信其有+从众心理”，恐怕代表了很多青少年的心声。处于真诚与玩世不恭的态度之间，多半是基于“安慰剂”效应，通过转发祈愿文本完成以虔诚为名的自欺。原本不可见的祈愿内容（默祷）变成可见的图文符号。网络祈愿的主体不在场，需要借由标准化的符号表演来实现祈愿的动机。当年轻人在网络空间中“唾手可得”各类标准化的祈愿符号装备时，个性化自我和社会化自我的差异被抹杀了，形成了病毒式的传播方式，呈现出千人共愿的稳定状态：不论是对丰裕的物质追求还是对（扁平化）幸福与成功的渴望，在大众疯狂转发关于好运的各类祈愿符号时，折射出的实则是对消费社会高度认同的模式化态度面具，即遍在化的拜物教。

网络祈愿者不是信徒，而是消费社会中的用户，在不同的场景下形成不同的需求，选择契合不同场景的祈愿符号装备实现欲望的表达。在形形色色的网络祈愿中，年轻人缺乏一个一致的“自我”意识，而是一系列场景催生的自动化行为。很多网络祈愿行为是个体对情境事实所做的没有自我意识的反应，即所谓“不转白不转”的心态。由于个体关心的现实不可能即刻了解到（如是否能获得世俗成功），所以，必须依靠表面现象作为替代（即将各类偶像符号作为预见的媒介），而且，具有讽刺意味的是，个体越是关心不能依靠知觉发现的现实，他就越是把他的注意力集中在表面现象上①。况且，各类祈愿符号装备并不等于人或事物本身，符号可以在人或事物不在场时被使用，并且事实上大量符号一开始就被图像软件篡改过（如杨超越许愿的各种 PS 版本）。

然而，祈愿者对于这些虚假的符号表象并不追究，反而乐于不断加工和转发这些祈愿模因，这种表演连同可利用的符号道具，构成了一种场景，产生出表演出来的自我。祈愿符号制作者和转发者形成心照不宣的共谋，仿佛这些被无限复制的模因真的可以在虚拟的网络空间中产生神秘的

---

① ［美］欧文·戈夫曼：《日常生活中的自我呈现》，冯钢译，北京大学出版社 2008 年版，第 212 页。

裂变效应，催生出一个幻想中坚实的新自我，抑或是群导群演一场以虔诚为名的狂欢。相比囿于熟人社会的微信朋友圈传播范围有限，网络祈愿行为更多地发生于微博、ins 和推特这类社交媒体，海量陌生人和熟人混合的互动仪式链使祈愿符号的生产与繁殖成为声量更大的电子道场，更具有祈愿场景的氛围。

### 三　网络祈愿的组织形式：青少年群体间基于共鸣的互动仪式链

网络祈愿的文化形式正是通过个体或集体对符号的操控而被创造出来的。从它的创造角度看，其文化形式是被传递到其他人那里，并从个体之间小范围接触的群体中扩散出去。因此，文化的传播是相互作用的产物。网络祈愿的互动仪式是青年群体在网络空间中的瞬间际遇，他（她）们之间的互动是基于当下的情境，而非基于熟人社会的人际交流。例如，微博祈愿中动辄百万的转发和点赞更多的是陌生人之间对祈愿文本内容的共鸣而达成的互动。仪式包含“某个象征人物的一系列行为和言语的标准化序列，这个序列把参与者的注意力吸引到他们认为特别重要的思想与情感的对象上去”①。在网络祈愿的互动仪式中，祈愿者同样是根据不同的愿景以某个象征人物（如杨超越）或同类型象征人物（如都是某学科领域的代表人物）的九宫格序列为标准化的场景。

互动仪式过程中，情感能量是一种重要的驱动力②。青少年通过参与网络祈愿这一互动仪式来增进某种情感，生成共同的关注焦点或共同的情绪，再根据个体的需求将它们符号化。仪式赋予符号对象以意义性，或者重新赋予这类对象以全新的表示尊崇的思想感情。

共同关注成为发展共享符号的关键。尽管网络祈愿“是一种无实体的存在”，它缺乏“人类存在的手势、眼泪、笑声和身体”③，但它却可能因为在某一持续时间内由陌生人的海量转发而实现瞬间却强烈的团结感。祈愿者和转发祈愿者融入表演的精神中，建立起情境性的情感，建立起最高限度的瞬间集体兴奋。

首先，网络祈愿的互动仪式链是裂变化的语义狂欢。青少年群体为了应对加速更迭的信息，主动去创造新的符号，将新的网络话语嵌入原有的

---

① ［英］阿雷恩·鲍尔德温等：《文化研究导论》，陶东风等译，高等教育出版社 2004 年版，第 296 页。

② ［美］兰德尔·柯林斯：《互动仪式链》，林聚任、王鹏、宋丽君译，商务印书馆 2012 年版，第 vii 页。

③ Caryle Murphy, “Web Opens New Window On Prayer”, *The Washington Post*, 2003 - 03 - 02.

语言体系中，从而使新符号与被指对象保持着意义上的联系，获得更多的受众接受认可，扩大共同语义区。这些多元的语义浅显易懂，消解传统的语义观念，用幽默诙谐的语言对生活进行调侃，随心所欲、天马行空地进行语言戏仿，将严肃的祈愿形式以模仿降格为娱乐的诙谐形式，实现全民性狂欢中“随意而亲昵地接触”。巴赫金认为，欢笑是社会更新的重要源泉，它通过狂欢化来生产和再生大众①。网络祈愿中的语义不断变化与创新，去除单调、格式化的常规祈愿表意方式，呈现出旺盛的生命力和多产的姿态。作为新的符号不断沉积在正常社会惯例中的旧符号之上，就像戏服，供观者和转发者伸开两臂，轻松地套在身上。网络祈愿的场景是充实的，背后却是一片虚空，这一点就造成年轻人“穿”上场景直接进行祈愿互动的可能性大大增加。能指与所指的关系断裂与再造使祈愿符号衍生出多元的含义，实现语义狂欢。

其次，网络祈愿的互动仪式是协同化参与的表意路径。在“人人都有麦克风”的媒体环境中，受众由被动接受者转变为主动的文化缔造者，传播也具有了个体色彩。网络祈愿内容的生产是协同化的编码行为，青少年自主的参与感与娱乐的体验感以及自媒体公众号的成就感集中体现出协同化的参与精神。协同化参与催生出丰富多样的伴随符号，受众在大众传播构建的信息环境中，搜寻自己感兴趣的信息，并对祈愿符号进行意义拼接，沉浸在编码的乐趣中。协同化参与构建了一种短暂的、情境的主体间性。在社交媒体上参与者共享相同的情感与价值观，维护双方对祈愿内容的认可。值得关注的是，协同化也存在排他性的情况。不同的祈愿主体（如玄学账号和明星）会出于商业利益的考量，日益卷入彼此间自我展现的较量，通过不断创造新的祈愿符号争夺受众或粉丝的关注与转发。

最后，网络祈愿的互动仪式是共鸣的个性化表达。罗兰·巴特认为符号意义的生产是编码者与解码者的互动结果，双方若同属于一个文化背景，就会更容易对文化符号意义进行解读与感知。大多数青少年内心深处都渴望找到志趣相投的同伴，网络祈愿行为很容易与编码者形成共鸣，进而将各种元素进行符号化处理，并通过祈愿符号找到能实现愿望的理想化的自我。编码的多元使得解码者也拥有广阔的解码空间，青少年群体的个性与创造力被进一步释放，推动意义不断再造，体现出青少年群体自愿参与、协同操作的游戏精神。在“转发”“还愿”“接力转发”中，分享乐

---

① ［英］迪克·赫伯迪克：《隐在亮光之中流行文化中的形象与物》，席志武译，重庆大学出版社 2020 年版，第 313 页。

趣、愿望、快乐，祈愿队伍不断壮大，由此形成一种情感共同体，推动了青少年网络祈愿文化的延续发展。在网络祈愿的互动仪式链中，尽管没有互动双方的实体在场，但虚拟的仪式增添了趣味性，没有繁杂的流程和位阶的差异，仪式双方通过祈愿符号的连接表达情感，祈愿转发就是仪式践行。

## 四　网络祈愿的功能：青少年群体间的娱乐、社交与赋权

祈祷是宗教或精神世界观的一部分。网络祈愿也是通过提供精神上或社会上的支持来帮助个人应付生活。青少年网络祈愿的主要功能是娱乐与社交。我们的需要——对于愉悦、爱、赞许、安全，等等，能够通过消费产品最好地得到满足①。这是各式商业型锦鲤大受追捧的根源，不同于遥不可及的达官显贵，商家和娱乐圈生产的平民式的锦鲤满足了无数普通年轻人对于物质丰裕和迅速成功的幻想。

尽管此类幸运的小概率事件凭借转发就能实现的可能性微乎其微，但仍有不少年轻人对没有成本的网络祈愿行为乐此不疲。一键式转发的网络祈愿仪式是具有展示性、再现性、表演性和幻想性的现实，以此代替公共领域中的人际交往。

网络祈愿以各类锦鲤图像为视觉符号，编辑文字表达愿望诉求，利用网络平台发表或接力转发的，确认双方的身份，相互问候、试探与沟通，发现自己的核心价值，在族群里找到归属感与共鸣，形成内部认同，找到"各自有利的生态位"②。祈愿者利用祈愿符号表达愿望，缓解社交氛围，通过欢快戏谑的手法制造快感，引发他人关注从而体现自己的存在感或是对自己当前生活状态的抚慰，营造社群的共同感受。这种快感在本质上是私人的，并通过在微博或者微信这些公开或半公开的空间上与陌生人或熟人的弱连接或强连接而得以扩散和强化。

祈求考试成功是网络祈愿中出现频率极高的议题。作为一种阶层再生产的手段，教育被当代中国人民赋予了太多的意义。中国已经进入了一个哈特穆特·罗萨所说的加速社会模式中。所有人都卷入了一场无法挣脱的加速游戏中。与此伴随的，是工具理性的蔓延和人的普遍异化，以及一种无所不在的焦虑情绪。青少年在内卷社会不断被迫加速度，令他（她）

① 邓晓芒：《中西文化比较十一讲》，湖南教育出版社2007年版，第409页。

② 王华生：《媒介形态嬗变与我国"大一统"格局的形成》，《河南大学学报（社会科学版）》2020年第2期。

们痛苦、压抑和孤独，现实的焦虑逼迫他（她）们产生逃避挫折的心理。同时，为了满足社交的需求，青少年为了使自己不落后于群体中的其他成员，会主动了解网络祈愿的规则，在围观时不由自主地自我投入。他们渴望在共同感兴趣的圈子内，获得群体成员的关注与认同，创造自己的文化风格以防御认同的丧失，协商他们在社会中的存在[①]。例如在雅思考试临近时转发各式锦鲤图文，以青少年特有的亚文化方式引发同类群体的关注、转发和评论，从而产生集体认同感，形成“我不是一个人在战斗”的积极心理学氛围。青少年网络祈愿文本中的调侃与戏谑风格体现了他（她）们在面临困境时，内心所追寻的不是利奥塔（又译利奥塔德）所说的“崇高”[②]，而是具有治愈性的欢笑。

网络祈愿文化的心理机制是想象中的赋权，赋权意味着“变得有力”。网络祈愿行为，是借助偶像符号的赋权来实现想象中的“赋能”目的，体现了青年运用非理性对抗理性的尝试。理性主义企图通过掌握更多的理性法则、规律来获得更多的自由，非理性主义想要保留人的非理性，把公认的法则抛到一边。在网络祈愿文化里，各式各样的偶像（通常是消费情境中诞生的偶像）成为上帝在凡间的具体代言人。然而，在网络祈愿行为中，命运女神不再是不可捉摸的“神圣物”，而是降维为真实、不完美甚至有缺陷的凡人（如“信小呆”和“杨超越”）。平凡的他（她）们成为被上帝拣选的幸运儿，轻而易举地实现消费社会中人人梦寐以求的“幸福生活”。于是，他（她）们的形象被制作成各种网络模因和广泛转发。在这个意义上，网络祈愿行为仍然是属于偶像崇拜的范畴，源于对图像所能带来的神秘体验的种种幻想。

网络祈愿行为，体现了当代青年在命运与自由意志间的纠葛与徘徊。命运与自由意志看似矛盾，实则是不可分割的两个方面。在命运观里，既有人的理性也有人的意志，既有人的独立性也有人的依赖性，宿命意识，宿命论是自由意志的伴随物。所谓自由意志，就是要反抗命运，甚至要战胜命运[③]。中国传统的命运观强调“尽人事，听天命”或“谋事在人，成事在天”，这是一种基于实践层面对天命的敬畏。网络祈愿行为中的个体希望借助业已成功的偶像赋予自己神秘的力量，从而获得与偶像相似的成

① ［英］阿兰·德波顿：《身份的焦虑》，陈广兴、南治国译，上海译文出版社 2007 年版，第 2 页。

② 利奥塔德：《后现代与公正游戏——利奥塔德访谈、书信录》，谈瀛洲译，上海人民出版社 1997 年版，第 135 页。

③ 邓晓芒：《中西文化心理比较演讲录》，人民出版社 2013 年版，第 580 页。

功。尽管参与网络祈愿行为的众多网民看似在线上分享了共同的经验和情感，但这种依托他人赋权的想象与其自身的内在经验和外在行动都是断裂的：是运用嬉戏的符号建构意义、快感和社会身份的权力，而非建构社会政治经济体制的真正社会权力。

因此，网络祈愿行为是想象中的赋权行为，被召唤的偶像只不过是消费社会的虚幻符号，而缺乏主体实践的赋权终究只是自娱和娱他的狂欢。网络祈愿行为作为想象中的赋权行为，终究只是网络空间中的美好幻想。真正意义的赋权必须质疑、挑战和克服社会中让人们无法实现其潜力的结构性障碍，去追求公平而无歧视之差别待遇的各种服务①。这种来自较低社会阶层的网络祈愿不断扩大了对于“免于经济匮乏自由”这一单向度社会的无限崇尚，“信小呆”和“杨超越”之类的素人一夜成名象征了阶层差别的消弭易如反掌。这类网络祈愿现象不知不觉压制了青少年内心中的否定性、批判性和超越性的向度，使其成为消费社会的忠实拥护者，失去了亚文化本应具有的对于主流文化的“抵抗性”向度。

## 五 网络祈愿文化的批判：单向度的幸福观与用后即弃的消费观

网络祈愿文化是消费社会的“碎片”式镜像，商家以转发锦鲤祈愿为幌子进行营销活动，诱导受众进行非理性消费，甚至利用虚假获奖信息骗取个人身份信息进行诈骗的不法行为时有发生。在此语境下的网络祈愿文本实为商家隐蔽的消费广告。广告的窍门和战略性价值就在于激起每个人对物化社会的神话产生欲望。它从不与单个人说话，而是在区分性的关系中瞄准他，好似要捕获其“深层的”动机②。这个动机就是以“幸福”之名大肆宣扬对于无止境物质生活的追逐。幸福意识，反映了一种新型的顺从主义，并已转化为技术合理化。预设好的网络祈愿文本让青少年无意识地进入消费的规则。支付宝官方微博发起“祝你成为中国锦鲤”的大型中奖活动，掀起了全民宗教狂热般的数百万次转发，一夜之间平民“信小呆”便成为公众真人版的祈愿图腾，代表着公众对超长获奖礼单所确认的幸福生活方式的无限向往。

幸福，这个人类一切企求的最终目的在网络祈愿中被单向度、无数次地强化为永无止境的物质需求，精神需求被搁置和遗忘。人的精神需要表

① ［英］Robert Adams：《赋权、参与和社会工作》，汪冬冬译，华东理工大学出版社 2013 年版，第 67 页。

② ［法］让·鲍德里亚：《消费社会》，刘成富、全志钢译，南京大学出版社 2000 年版，第 45 页。

现在他的求知欲上，人类追求的伟大目的在于满足这些需要[①]。网络祈愿的锦鲤图像表情（无论是平民、明星还是动漫形象）都含着微笑（颔首微笑、闭眼微笑或者露齿微笑），在这些微笑中，再也无法把虔诚的微笑、幽默的微笑与商业同谋的微笑区分开来。这些广为流行的微笑充满了暧昧：这并非批判距离的微笑，而是同盟的微笑，就是网络祈愿文化的媚俗性特征。传统的祈愿行为与当下流行文化的混搭，作为现成的、“刚刚从流水线上下来的”的符号，神话般地运转着，用后即弃的消费观被运用于网络祈愿行为便不足为奇。网络祈愿尽管沿用了祈愿的字眼，但早已背离人类祈愿的本质。冥想祈祷的个体变成网络空间中的社交表演，祈祷者的肉身是不在场的，凭借祈愿图像符号进行“替代性”的表演，吸引圈友围观与互动，产生情绪调节和人际交往的作用（如释放压力和朋辈沟通情感）。从这个意义而言，网络祈愿相当于快节奏、高强度的现代社会中的电子镇痛剂、心理润滑剂以及能消化忧虑的酶，是安定、轻松、迷幻等精神疗法的替代品。

网络祈愿的交往功能及其所带来的情感报偿意义远远大于祈愿内容本身。但这种同类社群的联结与传统宗教教友之间的情意是迥异的，前者是基于已有的情感基础（如亲朋好友或者粉丝团），网络祈愿话题只是谈资的一种；而后者是基于共同的教义信仰才缔结的团结互助的教友情意。网络祈愿的行为不具有常态化的特征，大都是为了满足即时性的愿望，例如考完试就把用作祈愿的头像换了，过了就删掉朋友圈祈愿内容等。这种用后即弃的思想与人类传统的宗教情感大相径庭，仍属于消费社会的价值观，即一切皆可消费。由此可见，网络祈愿本质是无关信仰的，称之为网络许愿更加符合其随意性和娱乐性的特征。

网络祈愿文化暗含浓厚的性别特征和性别偏见。网络祈愿文化中的人物图像，以女性或类女性形象居多，以及诸多具有女性感官特征（白、瘦、五官精致）的青年偶像男明星形象、软萌的女童形象和动漫形象等，彰显出网络祈愿文化浓厚的情感化取向。女性特征可能被等同于迷信，即等同于非理性、不合法的、神秘的力量。例如，女巫是西方文化中使用巫术、魔法、占星术并以此类超自然能力女性。但是，它也与道德再生相关；女人作为自然的造物内在地拥有成长与进步、以美德的力量超越邪恶的可能性。女性化形象所形塑的网络祈愿图像仿佛更具有宗教般的魔幻力量，这也许延续了人们对于女巫和女神形象的习惯性文化记忆。男性力量

---

① ［英］约翰·格雷：《人类幸福论》，张草纫译，商务印书馆 1997 年版，第 11 页。

泽洞察、理解自然的法则，并且现在处于操纵自然法则的地位，其消极的一面就是缺乏认同他人的同情心①。因此富有理性文化价值的传统精英男性形象（马克思、数学家高斯、欧拉等）作为网络祈愿文化的模因虽时有出现，但数量较少，且几乎都出现在考试的场景中，例如政治考试、高数考试等。在此类网络祈愿情境中，祈愿的文本和图像相对更加接近主流文化的价值观，表现出对于主流和理性文化形式主义的尊崇：例如“心中有党，成绩理想”“数学霸霸们，我爱您们”。此类祈愿图像基本都是未经过戏仿拼贴过的原始照片素材，如马克思、领导人形象，即使偶有人为加上的文案也是充满敬意的调侃，例如“欧拉的凝视”“雅克比的蔑视”。然而，归根结底仍然是基于实用主义目的的权宜之计。

网络祈愿中的幻想或逃避主义终究是一场白日梦，使祈愿者在网络空间中实现他（她）们在“真实”世界所不能或难以实现的欲望，这是产生于其资本（无论是物质资本还是智力资本）和权力的“真实”缺乏同时又是对这种“缺乏”掩盖的补偿领域。祈愿是一个高度政治化的过程，网络祈愿与意识形态达成的完美同盟，例如消费社会与青少年群体共同编织的锦鲤神话，是不存在任何博弈关系的协奏曲。在消费型网络祈愿中，商家和青少年群体达成的高度共识是在需求和满足原则面前人人平等，在物与财富的使用价值面前人人平等。然而，商家隐瞒的重要真相是：在交换价值面前并非人人平等，而是被日益分化。商家和青少年群体达成共识的前提是对消费社会这一最高拜物教的认同，正因为如此，资本编织出的各种网络祈愿的人造新神才能被青少年追捧和崇拜，以物质平等的神话来抹杀阶层冲突和社会矛盾，从而实现“政治化”的意图。

今天的商业文化宣扬和张扬而非掩藏其要弄机巧、制造神话和仿真的能力。正是在符号的内涵层次上，情境改变并且转换着意义。网络祈愿文本对形式“嬉戏”的高扬，以游戏的姿态创造层出不穷的人造新神，是用过剩的“形式”来遮掩空洞的内涵。这些“剩余”的东西，填满了青年群体的生活日常，成为他（她）们需要不断通过祈愿幻想和努力确认的既“标准化”又“丰富多彩”的理想生活。用“想象性”替代“根本性”解决问题，一味地追求娱乐化的风格与表征，缺失对真善美的追求，真知灼见却不知所踪。

从流行的“丧文化”“佛系青年”到“祈愿文化”，投射出我国不少青少年“娱乐至上”的信条和消极被动的精神面貌。如果说嬉皮士反抗

---

① 罗钢、刘象愚：《文化研究读本》，中国社会科学出版社 2000 年版，第 172 页。

的习俗与政治尚且可以看作对现代技术社会的强烈反思，那么同样是以青年为主体的网络祈愿者充其量不过是消费社会的狂热信徒，以祈愿为名所追求看似多元实则单向度的幸福与成功，彰显的是对消费文化的高度认同和投机心理，一个马尔库塞眼中“反对派”的世界。高尔基说过，我们青年是一种正在不断成长、不断上升的力量，他们的使命，是根据历史的逻辑来创造新的生活方式和生活条件。然而遗憾的是，在网络祈愿文化中折射出的是青年形象和与之赞颂的相去甚远。

## 结 语

文化创新需要“伦理的激励、引导和规训”①，青少年网络祈愿尽管具有娱乐和社交的功能，但折射出价值异化和虚无主义，将培根批判的偶像观（种族偶像、洞穴偶像、市场偶像、剧场偶像）奉为真理。作为国家发展建设进程中的新锐力量，青年群体应着眼于社会主义核心价值观，科学地认识偶像的本质，树立正确的偶像观念，饱含“因应世变的观照”②，倡导推崇当今时代真正凭借奋斗而获得成功的“榜样型锦鲤”，如各行业创造中国奇迹的精英、品行优异的热情市民，或是独具匠心的手工艺人等。他（她）们的共性是兼具国家情怀和公民意识，蕴含着“广泛全面的社会生活内容和深邃的思想内涵”③，弘扬“劳动缔造幸福”“奋斗彰显国魂”的正能量，鼓舞青少年为实现中国梦而积极发挥历史主动性和创造力。社会各界应激发共铸中国梦的奋斗精神为主旨，引导青少年走进现实的最深处进行思考，通过网络祈愿传播先进文化，共建精神家园。在中国梦集体主义的框架下，亟待无数个鲜活的个体梦想作为中国梦的具体表征，而青少年网络祈愿正是中国梦最强有力的注脚之一，当尽情演绎和绽放“青春由磨砺而出彩，人生因奋斗而升华”④。一言以蔽之，青少年的网络祈愿应当彰显顽强的意志力、现世的行动和可期的未来，才可能避免沦为数字时代虚妄的“精神鸦片”。

---

① 唐代兴：《文化伦理的基本问题》，《福建论坛·人文社会科学版》2020 年第 8 期。

② 刘中玉：《文化自觉与传统文化现代化》，《东南学术》2020 年第 6 期。

③ 朱双一、吴思捷：《人生：“文学是人学”命题不可或缺的维度和要涵》，《厦门大学学报（哲学社会科学版）》2020 年第 5 期。

④ 《习近平寄语新时代青年：青春由磨砺而出彩，人生因奋斗而升华》，央视新闻 2020 年 5 月 3 日。

## 第四节　网络炫富的政治经济学研究

当后现代思潮遭遇网络媒介技术，激发了网民充沛的创造欲望，作为网民话语的网络流行语迭代革新，营造了繁花似锦的网络亚文化景观。在急剧变动的时代语境中，现实的压力、利益的诉求和表达的欲望驱使网友对各种社会现象进行嘲讽和自嘲，不知不觉间“凡尔赛文学”（Versailles literature）为代表的网络炫富套路燃爆各大网络，引发网民热议，“凡尔赛文学”成为2020年度十大网络的经典热词之一。“凡尔赛文学”出自日本漫画家池田理代子的漫画作品《凡尔赛玫瑰》，该作品基于蓬勃的凡尔赛热情，诠释了法国贵族宫殿的奢华与高贵，表达了贵族们纸醉金迷的生活，以及浮夸的言语方式。网友则借助“凡尔赛文学”的表现手法，演绎一种新奇的语句模式，以看似低调的方式进行充分地炫耀，以此追求虚无缥缈的富贵和言过其实的繁荣。这种话语模式先抑后扬，明贬暗褒，通过采取自言自语、佯装不快、伤心哀婉的口吻炫耀自己的富足。“凡尔赛文学”所展现的话语规律和套路被称为“凡学”，熟悉“凡尔赛文学”套路的人，被网友称为“凡尔赛人”“凡尔赛家”。“凡尔赛家”们用风轻云淡的姿态，不经意的言辞，优雅地炫耀着财富、地位和恩爱，引来众多网友们的围观、嘲讽和调侃，制造出新一轮的网络盛宴。在“凡尔赛文学”中，对金钱，病态地吹捧“富即正义”；对颜值，非理性地迷恋“颜即正义”；对于权势地位，以及容貌情感，有着宠溺般的张扬。然而，仔细思量他们笔下的生活和“美妙人设”，也只是他们自己的乌托邦想象而已。

网络情绪瞬息万变，在不经意之间，凡尔赛文章在引发艳羡、跟风模仿的同时，也引来了网民的批评，遭到不同群体的口诛笔伐，备受批判和质疑。“凡尔赛文学”成为人们茶余饭后的谈资与笑料，既脱离了凡尔赛的高雅品质，也偏离了文学的审美特质，从一种网络亚文化表达沦为矛盾对话的“公共梗”。作为一种流行文化现象，“凡尔赛文学”背后映射着文化实践方式的时代变迁，其流行有着深刻的政治经济动因，带来了广阔而深远的影响，需要进行及时引导和规范。作为批判学派的重要分支，传播政治经济学致力于探究传播与权力的相互建构，注重揭示文化现象背后的经济结构、政治诉求、技术形塑和文化考量。本节拟从传播政治经济学批判角度出发，结合典型案例，界定“凡尔赛文学”的本质和表征，深入分析其流行的驱动因素，阐明“凡尔赛文学”的正面价值和负面效应，并提出引导和规范路径，以期树立正确的价值观念，重塑健康的网络传播实践，助推网络文化的创造性繁荣。

## 一 为扬而抑：“凡尔赛文学”的本质和表征

从“印象管理”的理念而言，个人会极力追求完美主义形象，目的是给他人留下良好的印象，通过使用各种手段和技巧，有意识地调整自己的行为，以此展现出自己的价值和独特之处。“凡尔赛文学”表达的是人性的诉求，通过炫耀行为获取周遭的正向评价，满足虚荣心，并构建虚无的自我认知。“凡尔赛文学”是网络炫富的一种套路和话术，网民借助社交媒体平台，打造高级人设，通过貌似谦虚的反向语态的勾画，在淡淡的自嘲中，悄然展示个人生活水准的高级优越感。与以往“简单粗暴”的网络炫富决然不同，“凡尔赛文学”在社交媒体上通过先抑后扬的手法，表现出贵族气息，不动声色地彰显自身的财富地位，展示着不同于低层的民众的精致唯美的富裕生活品质。“凡尔赛文学”，使用凭空构想的奢华符号，巧妙地借助低调的文本结构，用隐喻的方式传达渴求认同的脆弱心理，其本质是“反文学”的，浮夸背后是一种内心孤独的折射。随着“凡尔赛文学”的流行，社交网络上的“凡学家”愈来愈多见，均以低调、自嘲的方式获得虚荣心的满足和网民关注，“凡学家”主要炫耀的方向包括财富、颜值、学识、地位等。这种炫耀的实质就是通过吸引公共领域注视的方式满足自我认同。一个人期待自我身份被认同是在社会立足的前提，然而凡事过犹不及，这种表里不一的言行虽如同凡尔赛宫一般华丽，经不起推敲，其内里是一个易碎的玩笑。“凡尔赛文学”是语义变迁和媒介演进所形塑的“媒介奇观”，呈现出新的时代特性和个体特质。

### （一）平台展演与社交狂欢

“凡尔赛”作为一种新的网络热词，由知名博主@小奶球 再次提起，以评价红酒等富贵生活的演绎，文本之间流露出淡淡的优越情感，并在个人微博上发起了题为“凡尔赛文学研究与实践”的话题，获得高达1.8亿的点击率和阅读量，引发3.8万网友参加专题讨论与追捧。部分网友发起了各种与“凡尔赛文学”相关的主题活动，例如“凡尔赛文学”有关的模仿比赛，范围逐渐扩大，从热捧追星到学术领域，形成了多轮真假难辨的网络文化热潮。一部可称为“凡尔赛文学”的网络文本，需要具备三个要素，第一要素为似抑实扬的表达，第二要素为自问自答的方式，第三要素是用第三人称进行陈述。经过巧妙地使用这些要素，加上淡淡的语调，无所谓的心态，不经意地流露出贵族生活的线索，以此彰显出与普通大众不一样的生活气质。

“凡尔赛文学”是网络青年亚文化的典型代表，类似的“凡尔赛文学”早在我国古代文学中就有所体现，如李白诗歌《古朗月行》的经典诗句“小时不识月，呼作白玉盘”对生活的表述，从表面上看反映了儿童对月亮的模糊认识，实质上却诠释了家境阔绰、生活无忧的形象。由于当时社会环境的限制，这种炫耀只能在小范围内演绎，不能成为时代的流行文化热潮。即使多么富丽堂皇，或是贵族气质，由于缺乏合适的舞台和传播介质，无法立刻向更多的民众展示贵族生活品质的优越感，这种古代社会的“凡尔赛文学”的传播范围和影响力都较为有限。在移动互联网时代，随着高度丰富便捷的社交媒体和自媒体工具的普及，“凡尔赛文学”的流行既有网络传播的信息基础设施，也有虚拟生产的网络操作场域，通过图片、文字和视频等表现形式，借助网络平台和社交 App 的各种功能，“凡学家”有了“自问自答”空间，推波助澜地让“凡学家”尽兴表演。

（二）意义构建与网络模因

在意义构建上，“凡尔赛文学”的创作与德塞都（又译德塞图）的“盗猎”理论不谋而合。德塞都把人类在阅读上的积极行为当作一种“盗猎”的行为，认为读者的身份就是猎取者，“读者另一个身份也是移动的‘游牧民’，通过移动和跨界，寻找新的资料，加工出不一样的文学意义。”① 在生产制造与加工“凡尔赛文学”的时候，读者把猎取来的内容进行一定程度的加工和制作，进而产生新的意义。漫画作品《凡尔赛玫瑰》主要讲述欧洲宫廷的富贵如云的生活，“通过抱怨的方式来炫耀自己的贵族的优越感”②，并将这种现实中无法实现的贵族生活，通过文字及视频的方式，映射到网络中，构建了“凡尔赛文学”，是文字拜物教和图像拜物教的表现。在“图像拜物”的框架下，“凡尔赛文学”的意义构建本质上是文字与物质的关系，反映人与物交往的过程。“凡学家”们采取图片、文字和视频的改写及调整，阐述个人人设的诉求，在网络上，激起了“凡尔赛”的热浪。例如，对一些流行电视剧素材的剪辑或拼接，建构一直新的自我表达，例如《武林外传》这类曾经热播的电视剧，在深

---

① ［英］丹尼斯·麦奎尔：《受众分析》，刘燕南、李颖、杨振荣译，中国人民大学出版社 2006 年版，第 151 页。

② ［美］亨利·詹金斯：《文本盗猎者》，郑熙青译，北京大学出版社 2013 年版，第 143 页。

刻的记忆的影响下，对熟悉的画面进行加工，衍生出新的意义，让更多的网友产生共鸣，并纷纷效仿。

“凡尔赛文学”具有“网络模因”的本质特性，具备被模仿的容易性及便捷性，可随时被翻译和修饰性，以及快速在网络上传播的扩散及推广性。“模因”一词，最早来自生物学领域，如同遗传因子一样的基因，是存在和衍生的需要，通过复制和模仿，以及合作或变异等手段，逐渐发生相关的演化。而“网络模因”指的是内容单元，通过互联网的传播，进而发生了变化，成为一种“梗”或是“套路”。“网络模因”是被网络民众加工生产出来的，在参与者的不断传播下，产生分层传递，形成明显的特征符号及相关携带的信息①。“网络模因”和“模因”之间具有互相关联的关系，主要体现在复制性、扩散性及传播性上。“凡尔赛文学”是用户在社交网络上自主生产加工的内容（Users-generated content），再由网民进行扩散和传播。然而，“模因”和“网络模因”之间也存在区别。“模因”，主要专注的是“单元”方面，而“网络模因”则是文本集群，明确最初的文本是识别的关键，即在最初阶段中，哪些是复制的元素，哪些是模仿的元素。“凡尔赛体”的先文本彰显了精神主旨，即网友们采取“先抑后扬”的手段，采用“明贬暗褒”的方式，最后体现出“极致炫耀”的结果。“凡学家”们，通过与众不同的语言方式，采用不同寻常的语气，来展示自己的地位，并借助社交媒体的传播性和扩散性，实现“凡学”的传播、变异或升级。

（三）拆穿虚伪精致与表达阶层抵抗

“凡尔赛文学”本质上是一定程度上的自我吹捧与自我迷恋，在现实的世界很容易被戳穿。“凡尔赛文学”显著特色在于因颠覆而产生对比效果，将自己看似平“凡”的生活展现出来，营造并不平凡的“高调”。网民力图在社交媒体平台上打造完美的形象，通常是讨巧可爱和年富力强的样子，但要可爱和能干二者兼得是不易的。诸如，礼貌谦虚似乎与你的能力无关，但却取悦他人的利器和赢得青睐的关键。但是，夸大其词，弄虚作假，无形中会给他人留下好的印象，获得一时的尊重与认可。因此，网友们喜欢通过阿谀奉承、虚假赞美和抬高身价来展示自己，而在真诚和虚伪两者之间寻求平衡却难得实现，“凡尔赛文学”恰好是这两者混用的集中体现。但是，谄媚与虚假，以及自我高调的表演，都具有不真诚的表

---

① ［英］里查德·道金斯：《自私的基因》，卢允中译，吉林人民出版社 2013 年版，第 14 页。

现，网友们随时都可能拆穿包装精密的“凡学家”们，使之失去华服，曝光于众目睽睽之下。位于社交媒体的风口浪尖上的“凡尔赛文学”随时有崩溃的危险，应运而生的“拆凡达人”见“凡”就拆，无情地揭穿徒有虚名的表演者们。比如，博主“蒙淇淇77”，让“凡尔赛文学”风生水起，在微博上演绎各种浮夸的桥段，炫耀着自己无忧无虑的恩爱和优越的生活，引起网民一阵嘲讽。在网民们的大量嘲讽面前，“凡尔赛文学”不得不终于承认，内容的不真实，以及过于浮夸的艺术手段，使得“凡学家”们自然要经历社会性死亡的命运。这种脱离底层群体的优越感，在一定程度上会引起普通阶层或者是底层网民的怀疑，或抨击，可能让“凡尔赛贵族”们，从优雅地炫耀物资生活的优越感，逐渐沦为舞台的小丑。

“凡尔赛文学”的网络炫富方式，不仅引发网民的嘲讽与抵制，也激起了普通民众对贵族精英阶层的反抗与愤怒。但是，在网络话题此起彼伏的今天，草根阶层对精英阶层反抗的方式是委婉含蓄的，采用的是温和的抵抗风格，通常以生活实践的经验为工具进行反击。在阶层的跨越中存在“去边界化”的对抗，一般状况下，社会底层民众对别人已经得到的优质的物质生活时，通常会表现出模仿或敌视[①]。“隐藏的文本”有助于诠释处于社会底层的被支配者和社会精英阶层的支配者之间的权力关系。假如在一场对抗的场域中，社会精英阶层作为主宰二者关系的支配者现身时，被支配者的语句会以“公开的文本”的方式进行遮掩，而隐藏的内容，则是隐晦的，避免被监视或监听。从这个角度看，“凡尔赛文学”也彰显着“隐藏的文本”的含义，炫耀者们掌握着较多的社会资源，处于社会的富裕阶层，是这段关系的支配者；而普通网民或社会底层的网友们，是这段关系的被支配者，采用不激烈的方式进行抵制，从而缓解对其不满的情绪。

## 二　言不由衷：“凡尔赛文学”的驱动因素

“凡尔赛文学”热潮的兴起隐含着政治经济考量和社会心理基础，反映了网民群体精神的空虚和价值取向的偏离。这种网络亚文化现象的出现与流行，也受到政治、经济、文化和技术等多重因素的驱动，与社会阶级固化、消费主义盛行、身份认同焦虑和传播媒介演进有着密切的关联。

---

① Brian Spitzberg, “*Toward A Model of Meme Diffusion*”, *Communication Theory*, Vol. 24, No. 3, 2014.

### （一）政治维度：地位争夺与阶级固化

在多元利益冲突、社会矛盾交织的转型时期，社会阶层固化、群体阶层可流动性减弱已经成为近些年来突出的社会问题。特别是在后疫情时代，因经济形势的低迷和社会贫富差距的扩大，不同阶层间的矛盾仍然存在。部分网民在现实生活中遭到打击，人生理想不能实现，就会制造一些虚幻的形象来替代未能实现的理想。“凡尔赛文学”采用虚幻缥缈的方式，制造出社会底层的个体幻想跨越阶层的梦境，在网民抱怨社会内卷严重、阶层固化、社会停滞不前的当下，这种“凡尔赛文学”的文化演绎增添了理想主义的乌托邦色彩。但是，在理想与现实面前，“凡尔赛文学”将“上流社会”的美好幻象呈现出来，却很难让年轻人热血澎湃，“我是打工人”，这句赤裸裸的现实，瞬间拆解乌托邦式的幻觉。在严峻的社会现实面前，试图跨越阶层变得愈加困难，社会地位难以跃升，理想和现实的落差、奋斗和放弃的矛盾心理在网络流行语中表露无遗。

在自由匿名的互联网，“凡尔赛文学”的传播仍然要受政治边界的约束，不能触碰政治的底线。“凡尔赛文学”频频登上网络热搜，抢占了公众视线，挤占了本应该关注和讨论的社会公共事务，掩盖了尖锐的社会矛盾，网民围绕“凡尔赛文学”的众声喧哗并不是围绕公共议题的社会参与，并无助于解决社会问题，阻碍了民主政治的进程。

### （二）经济维度：炫耀性消费与文本变现

正如鲍德里亚所言，人类已经进入了一个以商品消费为主导的消费社会阶段。在人类的消费社会中的各类消费行为，更多是在符号表达，不仅是物质使用，消费者在选择商品时，不只是看物品的实用性，而是为物品背后所能够代表的身份、价值，情愿为物品的符号买单。“眼球经济”（Attention Economy）就很好地诠释了这一倾向，通过关注度，吸引网民大众的目光，而“凡尔赛文学”正是“眼球经济”的一个体现，助推了消费与炫耀挂钩，是彰显财富的手段。“身份经济”（Identity Economy）则从“眼球经济”中脱离而出，是社会地位的表演，也是高于底层民众的手段之一[①]，社会的发展，通过消费品的分化将阶层进行区分，普通民众的物资与贵族阶层的有所区别，而与之关联的物质符号也是阶层的一种表达[②]。

---

① ［法］勒庞：《乌合之众：大众心理研究》，艾之凡译，中山大学出版社 2013 年版，第 67 页。

② WooMi Phillips & Ki-Joon Back, “Conspicuous Consumption Applied to Tourism Destination”, *Journal of Travel & Tourism Marketing*, Vol. 28, No. 6, 2011.

在当下的消费社会，消费主义风潮在资本的加持下来势汹汹，“凡尔赛文学”的出现吸引了大量公众的眼球，从“眼球经济”到“身份经济”，则需要“流量经济”的推波助澜，网民跟随“凡尔赛文学”的风气，不分场合、时间、公私领域，一味地进行自身物质财富的展演，正是传播者基于炫耀心理进行的符号消费。“凡学家”往往用“高学历、高收入、高颜值”等标签包装自己，以此获得点击与评论的“流量经济”，但是“凡尔赛文学”无论怎么表现，最后炫耀的指向都是物资世界的优越，名牌饰品、豪车、别墅等物质元素。“凡学家”们把人设与物质符号进行了关联，展示自己的高贵身份，试图实现“身份经济”的变现，利用文本作为承载媒介，采用谦虚的语气进行加工，通过“眼球与流量”，实现视觉的冲击，企图从“流量经济”达到阶层身份的跃迁，因此，在某种程度上成为消费主义的奴隶。

凡尔赛文学的核心表达的是对物质的追求，是对物欲横流、消费至上的“上流社会”的非理性向往，是“眼球经济”“流量经济”及“身份经济”的一个集中体现。但是，“凡尔赛文学”这种对于“象征”认同的过度追逐，并不能使人们真正挤进他们给自己建构的“上流社会”，身份的认同无法真实实现。“凡学家”表现出的“身份经济”的“精致的表象”，如同幻觉，看似美好，实则经不起推敲。“凡学”借助“眼球经济”“流量经济”以及“身份经济”等所搭建的理想世界，离不开消费符号制造富裕的海市蜃楼，暗含的是消费主义、享乐主义在长期、强势的宣传鼓吹驯化之下的盲从心理，即是“眼球”心理、“流量”心理和“身份”心理的盲目追求，在资本与“无形手”网络的合谋之下，民众日益沉浸于符号消费的虚假满足中。

（三）文化维度：社会认同与消费文化

从文化角度来看，传播者凡尔赛式的言论，根本的目的在于满足虚荣心，夸赞自己的身份地位，以及由此获得公众的关注热情，博得社会认同。社会认同即“主体确定自我身份”①，是指一个人对自身所属社会群体，以及这类群体能够让个人自身获得情感或其价值意义的认识②。被认可和关注是个人生活在集体世界的一种心理诉求。“凡尔赛文学”是社会认同的追求和表现，“凡学家”们通过一系列操作，渴望被认同、被安

---

① 张志丹：《认同与误认：齐泽克意识形态认同思想》，《国外社会科学》2021 年第 3 期。

② Rupert Brown, “Social Identity Theory: Past Achievements, Current Problems and Future Challenges”, *European Journal of Social Psychology*, Vol. 30, No. 6, 2000, pp. 745 – 778.

抚、被肯定和被关注。“凡学家”们希望通过虚拟的网络世界获得在现实生活中缺少的认同感，以夸大的方式博得社会认可。米德（George H. Mead）的“镜中我”理论认为，他人是个体认识自我的一面镜子，“凡学家”们对自己的评价存在不确定性，无论是爱情婚姻还是社会地位、财富等，缺乏与他人的互动让个体很难知道自己究竟是什么样的真实处境，需要借助网络与网民的交往互动，展现自我生活的优越，获取网民们的认同，例如渴望得到网民们的点赞或评论等，以此加深社会认同和自我的认同。但是，“凡学家”们对网民们过于讨好和自我虚假的形象提升，具有较大的欺骗性质。如果对社会认同过于依赖，可能会产生谄媚的心理，必然会失去自我，沦入缺乏主见的卑微境地，通过凡尔赛式的言论获取社会认同的方式显然是不可靠和不理智的。

“凡学家”的初衷或许只是想要用一种看似低调的方式呈现自我。欲望需要物品来表达，是自我价值的文化展现，是消费文化的标志。但是，在现实的日常生活，抑或是网络之中，网民的言行都会被特定的社会规则所限制，仍然需要佩戴体面的社交面具，部分人不愿明目张胆地炫耀自己，而巧妙地采取低调与谦虚的方式，博得消费文化的认同。“凡学家”希望炫耀自己的物质生活或内在的高贵气质，而又不过分展示出强烈的社会攻击性。因此，这些“凡学家”们默默选择了用假装谦虚的方式，或是假装不得已的手段，表达出自己奢华的生活状况，试图赢得更多的鼓励与赞美，避免招致社会性嫉妒或嘲讽。“凡尔赛文学”本质上是“凡学家”渴望构建自我认知，又顾全周围他人反响的特殊选择。但是，消费文化中存在普遍的从众心理，“凡尔赛文学”本身既是一种调侃，是时尚达人造“梗”、玩“梗”的一种消遣，也是渲染拜金主义的行为，不同程度地增加了社会焦虑，更是让部分青少年对单纯的世界信以为真，歪曲了价值观。

“凡尔赛文学”的精髓就在于非此即彼，让听众或观众，产生了奇妙的愉悦心理，轻松调侃的方式让“凡尔赛文学”给大家带来了欢乐，虽然这种欢乐又是让人嫉妒的。当然，继“凡尔赛文学”之后，“反向凡尔赛文学大赛”“拆凡达人”也对其进行了嘲讽与戏谑，无论是行为方式，还是文化表达，或是价值取向上，都进行了解构，把“凡学家”虚伪的面具揭穿，在浩大的互相抨击中，网民实现了从被动围观到主动加入的角色转换，制造了从造梗、用梗、传梗的新一轮狂欢，演绎了亚文化颠覆和批判的精神内核。在对“凡学”的群嘲与恶搞式的创作中，渐渐从理性的批判沦为消费文化的从众和迎合，在模拟的文化中失去自我的个性创造，为了曝光度和高流量而妥协，“反凡学”的泛娱乐化也由此盛行。然而，随着时间的推移，这种“凡尔赛文学”的娱乐也将迎来其衰败的宿命，必然不会在网络上长期存在，毕竟人类的心理是理性盘踞的地盘，“反凡学”无须用力，随着其驱动因素日渐消散，它将逐渐演化出新的表现形态。

（四）技术维度：平台效应与模因编码

社交媒体平台是“凡尔赛文学”生产和传播的技术基础。社交媒体强大的互动性特质，为每一位网民提供了自我展示的平台，随时随地点赞、转发、评论，为“凡尔赛文学”营造了狂欢的场域，激发了“凡学家”们更深层次的自我展现欲望。在网络技术的加持下，社交平台上的符号传播，更加便捷迅速，波及的范围更加广阔，尤其在数字算法的助推下，“凡学家”们的作品，在抖音、快手、微视、微博等社交媒体渠道广为扩散，精准推送，网民的“凡尔赛”热情更加高涨。各种数字编辑工具的创新，从图片修饰，到文字变形粘贴，以及到短视频的自我拍摄等，让一切“凡尔赛文学”的内容演绎变得更加便捷，更加形象生动。在新的媒介环境下，“凡学家”借助各种社交 App，展现优越的生活，“凡尔赛文学”通过社交媒体各大平台的强互动性和黏性，被大量生产、变异、复制、转发。

语言模因需要复制、模仿和传播而得以生存。在复制或传播中采用的方式，可以理解成语言的修辞现象。在“凡尔赛文学”网络亚文化的狂欢中，网民凭借个人经历和生活经验对“凡尔赛文学”的信息进行二次加工，通过丰富多样的修图和视频剪辑工具等，再造新梗，形成更符合自身语境的语言模因。在网络环境下，“凡尔赛文学”精神的表达，借助创新的媒介力量，通过先抑后扬的范式，让低调的炫富更加隐蔽和容易模仿。由此，“凡尔赛文学”被广大网民活学活用，在各个生活领域中绽放，完成了复制与传播，成为一种新兴的网络流行语言模式，被载入网络文化的史册。

## 三　表里不一：“凡尔赛文学”的后果

“凡尔赛文学”一诞生就迅速变成附带贬义、网民相互调侃的网络梗与热潮，与其反映出的灰色的价值观有着密切的关系。“凡尔赛文学”带有明显的拜金主义、消费主义倾向，网络社会的冲动言行给现实社会的良性运转带来诸多的隐患，网民陷入自我迷恋的虚幻境地，社会阶层产生群体割裂，底层民众更加压抑，炫富攀比弥漫于网络空间，可能导致潜在社会危机的滋生与蔓延。

（一）浮夸：沉迷深度自恋

“凡尔赛文学”本质上是一群物质生活优越的群体，通过社交媒体平台，以图片及文字内容，演绎着尊贵的人设，以貌似抑制的自我贬低语调来炫耀自己的高贵的生活格调，而这种虚假的炫耀，带着文学气息的浮夸。“凡尔赛文学”表演是沉迷自恋的一种展现，成为个体满足虚荣心的一种手段。例如，“我在300平方米的房子里，过着孤独没有人共进晚餐的周末，洗个澡也差点弄丢了我的价值100万元的手表，哎，生活好无趣。”“凡尔赛文学”的高歌，让浮夸的气息更加猛烈，传播者言辞的夸张，对自己身材、学历和生活处境的优越元素的过度迷恋，让自卑在自恋的表象下隐隐展现，而攀比不断升级、变本加厉让“凡尔赛文学”的传播者们对现实的世界产生不满，失去奋斗的动力而自暴自弃。

虚荣心和认同感是人类成长的心理烙印，更是社会的普遍现象，“凡尔赛文学”的问题在于超越了正常模仿的边界。例如，一个人在吃一块蛋糕，重点不是蛋糕的美味，而是拿着刀叉的手上那枚硕大的钻戒和手腕上的饰品。“凡尔赛文学”是“网络贵族”打造的虚幻符号，通过虚假的谦虚，来展示自己的优越感和富足的生活状况，显现自己与普通民众不一样的高贵生活，但是也将自己囚禁在美轮美奂的瓮中。网民的大肆围观让“凡学家”们更加卖力地表演，迷失于众声喧哗的网络狂欢广场中。

“凡尔赛文学”的实质，展现的是一种内心的孤独境遇，折射出的是一部分群体的虚伪的生活态度、非理性的世界观以及自卑的心理①。“凡尔赛文学”通过分享图文的方式，炫耀自己的奢华，在一定程度上是一种不健康心理的演绎。自卑是需要一种优越感来掩藏的，强行制造优越也是自卑的一种体现。而打造出的“高级人设”是自我空虚的表现，也是“过度补偿”心理的表达，背后隐藏的是面对自我认同和社会认同之间鸿沟的无奈。

（二）孤立：破坏人际关系

在瞬息万变的网络情境中，文本的传播速度和广度更加优化。网络空间中，个人形象借助符号的象征性运用和虚拟演绎，成为被数字传播技术加工展示的虚拟作品，偏离了形象的本真。社交网络时代，个体基于自我认同和社会认同的需求，通过各种社交平台完美塑造自我形象，掩盖真实

① ［奥］奥托·兰克：《心理学与灵魂》，郑玉荣、殷宏伟译，中国人民大学出版社2020年版，第216页。

的不愿意示人的一面，进行虚拟的角色扮演，“凡学家”竭尽所能制造出自我迷恋的完美媒体人设。但是，意图塑造超越现实的美好形象，“凡学家”的表演自然会夹带作秀和失真的成分，由于过于重视他人的评论与关注，发现自己的不足，就会感到不安，演化成一种心理负担，焦虑自己的人设，不满自己的现实生活，凡尔赛表演的背后却无时无刻不表露出自己的孤独。社交媒介平台，可以实现“凡学家”们的虚幻认同，但是却间接失去了真诚交流的桥梁。任由“凡尔赛文学”肆意发展，“凡学家”必然在自我封闭的陷阱中越陷越深，最终破坏人际交往的能力，变得更加孤独而脱离社会，自我价值实现变得遥不可及。

（三）欺骗：加剧信任危机

“凡尔赛文学”的真实特质是一种隐喻自夸，是一种充满心机的交际手段，对不具备的物质条件非常在意，炫耀得不到的事物，这本质上是一种欺骗。网民通过“凡尔赛文学”的各类句式与图片，进行模仿和再造，沦为欺骗的怂恿者和演绎者，在“凡尔赛文学”高级感和贵族范儿的狂欢中，过于炫耀自己，高姿态地演绎自己的优越，当“皇帝的新装”被揭露，必将逐渐失去信任，被广大网友所抛弃。

“凡尔赛文学”正日益遭到网友群嘲和不断的质疑，“凡学家”们拙劣的表演手法和渴望跨越阶层的卑劣技巧，更是对内容演绎的真实性的否定。在网络空间中层出不穷的“假名媛”和“假富二代”通过照片和视频堆砌出虚假的人设，让他们获得了一时的心理满足。但是，虚假的人设终究是会被拆穿的，最终会沦为笑柄，丧失人与人交往必备的信任。日益觉醒的广大网民，会不断揭穿“凡学家”的语言和行为逻辑，对其的言论进行批判。在自恋和浮夸的“凡尔赛文学”景观中，传播者用虚假的欺骗手段，获取一时的愉悦和认同，但是，当被拆穿后，必定会被网民所唾弃，甚至会可能会遭受一定的惩罚，得不偿失。

## 四 知行合一：“凡尔赛文学”的纠偏与引导

在快节奏、高压力、强竞争的当代社会，“凡尔赛文学”是网络民众的一剂安慰良药，也是一种自我麻醉剂。“凡尔赛文学”的泛滥和异化误导了价值观和生活态度，过度的物质追求出现了“财富至上”和“消费至上”的不良现象，消费社会物欲横流，社会信任危机加剧，违背了社会主义核心价值观，如何对其进行正确引导，规避“凡尔赛文学”的负面效应，是需要审慎思考的问题。

（一）抵制网络攀比，重塑正确价值观

假设“凡尔赛文学”只是一种修辞，是一种生活调味品，嬉笑怒骂，自娱自乐，不攻击和伤害他人，不传播错误的价值观念是可以接受和理解的。毕竟，在当下复杂的社会环境里，竞争压力大，生活不尽如人意者普遍存在，需要解压和娱乐，而“凡尔赛文学”在一定程度上起到缓解忧虑的作用，但是，“凡尔赛文学”的传播需要把握尺度、保持适度，避免灰色价值观、负能量的广泛传播。

“凡尔赛文学”的负面效应在于过度追求物质财富和名利，在某种程度上迎合了消费注意和拜金主义，让投机享乐替代了吃苦耐劳的优秀传统文化，误导青少年群体模仿。虽然生活品质是人类进化历程中的合理追求，享受劳动果实也是无可厚非的欲求，然而通过虚假炫耀的方式和浮夸的表演，产生的“晕轮效应”，制造虚假的精英标志，必然会误导社会舆论。网络社会亟须树立正确的价值观，减少与他人非理性的比较，降低生活的焦虑与恐惧，抵制毫无节制的网络攀比，纠正不良的思维观念和生活方式，坚持自律和理性的精神，避免遭遇各种腐化堕落的文化思潮的侵蚀，通过合理的物质和精神追求，实现人类自然的完整的人文精神状态。广大网民应全面理性地审视网络文化的正面价值和负面效应，勇于抵制和批判不符合主流价值观的错误观念，“重返自己原来的生活世界”①，关注生活，热爱生活，秉承勤劳致富、自如自爱的传统理念，树立正确的价值观和行动观。

（二）突破模仿跟风，鼓励创造性表达

“凡尔赛文学”引发网友的跟风和模仿，网民淡忘了原本作为网络文化生命力的个体的想象力和创作精神，失去了自由创造的热情和意识，一旦认同了复制与粘贴的文化生产模式，生活方式就会发生朝着趋同的方向变异，世界会变得单调和乏味。面对“凡尔赛文学”的泛滥，应该进行委婉劝诫，引导“凡学家”认知“凡尔赛文学”的本质，提醒他们华丽的袍子不能掩盖精神的残缺，鼓励他们纠正失衡的价值观，自觉走出自恋和浮夸的炫耀的沼泽，通过创造个性的表达与展示，助推人格走向成熟与理性。人类的创造性表达，如诗词歌赋、琴棋书画，让人类精神文明的长河在互联网时代得以延续和深化。网民应该借助互联网自由发挥想象的空间，不随波逐流，取其精华，去其糟粕，合理吸收网络资源，创造优质的

① 陈先红、杜明曦：《叙事运输理论：隐喻，模型与运用》，《南昌大学学报（人文社会科学版）》2021 年第 4 期。

内容，提升审美意识和文化素养，为强化崇高的精神力量添砖加瓦。加强网络创造性表达，从内容方面，重视高质量内容的追求，减少精神糟粕与低俗文化的内容表达，端正态度，积极传递符合社会主义价值观的正能量，传承勤劳致富的精神，重塑勤学苦练的匠人风貌，减少不劳而获等不良思想的传播，正确对待财富、地位及名誉，重视高质量文化的生产和传播；在形式上，减少落后陈旧、重复模仿、不合时宜的表达方式，对其进行积极革新和再造，借助诗词歌赋、网络段子、图文声像等多种表达方式，弘扬崇高主题和精神，进行创新性表达，打造多姿多彩的网络文化。

（三）践行言行合一，增进社会和谐

古往今来，作为知识论的言和作为实践的行动一直都是密不可分的，言和行是相辅相成的，二者互相联系。陆贽曰："动人以言者，其感不深，动人以行者，其应必速。""言不信者行不果"，只有言行合一，才能止于至善。追求个性和展现自我是人在社会化过程中的合理诉求，但是如果脱离现实处境而过度追求虚假的诠释和表演，就是言行不一的体现。"凡尔赛文学"沉迷于虚假的人设，制造与普通民众不一样的优越感，在自我构建的世界里，过度包装与表演，就是一种心理亚健康状态。应该秉承言行合一的传统价值观念，坚持真实的自我表达，正视自己的不足，认同自己的优势，在道德的坚守下连贯稳定进行自我形象输出，让自己更丰满和现实①。在自我的构建中，应积极减少对虚伪作秀的依赖，去伪存真，减少华丽的虚假表达，客观地认知现实中真实的自我，避免自我炫耀及过度猖狂②。网络民众，应不断增强自己的学识素养，提升崇高的精神追求，借助高尚得体的言论和行为展现，将丰富的灵魂魅力塑造出真实的自我，并通过网络传播潜移默化地感染其他的网民③。言行合一，是一个人的本真和品质，不自欺欺人，不自我麻痹，是一个人的基本行为准则。在网络虚拟的世界里，"凡学家"们应谨言慎行，真诚地进行社会参与和网络交往，展现心灵深处的良善，弘扬正气，增进社会和谐，践行雄心壮志，创造美好社会。

---

① ［美］欧文·戈夫曼：《日常生活中的自我呈现》，冯钢译，北京大学出版社 2008 年版，第 67 页。

② ［美］道格拉斯·凯尔纳：《媒体奇观》，史安斌译，清华大学出版社 2000 年版，第 59 页。

③ ［德］安德雷亚斯·莱克维茨：《独异性社会》，巩婕译，社会科学文献出版社 2006 年版，第 113 页。

## 结 语

“凡尔赛文学”在互联网上的盛行，折射出当下网络群体对自我理想的认知和塑造，是自我期待的自卑展现。物质至上、消费至上的非理性炫耀，应该受到制约和纠正，弘扬正确的价值观。当然，随着社会的演进，人类精神文明追求的不断提高，“凡尔赛文学”也将消亡在网络的海洋里；但是，在特定的时代语境下，受政治经济和文化技术因素的驱动，“凡尔赛文学”又会演化出新的形态，面对“凡尔赛文学”及其变异时，应保持理性及谨慎的态度，减少沉迷与跟风，洞察“凡尔赛文学”的负面影响，深挖网络民众精神世界中的残缺和不足，保持对劣质文化传播的警惕，正确对待网络狂欢盛宴下的华服，理性批判类似“凡尔赛文学”的表里不一的言行，辨析其背后的驱动因素，引导民众适当地表达诉求和塑造自我形象，牢记习近平总书记“幸福生活是奋斗出来的”的箴言，正视自我价值，践行言行合一的价值理念，脚踏实地地奋斗，营造健康向上的网络文化景观。

# 第五章　偏见与认同：流行观念的政治经济学研究

当后现代思潮遭遇移动互联网技术，文字和图像、主体和客体、传者和受众、内容和媒介、文本和评论似乎都有被颠覆的趋势，在传播世界中呈现一番本末倒置的景观。本末倒置的传播体现独立意识和自由表达，意味关系重塑和参与意识，暗含游戏意识和责任规避，彰显权力意识和仪式抗争，形塑自我认知和价值实现。本末倒置的传播导致了传播的商品化和人的退化、意义的消失和传播的异化、社会对立和阶层分化，以及人的异化。出路在于培养批判性的思维能力，回到马克思的人本主义，开展创造性的传播。这也启发我们，在研究路径上采用加芬克尔的常人方法学，深入洞察微观的日常生活世界。

在剧烈变迁的社会环境以及激烈的社会竞争下，时间标准日益严苛，时间焦虑已成为一种遍及所有社会群体的心理状态。时间焦虑的背后有着复杂的政治经济驱动因素，政治维度牵涉话语策略与宏观治理，经济维度涉及价值重构与消费渗透，文化维度体现了社会时间纪律与竞争尺度的规约，技术维度表现为时空失序与信息焦虑。时间焦虑强化了资本逻辑的宰制，人们的时空感随之扭曲，时间价值观逐渐异化。摆脱焦虑，则必须夺回时间掌控的主导权，重塑时间秩序，树立正确的时间价值观。

审美工具的变迁宣告了社会文化的深刻转型，以风景传播为核心的审美创作和观念表达风靡网络，营造了情景交融的传播新形态。风景传播是触“景”生情的产物，其流行背后有着深刻的政治经济文化动因，其思想根基是视觉转型与景观社会，在政治维度是政策引导与风险回避，在经济维度是风景的变现和交易，在文化维度是重返自然的心灵召唤，在技术维度是虚拟在现与重新编码。风景传播存在好“景”不长的隐忧，在积极维度能塑造认同、愉悦身心与繁荣经济，在消极维度筑造了现实与幻象的沟壑。风景传播的出路在于寓情于“景”，真正体现风景的浪漫主义意蕴，回归“真、善、美”的终极命题，减少人为干预，注重自然重现，重视身体在场，体验景随人动，强调受众参与，增强“双向交流”，构建多姿多彩的“拟态风景”，容纳艺术与传播的多样性与相异性。

在当代社会，女性越发实现精神与身体的独立，新媒体特别是短视频的迅猛发展为女性表达提供了更加广大的平台，女性用短视频的自主性大幅提升，扮演着凝视“他”时的围观者、自我凝视的见证人、活跃的内容生产者、冲动的产品消费者等多重角色。女性观看背后隐藏着身份追寻和认同、社会关系重塑、消费主义驱动、算法技术助长等深刻的政治经济动因。女性观看背后也存在异化和失语的深远后果，男权的凝视，女性趋向客体化；社会的塑造，女性趋于失语；消费的扩大，女性趋于被物化。女性近用短视频的出路和重塑在于重塑自我意识，提高话语权利；保持媒介距离，拒绝媒介依附；拥抱现实生活，实践探求真知。

## 第一节　本末倒置的传播政治经济学研究

“我是来看评论的!”在当今移动互联网时代，当我们点开眼花缭乱的新媒体工具，映入眼帘的就是这句看似随意却又异口同声的评论。当后现代思潮遭遇移动互联网技术，文字和图像、主体和客体、传者和受众、内容和媒介、文本和评论似乎都有被颠覆的趋势，在传播的世界中呈现一番本末倒置的景观。为什么会出现这种现象，其背后又意味着什么？鲜有学者会关注这看似微不足道却又意味深长的现实状况。社会学家彼得·伯格在《与社会学同游》一书中认为社会学令人神往的一面就是其视角使我们用新的目光去审视我们生活于其中的非常熟悉的世界。“社会学的首要智慧是：事物并非表面看上去的样子，社会现实有许多层意义，每发现一层新意义都会改变人对整个社会现实的感觉。”[①] 知识社会学家卡尔·曼海姆（Karl Mannheim）深受诠释学影响的社会学解释方法认为，一个文化行为或文本包含了三个层面的含义：客观的、表达的和文献的[②]。福柯的话语理论认为，话语是一种陈述、宣言和实践，是由观念、态度、行为模式、信仰和实践组成的系统思考，背后是权力的考量和争夺。作为传播倒置的评论行为和评论文本实则为一种话语，表达着对世界态度和认

---

① ［美］彼得·伯格：《与社会学同游》，何道宽译，北京大学出版社 2014 年版，第 1 页。

② ［英］阿雷恩·鲍尔德温等：《文化研究导论》，陶东风等译，高等教育出版社 2004 年版，第 37 页。

知，既构建自身和他者，也构建着社会现实和社会关系。当前有已经大量文献对传播内容和评论进行量化和质化的分析以探究传受关系和传播效果，笔者无意去对评论文本进行内容分析和文本解读，而是试图运用哲学、社会学、心理学的相关理论视野来解释本末倒置的传播行为本身背后的深刻意涵，阐明其带来的影响，探究其出路和走向，洞察看似平淡无奇实则别具匠心的日常惯习的深刻意涵。

## 一　本末倒置的传播的表征

在后现代思潮和移动互联网技术的双重推动下，传播的世界呈现出多面向的倒置和逆转，传统的传播秩序被颠覆，新的传播秩序在动态演变和重塑。

### （一）传者与受众的模糊

在传统媒体时代，传播者处于传播版图的中心，占据主体地位，身居高位，面对大量受众，以一对多，呈现单向扇形辐射传播。由于作者的权威地位和传受沟通的固定渠道，受众一直处于被动接受的地位，很难参与新闻和信息的生产与传播。在互联网时代，受众的主体性得以前所未有的凸显，成为传播过程中的第二个主体，当受众接收传播者发出的信息后，借助于 Web 2.0、Web 3.0 技术的成熟和更新换代，随时随地可以对传播者的言论和行为进行评论、阐释和再生产，传者和受众的地位模糊了，在很多情境中，传者和受众已经难以区隔。在传播网络中，传者处于明处，受众处于暗处，受众可以随时对传者进行审视和评点，而无须获得作者的同意。作者生产文本之后，显得不再重要。正如巴特的“作者之死”所言，对作者意图的评判与文本的阐释不相关联，文本是一个独立自主的实体，任由读者解读。在自由匿名的互联网上，受众的解读完全自由的，没有顾忌，没有边界，作者无权对受众的评论进行约束和遴选，作者的意图被无视、歪曲和误解，任由受众改造，作者已死。

### （二）作品和评论的颠倒

在传统的传播模式中，作品是观赏的中心，是受众眼神聚焦的焦点，作品的影响力由中心向外辐射扩散。评论是作品的附属物，是对作品无关紧要、可有可无的装饰，受制于作者的权威性和话语权、作品内容的神圣性或者是反馈渠道的匮乏，受众不敢也不能对作品进行点评、加工和再生产。而在新媒体时代的传播秩序中，作品和评论的主次似乎被颠覆了，受众的焦点逐渐从作品转移到作品评论上。作品本身已经不再重要，或者说，不是最重要的。在互联网平台上，人们可能会对一篇网文、一张图片、一段视频一扫而过，而直接转向评论，或去阅读评论，或者自己生产评论。文本生产出来后，已经脱离了作者，变成受众自由建构的对象，受众从自身立场和视角出发对作品文本进行解构和重构，很多人高呼“文本已死”。

（三）意义和形式的颠覆

在传统的叙事模式中，内容的地位高于形式，内容大于形式。一个发人深省的主题和精彩的故事情节是文本最为重要的因素，而形式只是锦上添花，而太过多变形式反而会喧宾夺主，干扰内容的呈现和受众的接受。而在新媒体时代，形式大于内容本身，枯燥乏味的内容，由于鲜活多样的形式而变得焕然一新。人们已经不再关注内容是否有价值，而是关心形式是否让人眼前一亮。不同的内容以同一个形式来呈现，赋予内容新的生机和亮点，比如抖音上同一个场景、情节、背景声（音乐）可以用不同人物和故事、情节等内容来匹配和演绎，同样获得了广泛关注和欢呼，内容看似已经不再那么重要，形式有后来居上的趋势，形式再造内容，给予内容新的生命和活力。

（四）内容和平台的摇摆

在传播的漫长历史进程中，传播内容和技术不可偏废，有内容无技术，传播无法扩散，收效甚微，有技术无内容，传播过程则无聊乏味，事半功倍。传播技术固然在推进社会发展的关键要素，但是核心还是优秀的内容，文本之所以能传世还在于丰富的思想资源和精神意蕴。在新媒体时代，内容和平台的地位出现了摇摆。数字处理和移动传输技术的所有者地位彰显，技术和资本的联姻塑造了强大的平台开始在传播网络中占据了主导地位，“平台为王”的声音此起彼伏，似乎谁掌握了平台，谁掌握了传媒市场生杀予夺的大权，电商、微博、短视频平台在市场竞争中体现出了巨大的优势。媒体的生存和竞争之道出现了从内容为王转向平台为王的趋势，媒体在内容经济和平台经济之间摇摆不定，在商业传播网络中平台优势压倒了内容生产，技术掐住了传播的喉咙，“技术决定论”甚嚣尘上。虽然平台后来居上，但是仍然无法撼动优质内容的优势地位，没有优良的内容，平台就失去了可持续的生命力。人们在无数的平台中仍然渴求和追寻理性、深刻、温情、人性的信息内容，如文学作品、调查性报道、深度访谈、学术创见等。

（五）文字和图像的倒置

在人类的起源中，人是图像化的产物，图像虽然早于文字，然而进入文明社会以来，书面文字的地位彰显，图像一直处于第二位或是附属的地位。在西方思想传统中，图像被视认为只是文字的阐述和装饰，只是非理性的激情的产物而备受批判和压制。从报纸时代到电视时代，以图像形式呈现的视觉形态逐渐从外围走向中心。海德格尔曾断言整个“世界被把握为图像”，20 世纪 60 年代修辞学界出现了视觉转向，在“重新部落化”的移动互联时代，人们以更符合人类经验的“视觉化”形式进行所有信息的生产与传播，图片、表情包、短视频盛行。图像战胜文字，读图胜于读文，一图胜千言，无图无真相，文图逆转，文字变成了图像可有可无的附属，人们在图像中解读出千万种表达，语言的重要性逐渐被淡忘。

## 二　本末倒置的传播的动因和意涵

本末倒置的传播背后蕴含着深刻的时代动因和人文思考，既是传统人性的回归，也是新的意识觉醒。

### （一）本末倒置体现独立意识和自由表达

弗洛姆说，在人类历史上，是不服从的思想和行为推动着社会进步，人类从最初与大自然浑然一体的状态中分离出来、告别动物生存的特性就是人具备了理性和想象力，意识到自身的孤立和分离①。西方宗教认为，生活在伊甸园的亚当和夏娃本来与自然合为一体，和谐共处，并未超越自然，但是一项不服从行为（偷吃禁果）开启了人类历史，并在不服从行为（如改造自然、驯化动物、夺取政权）中不断得以演进。出于良心或是信仰的名义，人敢于对权势说不，人类的精神方能得到发展，如为真理献身的布鲁诺。但是，文明社会诞生以来，统治阶级、精神领袖、家长、教师等，无不强调服从是一项美德，不服从是一种恶行。人类历史自一项不服从行为开始，它却有可能以一项服从行为结束，正如一个政权以一次反抗开始，而以压制异端来延续。整个人类历史，人都在为实现自身价值、争取合法权益而努力，其中，自由表达的权力是其中重要的内容，多少志士仁人为了捍卫言论自由，献声建言，以身犯险，毫不畏惧，如中国古代的谏官和西方先哲洛克、弥尔顿、密尔等。

进入后现代社会，反权威、反中心、反理性成为流行的社会思潮和时代特征。宽松的政治氛围和多样的表达渠道让人的独立性和不服从再次得到彰显，批判的态度得到了再次尊重。批判的态度是一种对理性的信仰，是对基于传统、迷信、习俗、权势认可的每一件事都投以怀疑的目光，对习以为常的事物说“不”反映了“勇于求知”和“怀疑一切”的意识。

---

① ［美］艾里希·弗洛姆：《论不服从》，叶安宁译，上海译文出版社 2017 年版，第 1 页。

本末倒置的传播契合了后现代精神，反映了人的独立意识的高涨。受众对任何传播者生产的文本和传播者本身进行评议，从内容到形式、从文字到图像、从主题到结构、从轮廓到细节、从线条到色彩的各个维度表达自己的态度和观念，显示出受众不再依附于传播内容文本，不再对传播者俯首称臣，而是具有自身独立的认知和判断。强烈的独立意识驱动者评论者过评论与传播者分庭抗礼，自由表达的权力在评论中得到了最大限度的释放。

评论反映了独立意识驱动下的个性化表达。功利主义思想家密尔视个性为人类福祉之一，人类要变得高贵而美丽，就不能把自身个人性的东西磨成一律，而是要在他人权力和利益所许的限度之内把它培养起来和发扬出来[①]。人的个性让社会生活变得丰富、多样、有生气，能供给高超思想和高尚情感以更丰足的养料，还强化了个体与族群的纽带。个性的发展会让自己更有价值，对于他人也会更有价值。本末倒置正是独立意识的体现，评论者不盲从于传播者生产的内容，自由表达着自己差异化的观点和态度。每一次传播中的评论、反转，都是个性的表达和发展，通过自由和个性化的表达，每人发现了自己的价值，这些个性化的观点可以成为他人、传播者提供有价值的参考。评论和反馈的空间让受众从自身的体验、认识出发，表达不同的观点，供内容生产者和其他评论者参考，让这个社会充满个性化，多元的认知、态度和行为方式也就构成了更加丰富多彩的现实图景和精神世界。

（二）本末倒置意味关系重塑和参与意识

人是社会的产物，人类维持心智健全的必要条件，就是必须与其他人在一个共同体中生活，与他们建立社会关联。人从动物变成人，意味着在满足所有的生理需求之后，以新的社会关系来摆脱孤独和游离的状况。事实上，精神失常者正是那种完全无法与他人建立任何联结关系的人。他们并没有身陷囹圄，却将自己囚禁了起来[②]。人会尝试以委从的方式使自己融入社会关系中，如委从于某个个体、群体、组织、上帝，这样人便超越了个体生存中的分离感，将“小我”化身于大的集体。另一种克服分离感的方式恰恰相反，即尝试对世界施加其影响力而与之发生关联，即让别人成为自己的一部分，通过支配来超越个体生存的局限。无论委从还是支配，都是为了产生关联和共生的性质，形成一种互为依靠、互为制约的形

---

① ［英］约翰·密尔：《论自由》，许宝骙译，商务印书馆 2017 年版，第 74 页。

② ［美］艾里希·弗洛姆：《论不服从》，叶安宁译，上海译文出版社 2017 年版，第 1 页。

态，双方满足了向往密切关系的渴望，却又会因内力和自主力的缺失而感到痛苦，委从的（受虐的）或支配的（施虐的）情感交织在一起。

本末倒置发挥着关系重塑的功能。通过评论文本的命名与描述，评论者在构建他人（传播者），同时他人也在构建评论者。在传统的单向传播过程中，传播者高高在上，受众被动接受信息，受众因无法参与，与传播者有距离感而感受到孤独感。通过评论，评论者与传播主体以及其他的评论者建立联系，表达在场意识，建立一种库利所说的关系紧密、频繁沟通的初级群体。在初级群体中，闲话是重要的传播渠道，对维持社会结构意义重大。在网络中，评论者在评论中的讥讽和闲话是评论者试图影响和控制传播者的有力工具。在本末倒置的传播中，大多数的传播文本都处在受众高度的注视和检视之中。社会关系和社会情景由传播者、参与者、评论者来共同界定，评论者进入传播过程的每一个情景都有具体的期望，并要求其他人对这些期望作出回应。受众通过评论将自身与传播者联系在一起，拉近了与传播者的距离，并就某种社会现实达成一种共识，二者就建立沟通的社会关系，积极的评论是评论者对传播者的委从，让评论者融入传播者的关系网络中。而消极的评论则是评论者对传播者的支配，评论者试图通过对传播内容的反向解读和对传播者的批判，来让传播者融入评论者的关系网络，依附于评论者的观点和行为，实现对传播者的改造。正如吉登斯所说的，在我们的体验中，即使是最具私人色彩的东西，实际上也形塑着那些乍看起来极其遥远的事物①，同样，前者也为后者所形塑。本末倒置的传播实际上就是评论者和传播者彼此形塑的重要机制。

（三）本末倒置暗含游戏意识和责任规避

在《游戏的人》（*Homo Ludens*）中，荷兰历史学家约翰·赫伊津哈以生花妙笔证实，要把人当作游戏的物种，研究人游戏和游乐的一面，才能把握人类文化。我们意志驱使我们基于或是严肃的义务，或是合法的游戏而采取行动。一切皆是游戏，游戏本身非善非恶，只是一种有别于“平常”生活的、特色鲜明的一种行为。游戏也不只是纯粹的生理现象和心理反射，而是具有意义隽永的功能②。人在游戏时超越了眼前的生活需求，给行为注入了特定的意义。

传播的本末倒置反映了人的游戏意识。在快节奏的现代社会，人生背

---

① ［英］安东尼·吉登斯：《社会学》，郭忠华译，上海译文出版社2013年版，第88页。

② ［荷兰］约翰·赫伊津哈：《游戏的人：文化中游戏成分的研究》，何道宽译，花城出版社2007年版，第3页。

负了太多的压力，必须要以游戏的方式释放出来。在人生的社会游戏场里，我们将悲悯的情怀、适度的承诺和一定程度的戏剧意识结合起来，对社会现实和社会意识嬉笑怒骂。评论行为就是一种游戏行为，评论者通过各种讽刺、戏谑的语言表达着对世界和人生的态度。从戈夫曼的拟剧论来看，人的生平就是一系列不间断的舞台表演，面对不同的观众，有时不得不迅速更换戏装，角色千变万化。本末倒置的传播中，评论者更换名字、头像、身份，扮演不同的角色对任何的人和事发表意见，通过调侃和戏谑，释放压力，展现自身才华，回归认知和谐，时而实名彰显权威，时而匿名宣泄情感；时而充当舆论领袖引领观念，时而混迹大众喝彩助威；时而点赞献花式地肯定，时而贬低吐槽地否定，传播行为变成一种游戏，以证实自己是游戏中的人，而非局外人。

既然是一种游戏，就不是真实的生存状态，可以让游戏者回避责任和义务。在本末倒置的传播中，评论者可以轻而易举地隐藏起来，用各种头像、假名等“马甲”小心翼翼地制造烟雾，虚报性别、种族、年龄、体形和经济状况，让人无法识别，摆脱现实法律和伦理的约束，无所顾忌地发表言论。网上的评论者不再是生物学和社会环境的必然产物，而是一件可以任意操纵的、完全无形的智能产品①。在网络空间中，社会期待和自我本能的冲突已经消失，评论者可以扮演任何理想的角色而不用受现实身份的约束。在现实社会被压抑的语言本能，通过评论的方式不负责任地释放出来，肆无忌惮地指点传播者、传播内容和表现形式，表达自身深层次的认知和体会。

### （四）本末倒置彰显权力意识和仪式抗争

权力一直是贯穿人文社会科学研究的一个核心议题。权力是在社会中产生和运作，并维持着社会的发展。在当代社会，权力逐渐改变原来的“暴力”“强制”和“压制”的印象，被带有浓厚文化色彩的各种新权力现象所取代②，权力的表征和运作也越来越呈现出多面向性、欺骗性和象征性。权力作为无所不在的社会力量，渗透于社会生活的各个方面，盘旋在各处，潜藏在各处③，不但可以成为统治、镇压、控制和宰制的力量，也可以成为社会大众之间进行相互协调和相互制衡的力量，也是社会大众

---

① ［美］威廉·J. 米歇尔：《比特城市》，余小丹译，重庆大学出版社 2017 年版，第 16 页。

② 高宣扬：《流行文化社会学》，中国人民大学出版社 2015 年版，第 238 页。

③ ［英］安东尼·吉登斯：《政治学、社会学与社会理论》，何雪松、赵方杜译，格致出版社 2014 年版，第 206 页。

对抗统治阶级的力量。尼采哲学将权力提升到行动和谈话中主要的位置。福柯坚称知识和权力彼此交叠（imbricated）：所有知识都是话语，而权力渗透在所有话语中，而符号则是话语的重要表现形式[①]。

所有的人类和机构的行为都是象征性的，传播也不例外。评论文本作为一种符号，评论空间是一个社会斗争的领域，社会内部的不同集团在其中争论和争夺不同符号的意义[②]。本末倒置的传播反映了权力的束缚和仪式性的抗争，评论是评论者权力意识觉醒的象征。阿诺德力图揭示仪式超过务实的价值，“通常来说，社会更喜欢袖手旁观和粉墨登场，对现实目标兴趣不大。”[③] 评论成为一种仪式，本质上是一种体现社会规范、重复性的象征行为。政治通过象征来表达，国王用仪式巩固权威，革命者也用仪式来推翻国王，政治精英借助仪式来合法化他们的权威，反对者则用去合法化的仪式予以反击。仪式是保守者命之所系，它也是革命的活力源泉。评论就是一种裹缠在象征之网中的仪式行为。评论者从投身评论的仪式之中获得颇多满足，犹如“帝王式的自我”[④]，审阅着无数传播者的作品，或称赞，或贬低，或冷漠，以显示自身的立场和观念。在固定的传播模式中，评论者感受到布鲁姆（Harold Bloom）所说的“影响的焦虑”（The Anxiety of Influence），希望通过评论的仪式表达着与传播者对立的抗争实践，力图证明自身的合法性，推翻传播者的主体地位，并希望获得其他评论者的支持（点赞和转发），确立自身的权威地位，评论者通过评论使自身的抗争意识得到了满足，实现了自身价值，平稳了心绪，缓和了社会对立。重要的不是评论了什么，重要是评论的行为本身。说了什么不是最重要的，重要是我说了。正如凯撒的捷报“我来，我见，我征服”，评论者对一个传播文本展开评点，目的是打上“我来，我见，我评”的印记。

在传播过程中，传播者往往受到各种法律和道德的束缚，政治、法律和伦理的边界导致内容主体的中规中矩、平淡无奇。由于评论者的匿名性和评论空间的隐蔽性，隐藏在传播内容的边缘的评论文本则精彩纷呈，评

---

① ［英］吉莉恩·罗斯：《观看的方法》，肖伟胜译，重庆大学出版社 2017 年版，第 219 页。

② 高宣扬：《流行文化社会学》，中国人民大学出版社 2015 年版，第 42 页。

③ ［美］大卫·科泽：《仪式、政治与权力》，王海洲译，江苏人民出版社 2016 年版，第 4 页。

④ ［英］尼古拉斯·米尔佐夫：《如何观看世界》，徐达艳译，上海文艺出版社 2017 年版，第 5 页。

论流通的反馈系统铸就了一种“反恐之盾（shield against terror）”[①]，评论者在暗处通过评论表达对权力束缚的不满。审视评论文本，会发现评论语言变得日益政治化并被包含在社会和政治斗争中，比如一个官方发布的新闻或视频，评论中存在一些质疑真实性、可靠性的声音。评论语言已经不再是再现事物和观念的中性工具，而是转化为有政治与文化担当的媒介，成为各个群体争夺的话语。评论是评论者对传播者的“感性的抵抗”[②]，通过语言和话语，与传播者分庭抗礼。评论者在每一次评论的实践中表达对世界的再次掌握与领会。评论行为本身成为一种评论者证明自身在场的仪式，在参与传播的仪式之中，进行角色扮演，寻求心理上的刺激，唤起情感反应，在从投身仪式之中获得颇多满足。社会总是冲突和协调这两种形式互动的结果，评论者通过评论表达对现实世界的看法，尤其是负面情绪的宣泄扮演了安全阀的作用，通过评论的仪式参与和抗争，社会得以和谐存续。

（五）本末倒置形塑自我认知和价值实现

语言在认识自我和世界中扮演着至关重要的角色。卡西尔说：认识自我乃是哲学探究的最高目标。人各有志，意味着人们塑造着自我形象。萨皮尔—沃尔夫假设认为语言创造了心理范畴，人们通过心理范畴来理解世界。人类正是通过语言来定义他们自己以及他们的世界。维特根斯坦说“我的语言的局限就是我的世界的局限”。人在语言中发现并且证实了一种新的力量——建设一个人自己的世界、一个“理想”世界的力量[③]。詹姆斯假设人凭借与他人的互动而构成其个人同一感的意识流，通过语言交流构建我们的现实感和我们对周围世界的理解[④]。杜威说，不是社会塑造个人，而是个人通过互动塑造他们自己。库利把社会互动视为人们互相的想象，交流意味着人们关系得以存在和发展。米德“镜中自我”（The Looking - Glass Self）认为自我是在与他人、环境、社会及与自身互动中产生的，个人、自我、社会均产生于持续不断的对话与交往。舒茨的“生活世界”力求回答行动者通过互动创造一个共同的主观世界并维持社

① ［美］大卫·科泽：《仪式、政治与权力》，王海洲译，江苏人民出版社2016年版，第5页。

② ［法］艾曼努埃尔·埃洛阿：《感性的抵抗：梅洛—庞蒂对透明性的批判法》，曲晓蕊译，福建教育出版社2016年版。

③ ［德］恩斯特·卡西尔：《人论》，甘阳译，上海译文出版社2013年版，第313页。

④ 于海：《西方社会思想史》，复旦大学出版社2016年版，第239页。

会[①]。这些思想家无一例外都承认语言和互动行为在认识自我和世界中的作用。

本末倒置的传播是认识自我的重要路径。在本末倒置的传播中，评论是帮助评论者理解自我和世界的方法，评论者通过评论将过去、现在和将来关联在一起，也定位了自身与传播者的顺从、合作和对抗关系，以及自身在现实世界的位置。在虚拟的传播世界中，人的本质不依赖于外部的环境，财富、地位、阶层，甚至健康和智慧的天姿——所有这些都成了无关紧要的[②]，唯一重要的就是灵魂的意向和精神的姿态。在评论中，评论者对认可的事物不吝惜溢美之词，对不认同的事物，大加鞭笞和嘲讽。通过评论，评论者展现符号活动能力（Symbolic activity），找到了属于自己的社会位置。移动互联网的网民随时提醒自己“你得在场”，唯有被关注才是最重要的，在评论的符号中，再现了人的身份意识。在本末倒置的传播中，评论者通过评论，获得了关注，赋予自己在场的身份。本末倒置的媒介奇观，让人们看到的是一个既在场又不在场的（a la fois present etabsent）世界[③]。在评论中，我们看到了过去，对比现状、展望未来，评论者与作品中的人和事产生了关联，知道自身所处的位置，既激发了心底的本能，又明了社会的期待。评论成为彰显社会以及文化等级的承载者[④]，通过评论的诸多细节体现出评论者的学识、修养、品味、道德等。匿名的评论机制为评论者提供了视为理所当然的结构，伯格称之为“安然无虞的世界”[⑤]。在这些结构里，评论者遵守规则以得到保护，不至于像现实社会中受到生存境遇的恐惧和威胁。人们有意或无意地都在利用评论技巧来使别人产生一种自己希望他们产生的印象，争取自己的利益。在评论中，评论者是戴着面具、在社会舞台上扮演着角色的动物，在评论中，评论者不仅知其所是，更成其所是。

传播的本末倒置也是评论者实现经济和商业价值的重要手段。当今的媒介奇观是一个商品化的世界，经济规律统治着所有的传收内容，符码的经济价值限制和操控着社会价值。阅读率、收视率、点击率成为整个传媒市场的主要商品，成为市场生命力的主要来源。评论中各种激烈的言辞和

---

① 于海：《西方社会思想史》，复旦大学出版社 2016 年版，第 242 页。

② ［德］恩斯特·卡西尔：《人论》，甘阳译，上海译文出版社 2013 年版，第 11 页。

③ ［法］居伊·德波：《景观社会》，张新木译，南京大学出版社 2017 年版，第 35 页。

④ ［法］让·鲍德里亚：《符号政治经济学批判》，夏莹译，南京大学出版社 2015 年版，第 16 页。

⑤ ［美］彼得·伯格：《与社会学同游》，何道宽译，北京大学出版社 2014 年版，第 39 页。

奇葩的言论容易引起别人关注和点赞，在眼球经济的时代，这些关注和点赞可以用来与平台和广告商进行交易，转化为评论者商业收益，这也让很多人在评论中恣意妄为、变本加厉，以各种出格的行为和言论，博取关注。

## 三 本末倒置的传播迷途

社会的伦理道德规则总是有落后于社会实践的滞后性，移动互联网时代丰富多样的传播媒介和方式犹如脱缰的野马，在歧路上狂奔，本末倒置的传播陷入了迷途。

### （一）文本的商品化和自我的丧失

符号文本是商品发展的最高阶段。在消费主义盛行的时代，一切都有被商品化的趋势和危险。符号商品在市场循环中占有了一席之地，交换价值在符号交换中重新被发现。在媒体和传播领域，商品化趋势更加明显，一切传播都是买卖，一切信息皆可交易。传播的文本和评论、内容和形式，一个图片、短视频、点击、点赞，都成为商品，可以在媒介市场中自由买卖。传播被丑化、误解为某种操控手段或市场营销技巧①。评论成为传媒市场的主要商品和物品，蹭热点成为传播过程的主要运作机制，甚至成为市场生命力的主要来源。评论不再是出于内心和精神的需求，而是为了满足个人的经济需要，评论者用奇葩的言论和违心的点赞而博取关注，目的是被其他受众的点赞“顶上”前列，以获得平台和广告商的关注，换取利益。这也驱使传播者以耸人听闻的标题和颠倒怪异的内容来吸引受众的关注和评论，催生了标题党、性别错位、过度整容等内容，蕴含着的都是毫无节制的负能量，传播者和受众都在随波逐流，彼此依附。

正如鲍德里亚的符号政治经济学所揭示的，物远不仅是一种实用的东西，它具有一种符号的社会价值，正是这种符号的交换价值才是更为根本的——使用价值常常只不过是一种对物的操持的保证②。在本末倒置的传播中，评论的功能性（目的性、有用性、建构性）被遮蔽，不再是对传播内容的真诚的欣赏和评点，只是构建了某种交易模式，文本的价值在符号/交换价值体系的框架中互相指认。本来对作品和他人的评点应该是发自内心的肯定或建设性的批评，蕴含温暖人性的光辉，而为了吸引眼球的

① ［法］多米尼克·吴尔敦：《拯救传播》，刘昶、盖莲香译，中国传媒大学出版社2012年版，第156页。

② ［法］让·鲍德里亚：《符号政治经济学批判》，夏莹译，南京大学出版社2015年版，第2页。

评论是吹毛求疵的指摘，淹没在冷冰冰的商业交易中。当经济利益成为传播信息或发表评论的唯一需求，人就退化到接受性的、交易性的方向上，不再具有建设性。为了迎合评论者的眼光，传播者和评论者都不得不符合评论者的需求，二者丧失了自我感，变得更加依赖他人的认可和商业的回报，倾向于求同而非存异，双方随时都要接受评论者的盘点，不得不随时变化去迎合评论的眼光，都会感到不安全、不满足、厌倦、焦虑①，并且用大部分精力尝试补偿或掩盖这种焦虑感。人的智力卓越，而理性却堕落了，文明甚至整个人类的生存都受到威胁。

（二）意义的消失和传播的异化

毋庸置疑，经过作者较长时间思考生产加工的作品本身会比一时兴起的评论更有价值，故事本身会比形式更为重要，没有了内容，平台也将消失。而当传播本末倒置，甚至舍本求末后，意味着意义的枯竭和传播的异化。我们生活在比以往任何时代更丰溢的符号海洋中，充满悖论的是，信息爆炸意味着符号的死亡。因为人类深陷在符号海洋的包围之中，用符号来自我设计、装扮自己，无法逃离符号的控制，符号战胜了意义，形式大于内容，片面追求吸引眼球的形式，忽视了内容的生产和建构，最后的结果便是意义的崩溃②。鲍德里亚说过："信息越来越多，意义却是越来越贫乏。"③ 理性的人应该极具创造才情，思路清晰且善于反思，他们不会轻易相信符号，反而用质疑和试探性的眼光审视所有的符号。而在本末倒置的传播中，文本符号的意义被评论者刻意曲解、颠覆或者重新定义，我们"有传播，但却没意义"④。传播成为一种功利化的完美实践，成了功能性满足的一种展现和算计，它与愉悦、美丽（或者恐怖）没有关系，并非发自内心的深思熟虑的产物。铺天盖地、漫无目的的宣泄，带来重复和冗余，有价值的信息被淹没，传播形如缟素。

评论的兴起造就了镜中的自恋者。评论者自以为才华横溢，将无所不能的时代意识一一呈现，太多随意而不假思索的说法、太多的迅即分析、

---

① ［美］艾里希·弗洛姆：《健全的社会》，孙恺祥译，上海译文出版社 2011 年版，第 229 页。

② ［英］弗兰克·韦伯斯特：《信息社会理论》，曹晋、梁静、李哲译，北京大学出版社 2011 年版，第 26 页。

③ Jean Baudrillard, *In the Shadow of the Silent Majorities; or, the End of the Social and Other Essays*, New York: Semiotext (e), 1983, p. 95.

④ Mark Poster, *The Mode of Information: Poststructuralism and Social Context*, Cambridge: Polity, 1990, p. 63.

太多的平庸观点[①]，思想被简化成一些落入俗套的程式。在这场自恋圈子景观化的过程中，传播活动背了黑锅：形式大于内容、风格大于存在、表相大于现实，传播活动自此不再是相互理解别人努力，而是要以高人一等的姿态去迎合追赶时髦的时代气氛。

（三）社会的对立和阶层的分化

自由、匿名、交叉的移动互联网网络释放了传播的能量，给社会带来无限可能，但不能忽视的是，在高度自由化、互动化的网络传播，也存有无所不在的障碍和无形的边界，犹如一座实实在在的媒介墙，构筑起了传播的围城，传播者和评论者在墙的两边各自为政，拉扯角力。在主次颠覆、性别颠覆、形神颠覆的传播中，传播者和受众在沟通的同时也有对立的趋势，在本末倒置的传播中，受众表现出对立传播者精心制作的内容的不屑不满，尊重和信任成为稀有之物。尤其是针对官方的信息来源和媒体的信息，更是倾向于霍尔所说的反向阅读，加剧了受众对传播者的不信任情绪，社会有深陷“塔西佗”陷阱的危险。隐藏在评论中言论，由于没有经受审核和编辑，一些生造的词汇和错误的语法，玷污了汉语的纯洁性和美感。评论者或出于无心之失，或出于泄个人私愤，发布不负责任的言论，造成了地域攻击，加剧了刻板印象，城乡、男女、年长者和年轻者，劳心者和劳力者互相攻击，评论中的偏见随处可见，职业偏见、地域偏见、种族误读、性别歧视屡见不鲜，如“井盖省”“戴红箍的”“女司机”，非理性的语言泛滥，造成了社会撕裂、阶层固化。评论者为了吸引眼球，标新立异，故作激烈言论，为了评论而评论，吝啬赞美之词，产生了杠精、诡辩，让人感慨“承认别人优秀有那么难吗?”。传者受众历时几个世纪才实现的主体性再次被侵蚀，主体间性被弥合，主次秩序被颠覆，熵值在增加，世界有走向混乱的风险。密尔虽然承认人类应当有自由去形成意见并且无保留地发表意见，但是他也提醒，当发表的意见足以成为祸害的煽动时，也要失去其特权[②]。毫无节制的评论必须受到合理合法的约束。

（四）理性的丧失和人的异化

符号文本的商品化让传播者和受众都在追求经济利益，在眼球经济驱使下，符号文本重吸引人的“噱头”而非有价值的内容，刻意迎合特定

---

① ［法］多米尼克·吴尔敦：《拯救传播》，刘昶、盖莲香译，中国传媒大学出版社2012年版，第52页。

② ［英］约翰·密尔：《论自由》，许宝骙译，商务印书馆2017年版，第69页。

群体的偏好的评论文本和行为加剧了社会分化，为了经济利益和个人私愤的评论行为，必将导致理性的丧失和人的异化。在本末倒置的传播狂欢中，理性被抛弃，人在歧路上狂奔。人的语言和行为目的本质上是为了追求真善美，抨击假恶丑。而在本末倒置的传播中，评论并非真诚的赞美和欣赏，而是吹毛求疵的苛责，目的是散播声望和彰显等级。完全为了吸引眼球的评论，全然割断了与现实生活的任何联系，导致了评论的异化和理性的丧失，人成为文本的工具，评论成为左右传播者和接受者的指挥棒。在肆无忌惮的评论中，人们早就忘记自身受到社会道德控制。无处不在的评论成为凡勃仑所说的炫耀性浪费，用"游手好闲式"的评论来证明自己的语言财富和精神地位，评论成为评论者名誉的消费或者浮夸的挥霍。本末倒置的传播中，评论只是成为一种标榜自身品味和涵养的噱头，不再是对传播内容和传播者的激励和鞭策，而是与真善美渐行渐远。在评论中，评论者的欲望被满足，但并没有被消除，每一次评论欲望的满足都转向了它的反面，催生新的欲望，而非终结欲望，主体对自身欲望的追寻永无止境。传播价值实现的过程变得更加贫乏和单向度，本末倒置剥夺了主体的象征性要求，陷入一种以评论为尊的"评论极权主义"。传播者也不得不屈服于这种评论的威权，或主动去迎合或被动地接受受众的偏好，用一些奇葩的言行来吸引受众的关注和评点，本来自主的传播活动变成了带着沉重"枷锁"的舞蹈。优质的传播内容让位于能够引起受众关注和好评的肤浅"花瓶"。传者和受众都在本末倒置的传播中进退失据。

传播具有深刻的人文和民主价值，但也随时受到威胁和伤害，其首要敌人通常是人本身。人与人在传播中协商合作，也会对抗对立，这种对抗并没有因为互联网时代的到来而消失，反而有愈演愈烈的趋势。网络助推了观点的自由表达，但是人性的黑暗面也沉渣泛起，评论中的恶意攻击、造谣中伤层出不穷。人和社会都因为传播而存在，传播活动象征着人的两面性，人对于传播的感觉是既渴望又质疑，既要接近又想保持距离，评论者一方面通过评论与传播者建立关联，形成互动合作的关系，另一方面，在评论中恣意评点，试图显得与众不同，与传播者保持距离。这仿佛是我们时代特有的困境：我们不停靠近传播者，又不断远离传播者。我们解放了传播，同时也破坏了传播，这也揭示出了人们与外界交往和互动中的困境。"传播乱象丛生，所引发的危害已为世人瞩目"①。本末倒置的传播应

① 朱鸿军、周逵：《伪中立性：资讯聚合平台把关机制与社会责任的考察》，《南昌大学学报（人文社会科学版）》2017 年第 5 期。

该往何处去？如何拯救异化的传播？

## 四　路在何方：回归创造性的传播

当今危机和转型的风险社会是我们把握机遇，寻找新的出路、创造新的可能的时代。在地球的各个角落，科技与人文、传统与潮流、理想与现实都可以通过崭新的方式相互融合和共同发展。在移动互联网时代，多样化的传播形态需要多元的文化生产、流通和消费逻辑。在本末倒置的传播中，丰富多元的传播内容和评论让我们见证了社会的开放和自由，传播者和受众、作品和评论、演员和观众随时转化，受众讲述着自己的故事，并进行潜在的抵抗，再现了历久弥新、此起彼伏的多主体、多层面和多种形式的社会控制和社会抗争①。本末倒置的传播再次证明人的独特之处就在于，人是符号的动物，而不仅仅是理性的动物。

传播的种种现象和问题的根源还在于我们自身，我们自己才是自身最大的对手。本末倒置本质上反映了传受双方的传播心理和利益诉求。本末倒置的传播在一定程度上颠覆了传统的传播秩序，我们需要在猎奇、偏激、非理性的传播之外，寻找一种创造性的传播理念，这就意味着：关心、责任、尊重与理解的态度。传播是一个民主而人文的理念，与自由、平等、博爱的理念如出一辙。只有自由和平等这两个最重要的理想获胜之后，传播才成为可能，并步入正轨、展翅飞翔。我们需要在主体间、在被中介化的、在人际层面和社交层面，学会辨析功能性传播和规范性传播，找回传播的价值。重复的、非理性的、偏激的评论并不是理想的传播形态，社会的进步和人的进步需要的是理性的、创新性的、真诚的内容产品。最终实现创造性传播的条件有三：一是共享的象征空间，即共同的价值观念和阐释方式；二是协商与共处的语境，即宽松和谐的政治社会氛围；三是对他人的信任，即开放的心态和合作的精神。我们需要秉持信任和合作的精神，以开放的胸怀和宽广的视野，在传播中创造和贡献真正的远见卓识，而不是为了蝇头小利而互相攻讦。我们通过传播创造一个健全的社会来保护自己，创建友爱和团结的社会关系，超越血缘和地缘的约束，找到主体性和自我感，实现人的价值。

走出本末倒置的传播迷途需要我们培养批判性的思维能力。康德明确宣称我们的时代是批判的时代，一切东西都必须经受批判。批判并不只是

---

① 赵月枝：《传播与社会：政治经济与文化分析》，中国传媒大学出版社 2011 年版，第 294 页。

个别人或某个时代的特征，而是人类精神生活的基本特质。从当前的历史节点看，人类的未来走向，文明究竟是否会终结，皆依赖于我们是否能秉持怀疑的意识、批判的态度和不服从的勇气①。面对实时传播、快捷共享、交叉网状的海量信息，我们有必要借鉴加利福尼亚批判性思维量表，从基本认知、寻求真相、分析能力、媒介技能、道德认知、法律认知、运用能力、媒介素养等维度提高批判性思维能力。在阅读、生产和传播纷繁复杂的文本时，传播者和受众都应该具备批判性的思维能力，以开放和广阔的视野，准确认知文本价值，理解文本的内涵，发现传播的问题，提出建设性的意见，丰富传播内容和形式，提升传播的价值。

回到马克思的人本主义不失为一条走出传播迷途的出路。当代英国社会学家吉登斯的结构化现代性理论范式强调马克思著作的根本重要性。当代社会虽然已经远离了马克思在19世纪中叶所描绘的图景，但是马克思在其字里行间深信人类的进步和发展，“我们也不应当陷入听天由命的绝望之中。因为人类的确在创造着自己的历史，它还能够继续走得下去”②。马克思主义本质上是人本主义，其学说的出发点是人，其宗旨是将人的潜力充分发挥出来，最高价值是人，社会的目标是营造各类环境，让每个人充分发展其潜能、理性、爱和创造力，真正实现自由和展示个性。马克思的目标是使人摆脱物质利益的支配和控制，使人逃离由协定和契约构成的围住自己的狱墙③。虽然有人断言，人正在走向成为机器人的方向，但是，并不足以摧毁我们对人的理性、善意与健全心智的信心。人类面临着最根本的抉择，并不是要在资本主义与共产主义间，而是在人的机器化与人本主义之间。社会主义的目标是实现人的个体性，而非一致性；它让人摆脱经济制约，不再将物质利益作为生活的主要关注点；它提倡所有人精诚团结反对人对人的操纵和控制。社会主义的原则是将每个人本身作为生活的最终目的，人永远不应将自己变成另一个人的工具。传播活动和评论行为都不能只是作为实现商业利益的工具，每一次传播行为都应该坚持社会效益优先。无论传播者还是受众，在生产、传播和消费文本的时候都应该本着以人为本的理念，从追求真善美的价值观念出发，饱含人文的温情，对传播者和传播作品、受众和评论都应该一视同仁，真诚地做出建设

---

① ［美］艾里希·弗洛姆：《健全的社会》，孙恺祥译，上海译文出版社2011年版，第23页。

② ［英］安东尼·吉登斯：《社会学》，郭忠华译，上海译文出版社2013年版，第128页。

③ ［美］艾里希·弗洛姆：《健全的社会》，孙恺祥译，上海译文出版社2011年版，第24页。

性的批评，肯定其价值和长处，指出其问题和缺陷，让传播文本、传播活动真正为实现人的全面发展服务。

## 结　语

看似平常的本末倒置的传播现象值得我们深思和探究，回到我们的研究问题本身，我们必须寻求的，乃是自然与人文、描述与解释、对象与知识的调和①。面对纷繁复杂的传播场域，我们有必要采用加芬克尔的常人方法论，将日常生活世界视为更为本源的领域，将对各种异乎寻常事件的注意力放到日常生活的各种最平凡的活动上，改变对日常生活世界习以为常、不加反思的态度，将至今还鲜有人提及的更深层的领域展示出来②。我们应当拓展研究思路，不能局限于“西方”或是“世俗”的观念③，而要从更广阔的角度重新探求本末倒置的传播到底是什么，在帕森斯式的宏大叙事之外，我们更需要戈夫曼的“拟剧论”那样细腻的学术旨趣与风格，运用政治的、伦理的框架以及各种受众研究的方法以参透表征的语汇④，深入洞察诸如评论、点赞这样的微观的社会互动，在活生生的人际遭遇中发掘人性的力量和逻辑，彰显我们“日用而不知、习焉而不察”的互动沟通方法。

人类所创造的传播现象具有深刻的人文和实用价值，但也随时受到威胁和伤害，传播的首要敌人通常是人类本身。人类社会在冲突中得以发展，人与传播有着复杂的关系，既相互利用又彼此排斥，人和传播之间的互惠和对抗并没有因为互联网时代的到来而消失，反而愈演愈烈，传播活动中的矛盾和悖论象征着人的两面性。传播因人而生，也会因人而死，传播的种种现象和问题的根源还是在于人类自身，我们才是自己最大的对手，正如希腊古城特尔斐的阿波罗神殿上“人啊，认识你自己”的格言所警示的，我们需要准确认知人类自身的复杂本质和矛盾特性，在理性和感性、淡泊超脱和追名逐利、合理诉求和非法欲望之间泰然处之，当机立断，把握传播的前进方向，不至于因“跑偏”误入歧途，而是要走上创新发展的正轨。

---

① ［法］罗兰·巴特：《神话修辞术》，屠友祥译，上海人民出版社 2016 年版，第 189 页。

② 于海：《西方社会思想史》，复旦大学出版社 2016 年版，第 346 页。

③ ［英］戴维·莫利：《传媒、现代性和科技》，郭大为译，中国传媒大学出版社 2010 年版，第 322 页。

④ ［英］詹姆斯·库兰、米切尔·古尔维奇：《大众媒介与社会》，杨击译，华夏出版社 2006 年版，第 361 页。

人和社会都因为传播而存在，人类在演进过程中，通过创造丰富多样的媒介形态和传播景观，营造了绚丽多彩的生活世界。本末倒置的传播现象因时代变迁、传收心理、媒介变革的驱动而诞生，本质上反映了传受双方的社会心理和利益诉求，在特定的政治经济语境下羽翼日丰，成为一种现象级的流行文化，渗透到日常生活的每个角落，产生了深远的社会影响和后果。存在即是合理，人类创造的工具最终是要为人类服务的，自然有其存在的价值，但是也不可避免存在一些缺憾和局限。本末倒置的传播现象在革新变异的进程中，充满了诸多不确定性，需要我们随时审视并反省自身的传播行为，发现不良的苗头及时纠正，发挥其创造性的价值和功效，规避其负面影响和效应，最终实现传播为我所用。

互联网时代，传播出现了本末倒置的倾向，受众在崛起、传者在式微，传播者是否会甘之如饴，传播主体的反击，本末倒置的传播的再次逆转，还有待来日。

## 第二节　时间焦虑的传播政治经济学研究

后现代理论家戴维·哈维（David Harvey）认为："不同的社会培养不同的时间观念。"① 而在现当代，"我们社会每件事物的加速，无情地压缩着一切人类活动领域中的时间"②。人们越发感觉时间的紧缺，就像一首流行歌曲的歌词一样，人们常常追问：时间都去哪儿了？这种深刻的时间焦虑感无时无刻环绕着我们，让人无所适从。长此以往，深切的时间压迫感逐渐改变了人们的思维方式与实践策略，造成时空感的扭曲，使人们丧失时间管控的主体性。面对这种异化与失真的时间感受，应该如何认知普遍焦虑感的动因和后果？人们应该如何挣脱普遍焦虑感与权力主体的束缚？又该如何重新夺回时间的掌控权？

社会学家周晓虹曾言："在迅疾变迁的社会文化环境中，焦虑情绪已然成为当代中国最具代表性的社会心态。"③ 时间因其有限性和不可再生性，成为当代社会的稀缺资源。对时间流逝的恐惧、对时间把控的无力之感以及对自由时间的渴望使时间焦虑成为一种普遍的心理状态。但从哲学

① ［英］戴维·哈维：《后现代的状况》，阎嘉译，商务印书馆 2003 年版，第 242 页。

② ［美］曼纽尔·卡斯特：《网络社会的崛起》，夏铸九、王志弘等译，社会科学文献出版社 2001 年版，第 530 页。

③ 周晓虹：《焦虑：迅疾变迁背景下的时代症候》，《江苏行政学院学报》2014 年第 6 期。

的角度来看，时间并不是客观存在的物质实体，而是人的抽象思维所生产出来的概念。在特定的社会结构内，关于时间的观念与体验，既有技术力量的强化与社会文化环境的影响，同时也体现了权力主体与资本力量在时间维度实施统治与规训的意图。时间观念与时间焦虑实际上是多重政治、经济、媒介力量建构的结果，这也契合传播政治经济学对传播与权力的相互建构的洞察。本节拟从传播政治经济学的角度对时间焦虑的生产与传播进行批判性分析，剖析时间焦虑产生的政治、经济、文化与技术动因，揭露时间焦虑产生的不良后果，并为时间管控与摆脱焦虑提出可能的解决路径，以期重夺时间主权，营造和谐生活。

## 一　析微察异：时间焦虑的内涵与表征

不同学科对“时间焦虑”界定与归因存在差异，现有的研究范畴主要包括心理学、社会学和传播学。心理学家认为，人类的时间感知是一种认知过程，时间的心理规律是弹性的，会因环境和参照系的改变而改变①，时间快慢的感知与年龄、环境的熟悉度、人的专注度和自我意识状态有关②。心理学视角认为时间焦虑感是在生理和环境相互作用的条件下形成的，某些群体（例如那些某种神经递质或激素水平比较高的人）在特定环境（例如从事需要合理规划时间的职业）中容易受到时间焦虑的负面影响，时间焦虑感被定义为“一种合理规划时间、充分利用时间和不能浪费时间的紧张状态，以及由此而产生的行为表现和倾向。”③ 社会学视角认为，我们正处于德国社会学家罗萨（Hartmut Rosa）命名的“社会加速”时代④，“社会加速”是导致时间焦虑的重要原因，社会加速导致整体社会结构的急剧变迁，在多个层面颠覆了人们的时间体验⑤。传播学的探讨则主要有两个分析视角：一是媒介内容建构了人们对时间的感知，以“90后（80后）已经开始……”为格式化标题的文章泛滥，将时

---

① ［美］菲利普·津巴多、约翰·博伊德：《时间的悖论——关于时间观的科学》，张迪衡译，中信出版社2018年版，第14页。

② ［英］史蒂夫·泰勒：《心理时间之谜——为什么我们总是对时间感到焦虑》，郑淑明等译，中国人民大学出版社2019年版，第3页。

③ 陈昌凯：《时间焦虑感——剧烈社会变迁中的“中国体验”》，博士学位论文，南京大学出版社2013年版，第5页。

④ 薛晓源：《数字全球化与数字伦理学》，《国外社会科学》2021年第5期。

⑤ 伍麟：《社会焦虑的时间视角》，《哲学动态》2013年第5期。

间焦虑伪装成一切焦虑的根源，导致青年群体陷入时间焦虑的恐慌之中①；二是媒介技术重构了人们的时间体验，使人们的时间观念从自然时间、钟表时间过渡到媒介时间时代，媒介时间给人以急促的心理感受，突出特征为瞬间、零散、无序②。社会学视角与传播学视角的现有研究缺乏对于时间焦虑清晰明确的定义，而是倾向于从时间维度展开论述。

总体而言，心理学视角突出强调个体对于时间的心理感知及其生理意义上的影响因素，社会学视角倾向于从整体社会结构与文化环境考察时间焦虑的成因，现有的传播学研究则着重考察特定媒介内容与媒介技术的影响，缺乏传播政治经济学的分析视角。但事实上，时间焦虑的生产与传播离不开特定权力主体与资本力量的建构与助推，社会群体对于时间的体验，背后交织着各种社会关系与社会力量的角逐，只有通过传播政治经济学视角才能更好地透视时间焦虑背后复杂的社会权力关系。因此，从传播政治经济学的视角出发，本节所指的时间焦虑主要是指特定社会权力主体从其动机与意图出发所建构的时间观念所引起的社会群体普遍的对于时间的忧虑、压迫、紧张的心理感受。

时间焦虑在社会不同层面有不同的表征方式。在宏观层面上，时间焦虑表现为社会权力主体所使用的时间话语以及对时间逻辑的强调，由此形成一种强调时间规划、重视时间效率的文化语境。时间成为一种衡量与比较的重要尺度，人们由此形成一种关注时间维度的自觉性，产生一种时间不足的紧张感或是提高行动效率的迫切感。比如，媒体在报道国家重要基础设施建设或是国家宏观规划完成度时，会使用“这就是中国速度！”或者“这就是中国效率！”的修辞话语，从时间维度突出政治主体的行动效率，通过时间话语塑造官方主体的形象。其他主体在进行信息传播的时候，也热衷于使用类似“仅用×小时”“仅用×秒”的词句对自身形象进行建构。在此，时间话语虽然只是作为修辞策略出场，却在整体上强化了社会群体对于时间维度的关注。

在中观层面上，时间焦虑表现为权力主体对于时间阶段目标的设定以及对于时间价值标准的定义，促使社会个体为临近截止的时间节点而奔忙，为达到特定价值标准而不断提高行动力或加速人生进程，由此形成一种害怕无法在特定时间点完成特定目标的心理压力。最典型的是不同权力

---

① 王海峰：《青年时间焦虑的现实、媒介呈现与对策——基于“90 后（80 后）已经开始……”类文章的解读》，《中国青年研究》2019 年第 3 期。

② 卞冬磊、张希颖：《媒介时间的来临：对传播媒介塑造的时间观念之起源、形成与特征的研究》，《新闻与传播研究》2006 年第 1 期。

主体对个体生命进程的时间规训，比如传统文化中“三十而立”的提法，一些人才引进政策中35岁的年龄限制，以及各种媒介内容中对于“90后”成功典型人物的宣传，这些内容引发青年群体对于“30岁危机”的恐慌，将30岁视为重大人生转折，为这种他者界定的阶段目标和标准陷入深度焦虑，从而失去对自我人生规划把握的主动性。

在微观层面上，时间刻度正在无限细化，同时各种时间量化系统已然牢固镶嵌在人们的日常生活细节之中——晨起的闹钟、打车的剩余等待时间、外卖的预计送达时间以及各种智能设备的时间显示，无时无刻不在提醒着人们：时间真正快速流逝，而这种流逝不以人的意志为转移，从而加剧人们的无力感。人们仿佛生活在一张由时间秩序所编织的大网之中，无处逃离，似乎一直在与时间赛跑，有时竟不知道自己正在跑向何处。最具代表性的例子是倒计时系统，如直播间的秒杀倒计时、大额优惠券的使用倒计时，时间的流逝刺激着人们的感官和大脑，促使人们在短暂的时间内不假思索地完成消费行为，其实已然不自觉地步入了消费主义的圈套。

## 二　多重建构：时间焦虑的政治经济动因

传播政治经济学把传播视作意义的一种社会交换，这种意义的交换的结果是某种社会权力关系的测量或标志[①]，各种社会权力关系彼此建构着社会资源（包括传播资源）的生产、分配和消费。时间焦虑不仅是特定社会环境与文化语境的产物，也是各种政治经济权力相互建构的结果。因而要深刻认识时间焦虑产生的原因，则要突破原有的归因与认知方式，深入分析其背后牵涉的各种复杂权力关系。

### （一）政治驱动：话语策略与宏观治理

时间焦虑的生产体现了政治主体进行合法性建构的话语策略，恰当、适时的时间话语有利于维护社会局势的整体稳定。合法性是指对一种现存统治秩序的信仰或信赖，以及由这种信仰或信赖指导下对命令的自觉尊崇或服从。合法性需要在国家发展进程中不断进行建构[②]。国家为了维护政权的稳定性，促进社会持续发展，需要在多种维度展开合法化建构，获得人民群众的广泛认同。在时间维度，政治主体特定的话语修辞策略起到不断巩固其合法化地位的作用。比如在2020年年初新冠肺炎疫情期间对于

① ［加拿大］文森特·莫斯可：《传播政治经济学》，黄红宇、胡春阳、姚建华译，上海译文出版社2013年版，第29页。

② 李智：《全球传播学引论》，新华出版社2010年版，第197页。

火神山医院落成的相关新闻报道中，各种文本都在时间维度上进行了详细刻画，比如“从开工到投用只有10天”“24小时连续施工”“36小时迅速完成5G信号覆盖”，这种时间修辞不仅凸显了党和政府及火神山建设人员迅疾的行动效率，同时让全体人民看到党和政府抗衡疫情的决心和毅力。正如《人民日报》一篇报道中所提到的那样，“哪有什么‘基建狂魔’，只有争分夺秒的‘生死时速’”[①]，新冠肺炎疫情期间的时间紧迫感来自与死神的赛跑，时间就是生命，党和政府对时间话语的恰当运用无疑给全体人民打了一针“强心剂”，强化了社会群体抵抗疫情的信心，维护了社会稳定，同时使人民群众增强对国家和政体的信赖感与认同感。

社会个体的时间紧迫感与国家宏观政策及发展目标密切相关。政治时间的界定与规划有助于建构社会成员的时间观，推动社会目标的实现。“时间不仅是自然时间，还可以被治理主体加以规划利用，转变为政治时间”[②]，时间是国家治理的重要维度。对于宏观政策关键时间节点的界定、对于发展目标阶段性计划的颁布，体现了政治治理主体对政治时间的规约，以此动员社会力量与社会群体的积极性，促进社会平稳发展。在我国，政治主体颁布宏观发展政策、计划常常与时间挂钩，比如“第十四个五年规划”“两个一百年”奋斗目标、“三步走”发展战略等，时间是重要的衡量指标，政治时间话语通过这些政策与计划的颁布，在无形中建构社会个体的时间观念。“话语系统地构成了人类言谈对象的实践，在日常生活中支配着人们的思维方式”[③]，正如霍尔所言，“话语还影响着各种观念被投入实践和被用来规范他人行为的方式”[④]。在一些有关“两个一百年”奋斗目标的相关报道中，网友评论：“一年更比一年好！奋斗吧，少年!”；“第二个百年计划冲呀”；“勇往直前，继续奋斗!”。政治时间话语以显性方式建构人们日常言谈的时间话题，也以显性方式强化人们的时间紧迫感，以此方式调动社会整体的积极性，促进宏观目标的早日实现。

### （二）经济面向：重构价值与消费渗透

正如鲍德里亚所言，“消费是个神话”[⑤]，资本力量和商业化作为一种

---

① 《火神山医院建设全过程：193秒视频见证中国速度》，《人民日报》2020年11月4日。

② 杨雪冬：《须重视时间节点管理》，《领导科学》2017年第5期。

③ ［英］约翰·斯道雷：《文化理论与大众文化导论》，常江译，北京大学出版社2019年版。

④ ［英］斯图尔特·霍尔：《表征：文化表征与意指实践》，徐亮、陆兴华译，商务印书馆2013年版，第65页。

⑤ ［法］让·鲍德里亚：《消费社会》，刘成富、全志钢译，南京大学出版社2000年版，第226页。

弥散性权力[①]，早已无孔不入地入侵人们日常生活实践的方方面面。时间作为一种日常生活的重要参考系，同样也无法逃离资本的驯服与操控，这种操控主要体现为时间价值体系的重构以及消费时间的渗透。

资本话语通过制造时间焦虑获取利益。“消费社会普遍存在一种‘关切机制’，所有的广告似乎都是在表达对消费者的关怀”[②]，商业广告常常关切人们的需要，贴心地提供各种解决焦虑的方案，但实际上，资本话语才是焦虑的始作俑者。在资本逻辑下，时间就是资本，时间就是金钱，时间焦虑的生产与制造早已形成完善的生产链，生产者将这种标准化的价值体系与意义链条以一种潜在的方式强加于大众，从中获取盈利。时间焦虑的生产流程大致是：制造焦虑、表达关切、偷换概念、促使消费。比如护肤产品的营销过程，这些产品的广告词往往包含时间隐喻，比如“鎏金焕变，逾越时空”“冻龄有术”“解时光之力”，实际上瞄准的是女性对于年华老去、青春不再的焦虑与恐惧心理，暗示她们，唯有消费产品才是唯一出路，唯有使用产品才能扭转乾坤。但这只是资本主体所界定的虚伪的时间价值参照体系罢了，因为时间的流逝与年华老去是不以人的意志为转移的，没有人能够真正扭转乾坤。

资本力量通过消费时间的渗透掌控时间主导权。在商业逻辑下，资本必须不断加快流通速度，才能实现利益最大化。这印证了马克思的“时间消灭空间”的思想，资本力量竭尽全力把商品从一个地方转移到另一个地方所花费的时间缩减到最低限度[③]，这也意味着，不仅要敦促人们购买更多的商品，还要买得更快。于是，超前消费、分期付款等消费理念应运而生。比如“这月花，下月还”的“花呗”，人们不必等到攒够钱才去购买心仪的新款手机，只要想要，马上就能拥有。需求与满足之间的时间差被缩到最短，表面上得到的是即时的满足，但却在“下月还”的时候不堪重负，卷入了资本主体精心设计的消费陷阱。另外，资本主体的时间渗透还涉及个体的休闲时间。鲍德里亚认为，“休闲时间是对非生产性时间的一种消费”[④]，人们的日常休闲时间无不充斥着消费主义的侵占。最

---

① ［美］迈克尔·曼：《社会权力的来源（第一卷）》，刘北成、李少军译，上海人民出版社 2007 年版，第 11 页。

② ［法］让·鲍德里亚：《消费社会》，刘成富、全志钢译，南京大学出版社 2000 年版，第 180 页。

③ 《马克思恩格斯全集（卷 46 下）》，人民出版社 1980 年版。

④ ［法］让·鲍德里亚：《消费社会》，刘成富、全志钢译，南京大学出版社 2000 年版，第 154 页。

典型的便是广告，当人们在休闲娱乐时间打开视频时，却不得不看 120 秒的广告；打开每一个 App 时，都会弹出 5 秒的广告；甚至在等待电梯的时候，也会被楼宇广告所吸引。无孔不入的广告内容最大化地侵占了人们的休闲时间，当你只是想刷刷微博放松心情时，却不自觉被植入广告所吸引，把一套昂贵的香水套装加入了购物车。人们无法逃离资本力量对个体时间的挤占，同样也无法抵抗琳琅满目的消费品的诱惑，往往深陷其中而不自知。

（三）文化惯习：时间纪律与竞争尺度

人们的时间观念与社会运作方式及社会文化相关。在古代中国的传统农业社会中，人们主要依靠自然节律感知时间，比如参照二十四节气安排农事，每天日出而作、日落而息，对于时间精确度的要求并不高。在日常生活中，人们也常以一炷香、一盏茶等不太精准的计时工具来衡量时间的流逝，时间观念较为模糊，因而总体而言并无时间焦虑的感受。直到 17 世纪钟表传入中国，人们才建立起精确时间的认知。在近代，随着钟表的普及与工商业的逐步发展，人们开始按照钟表节奏安排生活，也逐步培养起守时与惜时的观念。直到现代，守时成为社会运转的必要守则，时间成为社会竞争的重要尺度，人们的时间焦虑感也越发强烈。

时间纪律是现代社会系统稳定运行的重要保障。良性的时间纪律能推动个人的社会化进程，维护社会生活的稳定性，也会在整体上影响社会成员的时间认知。作为一种社会建构，“时间的根本性在于社会建构”[①]，社会时间体系与社会结构密切相关，社会为所有个体预先制定了一般性的时间轨迹，从这个轨迹产生出相应的各种时间规划[②]。对个体而言，人是具有社会性的动物，因而必须从事各种社会化活动，只要人身处社会架构与组织之内，就必须遵循既有的时间纪律，按照既定的时间轨迹行动。只有这样，作为社会人的个体才能不被社会系统所舍弃，也只有这样，社会个体才能借助社会时间这一参考系确认自己的身份地位与社会角色。因此，与我们处于同一坐标的参考群体的时间规划，会影响我们对于时间的整体感知，比如当我们发现身边的同龄人大都已经步入婚姻殿堂，而自己还是单身状态时，难免产生对于婚姻这一“人生大事”的时间焦虑。从社会交往角度来看，“组织时间的要求胜于交往时间，交往时间的要求胜于自

---

① ［英］芭芭拉·亚当：《时间与社会理论》，金梦兰译，北京师范大学出版社 2009 年版，第 52 页。

② 伍麟：《社会焦虑的时间视角》，《哲学动态》2013 年第 5 期。

我时间。这样的‘时间分层’嵌入每个人的生活当中，确保社会秩序的生成与维持，并且社会通过强力的约束措施去保证时间系统的稳定性"①，个人的时间安排让位于组织与交往，或者说，个人的时间安排已然嵌入组织与社会的时间架构，只有这样才能使社会时间系统良性运行。但是，各种社会、组织日常事务日益增长，而我们的总体时间总量不变，在堆积成山的事务处理中，我们"没有让所体验到的时间变成‘我们自己的’时间"②，因而在忙碌与疲惫中倍感时间稀缺与压抑。

时间成为现代社会的重要竞争尺度。适度的时间竞争是社会进步的必要条件。鲍曼（Zygmunt Bauman）认为："现在，谁运动和行动得更快，谁在运动和行动上最为接近‘瞬时’，谁就可以统治别人。"③ 在现代社会中，各种事物变迁的速度急剧加速，社会群体呈现出较强的流动性，人们必须不断提高行动速度、不断更新知识体系与技能装备，才能在社会竞争中立于不败之地。在此过程中，时间成为社会竞争的重要衡量尺度，各行各业都把时间作为竞争的重要筹码。如在餐饮和服务业中，拥有最快的上菜速度、最快的送达速度、最快的响应速度等特色的商家企业往往能够获得消费者的青睐。这种时间竞争甚至蔓延到还未步入社会的儿童与青少年群体，上不完的补习班与兴趣班占据了他们的课余时间，仿佛花费的时间越多，就比别人更具竞争力。这种时间竞争渗透于社会体系的方方面面，人们必须不停地与时间赛跑，一刻也不能停歇，但却总也看不到赛道的终点。

（四）技术形塑：时空失序与信息焦虑

从社会历史进程来看，不同时期的核心技术与发明影响着人们对于时间的感知与体验，从而形成不同的时间观念。在工业社会，正如芒福德所言，"工业时代的关键机器不是蒸汽引擎，而是钟表"④，钟表重构了传统农业社会的自然时间观，使人们对于时间刻度更加敏感，更易为精确化的时间所支配而产生紧张感。另外，媒介技术的影响同样不可小觑。"每一

① J. David Lewis and Andrew J. Weigert, "The Structures and Meanings of Social Time", *Social Forces*, Vol. 60, No. 2, 1981, pp. 432 - 462.

② ［德］哈特穆特·罗萨：《新异化的诞生》，郑作彧译，上海人民出版社 2018 年版，第 139 页。

③ ［英］齐格蒙特·鲍曼：《流动的现代性》，欧阳景根译，中国人民大学出版社 2017 年版，第 205 页。

④ Lewis Mumford, "Technics and civilization", *Journal of Political Economy*, Vol. 86, No. 2, 1934.

种新的传播媒介都以独特的方式操纵着时空”[①]，从电报、广播，再到电视、互联网，人们的时空观念不断被更迭的新兴媒介所重塑。进入信息社会，人们的时间感知从钟表时间进化为“以瞬时性、零散化和无序性为特征的‘媒介时间’”[②]，媒介正以前所未有的方式塑造着人们的时间概念。

媒介的便捷易得打破了传统的线性时间秩序，使人们的时间变得零散与琐碎。随着移动智能终端的普及化，人们日常生活的便利性大大提高，出门只需要带上手机就能完成各种日常生活事务。无孔不入的移动媒介打破了传统的空间区隔，人们能够轻松实现各类场景的转换，日常事务的边界感也逐渐消融。“此地没有了，一切都是此刻”[③]，媒介消解了地域的界限，同时使时间变得更加琐碎。比如，下班之后老板通过微信要求修改方案，下班时间变成了加班时间；或者，因为沉迷有意思的短视频而熬到凌晨，睡眠时间变成了娱乐时间。人们的常规时间秩序总是不停地被各种媒介信息所打破，连贯性的时间被切得粉碎，不管是主动的还是被动的，这些碎片化的信息和事务不知不觉侵蚀了人们的时间，人们总是忙于回复信息、处理各种软件的消息通知、在不同的界面上不停地切换，逐步丧失时间把控的主导权。这仿佛陷入了某种悖论之中，媒介技术虽然通过时空压缩极大地提高了效率，但与此同时，我们完整和连贯的时间却在急剧减少，时常感觉局促不安。

信息焦虑加剧了人们的时间焦虑感。在信息时代背景下，信息的传播速度更加迅疾，人们获取信息也更加便捷，但却面临这样的矛盾状态：“尽管新技术令我们更容易存储我们的记忆和所需的信息，但信息和文化却似乎比以前过时或变质的更快。技术传输和人类接收能力之间的差异呈指数式加大。”[④] 媒介技术为信息发布、传播、存储带来便利，但也加重了人们处理信息的负荷。首先，信息的时效性越来越强，“发生”与“发布”之间的时间差被压缩到极限，媒介信息无限接近“即时”状态；其次，信息量呈几何倍数增长，各种媒介信息源源不断喷涌而出，让人应接

---

① Jacques Ellul, *Media*, *Communication*, *Culture*: *A Global Approach*, Cambridge and Malden: Polity Press, 2000, p. 37.

② 卞冬磊、张希颖：《媒介时间的来临：对传播媒介塑造的时间观念之起源、形成与特征的研究》，《新闻与传播研究》2006 年第 1 期。

③ ［法］保罗·维利里奥：《解放的速度》，陆元昶译，江苏人民出版社 2004 年版，第 183 页。

④ ［英］丹尼斯·麦奎尔：《麦奎尔大众传播理论》，徐佳、董璐译，清华大学出版社 2019 年版，第 77 页。

不暇；最后，信息更新速度越来越快，稍不留神重要信息就已过时。这意味着，人们必须马不停蹄地处理各种信息，还必须不断提高自己的处理速度和处理能力，否则就会被信息洪流所淹没，错过关键内容。这种信息焦虑强化了人们的时间焦虑，处理信息的过程吞噬了大量的时间，人们总是长时间沉浸于媒介空间之中，不断地刷新各种界面，唯恐错过什么，但最终只会被迫卷入各种无序的信息内容中，同时丧失主动把控时间的机会。

## 三　内外交困：时间焦虑的深远后果

如今，时间焦虑已成为一种遍及所有社会群体的心理状态，人们总是步履匆匆、风尘仆仆，总是在奋力追赶、相互竞争、暗自较劲，但却对时间的流逝无可奈何。事实上，适当的时间焦虑对个人成长和社会进步是有利的。一方面，“时间是人类发展的空间”①，时间作为可供利用的资源，对所有人来说都是非常公平的，因为每个人每天都有 24 个小时，人与人之间的差距取决于时间的使用方式与效率。适度的时间紧迫感可以使人产生忧患意识，激发人的潜能，提高生产效率，缩短个人成长的进程。另一方面，良好的时间秩序是社会稳定和发展的基石，比如秘鲁人素来习惯迟到，倾向于按事件时间生活而不是时钟时间，这不仅给日常生活带来不便，还会影响国家经济发展——有调查表明秘鲁人的拖延习惯每年造成的经济损失达到 50 多亿美元②。因而，按时守信不仅是一种个人素养或社会文化，更是社会秩序和经济发展的保障。

但是，被过度强化的时间焦虑会产生难以预料的后果，时间的流逝是不以人的意志为转移的，但时间焦虑感却是人为建构的，是社会权力主体经由时间维度统治社会机体的手段。经由政治话语建构、资本逻辑渗透、社会文化催化与技术力量强化，时间焦虑逐渐断离原初的语境，脱离正常的意义轨道，成为强化宰制、扭曲时空、造成主体异化的元凶。

### （一）强化资本逻辑的宰制

资本话语通过时间意义建构操纵人们的思想与行为。资本利益集团通过制造时间焦虑获取盈利，焦虑的生产已形成完善的流程，层层嵌套，让人无处遁形。更重要的是，在时间焦虑的生产过程中，消费主义意识形态入侵了时间的价值与意义链条，从整体上重构人们对于时间的感知，影响

---

① 《马克思恩格斯选集（第 2 卷）》，人民出版社 1995 年版，第 90 页。

② ［美］菲利普·津巴多、约翰·博伊德：《时间的悖论——关于时间观的科学》，张迪衡译，中信出版社 2018 年版，第 148 页。

着人们理解时间的方式，最终作用于人们解决时间焦虑的实践方式上。资本力量意图把社会生活的所有领域都纳入其意义框架之中，最终完成对社会整体的统治与操控，这其中当然包括时间维度。比如，许多广告声称女性在 30 岁左右进入“初老”阶段，需要以不同手段“抗初老”，这其中隐含了一整套商品与服务的推销动机，包括使用特定的护肤品、食用特定的保健品、定期前往美容院等。“广告符码本质上是更高级的再生产，广告是意识工业的核心，资本入侵了意义建构的过程。”① 通过特定时间阶段概念的生产，广告建构了女性对于 30 岁这一年龄节点的认知，引起这一群体的普遍恐慌，然后进行产品与服务的营销，最终达到营利的目的。但实际上，正如马尔库塞所说的一样，这不过是文化工业强加于人的虚假需求，或者说是虚假的焦虑罢了。除了广告这一显在的资本话语内容，许多媒介内容生产者都或多或少地与资本主体存在利益勾连，通过渲染时间焦虑潜移默化地影响人们对于时间的价值判断，时间焦虑逐渐成为资本话语普遍的修辞手段，人们或是被迫卷入资本界定的时间逻辑之中，或是盲目追求他者界定的时间价值与标准，陷入了主体性的迷失状态之中。

时间焦虑让劳动者遭受资本家的双重时间剥削与时间监控。在资本逻辑下，时间本就是衡量资本增值的重要指标。在劳动时间内，资本家通过延长劳动者的剩余劳动时间来获取超额利润，这是他们创造财富的惯常手段。劳动者在必要劳动时间之外还需要继续工作，遭受资本家的时间剥削。在休闲时间领域内，劳动者虽然离开了资本家显性的控制网络，但仍处于资本权力的时间规训的范围之内。人们的休闲娱乐活动无不充斥着消费主义意识形态的灌输，无论是随处可见的物质诱惑，还是如影随形的资本话语。同时，人们休闲时间的一举一动都处于资本的监视体系之中，比如，当人们为了放松消遣而打算刷刷短视频时，其使用时长、观看喜好、不同类别视频停留时长等数据都被网络后台逐一记录，然后一同打包售卖给资本主体，这与受众商品论的理论逻辑如出一辙。人们的时间被数据化与商品化，投入的时间越多，记录的数据就越多，广告的智能推送就越准确。资本主体不仅侵蚀了人们的休闲时间，还利用商品化的时间数据巩固其统治地位。正如鲍德里亚所言：“休闲受到制约是因为它在无动机的表象下，忠实地再生产着本属于生产时间和被奴役的日常性在精神上和实践

① 陈世华：《北美传播政治经济学研究》，社会科学文献出版社 2017 年版，第 163 页。

上的一切束缚。”① 不管是劳动时间还是休闲时间，人们时时刻刻都处于资本主体的凝视之下，即使是娱乐休闲也不能获得真正意义上的自由与解放。

（二）时空感觉的扭曲

如今，新媒体技术的发展已然超出人们的想象，各种媒介平台如千帆竞发，呈现出一个异彩纷呈的网络虚拟时空，人们在其间不停地点击、翻阅、跳转，寻求新奇与刺激，不自觉地沉溺其中。但是，媒介所呈现的现实世界是经由二次生产与建构的，媒介空间的深度沉浸会造成现实时间感觉的扭曲。在媒介空间中，各类媒介内容越来越碎片化，虽然阅读单一内容的时间无限缩短，但是短小且极具刺激性的内容激发人们持续观看的欲望，无形中吞噬大量时间。当人们的卷入程度越来越高，便会不由自主地投入越来越多的时间，从虚拟空间中抽离也越来越难。有关“媒体依赖症”或“网络成瘾”的实证研究，通过整理现有研究的量表与测度，把社交媒介依赖的表现归结为“强迫性心理依赖”“ 强迫性媒介使用行为”“退隐反应” 和“ 逃避性的心理”②。具体来看，当人们对媒介产生依赖后，总是难以控制使用时间，总是不由自主地打开、登录与刷新，在尝试戒断时会产生焦躁的感觉，同时利用媒介逃避现实状态。每当人们打开媒介界面时，愉悦是即时的，时间的流逝是无法察觉的，而当人们放下手机回归现实世界时，却感觉怅然若失，度秒如年。正如卡斯特（Manuel Castells）所言，网络空间给人一种“无时间的时间”的体验，它“利用技术以逃脱其存在脉络，并且选择性地挪用每个脉络迄今可以提供的价值。”③ 当人们从虚拟世界回归现实时间与空间时，会感到时间的断裂与空间的错位，时间在虚拟空间被花费，加剧了现实的时间焦虑，而虚拟空间带来的欢愉也使人们更难面对现实世界的压力与困苦。

在不断更迭的传播技术的加持下，新媒体信息呈现出一种独有的时间逻辑，这种时间逻辑潜移默化地塑造着人们的时间感受。在时间压力的敦促下，媒介信息的发布与更新速度极大提升，事件发生与发布之间的时间差无限缩小，甚至可以忽略不计，媒介信息几乎可被视为是即时性的。这

① ［法］让·鲍德里亚：《消费社会》，刘成富、全志钢译，南京大学出版社2000年版，第151页。

② 刘振声：《社交媒体依赖与媒介需求研究——以大学生微博依赖为例》，《新闻大学》2013年第1期。

③ ［美］曼纽尔·卡斯特：《网络社会的崛起》，夏铸九、王志弘等译，社会科学文献出版社2001年版，第530页。

种即时性的信息传播模式逐渐催生出一种时间文化，即对此时、当下、现时的关注和强调，此时此刻的重要性被无限放大，人们追求需求的即刻满足，追求最新发布，追求第一时间。但是这种即时时间打破了时间的内在秩序，也使人们丧失对时间连贯性的感知能力。“那种从过去通向未来的连续性的感觉已经崩溃了，新的时间体验只集中在现时上，除了现时以外，什么也没有。”[①] 信息更新速度越来越快，人们的记忆时间却越来越短，热点一波未平一波又起，短暂的喧闹过后，什么也不曾留下。人们丧失了对于时间的纵深感与历史感的知觉，这扭曲的时间感知力对于文化的接续发展、社会优秀传统的传承、人类文明的进步等都是十分不利的。此外，媒介内容在即时时间的影响下，其呈现方式不再是按照完整的时间线索，而是零散的时间节点与片段，时间秩序是断裂化和碎片化的。人们无法根据这样的信息拼凑起完整的时间链条，只能在各种碎片之间不停地跳跃，寻找短暂的刺激。长此以往，人们将逐渐丧失对时间连续性的感觉，丧失连贯的逻辑思维能力，从理性的动物变成“符号的动物”[②]。

（三）时间价值观的异化

福柯认为，权力不仅是否定性与压制性的力量，它还是生产性的，它带来愉悦，形成知识，产生话语[③]。经过多元权力主体的介入与建构，时间焦虑的概念被悄然偷换，内涵发生转变，人们对于时间焦虑的认知已然背离了正常的意义轨道。在各种媒介内容中，时间焦虑被表达为“对物质的焦虑、对利益的焦虑、对成功的焦虑、对未来不确定性的焦虑”[④]，在这种观念催化下，人们的时间价值观逐渐异化。时间开始与金钱、物质、利益发生勾连，时间价值被货币化和资本化，人们把花费时间当作一种投资行为，把浪费时间视为对资本的挥霍。在这种逻辑的引导下，人们对于个人生涯的时间焦虑直接与金钱和物质挂钩，人们的价值追求也变得世俗化和物质化，比如希望在 30 岁左右能够“有房有车”“存款达到 100 万”“年薪达到 20 万”等，仿佛唯有金钱富裕才能称为成功，唯有物质充裕才能慰藉漂泊无依的心灵与肉体。时间的节奏越来越急促，可供实现“理想”的时间越来越短，人们在追求目标的路途中变得越来越功利化，

① ［美］弗雷德里克·杰姆逊：《后现代主义与文化理论》，唐小兵译，北京大学出版社 2005 年版。

② ［德］恩斯特·卡西尔：《人论》，甘阳译，上海译文出版社 1985 年版，第 34 页。

③ ［英］斯图尔特·霍尔：《表征：文化表征与意指实践》，徐亮、陆兴华译，商务印书馆 2013 年版，第 74 页。

④ 倪明胜：《“时间焦虑”下不能失去价值定力》，《光明日报》2014 年 3 月 20 日。

工具理性已然替代了价值理性。最典型的例子是“成功学”“励志类”书籍的泛滥，富人常被奉为“成功人士”，其经历、思想、话语等被视为“成功宝典”，人们蜂拥而至购买与钻研，希望以此改变人生。在这类书籍中，对于“成功”的界定是非常单一的，有钱即是成功，富裕者即是“人生赢家”。原本应该多元的人生价值评价体系变得一元化，“成功”的道路越走越窄，越发加剧人们的时间焦虑。急于求成、浮躁不安的氛围逐渐在社会蔓延与扩散，人们希望在最短的时间内实现利益的最大化，不惜“走后门”“拼爹”，利用“潜规则”，甚至通过违法手段获取不义之财。因而，这种扭曲的价值追求不仅败坏社会风气，还有可能把人引入歧途，造成社会道德与法制的滑坡。

在日益强化的时间焦虑感之下，也有不少人走向了另一极端。面对单一的价值评价体系、激烈的社会竞争、剧烈变迁的社会环境以及日益严苛的时间标准，不少年轻人的焦虑感逐渐转化为无力感，深感迷茫与无奈，眼看着时间流逝、年岁渐长，实现目标的机会越来越渺茫，干脆放弃人生目标与价值追求，过起了“低欲望”的生活。不结婚、不生育、不买房、不消费成为一种选择，与其为了实现理想疲于奔命，倒不如放弃理想，得过且过。比如近年来的网络流行语“躺平”，网友把“躺平学”定义为放弃拼命工作攒钱焦虑伤身的生活，主动低欲望生活的一种生活哲学[①]。虽然可以把“躺平”理解为一种面对社会压力进行自我调适的一种方式，但是这一话语暗含的消极人生态度，会对年轻人产生不良影响。正当是发愤图强、力求上进的好时候，却丧失生机与活力，放弃理想信念，过着无欲无求的生活，甚至放任自己的堕落与颓废。长此以往，青年群体逐渐丧失社会责任心与担当意识，不仅难以实现个人的理想抱负与人生价值，整个社会的发展都会陷入停滞状态。

## 四　端本清源：时间焦虑的引导与出路

时间焦虑产生的背后固然有复杂的社会文化与环境因素的影响，但经由各种权力主体的建构与阐释，时间焦虑已然成为权力统治与宰制的工具。日益强化的紧迫感不断加剧人们的心理压力与精神负担，人们越发感到茫然与无奈。面对这种异化的时间感受，人们应该如何摆脱焦虑？又应该如何夺回时间的控制权，重塑正确的时间观？

---

① 壹读：《清华教授：躺平就是对不起父母。网友：你卷一个试试》，https：//mp. weixin. qq. com/s/NfMzriiPFryEPTp1kOlzbg。

（一）重塑时间价值观

在与时间赛跑的过程中，正确的时间价值观犹如指引方向的路标，只有顺着路标前行，我们才能找到正确的方向，才不至于在时间的洪流中陷入茫然与无措的境地。从宏观角度来看，“人的发展是评价文明的尺度”①，我们应该倡导多元化的时间价值评价标准，对于“成功”的界定不应单一地从金钱、物质等世俗化的指标进行衡量，实现人生意义、创造人生价值应该有更多可能的路径。社会机构和公众应对青年群体的成长更有耐心，为他们提供更为广阔的成长空间，施展抱负，而不应以所谓的人生阶段目标牵制他们前进的步伐。从个体角度来看，我们应当意识到，时间就是金钱，但时间不应只是金钱。金钱与物质的充盈并不能从根本上解决时间焦虑，反而可能加剧我们的焦虑感。因为人的欲望是无穷的，而时间却是有限的、不可再生的，在有限的生涯追求无穷的欲望，最终只会一无所有。在我们追逐时间的过程中，要坚守社会法则与伦理道德，坚守内心的价值取向，遵守时间赛道上的“游戏规则”，做到有底线、有原则、有规范、有良知，才不至于被膨胀的物欲迷惑双眼。尽管时间焦虑日益强化，我们也不应放弃自己的理想信念与价值追求，不应在日益激烈的时间竞争中一“躺”了之，我们虽然不能决定人生的长度，无法阻止时间的流逝，但我们却能增加人生的“厚度”，使流逝的时间充满意义。

（二）主动调节时间节奏

虽然社会时间的整体加速会对我们的时间感知产生不可避免的负面影响，但我们仍然可以发挥主观能动性进行自我调适，适应现有的时间结构，从而减轻时间焦虑给我们带来的压力和紧绷感。首先，把时间焦虑转化为自己行动的驱动力。我们无法改变政治经济权力主体强加在我们身上的时间架构，但我们却可以改变自己，把压力转化为动力，提高行动力。由于时间的心理规律是弹性的，我们还可以根据生活情景自主地选择合适的参照系，选择利于自我发展和身心健康的时间视角，比如在工作时使用未来导向的时间观，在闲暇时选择关注现在，使自己的时间感觉处于一种相对平衡的状态。其次，我们可以做一些缓解焦虑感的尝试，比如专注当下，做好当下的每一件小事。过度使用未来导向的时间观会让人无法享受当下的乐趣，为未来而过度焦虑，出现小挫折也会情绪崩溃。实质上，当下人们的时间焦虑多是未来导向型的，而人却是活在当下的，当人们把注

① 邓佳：《文明与人的发展：马克思文明观的人学意蕴探析》，《山东社会科学》2021 年第 12 期。

意力都转移回此时此刻，完成现在时态下的重要任务，对于未来的焦虑和担忧就有可能烟消云散了。我们还可以短暂远离无处不在的新媒体，尝试新的环境，获得新的体验，通过对时间的“脱敏机制”摆脱“媒介技术宰制”①。当人们不断重复做相同的事情、处于非常熟悉的环境时，人的时间感知就不再敏感，时间的流逝也变得非常迅疾。因而，我们可以去尝试学习新技能，去一个没去过的地方旅游观光，放慢时间体验的同时也能让自己有所收获和提升。最后，我们可以利用“最佳时间观组合”调整自己的时间态度，建立一种均衡的时间观，即“强烈的积极怀旧时间观、适度的未来时间观、适度的当下享乐主义时间观、较弱的消极怀旧时间观、较弱的当下宿命主义时间观”②，相关研究也证实，拥有均衡时间观的人生活幸福感更强，自我实现的程度也较高。

（三）重夺时间掌控权

时间不应是一个可以计算的序列，而是一个不可穷尽又无法逃避的存在，这就是构成着我们生存的更本质的时间，它是一种比表、钟和日历更深层更根本的东西③。时间本应由存在个体独立感知与把控，这是构成我们生存体验的本质的时间感，但正如机械化、周期化的钟表与日历对时间的规约，社会权力主体对时间观念的建构与操纵，加深了不同群体的时间焦虑感。因而，要摆脱焦虑与束缚，就要重新夺回个体掌控时间的权力。首先，夺回时间标准与价值的定义权。资本话语惯于通过时间标准与价值的定义操纵人们的时间感知，生产出一整套标准化的时间价值体系，对人们进行统一的、流程化的驯服。我们必须对这种虚伪的资本话语保持警惕，洞悉资本主体通过贩卖时间焦虑获取经济收益的动机，对其制定的时间标准保留批判态度，认清假象，坚守自己内心本质的时间感知，把握时间定义的主导权。其次，夺回时间阶段安排的主动权。社会虽然为特定年龄阶段的群体规定了一般性的行动轨迹，衍生出特定阶段的时间规划，比如大致什么年龄需要结婚、什么年龄需要达到经济自由的要求，但是这只是一般性、普遍性的时间安排，个体之间的生涯与经历是存在差异的。即使是与自己关系密切的“参考群体”，提供的也只是“参考”作用。因而，对自我生涯的时间安排应该有自主的规划，既不盲从，也不庸碌。最

① 王琰、赵婕：《大数据时代被遗忘权的现实逻辑与本土建构》，《南昌大学学报（人文社会科学版）》2020 年第 6 期。

② ［美］菲利普·津巴多、约翰·博伊德：《时间的悖论——关于时间观的科学》，张迪衡译，中信出版社 2018 年版，第 337 页。

③ 吴晓东：《福克纳的时间哲学》，《读书》2002 年第 9 期。

后，夺回时间节奏把控的主导权。如今，社会生活节奏日益加快，人们在整体的时间框架内总是感到紧张与疲乏。一方面我们应该主动调整生活状态，适应社会时间节奏，从容应对，而不是被动追赶；另一方面则应建立起适合自己的时间模式，快慢得宜，使自己的时间感知处于一种平衡的状态。在快节奏之余也要适当放缓整体时间韵律，放松紧绷的心弦，舒缓与释放焦虑情绪，进行一些有益身心、自我发展的活动，使所体验到的时间真正成为我们自己的时间。

（四）重构时间秩序

媒介时间结构的无序性与零散化，使人们的时间感更为断裂和破碎，媒介的即时性要求也加深了人们的时间焦虑，因而要抗衡媒介时间的影响，则需要重建时间秩序，使人们的时间感回归本真状态。首先是要建立绵延的时间感，“绵延”的时间观念解释的是人的意识存在状态的心理时间流程，人的过去、现在和未来的三个维度是不可分割的，这三个维度都是时间洪流中人的本质的一部分。因而我们既要即时也要延时，既关注当下也顾及过去和未来，使时间回到一种连贯和线性的状态，从而抗衡碎片化的、短促的、瞬间性的时间给我们带来的压力与迷茫，也使时间回到更为本质的状态。其次是放慢时间体验，詹姆逊曾经提出一个时间的二律背反：“绝对的变化等于停止。”① 媒介技术使时间刻度被无限放大，时间变化的速率超越了人们以往的认知，急促加速的时间感总是使人们感到无所适从。我们应该适当放缓时间体验以平衡时间加速带来的断裂感，比如适当回归自然时间，以自然物候为参照点去体验时间的流逝。1998 年在旧金山成立的“长远现在基金会”（The Long Now Foundation）倡导长期思考、推动另类的时间概念，计划建造一个“万年钟”，记录一万年的时间，每年、每世纪、每千年才分别会响一次。这座钟便旨在刻意放慢人们的时间体验，从而抗拒“瞬间时间”的观念，这对于我们对抗时间加速是颇有裨益的。最后，与媒介保持适当的距离。媒介时间已然对我们现有的时间感知造成巨大冲击，同时媒介对文化内容的直接性展示“使受众失去同文化的对话能力、思考余地，仅获得即刻反应、冲撞效果、同步感和煽动性”②，媒介的即时性要求也使人们的思维逻辑越来越碎片化。因此，我们要与媒介保持一定的距离，回归现实世界中真实的时间状态，摆

---

① ［美］弗雷德里克·詹姆逊：《时间的种子》，王逢振译，江苏教育出版社 2006 年版，第 17 页。

② ［美］丹尼尔·贝尔：《资本主义文化矛盾》，赵一凡等译，生活·读书·新知三联书店 1989 年版，第 165 页。

脱媒介依存的束缚，同时也要与提供即时性刺激的媒介内容保持距离，为深度思考提供心灵土壤。

### 结　语

“人类也许可以征服一切，但只有时间是人所无法征服的”[①]，时间的流动昼夜不息，它的存在与逝去都是不以人的意志为转移的，但时间焦虑感却很大程度上是人为建构的，是政治经济权力主体经由时间维度统治社会机体的手段。审视时间焦虑不应单一地强调个体对于时间的心理感知的差异，或是要从较为宏观的视角分析社会结构与文化环境的影响，认知社会时间的建构性特质，深入时间焦虑的建构、生产与消费过程，分析其中牵涉的消费主义意识形态与社会权力关系，洞察其背后的资本宰制与权力规约。要从根本上解决焦虑，破除权力的束缚，我们必须夺回时间的掌控权，重新塑造有序化的时间逻辑，树立正确的时间价值观，在时间的竞争体系中，坚守内心的道义，践行人生价值。

## 第三节　风景影像的传播政治经济学研究

肯尼斯·克拉克（Kenneth Clark）在《风景入画》的开篇语中写道：“我们的四周环绕着非我们所创造的事物，它们有着不同于我们的生命与构造：树木，花朵，青草，江河，山峦，云彩。多少世纪以来，它们一直激发着我们的好奇与敬畏之心。它们是令人愉快的事物。我们通过想象力将它们重新创造出来就是为了反映我们的心境，当我们对之进行思考时便提出了一个观念，我们称之为自然。”[②] 欣赏与运用美景是人类最普遍而持久的精神实践活动，现代旅游的本质就是以获得心理快感为目的的审美过程。近代以来，伴随着信息与传播科技的更迭，人类进行审美意识交换与传递的形式从对书籍、绘画等视觉对象的“凝视”转向对图片、摄影作品、公众号博文、短视频等新媒体产品的“扫摄”。审美工具的变迁宣告了社会文化的深刻转型，人类的目光或许再也无法从视觉刺激中剥离。以风景传播为核心的审美创作和观念表达风靡网络，对人类自身的反思和观照却渐行渐远，我们不得不再次审视尼尔·波兹曼对当今社会的隐喻：

---

① 吴晓东：《福克纳的时间哲学》，《读书》2002 年第 9 期。

② ［英］肯尼斯·克拉克：《风景入画》，吕澎译，译林出版社 2020 年版，第 9 页。

“我们创造的每一种工具都蕴含着超越其自身的意义。”① 当风景融化在不断更新的媒介符号中被赋予更加生动的文化内涵时，是否也可能异化为空有粉饰的商品？风景传播的表征、风险和出路值得我们重新审视。

目前，美学、园林学、符号学、社会学等学科视角已在风景传播这片广袤的研究领域争锋论战，如地方史学家 W. G. 霍斯金斯（William George Koskins）考察英格兰景观及其历史记述方式，将风景解读为与现代主义有关的美学化的人类居住环境②。而 W. J. T. 米切尔则将“风景”从名词变为动词，将符号学与阐释学偏爱的“寻找风景预言”的方式与对风景历史进行阅读的方式糅杂，更多地探索风景的阴暗面（dark side of the landscape）③。国内的风景研究集中于艺术领域与园林领域，关注风景在艺术作品如公路电影、摄影语言的意象传达，抑或是对景观园林理论中设计手法的阐述，却鲜有论及新媒体时代风景传播风靡的深层动因及其深远影响。作为一种情景交融的传播形态，风景传播崛起背后有着深刻的政治经济文化动因，也产生了深远的政治经济后果，需要加以科学引导和重塑。本节尝试从政治经济学批判视角出发，分析风景传播作为文本集合体在网络时代崛起的政治经济动因，阐明风景传播的价值与风险，展望风景传播的未来走向，以期深刻地认识风景传播的本质和困境。

## 一　触“景”生情：风景传播崛起的政治经济动因

卡西尔在《人论》中说道：“人并不生活在一个铁板事实的世界之中，而是生活在想象的激情中，生活在希望与恐惧、幻觉与醒悟、空想与梦境之中。”④ 人类将风景视为一种文化表述的媒介，借助风景的“言说方式”来承载人们无穷的“想象的激情”。风景背后的权力隐喻早就被人观测，16 世纪英国诗人蒲柏（Alexander Pope）在《温莎的森林》中所描绘的景象，正是不列颠文化与政治的象征。曾经暗藏于风景诗、风景画中的“风景”与“权力”的纠葛，在当代社会衍生出了新的表征形式。

### （一）思想根基：视觉转型与景观社会

梅洛—庞蒂（Maurice Merleau - Ponty）在《知觉现象学》中说道：

---

① ［美］尼尔·波茨曼：《娱乐至死》，章艳译，广西师范大学出版社 2004 年版，第 17 页。

② ［英］W. G. 霍斯金斯：《英格兰景观的形成》，梅雪芹、刘梦霏译，商务印书馆 2018 年版，第 303 页。

③ ［美］W. J. T. 米切尔：《风景与权力》，杨丽、万信琼译，译林出版社 2014 年版，第 5 页。

④ ［德］恩斯特·卡西尔：《人论》，甘阳译，西苑出版社 2003 年版，第 33 页。

“意识的奇迹是通过注意使在打破对象的统一性的同时，又在一个新的领域里重建其统一性的现象显示出来。”① 在视觉转向的时代语境中，无处不在的视觉景观打破了公众对传统黄金时段的注意力惯性，转而追捧和依赖碎片化时间里视觉所至的影像，这是一种个性化意志的胜利，标志着自由选择的主体意志的回归，风景传播契合了人的注意力从读—写传播机制转移到视—听传播机制的时代转型趋势。

视觉文化转型是风景传播崛起的观念动因。从 20 世纪下半叶开始，随着经济社会的迅速发展，图像处理和数字传播技术演进加速，曾经被遮蔽的图像重新获得信息传播的主体地位，曾经主宰历史的文字文化向图像文化转型，人们更加依赖通过视网膜上传递的印象去感知美的特性。随着互联网的普及和渗透，铺天盖地的图像给予大众最直观的神经元刺激。作为无处不在的视觉对象，以风景为核心的旅游图像产品成为视觉所至的重要客体，“故宫的雪”被作为“一下雪，北京就成了北平”的图像符号供游人观赏；云南普者黑秀丽的苗寨风光，因为登上《爸爸去哪儿》的荧幕受到亲子游客的追捧；稻城亚丁，作为文艺电影《从我的全世界路过》取景地之一，被誉为“打卡圣地”。在视觉转型的时代背景，大量人工制造的风景图像借助新媒体广泛传播，在林林总总的视觉影像中脱颖而出，引发人们在智能终端停留注目，成为日常生活中重要的视觉消费对象。

风景传播契合了德波的“景观社会”的预言，“生活本身展现为景观的庞大堆聚”②。景观构建起了我们的生存环境，人们的日常生活被建筑、街道、幕墙、森林等景观所包围，人们借助视觉媒介前所未有地体验风景、享受风景，目之所及，皆是风景。景观借助物的形象为中介搭建人与人之间的社会关系，以特有的形式（如信息或宣传资料、广告或直接娱乐消费）渗透进人们的日常生活。风景传播被作为一种旅游信息的供应者，通过批量生产与算法推荐的“刷屏”方式，能动地将旅游动态呈现在受众眼前。社交媒体上大量风景内容的输出便于观众主动查找，也能借助于算法推送获得观众无意间的关注，以风景传播为核心的短视频、公众号、博客营造了蔚为壮观的媒体景观，数字风景象征着人们生存环境的媒介化发展，景观社会的预言被再次印证。

---

① ［法］莫里斯·梅洛—庞蒂：《知觉现象学》，姜志辉译，商务印书馆 2001 年版，第 56 页。

② ［法］居伊·恩斯特·德波：《景观社会》，王昭风译，南京大学出版社 2006 年版，第 3 页。

### （二）政治维度：政策引导与形象塑造

风景学研究范式的延展注定了风景与政治的交融。风景当仁不让地承载起激活符号与进行人类活动与实践的地点的属性[①]，风景作为一种政治隐喻，暗藏政策激励与风险回避的考量。

生态政策的倡议与修订从趋利与避害两个方面推动风景传播的盛行。尊重自然、爱护自然一直是马克思主义的题中之义，“没有自然界，没有感性的外部世界，工人就什么也不能创造。”[②] 当下所提倡的可持续发展战略就是源自马克思恩格斯对资本主义工业革命所造成的生产关系异化与自然生态破坏的批判，强调人的社会化是利用自然而非占有，是由联合起来的生产者理性管理人与自然之间的新陈代谢关系，既要满足当代也要满足后代的共同需要。[③] 随着20世纪环境问题的日益显现，“生态危机”成为各个国家所忧心的重要社会议题。对绿色政治的诉求推动政府制定生态政策，为低碳经济开路。党的十九大以来，推进美丽中国建设、推动“五位一体”战略部署、“绿水青山就是金山银山”等政治话语的重申，倡导文旅融合成为政治发展潮流。生态政策成为风景胜地建设、风景产品生产、风景影像传播的重要推手，确立了风景生产和传播的规范，强化了旅游地原住民的生存感知，保障了风景资源的合理开发和利用，为风景传播营造了舒适的政策环境。

以风景传播进行国家美好形象相关国家话语的建构和传播，其实是以超脱政治话语的方式实现政治维度的一种策略性传播。“在面对超越我们理解界限的事物时，我们似乎是跳出自我去观看，但它其实只是我们内在经验的心理表象。”[④] 风景传播通过场景化的表现手法，将政治传播与观众对的风景诉求两个情境的界线模糊处理，使观众更易于产生信任，喜爱议题，并自觉进行角色扮演。如《航拍中国》纪录片，作为现代风景传播范本其运用俯视、鸟瞰、慢镜头等手法展现中国生态环境的宏大达观，解除了陆地视角对人的束缚。其开头语“你见过什么样的中国?”在旁白的引导下风景既为人熟知，又因叙述使风景再陌生化，形成文本重读的沉

---

① 李莉：《“风景”研究的文化地理学价值》，《广东社会科学》2020年第3期。

② 赵月枝、范松楠：《环境传播理论：实践与反思——全球视角下的环境正义、公众参与和生态文明理念》，《厦门大学学报（哲学社会科学版）》2020年第2期。

③ 曾文婷：《科学社会主义视野下的生态社会主义》，社会科学文献出版社2019年版，第38页。

④ ［美］W. J. T. 米切尔：《风景与权力》，杨丽、万信琼译，译林出版社2014年版，第11页。

浸体验。而在社交媒体领域，来自其他国家但居住于中国的“播客”通过在国际平台上发布中国旅行短视频，打破国际受众对中国的认知壁垒，重构认知框架。当下，风景传播成为策展国家印象的重要手段，在讲好中国故事，传播好中国声音，加快构建中国话语与中国叙事体系的道路上，当代政治传播媒介平台化与体验场景化的特点推动风景传播作为一种多元应用传递出中国故事背后的精神力量。

风景传播的崛起暗含对政治风险的回避。卢梭在《忏悔录》中所表达的在山水中完成自我的坦诚思考印证了风景与政治的“孽缘”。一方面，风景传播趋于山水小品化，人们在轻松写意的山水中寄托自身在政治场域中无法诉说的价值认同，表达对怀才不遇或社会不公的不满，在对山水的观看中进行自我审视和超越。观众可以对风景传播文本随意点评、自由去留，满足了观众在现实中无法实现的占有欲，在风景的欣赏中实现自我体认。“相看两不厌，唯有敬亭山”满含李白离开长安十年后的失望与怀才不遇；“坐观垂钓者，空有羡鱼情”是孟浩然借垂钓之景委婉表达从政的热望；“孤鸿号外野，翔鸟鸣北林”中裹藏阮籍归隐山林时对世事的忧思。在面对超越我们理解界限的事物时，我们似乎是跳出自我去观看，但它其实只是我们内在经验的心理表象。另一方面，我们借用风景传播表达对自然伟力的崇拜，与政治风险进行心理抗衡，《南史·隐逸》中赞颂隐士“皆用宇宙而成心，借风云以为气”，用达观宇宙风云比喻隐士的理性思辨与感性抗争精神，现代风景传播则运用俯视、鸟瞰、慢镜头等手法展现自然的宏大与不可控，对比人类烦扰的渺小，起到疏导政治压力、远离政治纷争心绪的作用。

（三）经济维度：风景的变现和交易

“在20世纪70年代中期以来，第三波市场化已经横扫世界，它把商品化拓展到新的领域，包括从身体到环境的自然界的商品化。”① 商品化是消费社会的典型特征，一切皆可成为商品被消费，风景则以一种虚构商品（fictitious commodity）的身份被确认。在充斥着人造物的快节奏、高度现代化的社会中，在眼花缭乱的人造商品极为丰富的消费社会，让人耳目一新的自然风景成为一种吸引眼球的媒介和诱饵，其商业价值被充分挖掘，当下盛行的旅游经济就是对商品化的风景吸引物进行整合或增值。风景传播具有旅游营销属性，企业通过风景传播引导潜在公众关注旅游产品，实现商业价值变现，风景影像被标注为“被崇拜的商品”进驻全媒

① 周丹丹：《风景的商品化与民间社会的自我保护》，上海人民出版社2017年版，第9页。

体领域，经过再加工与延伸，成为吹响现代旅游的号角。风景传播是一种高效的风景营销，为潜在游客制造出“赛博”桃花源，受众观看风景的大数据被采集用于细分精准市场，而指数爆炸式的网络传播能效则完美契合旅游公司、电子商务平台对品牌营销的需求。在网络平台上，与风景有关的文本主题包括单一景区吸引物、季节性游玩目的地及著名景点、批判某景区或某城市游玩消费陷阱等内容，通常运用“捧高踩低”的营销手段，一边通过采集用户的观看习惯来构建用户画像，一边为部分景区或附属设施“打广告”，精心设计个性化定制的营销策略来吸引潜在客户的注意，本来并没有出游意愿的大部分人群无形间被“种草”，产生“怦然心动”的风景消费欲望。

受众作为网络游客对风景影像进行“凝视”，为风景传播带来动力。“游客凝视”具有打破现有生活规律、追求他乡文化的特质，是一种具有“反向的生活性”的凝视。游客出游的一个重要心理动机在于对异质文化的求索与猎奇。在以旅游吸引物为叙事文本的风景传播中，吸引用户驻足观看的动力是用户作为游客通过智能设备对旅游目的地的凝视，其最终目的是借助新媒体工具观看旅游目的地风景，获得身心的满足。与实地旅游不同的是，风景传播由于媒介消费的快餐化、碎片化和即时性，使用户凝视的时间大大缩短，在异地开展的双向凝视——旅游者对旅游地进行凝视的同时，旅游地原住民同样在对旅游者进行凝视，在网络上则地位悬殊，旅游地原住民的缺席减少了互动感，观众只需付出少量的精力就能获得观看的满足。虽然借助于互联网，风景传播的覆盖面大大提升了，而观众在匆匆浏览风景后便前往下一站（幕），其风景对人留下的印象大为淡化了。

### （四）文化维度：重返自然的心灵召唤

法国地理学家边留久（Augustin Berque）在《风景文化》中强调：“风景文化对于有关风景的思想而言是首要因素，这就是风景的深意。”① 自古以来，自然山水就作为人类意志的表达存在于艺术作品中。中国“乡土社会中的权力结构，是松弛和微弱的，是挂名的，是无为的”②。自然风景作为一种无为而治的意象，镌刻在中国人的文化体系中，正如德国

---

① 张春彦、冯海宁：《从书画角度探讨东方风景文化的出现——基于边留久的风景文化理论》，《国画家》2018 年第 4 期。

② 费孝通：《乡土中国》，生活·读书·新知三联书店 1985 年版，第 64 页。

汉学家顾彬（Wolfgang Kubin）所言：“自然成为了人的情感的‘隐含体’。”[①] 风景传播的兴起体现了人对自然的天然依存，人们在自然中寄托审美需求、人文情怀与乡愁心绪。一方面，风景传播彰显了中国人的审美情怀，中国人从古至今就有“以形媚道”的审美观念，以景抒情，寄情于景，在风景中寻找道法自然是中国人特有的情怀，是风景传播的文化内驱力。另一方面，风景与本土认同与归属息息相关。望山见水的过程中能够使人记起乡愁。西蒙·沙玛（Simon Schama）在《风景与记忆》中形象地描述对风景与乡愁之间千丝万缕的暧昧关系，“一旦缺少了特定地域风景传统的神秘感——一块被赋予家乡之名、承载复杂而丰富的故土之思的土地，那么这一认同感那摄人心魄的魅力将会大打折扣”[②]。费孝通也写道，“‘生于斯，死于斯’把人和地的因缘固定了。生，也就是血，决定了他的地”[③]。在稳定的社会关系中地的含义简明地涵盖了人们所经历的一切风景与教育，地域上的远近反映了血缘的亲疏，家乡的风景寄托了人们对血亲的思念，近乡情更怯的感情自然而然和风景挂钩，也是和土地挂钩。就像1961年美国民谣歌手的歌词，“如果你错过了我的火车，你应该知道我已经离开了，你可以听到一百英里外的汽笛声”。

风景传播在承载人生的体验时，自然而然地被寄托厚重的文化内涵。自然风景所具有的崇高感能够召唤观众的集体潜意识。“崇高感”是文化的产物，不是将刺激物限制于目睹痛苦或可怕的东西时产生的愉悦体验，“人们所感受到的‘崇高感’，引导人们认知人类的局限与自然的伟力”[④]。观众通过风景感受寄生于文化的集体记忆，直面风景时产生的感觉与直观“自杀的高卢人”等悲剧性雕塑作品的感觉是相似的，人们见岳阳楼，自然会“哀吾生之须臾，羡长江之无穷”。现如今，各媒体口中推崇的“十大最壮观风景”“超震撼的八大美景”，即是通过对风景影像赋予崇高定义，观众捕捉到“壮观”“震撼”等字眼，不由自主停下脚步，身心融入风景之中。

风景传播是个体满足美学需求的渠道。生态美学通过勾勒生态系统的有机结构，强调艺术的表现与生态的表现具有同等互通的结构，艺术之所

---

① ［德］顾彬（Kubin，W.）：《中国文人的自然观》，马树德译，上海人民出版社1990年版，第24页。

② ［英］西蒙·沙玛：《风景与记忆》，胡淑陈、冯樨译，译林出版社2013年版，第15页。

③ 费孝通：《乡土中国》，生活·读书·新知三联书店1985年版，第72页。

④ ［美］尼古拉斯·米尔佐夫：《视觉文化导论》，倪伟译，江苏人民出版社2006年版，第19页。

以能够让人感到愉悦，“重点并不在于每一个要素自身是令人愉悦的，重点在于诸多要素所建立起来的关系在整体的系统中是真实的、连续的”[①]。风景传播暗含了人类对生态感知中的“喜剧模式”，人们青睐生态风景的潜意识与人们偏好观看喜剧节目的心态是相通的，人们进入景区，拍摄风景，上传网络，与人分享，是在通过观看风景感受和传递生态美感，其产生的传播效果体现出对生命、自然、活力的歌颂，与喜剧里好生恶死的模式是一致的，二者都能激发观看者对愉悦感、幸福感的追求。风景传播文本本质上属于后现代美学的生态美学的表达形式，其所宣传的生态知识拓展了人们的审美反应，升华了审美情感。

（五）技术维度：虚拟在现与重新编码

“新闻是我们创造出来的，以各种不同的方式，不再是单一一种。”[②]数字处理和传播技术的演进为风景传播插上了腾飞的“翅膀”，虚拟再现技术将风景信息重新编码，发挥秀美风景的内容优势，突破风景传播的时空限制，通过电视、广告、社交媒体等传播途径，借助移动智能终端，渗透进入日常生活的每个角落，在饭桌上、公交车上、卫生间、停车间隙、上课、睡前等时时刻刻我们可以享受片刻的风景愉悦。一方面，现代技术为时间凝固带来了契机，使风景留存于虚拟世界并进行广泛传播，数字艺术对风景赋能，被“二次创作”的风景拉近了创作者与观众之间的距离。另一方面，虚拟再现技术从空间、时间、事件等多个层次的细化，将风景更为多元、精确地还原。例如在上海展览的多媒体版《清明上河图》，形成动态的视觉影像，让经典国画“复活”。媒介技术的革新改变了曾经单一再现的审美体验，丰富了风景传播的艺术形式，先进的影视剪辑艺术手法被运用于风景传播当中，如 PS、Vlog、短视频的剪辑方式，为风景文本赋予巨大的传播效率和能量。

媒介技术将风景文本重新编码，使风景传播的留存效果呈现片面化、主观化和虚拟化的特征。风景传播文本渗透了制作者的主观意图，掩人耳目的风景修饰包装着作者隐晦的观念。如特色古镇经常作为汉服推广商家的拍摄地，利用风景的仿古性演绎汉服商品。风景文本广泛传播时，受众作为阐释者对文本进行自我的解读与改造[③]，营造了一场人人参与和无所

---

① 程相占、周品洁：《美学何以是生态的？——以约瑟夫·米克为讨论中心》，《山东社会科学》2019 年第 12 期。

② ［美］丹·吉摩尔：《草根媒体》，陈建勋译，南京大学出版社 2010 年版，第 20 页。

③ 隋岩、唐忠敏：《网络叙事的生成机制及其群体传播的互文性》，《中国社会科学》2020 年第 10 期。

顾忌的话语狂欢。例如网红丁真，本来是作为四川甘孜州旅游目的地的符号，却在微博平台上引起观众关于男性身份、女性凝视、扶贫攻坚成果等多维度的讨论。作为流行文化的风景传播呈现出走向由媒介特性所决定的“歧途”：批量生产与同质模仿。李子柒乡村生活受到关注，同一时间各大平台纷纷出现穿着传统服饰的女性劈柴起灶。波德莱尔在面临机器嵌入美学时曾担忧：“诗意和进步像两个彼此深恶痛绝的野心家，当他们在同一条路上相遇时，其中的一个必须让路。”① 风景传播中正在遭遇同样的宿命。

## 二　好“景”不长：风景传播的价值与风险

作为流行文化的表意实践，风景传播有其多元的传播价值与风险。风景传播作为一种社会建构，难免受到政治、经济与技术各方面的“拉扯”，需要“去主观化”地审视风景传播带来的欣喜与隐忧。

### （一）积极维度：愉悦身心与繁荣经济

存在即合理，风景传播的崛起起源于社会公众对其正面价值的认可，从积极维度上看，风景传播具有愉悦身心、繁荣经济和文化、推进审美转型和受众参与的价值。

首先，借用风景隐喻共享文化认同。风景传播是塑造认同的重要路径。风景影像作为国家和民族的符号被载入诗歌、音乐、美术中，丰富了民族文化的类型和内涵。人们日常使用的纸币背后的西湖、黄山、长城等风景证明了风景与政治的关联，风景传播作为国家符号所延伸出的身份认同与民族认同引起观众的共鸣，推动观众参与进同一种传播仪式之中，潜移默化地形成文化惯习。歌曲《我的中国心》中反复提及“长江、长城、黄山、黄河”，列举风景作为象征符，建立土地与国家的联系。人民大会堂重庆厅以《三峡晨曲》、安徽厅以《迎客松》作为主背景画，在接待来宾时频繁入镜，风景作为象征文化被进行复读与交换，增强了人民的国家认同。采用英文旁白的纪录片《鸟瞰中国》详细介绍了中国土地上的风土人情与宏大工程，偏向空间的风景图像无形中铺展其神话性，对外塑造和传播了国家形象。

其次，借助风景图像取悦观者身心。风景传播具有愉悦身心的功效。

---

① ［法］夏尔勒·波德莱尔：《1859 年的沙龙：现代公众与摄影术》，载弗兰西斯·弗兰契娜、查尔斯·哈里森编《现代艺术和现代主义》，张坚、王晓文译，上海人民美术出版社 1988 年版，第 28 页。

风景所具有的自然美、崇高美能让万千大众感受或恐怖或悲壮或委婉或旷达的心境，通过寄情山水来安抚心绪。在注意力恢复理论的视角下，对优美自然环境的依恋能够帮助人们恢复定向注意力，从而达到心理疗愈的作用。自然环境所具备的魅力性、远离感、兼容性及延展性能够促使人们在自然环境下卸去压力，专注于探寻自然的“曲径”，从而自由地思考与放松。压力减少理论也证明中等复杂并存在视觉焦点的自然环境有利于吸引观者的注意力，从而阻断观者的消极情绪，培养积极情感。推送至智能终端的风景影像发挥了风景的观赏价值，数字传播技术让人足不出户就可以利用碎片化的时间来欣赏风景、放松身心。风景传播所创造的“盛景”辅助观众的代入与投射，正如曾经的摄像头代替观众注视演员。如今的风景传播作为观众眼睛注视的对象，成为联系风景与观众之间的道具，观众通过风景影像感受风景对自身的疗愈与修复。

风景传播助推了审美的转型和提升，丰富了当代艺术的内涵。随着舒斯特曼的实用主义美学兴起，以风景为代表的通俗艺术给更多人带来更强烈的审美感受①。风景作为美学客体，蕴含着强烈的个人直觉，寄情于景是观赏者对自我意识的不断思索与追求。西晋诗人左思在《招隐诗》中写道：“非必丝与竹，山水有清音。”而在现代，设置在景区内的许愿墙、许愿树，是游客在风景中寄托情感追求。风景传播将风景通俗化处理，并由网络红人引领鉴赏，比如短视频网站上的“踩点式”风景大片，善于运用黑影转场、一镜到底的拍摄手法，节奏感与现代感明确指向通俗艺术带来的审美体验，让更多人理解和接受，提升了整个社会的审美水平和层次。

再次，扶植风景经济赋能社会发展。风景传播是繁荣经济和智慧社会建设的重要路径。“人的目光具有赋予事物以价格的魅力。”② 风景传播能够转换为“注意力经济”，伴随着旅游业新业态、新产品的不断迭代，产业融合已经成为大势所趋，单一、分散的文字媒体报道不能够满足旅游宣传推介需求，风景传播利用新型传播技术促进了旅游 + 媒体多元格局发展，全媒体直播推动了全域旅游的呈现，加快了旅游资源业的开发和形象塑造的步伐，实现了区域资源有机整合、产业融合发展、社会共建共享。借助科技的力量，风景传播能够促进全域旅游与智慧社会建设相结合，加

① 彭锋：《舒斯特曼与实用主义美学》，《哲学动态》2003 年第 4 期。

② ［奥地利］路德维希·维特根斯坦：《游戏规则维特根斯坦神秘之物沉默集》，唐少杰、杨玉成等译，陕西师范大学出版社 2003 年版，第 24 页。

强旅游品牌建设，提升风景的社会影响力。风景传播的多元化与个性化的传播特点能够助力旅游扶贫，提高中小城市、乡镇知名度。风景传播成为旅游景区建立线上服务系统与线下景区的重要组成环节，以景区官方微博、公众号、小程序中虚拟地图的设置能够帮助游客在线下拥有更方便快捷的旅游体验。风景传播使智慧景区、智慧旅游更加专业、系统、高效。

风景传播推动环境保护的公众参与。在荷兰心理学家吉尔特·霍夫斯泰德的文化维度评估构架下，中国高度的集体主义精神驱动中国人更愿意维系族群内的稳定，而在生态政策接受程度上认同度也较高。接受风景传播的受众在生态政策推动后自觉重视个人在生态文明建设的行为，会利用网络风景满足出游意愿，表达对自然风景的爱护，谴责破坏风景的行为，无形之中减轻了生态环境容量的压力，形成了爱护风景、保护风景的舆论氛围。

（二）消极维度：筑造现实与幻象的沟壑

阿恩海姆（Rudolf Arnheim）在《视觉思维》中的发问："艺术的目的是什么?"[①] 在认可风景传播的正面价值的同时，也需要审视风景传播的价值取向，避免风景传播片面迎合市场需求而走向歧途。

正如人类为了社交选择美颜一样，风景传播中存在着网络与现实反差的鸿沟。对风景过度包装而非注重风景的内涵建设，实则是韦尔施所说的"浅表审美化"，是"用审美因素来装扮现实，用审美眼光给现实裹上一层糖衣"[②]，破坏了美的本质。旅游景区宣传名不副实为社会所诟病，在短视频中宣传的"以水为镜，水天相接"的风景，在现实中只是在地面贴了几块镜子，破坏了人们对美景的美好印象，增加了民众的不信任情绪。虚拟社会的非现实化倾向弱化了风景作为现实物质的厚重性，扩张了审美形象的漂浮性。短视频中对风景的构造实际是一种"景观软暴力"：有意地为观众制造"伪境"，观众被"伪交往关系"所迷惑产生的无批判性认同感，让大众忽略了由重构带来的图文割裂[③]。获得百万点赞的黄山冬日美景视频是拼贴分割摄影图片，再利用特效制作而成，并非实景拍摄，在短片中呈现的"草原仙境"网红打卡地都是经过后期制作，制作

① ［德］鲁道夫·阿恩海姆：《视觉思维：审美直觉心理学》，滕守尧译，光明日报出版社1987年版，第45页。

② ［德］沃尔夫冈·韦尔施：《重构美学》，陆扬等译，上海译文出版社2006年版，第266页。

③ 张一兵：《居伊·德波景观批判理论的历史生成线索》，《马克思主义与现实》2020年第4期。

者将短视频作为一种激发观众旅游动机的一种“旅游符号”，这种符号的构建不仅依赖于视频制作者对该风景的概括，也是在迎合受众对该风景的合理想象。但这种旅游符号的真实性则有待考究，犹如广告词中的精美表达：“您需要什么，我们就提供什么。”传播者在无形或有意之中获得了建构事件的权力，但正如麦奎尔指出的：“证据有力地支持了人们会考虑那些被他们告知的事件，但没有证据表明他们会仔细思考他们所被告知的具体内容。”① 在充斥着“夏季必须要去的十个景点”“去某城市不要去某景区”等文本的平台内，观众被束缚在传播者制造的“议程”中无法脱身，无心辨认文本内容的真伪，沉浸于虚构的风景幻象中。

虚假的风景传播背后的伦理失范问题来自文本创作者的刻意隐瞒。美的泛滥导致人类在对美的要求越来越高，对审美的逐渐冷漠和机械化的观看消弭了当代审美的深邃。在审美疲劳时，“代之而起的是对非美学的需要，这是一种对中断、破碎的渴求，对冲破装饰的渴求”②。浅表的审美化带来的是不计目的的快感、娱乐与享受，而大量浅层次的审美的累积与重复不断影响大众审美风格的塑造，正如维特根斯坦所言“人的风格是他的画像”③，而被扭曲被重塑的风格无疑会隐秘地影响人的个性与精神。

以赛博空间为载体的风景传播成为另一种意义上的“双刃剑”。经过虚拟世界的沉浸，大多数用户已经不愿意再作为一颗“愤怒的葡萄”，无意义的避世与享乐主义会破坏人们内心追求真善美、抨击假恶丑的崇高信念，扭曲的社会被电子风景所遮蔽，美好的风景表象掩盖的是对社会不公的抗议和追诉。风景传播更多代表着对现实的“逃逸”与“决裂”，例如，电影惯常利用自然风景的摧毁力来隐喻社会与政治的动荡，风景中的悲剧色彩也常常被诗人当作自身生涯的替身。风景营造出与梦境类似的视听情境在施展救赎的同时，它所独有的优美与委婉也令人精于抒情而缺乏政治性。正如波茨曼在《娱乐至死》中所描述的：“节目开始和结束时播放的美妙音乐，生动活泼的镜头引导我们不该为现实中的苦难哭泣。”④ 这种“奶头乐战略”实际上是“马太效应”的前奏，在大众传媒迈进互

---

① ［英］丹尼斯·麦奎尔：《麦奎尔大众传播理论》，徐佳、董璐译，清华大学出版社 2019 年版，第 418 页。

② 章辉：《论韦尔施的后现代美学思想》，《上海交通大学学报（哲学社会科学版）》2008 年第 3 期。

③ ［奥地利］路德维希·维特根斯坦：《游戏规则维特根斯坦神秘之物沉默集》，唐少杰、杨玉成等译，陕西师范大学出版社 2003 年版，第 50 页。

④ ［美］尼尔·波茨曼：《娱乐至死》，章艳译，广西师范大学出版社 2004 年版，第 115 页。

联网时代后，对注意力的滥用严重干扰了严肃性内容的再生产，削弱了受众对社会不公的追问。景观社会的本质是“伪场境”“伪交往”的构建，风景传播正是基于虚拟的网络进行物象的再造。在2019年抖音用户画像中，旅游类视频跻身人群偏好度前十，而新闻资讯类则未上榜，在旅游类视频观看人群年龄层划分中，身为社会中坚的“80后”“90后”居前2位。在风景传播中获得丰沛的情感满足，容易滋生消极避世的处事态度，沦落的是改造社会、抗争现状的责任感和勇气。

究其根本，风景传播仍属于异步传播的范畴。传播技术的不断更新让受众实现了精神的异地在场，却忽视了身体的缺席。从口语社会面对面的交流到电子时代身体分离再到数字时代身体回归的追求，受众忽视了新型数字媒介传播对真实生活的嵌入。受众的地理位置、喜好、微信步数作为数据上交给一个个元媒介集合平台，生活痕迹变成了二进制构成的移动光标，身体回归带来的仅仅是抽象物的繁荣，如货币、商品对社会的统治，并没有塑造出风景真正的真实，数据交织的图景不能掩盖异步传播所带来的真实感的鸿沟，观众们只能在远离真实的彼岸被虚拟图景捕获并沉溺其中。

## 三　寓情于“景”：风景传播的出路和重塑

风景传播要真正体现风景的浪漫主义意蕴，需以回归“真、善、美”的终极命题，将真实的情感带入风景文本的生产和传播中，做到情景交融。在文本生产过程中注重内容的真实感，增强观看者的代入感，充分发挥环境的疗愈作用；在内容选择上注重传递深层次的审美观念，深化风景的文化内涵；在媒介运用过程中，增强生产者与观众的交互性，重塑网络交际的弱关系，打破制作者主导的传播过程，建构双向互动的良性传播格局。

### （一）减少人为干预，注重自然重现

自然为真，在风景传播中需注重自然重现，从而达到传递自然美、启发生态关怀的宗旨。回归风景自然，就是要将风景去媒介化，减少数字“包装”，注重自然展示，淡化制作者的个性表现和主观感受。这与“反风景”（anti-landscape）艺术致力于将艺术家对风景的干预阈值降低有异曲同工之处：制作者将自身的文化认同从风景中排除，减少对大众的思维引导。“当技术变得稀松平常的时候——真正地或者象征地成为寻常之物，它们的社会影响力却能到达顶峰。”① 李普曼的拟态环境理论早就揭

① ［加拿大］文森特·莫斯可：《数字化崇拜：迷思、权力与赛博空间》，黄典林译，北京大学出版社2010年版，第17页。

示了大众媒介对现实环境扭曲改造的现象，去自然化的风景传播就是一种被媒介构建的“拟态环境”，容易形成大众的刻板偏见，再由传播者重复强调偏见刻意迎合大众，最终会导致大众印象与现实形成偏差。风景传播应该注重自然呈现，而不能用大量想象中的美好愿望与图景来充斥大众的生活。风景传播作为传播自然之美、追寻景观历史记忆的途径，不应该是一个美化的奇迹，而是真实的创造性再现。如英国网站“共同线”，在这条贯穿英国的虚拟线中，存在着由南到北不同的风景，该网站沿着这条虚拟线路在适合种植的地方种植真实的树木，与模拟显示技术（VR）、增强现实技术（AR）相结合，共同营造这条线路上的植被风景。只要登上网站，就能在网站中观赏这条虚拟植被线，而这条线路也存在于现实之中。自然重现式景观的视觉建构通过自然风景的模拟，反击以城市景观为主题的图像内容生产，有助于推动社会反省钢铁森林中缺乏的温情，提高生态文明的公众参与。正如马克思与恩格斯所说的，在自然界实行人道主义，应按照最适合人类本性也最符合自然规律要求的方式去改造和利用自然，以此实现人与自然和谐发展的最终目的。

风景传播中碎片化的文本信息需要进行整合，描绘出真实的风景图像。聚集化的碎片消息能够更精练地为观众提供准确信息。当前，短视频 App 也从单一的短视频推送模式逐渐发展为短文本与长文本相结合、浅层观看与深层阅读相嵌的模式。集聚拼图式的风景传播方式需要用户投入更多的时间来思考和构建文本勾勒出的场景。传统媒体与新媒体融合可以增强媒体之间的良性互动，使传统媒体的权威性及准确性与新媒体推广能力相辅相成，实现媒介之间的优势互补。如中国国家地理杂志推出电子杂志和手机 App，其旗下生物科普杂志《博物》推出“网络生物鉴别”短视频，将网络碎片化信息整合进行辟谣与科普，受到社会公众追捧。

（二）重视身体在场，体验景随人动

先进的数字科技能够提升和改善风景传播的效果，创造景随人动的沉浸式场景，增强风景的真实感，而人机互动的媒介方式重新将物理人体引入，使传播“再身体化”。旅游直播减少了直播者的存在感，降低了直播者的凝视，贴合游客第一人称视角，能够增强观众对风景审美的专注。以人机互动为特色的科技媒介运用越来越重视人的“赛博化”[①]。如何让传播重新回归“面对面的交流”成为大势所趋，随着全息投影、激光技术、人工智能等前沿科技的不断探索以及医学领域对人脑与计算机结合的研

---

① 孙玮：《赛博人：后人类时代的媒介融合》，《新闻记者》2018 年第 6 期。

究，智能化身体在场呈现出身体—媒介—环境的具身互动情景，智能技术与人体的互嵌使技术身体的科幻场景变成现实。正如麦克卢汉的预言所示："我们正在迅速逼近人类延伸的最后一个阶段——从技术上模拟意识的阶段。在这个阶段，创造性的认识过程将会在群体中和在总体上得到延伸，并进入人类社会的一切领域。"①

风景传播应该回归身临其境，从"面对图像世界"到"走进图像世界"。在如今的风景传播的赛博空间中，"你不再面对着远方的图像。而是走进画面在图像的虚拟世界中往返自如"②。由数字风景所构成的赛博空间应该作为人们审美与娱乐的载体而非目的地，利用赛博空间来接近远方的现实而非制造者迷惑受众的幻象。人们接触使用媒介的目的是满足自己需要。景随人动的观景模式，可以让游客通过对旅游目的地的"凝视"，利用网络源源不断地获取收集异乡的文化符号，将一切视觉文本所传递的风景内容转化成能够构成游客对旅游目的地形成印象的文化实践。

（三）强调受众参与，增强"双向交流"

为了突破风景传播的虚幻性，需要增强实地体验感，增强互动性，提高观众的真实情感投入，实现"双向交流"。打破风景传播所制造的"伪交往"情境，需要增强观众的参与度与互动性，将风景赋予符号性，注重"交互性"和"体验感"的模式。在阿尔文·托夫勒（Alvin Toffler）的未来预言中，体验经济被描述为"能够提供一个瑰丽万千的虚拟环境供顾客体验快乐冒险的生活环境，在虚拟世界中尽可享受身临其境的感觉"③，体验感被奉为一种新的价值源泉，是"消遣娱乐的中心所在"④。例如故宫"御猫"及其周边产品的开发，在故宫庄严肃穆的文化形象上增添自然生灵的活力与俏皮，西安大唐不夜城景区通过为不倒翁扮演的唐代仕女拍摄短视频，让远在终端的人群"穿越"回汉唐时代。诸如此类的风景传播则能深化风景中人文内涵，体现风景的人文价值。

个性化推荐技术的应用让更多观众的个人需求与行为偏好被关注、被开发。对传播主体个性特征的强调有利于网络风景的迅速生成与再次传

---

① ［加拿大］马歇尔·麦克卢汉：《理解媒介——论人的延伸》，何道宽译，商务印书馆2000年版，第20页。

② ［德］沃尔夫冈·韦尔施：《重构美学》，陆扬等译，上海译文出版社2006年版，第254页。

③ ［美］阿尔文·托夫勒：《未来的冲击》，蔡伸章译，中信出版社2018年版，第197页。

④ ［美］B. 约夫·派恩、詹姆斯·吉尔：《体验经济》，毕崇毅译，机械工业出版社2016年版，第10页。

播。基于大数据的个性化推荐技术吸取了大数据信息量大、信息多元、信息准确的特点，例如在各大视频网站推出的“猜你喜欢”功能，对用户主动搜索的主题进行记忆，当下一次用户打开网站，被推测出“喜欢”的视频就会出现在首页，吸引点击，可以有效增强用户的参与欲望和行为。

风景的审美价值并不来自景象本身的先天属性，其形态表象并不是景象的“本质”，审美价值通常是由感知者所“创作”，观众的审美经历则恰恰与风景文化有着更为密切的关联。风景传播要鼓励发掘生态环境中的人文价值，保护风景地的环境容量及人文风景遗存，保障风景可持续发展。例如婺源篁岭景区打造的“晒秋”主题，展示了人生活在自然中的社会痕迹，使“晒秋”这一因地域特色民俗成为宣传重心，由此衍生的文创产品与土特产直播销售都为风景传播引入人文元素。篁岭风景区将徽州乡村风景与民俗相结合，在景区开发过程中对遗存古宅进行维修与重建，古村落遗迹反过来为单纯风景增添了人文底蕴，强化了风景的文化渲染力，也丰富了风景的文化表现形态。

## 结　语

作为当下社会文化的重要内容，风景传播借助数字传播技术改造与重构自然，构建了多姿多彩的“拟态风景”。风景传播的崛起既是当代审美全球化的缩影，也是审美与商业、政治权力纠葛的产物。风景传播在景观社会大放异彩，有其独特的魅力，也与现代人的生活和思维方式息息相关。如何评判风景传播，不应只以科技的标准，也应以人的尺度去衡量，经受“斗争磨炼、革命洗礼和精神锻造”①。在琳琅满目的电子图景中需要进行思维的纠偏，理解技术崇拜所引申出的疑虑与冲突。在未来的人工智能时代，媒介技术介入生活，“人机互构”②，身体愈加透明化，身体知觉延展，真实场景与虚拟场景的界限愈加模糊，人类又如何进行身体图式的再认知？当下，碎片化的景观所呈现出的信息超载深刻地影响了人们的审美过程，但人们又不愿意舍弃人工天堂所创造的快捷生活方式。韦尔施曾经设想过立足于娱乐的网络远景，在后人类文化的奇点到来之前，有很多问题仍待我们去审视。“哲学并不忽视在人的这些不同力量之间存在的

---

① 余聪、张亮：《人工智能时代意识形态批判的哲学反思——“人机关系”视野中的批判向度》，《浙江学刊》2021 年第 2 期。

② 姬德强、高玉炜：《隐喻还是现象：重思传播学视域下的身体问题》，《南昌大学学报（人文社会科学版）》2020 年第 2 期。

张力与摩擦，强烈的对立与深刻的冲突。”① 在风景传播的积极与消极维度需要容纳艺术与传播的多样性与相异性，这种对立面并非彼此排斥，而是互相依存。“对立造成和谐，正如弓和六弦琴。”

## 第四节 女性观看的传播政治经济学研究

人类历史上男女平权的火焰虽然星星点点，却从未中断。进入现代文明社会，男女不平等的状况得到巨大的改善，女性被时代车轮裹挟着前进，女性的身份和角色获得了极大的认同与支撑。随着文明的进程，传播场域中的男女不平等现象因为传播媒介的丰富和文化的下移而得以改观。随着移动互联网的普及，“人人都有麦克风”，女性接触和使用媒介的机会大大增加，女性的传播意识和能力得到显著提升。作为当下最炙手可热的新兴媒介技术之一的短视频更是为当下女性的表达提供了便捷的平台，女性的形象、态度、观念得以再现，女性的话语被更多人的阅知。在歌舞升平、眼花缭乱的虚拟世界中，女性似乎获得了与男性同等的权力和地位，享受着同等的传播资源、机遇和体验，曾经在女性解放进程中扮演重要角色的女性主义好像已经被淡忘了。

英国“女权之父”约翰·斯图亚特·密尔（John Stuart Mill）在《女性的屈从地位》中直言所有妇女从最年轻的岁月起就被灌输一种信念，即，她们最理想的性格是与男人的截然相反：没有自己的意志，不是靠自我克制来管束，只有屈服和顺从于旁人的控制②。法国女性主义学者西蒙·德·波伏娃（Simone de Beauvoir）在《第二性》书中认为社会对女人的要求是，为了实现自己的女性气质，她就必须成为客体和猎物，就是说，她就必须放弃成为主权主体的权利要求③。我国女性主义学者李银河感叹女性的第二性地位是如此普遍、如此持久④。女性作为人类群体的另一半，是人类进行繁衍从而得以延续的基础，是推动社会进程的重大力量，但却饱受传统观念、社会陋习、家庭制度的束缚与压迫，深受男权文

① ［德］恩斯特·卡西尔：《人论》，甘阳译，西苑出版社 2003 年版，第 281 页。

② ［英］约翰·斯图尔特·密尔：《妇女的屈从地位》，汪溪译，商务印书馆 1995 年版，第 17 页。

③ ［法］西蒙娜·德·波伏娃：《第二性》，陶铁柱译，中国书籍出版社 1998 年版，第 774 页。

④ 李银河：《女性主义》，山东人民出版社 2005 年版，第 1 页。

化的霸权统治。新媒体的革新和普及是否改变了传统的男女地位差异？女性在近用新媒体的过程中又有什么样的遭遇和体验？出路和走向应该如何引导？境转时迁，新媒体的盛宴带来丰富的文化产品和个体表达的相对自由，但是并未给社会中的大多数女性带来真正意义上的解放，她们仍然被社会男权意识形态所禁锢，被长期的社会传统观念所束缚，被现代的审美范式所裹挟，女性身陷其中而不自知，并造成了深远的社会后果。本节尝试从女性主义视角去探讨女性在近用短视频的表征与动因，辨识女性近用短视频的本质，打破新媒体带来男女平等的幻象，探析推进男女平等的新媒介路径，实现女性的自由解放与意识重塑。

## 一 看与被看：女性近用短视频的表征

现代社会的物质生活水平不断提高，教育文化不断普及与下沉，为女性的发展注入了源源不断的动力，历来受到遮蔽和漠视的女性群体的需求和体验受到了前所未有的重视。影视媒体为博得女性的眼球而生产制作大量情感、颜值导向的偶像剧；电商和实体店看中女性的消费能力而推出各种“女王节”“女神节”等促销活动；社交媒体为赢得女性关注而大量签约美妆服装博主。充当家庭“把关人”的女性开始在社会领域享有一定的发言权利与地位，女性力量能在各行各业得到展现。在新媒体生产和传播领域发挥自己的才能，表达自身观念，体现了一定程度精神与身体的独立。然而，女性在近用短视频过程中扮演着围观者、见证者、生产者和消费者等多重角色。

### （一）凝视“他”时的围观者

随着图像、影音等数字处理和传输技术的更新和普及，以视听为主要呈现方式的视频迅速发展，短视频凭借着短、精、快的特点吸引大量受众，善于近用短视频的年轻女性受众，不再需要通过阅读文学作品来获取和建构生活体验，借助短视频的图像表达方式，可以直接对男性进行审视，简单而直观地满足女性对男性的审美。观看的凝视虽来源于男性眼光对女性的窥探，但在观看体验中，不仅存在着男性对女性的表层凝视，同样存在着女性对男性的回击式凝视①。电视剧中“帅气、多金、霸道”的男主角是为女性建构的角色，而选秀综艺中塑造“可奶、可甜、可盐”的温柔男性形象是为迎合女性想象的人设。时不时肌肉的展现、T 台秀的

---

① 范语晨：《“男性”依然“凝视”——抗日谍战剧〈伪装者〉热播现象的女性主义反思》，《新世纪剧坛》2016 年第 3 期。

视觉效果都让女性观众大饱眼福。于是，女性在各大视频网站和社交网站中自由赏阅剪辑好的短视频、GIF 动图等，男性的一个眨眼、一个笑容、一个手势都能被无限放大，成为女性的“视觉盛宴”。

“人类看似自然的观看行为，其实是复杂的文化行为。”① 女性的自主观看行为并不代表成为自身行动的主体，而是社会规范规训的结果，受制于社会的既定结构与秩序。个人只有遵从于意识形态，才能作为主体来表达与行动。这就意味着从观看行为而言，女性的主体性发挥还是依附于社会关系之下，女性的凝视无法摆脱既定的观看模式，女性在围观的过程中受制于男性的意识形态影响，因为以往男性在凝视过程中，通过控制女性使自身产生满足感，但女性围观者并非期望控制男性，而是渴望被控制。女性凝视的视觉快感来源于视频中她们所建构完美男性及成为他们的附庸，仍然渴望得到男性的凝视和认可。

（二）自我凝视的见证人

作为生命的载体，人首先是一个会劳动的有机体，是有生理意义的现实存在。但在漫长的岁月当中，“人的生理的经验总是受到社会范畴的更改，正是通过这些社会范畴身体才得以被认知”。② 社会的进步促使人从内在到外在都发生了翻天覆地的变化，人不再是单纯意义上的、未经制造的“自然”人，而是成为一种社会文化符号，在凝视自己或他人时成为“社会”人，思想、审美、观点等无可避免地被刻上时代的烙印。换言之，在现代视觉机制的驱动下，人不单单有着自然生产的生理属性，还承载着社会赋予的文化属性，显现出审美高度一致化的趋势。无论是男性还是女性，彼此之间更加关注个人外观与个人价值，身体成为日常生活中最具表现力的能指符号。福柯认为“全景敞视机制”使权力自动化和非个性化，一种虚构的关系自动地产生一种真实的征服③。人在观看时可以通过“凝视”来建构自身的主体身份，而被观看者的行为和心理就会在被“凝视”的过程中受到“规训”，被动地接受和内化观看者的价值判断。观看过程中保护着两个主体，一个是“观看者”，另一个是“被观看者”。被观看者通过他人的审视来改变和调适自我，观看者也在审视自我，并充当着二者的见证人。大唐不夜城的不倒翁表演以短视频的方式走红，女性

---

① 周宪：《读图，身体，意识形态》，载陶东风、周宪《文化研究》，社会科学文献出版社 2002 年版，第 68 页。

② Marry Douglas, *Natural Symbols*, Harmondsworth: Pelican, 1973, p. 10.

③ ［法］米歇尔·福柯：《规训与惩罚》，刘北成、杨远婴译，生活·读书·新知三联书店 2012 年版，第 226—227 页。

表演者身着飘逸的唐衣，有着精美的妆发，展开了“巧笑倩兮，美目盼兮”的表演，其中“把手给我”的表演吸引着一拨又一拨的人前来牵手，甚至还有观看者不远千里来西安，表演区的隔离栏都因此挤坏，其中既有众多男性的围观，女性观众也不在少数。

波伏娃曾尖锐地批评：“女性在男人心目中的价值，也不是通过增强自己作为一个人的重要性取得的，而宁可说是通过根据男人的梦想去塑造自己获得的。”[①] 女性不平等地位是长期以来社会政治经济文化制度形塑的结果。在社交平台上，有众多的视频模仿者，女性通过对不倒翁的表演进行模仿来渴望获得关注，不断地在被他人的凝视中进行自我凝视而企图成为完美的自己。借助新媒体工具，女性不仅可以通过各式各样的软件平台去观看别人的身体、生活，甚至是窥探他人的隐私，同时通过他人来凝视自我的存在，不断地规劝自身、调整自我、引导自己。传统时代因技术网络而受到限制的“他人”形象被可视听化的审美范式与身体形象所取代，审美似乎有了标准和规范，追随他人也成为一种时尚，形成了以他人之姿塑自我之形的普遍现象。

（三）活跃的内容生产者

自信息化浪潮席卷全球以来，网络视频生态不断演化，短视频用户规模急剧扩张。短视频的碎片化、移动化、社交化等诸多特性将内容生产的技术、文化门槛大大降低，越来越多的女性突破社会角色的固有束缚，成为短视频用户群的重要组成部分，生产和观看视频已成为当下女性基本的文化消遣方式。根据数据分析平台发布的抖音 2020 年用户画像显示，平台用户并未出现传统报刊或网站中男性占显著多数等现象，用户性别比例趋于平等（男性：52%；女性：48%），其中女性中 19—30 岁用户使用偏好最高[②]。女性观看短视频的过程中会对视频内容进行点赞、评论、转发。例如抖音短视频平台常常通过“话题引导”和“原声同款”等活动鼓励使用用户去发布相关内容来分享和传递生活及态度，而此时女性观看者则在评论中发表自己的看法，在转发中表明自己的态度，还能对评论进行点赞。相比较于著书立说、影视创作，短视频成为女性塑造自我并生产创作的一种“替代性媒介”，使女性主动去展示多元化、多样性的自我[③]。

---

① ［法］西蒙娜·德·波伏娃：《第二性》，陶铁柱译，中国书籍出版社 1998 年版，第 386 页。

② 巨量算数：《2020 年抖音用户画像报告》，http：//www.199it.com/archives/1017794.html。

③ 唐苏雅：《以“主体性”理论为据阐释抖音中的女性形象》，《视听》2019 年第 11 期。

徒有视频内容的生产者无法构成视频生态的多样性，视频平台不同意见的碰撞、多人在场式的观看体验等，使得平台与内容创作者、内容创作者与女性观看者的连接愈加紧密，形成信息传达、观点传播、情感传递的链式循环。

但是，为博取点击与流量等肆意表达如若缺乏科学引导，极易形成激进女性主义观。在新媒体环境下，舆论的风向标形成和倒戈瞬息万变，在网络上极易出现“沉默的螺旋”效应。部分女生视频内容生产者高举“新时代女性”自由之旗，为煽动对立情绪而忽视传播内容的价值是非，遑论其社会后果。激进的表达背后是心态的失衡与价值的扭曲。激进女性主义观念以自我为中心，妄图凌驾于男性之上以获得心理上的安慰与满足感，并不能真正地为女性发声和指引女性行动。

（四）冲动的产品消费者

互联网的革新和普及催生了线上消费和购物平台，网络商品具有价格低廉、购买便捷以及产品多样化等特点，能够实现时间与空间脱离的网络购物成为流行的消费方式，在家庭与社会当中扮演更多生活责任属性的女性成为消费的主力人群。如果说网络购物平台是为了现实需求而打开去消费，那么观看短视频而产生的消费欲望就是虚拟的临场感所赋予的。不同的消费环境和消费体验能够使消费者产生不同的购买动机。在网络直播火爆的当下，李佳琦对他口中“所有女生”关怀式的直播使之迅速发展成了“口红一哥”，犹豫不决的女性频繁刷到李佳琦“Oh my god”的带货短视频。通过观看每只口红的上嘴试色，来实现购买前的虚拟体验感激发了其口中“所有女生”的购物冲动。

相较于大多数男性而言，女性在购物过程中常常体现出冲动消费和从众消费的特点，且更关注商品外观造型而非性能功用。女性富有较强的想象和联想能力，拥有强烈的好奇心且乐于尝试新鲜事物，在视频观看后发生购买行为的人群不占少数。许多视频博主通过穿戴服装及饰品，直观地展示商品的上身效果，或者像李佳琪一样将化妆品上脸展示效果，能够直接冲击和迎合女性观看者的心理，激发女性发生购物行为。诸如抖音、快手等短视频平台，拥有橱窗链接，一键可购买心仪的商品。随着女性地位与经济水平的提高，女性身体出现了商品化的趋势，女性的穿搭与妆容展示作为消费客体又成为被凝视中心，女性在观看过程中难免沦为其帮凶，生产和传播的女性身体影像被赋予更多的评头论足。消费社会学认为，消费文化把身体和自我认同联系起来[①]。女性在观看过程中产生的购买行为实质上是为装扮自身来构建更好自我，“女为悦己者容”的传统思想在网络时代躁动不安、随时显现，更加时尚、拥有更多魅力成为女性的“刚性”需求。

## 二　半推半就：女性观看的政治经济动因

长久以来，女性的社会生存都存在一种自我矛盾的痛苦，因为传统的家庭教育与思想进步发展的矛盾，使其在社会化成长过程中常常面临自我认同的迷惘。正如波伏娃所言：“女人一开始就存在着自主生存与客观自我——‘做他者’的冲突。”[②] 在观看短视频过程中，寻找身份认同和确定自身位置驱动她们认知自我存在的价值，并且努力脱离依附状态，进而得到成长。身处于大众文化与消费文化相交融的社会语境中，多重因素作用于女性成长的历程，五花八门的媒介生产出多种多样的消费诱惑，新兴技术促使思想行动被算法所控制，作为内容的生产者和产品的消费者的女性在观看背后有着深刻的社会、心理、技术动因。

### （一）身份追寻和认同

塔弗尔将“社会身份认同”定义为个体认识到自己所在社会群体的成员所具备的资格，以及这种资格在价值上和情感上的重要性[③]，强调的是在社会化的过程中个人意识逐渐地清晰明朗。身份追寻的前提是要有一个有关社会身份的信息，例如性别、职业、年龄、兴趣、种族等。社会身份的确认会驱使个体加入一个社会群体，并对所属的社会群体产生归属感，自然而然从群体中找到知音。在观看短视频过程中，如果是一位母亲会不自觉地观看同为母亲的育儿视频，一位女大学生则可能会较多关注同为大学生的校园生活视频。但是在对身份认同对追求过程中，存在陷入群体狂欢式的风险，“所有人都在积极地寻求社会群体，所有人都参与这种疯狂式的舞台当中。人们并不是置之度外不在意地看狂欢，而是置身其中，继续狂欢式的生活着”[④]。女性乐于参与短视频生产和传播，既有获

---

① 陈琰娇：《被塑造与被排除的：当代都市电影中的身体改造逻辑》，《北京电影学院学报》2017年第6期。

② ［法］西蒙娜·德·波伏娃：《第二性》，陶铁柱译，中国书籍出版社1998年版，第324页。

③ 王玉玲：《海底捞的营销管理艺术——基于社会身份认同理论的研究》，《现代营销》2019年第10期。

④ ［俄］米哈伊尔·巴赫金：《巴赫金全集·第六卷》，白春仁、顾亚玲译，河北教育出版社1998年版，第115页。

得的欣喜愉悦，也有失去的怅然若失。

身份认同是“一种焦虑与希冀、痛苦与欣悦并存的主体体验”[①]。在身份认同的过程中，可能是积极的也是消极的。在短视频观看活动中，当心理所属群体的认同感强于非所属群体时，那么此时的观看过程是积极的，反之亦然。视频博主采用拍摄展现生活日常，通过符号化的视觉生产过程让观看者从中看到自己的影子。例如独立自主的单身女性、活泼开朗的女学生、遭遇父母催婚的女性等，一个个直接而赤裸的标签作为参照让女性在心中进行潜移默化地认同。通过观看短视频，或是积极或是消极，能够对自我身份进行部分界定，在与他人的互动交流中认识自我。但是，浅层性的视觉表现方式代表的仅是一种符号，而独特的个人品位与纯真的自我容易在视觉狂欢当中渐行渐远。

（二）社会关系重塑

在互联网时代来临之前的传统时代，受男权意识形态的影响，女性常处于弱势的依附状态，男性处于强势的统治地位。无论是政治体系中还是职场关系中，都是由男性的标准来评价女性[②]。女性被困于家庭之中，个人发展空间有限，在社会关系中难以找到自己的位置。在互联网时代，工作与生活的界限变得模糊，工作时间趋向于弹性，让许多女性在工作之余可以接触新媒体，浏览网络内容，观看短视频。一方面，社会的开放包容性提供了关系重塑的环境；另一方面，女性的主体意识在觉醒，为改变自身形象而积极寻求在社会关系中的位置，女性形象在新媒体生态中被重新塑造。

数字化时代使得社会资源被极大地扩展，移动短视频的社会空间被泛化，形成了虚拟的社交空间。人们的交往不再局限于线下的现实空间，无论是在地铁上还是咖啡厅，无论是在家里还是在学校，都可以通过网络进行交流和互动。其中会产生大量差异性的信息，此时现实与虚拟的信息将不断交汇，承载的空间也无限延伸，短视频的社会化意义在发布者与观看者的互动活动中实现，让各地不同的女性在观看交流时重新在社会关系中找到自己的位置。

（三）消费主义驱动

经济与技术的全球化流动，带来了消费主义的全面沛兴。让·鲍德里亚在《消费社会》中提到：“在我们的周围，存在着一种由不断增长的

---

① 陶家俊：《身份认同导论》，《外国文学》2004 年第 2 期。

② 李银河：《批判男权话语，争取男女平等》，《中华读书报》2012 年 3 月 7 日第 10 期。

物、服务和物质财富所构成的惊人的消费和丰盛现象。”[①] 品类多样、无处不在的商品让人眼花缭乱，人们消费的不仅仅是商品的使用价值，更包括商品或服务所携带的附加价值，商品已不再局限于生活必需品的买卖交换，而是成为表征身份和品位的“软实力”。在媒体广告中则充斥着有关“身体消费”的信息，例如在内衣广告上，不成比例地夸大塑造身着内衣的挑逗性女性形象，这是一种把女性的身体贬低成一种消费品的行为，践踏了女性的尊严。身体本应是作为劳动力的承载体，在消费社会中被重新塑造，商业取向的视觉图像凌驾于真实身体之上，借助现代技术的多方面呈现过程中，驱使身体进行时代新定位与审美升级，挖掘其自身的魅力，本可看作革命性的创新，但在消费主义意识形态的笼罩下，身体的解放异化为一种商品的呈现。

受消费意识形态影响，女性在观看短视频过程中易将内容发布者与视频内容本身视为价值统一体，将其当作商品来对待。新媒体环境下的互动特质让视频观看者更愿意对所看内容评头论足，评论区也常常脱离对内容本身的讨论而演变为对作者的指摘，这让本仅仅只是分享生活的创作者遭受不必要的攻击，呈现出“视觉导向的消费者行为”，即现代社会中出现了以形象为基础的经济，因此人们的消费行为也发生巨大的变化，它越来越明显地受制于形象的控制或影响[②]。换言之，短视频作为一种新兴视听媒介，并不是以一种整体观来全方位地呈现身体，而是在视觉影像的推动刺激下展示的审美观念，更加侧重对身体某一部位的特写，注重整体性和富有生命力的个人魅力属性被忽略，身体的各个部位呈现放大的效果。例如很多博主分享的为身体功能性维护而进行的健身活动也被当作肉体的诱惑，引来无端的谩骂，身体仿佛只有吸引异性的作用与功能，消费神话扭曲了观看的文化交往意涵。

#### （四）算法技术助长

算法是为解决特定问题或实现预先定义结果而采取的一系列步骤。[③] 短视频的观看者在看的过程中存在两种行动，一是漫无目的地浏览并接受平台推荐的任何内容；二是有着具体需求而在平台上进行搜索再观看。无论无意接受的推荐还是有意搜索之后的推荐，平台都会通过智能算法技术

---

① ［法］让·鲍德里亚：《消费社会》，刘成富、全志钢译，南京大学出版社 2000 年版，第 1 页。

② 周宪：《视觉文化的转向》，北京大学出版社 2008 年版，第 108 页。

③ 喻国明：《智能算法推荐：工具理性与价值适切——从技术逻辑的人文反思到价值适切的优化之道》，《全球传媒学刊》2018 年第 4 期。

为观看者推荐符合兴趣的视频内容。

在移动短视频中运用的算法模式主要是三种方式的结合：基于内容推荐、协同过滤推荐和基于环境推荐。基于内容推荐强调对内容的划分，通过关键词、标签等将短视频进行合理的分类，再对观看者观看视频内容的时间和种类来判断类型喜好之后进行推荐；协同过滤推荐是一种对群体划分的推荐模式，因年龄、职业、兴趣等属性的不同，对观看者的相似性进行判断之后进行推荐；基于环境推荐是对地域进行划分，以及根据天气、时间等等不同的环境因素来对观看者进行算法推荐。在短视频的实践活动当中，通过信息的生产、传递以及反馈等环节，能在信息到达用户的匹配过程中提供技术支持，推荐用户所感兴趣的内容，促使女性能够长时间观看，甚至为达到沉迷于视频网络的效果，并引发后续的评论、点赞活动，让女性在虚拟社会中不知不觉间沦陷。

## 三　异化与失语：女性新媒体观看的影响和后果

移动互联网为女性创造了观看与发声的平台，女性不再囿于狭小的闺阁方寸之间，不再背负繁育后代的唯一使命，利用新媒体根据畅所欲言、表达自我。但是，作为一种社会建构，新媒体并不能突破既有的社会权力框架，女性形象的自由生产和观点的自由表达被局限于不触碰父权制社会本质的范畴之内，女性仍然是男性凝视的对象，处于性别压迫之中。在网络空间里，社会塑造了一个更加隐蔽的陷阱，女性似乎获得了与男性同等的表达权利，却时常迷失自我，趋向客体化，以一个不易被察觉的方式成为男权制的帮凶，带来了深远的社会后果。

### （一）男权的凝视，女性趋向客体化

约翰·伯格在《观看之道》中认为女性有着双重凝视，一是内在与自身的观察者，即对自我的观察与凝视；二是被观察者，即男性对她的观察和凝视[①]。新媒体环境的内容展示越发丰富，涉及职业工作、社会交往、文化教育、生活分享等各方面，两种凝视在短视频中都暗含强烈的性别偏见，例如：女性发布的“家有豪宅，公公帮忙带孩子”视频分享下的评论内容常见同为女性炫富的指责，而男性在发布豪车的视频分享下的评论内容却常看见女性的夸赞声音，不见质疑。女性在观看短视频的过程中，自主选择性提高、主观能动性增强、消费话语空间扩大，但是，性别指向的不同、男权的凝视导致女性在观看时趋于客体化的过程，产生了一

① ［英］约翰·伯格：《观看之道》，戴行钺译，广西师范大学出版社2005年版，第46页。

个性别上的刻板印象：女性附属于男性，女性深陷性别的困局。女性身体背后隐含着“男权意识”甚至“父权制”的意识形态及社会制度，泄露出了女性身体遭受“殖民化”的现代逻辑①，从而导致难以辨别、无法区分。“男性作为权力的所有者，女性的外表及内里都在男性所设立的标准下被呈现出来。”②

法国心理学家雅克·拉康（Jacques Lacan）的镜像理论认为人在镜像中获得的主体形象是一个“理想我”，此后，在与他人的认同过程的辩证关系中，“我”才客观化③。例如，在一条经典洗发水广告中，男性代言人刘德华面对镜头提出“我的梦中情人，她一定要有一头亮丽乌黑的长发……我觉得才够健康”。广告中并未出现女性的在场，但却无形中通过知名男性明星的叙述，描绘出了一种理想形象由女性观看者去代入。在视频背后的内在逻辑中，刘德华是众多女性的追逐偶像，他提出了对理想女性的形象想象，暗示出女性在自我形象建构的过程中需要认同“他者眼中理想的我”而非现实中自主的我，致使女性自我的异化和客体化。

（二）社会的塑造，女性趋于失语

波伏娃在《第二性》中认为：“女人并不是生就的，而宁可说是逐渐形成的。”④ 该书最初出版之际，波伏娃乐观地表示希望这本书能尽快过时，女性不再是第二性。可 70 多年过去了，女性的处境并没有根本的改善，仍然面临着较大的性别差距。据《2018 年全球性别差距报告》数据显示，以目前的发展速度，要完全消除全球性别差距需花 108 年时间才能完成⑤。性别差距的消除所需的时间越来越长，侧面反映了消除差距的困难性，性别偏见经过社会长期的塑造为人带来潜移默化、难以磨灭的印记。女性在被“塑造”，究其原因是社会以男性为主导，男性拥有主导权之后，对女性的认知和想象指导着人们的实际行动。

1994 年，霍尔研究发现在啤酒广告中存在着男性主导视角下对女性的身体主义倾向，镜头更关注女性的身体部位而非脸，而且女性常常以穿

---

① 张伟：《“视觉转向”与身体美学的现代逻辑》，《文艺理论研究》2017 年第 4 期。

② 张锦华：《媒介的女人，女人的媒介》，台湾硕人出版有限公司 1995 年版，第 87 页。

③ 刘文：《拉康的镜像理论与自我的建构》，《学术交流》2006 年第 7 期。

④ ［法］西蒙娜·德·波伏娃：《第二性》，陶铁柱译，中国书籍出版社 1998 年版，第 309 页。

⑤ Word Economic Forum, *The Global Gender Gap Report*, https://cn.weforum.org/reports/the-global-gender-gap-report-2018.

着泳装形式出现，用一种无声的认可，带来的是更大程度对身体的暴露[①]。新媒体平台的兴起为女性提供了一个前所未有的传播展示平台，赋予女性受众偌大的话语空间。然而，女性话语的繁盛仅是表面现象，背后仍是受男权社会意识形态的规训。在展示个体时，一个“贤妻良母”的形象越来越少，然而一个“御夫有术”的形象却越来越受欢迎；在育儿相关视频中，一个“好妈妈”的展示难以吸引关注，但一个“好爸爸”的形象却能吸引大量的点赞评论。评论一个女性像男性那样做好家务，可能所有人都会觉得非常别扭；而称赞一个男性如女性那样做好家务，看起来却显得那么自然而然，司空见惯。很少看到有人评价一个博主说是优秀的独立男性，相反往往看见的是独立女性，其中蕴含的仍然是对女性的性别色彩的强调。在“男主外女主内”思维的社会塑造下，在外打拼赚钱的工作才能被视为一份事业，而不挣钱的各类家务活则不被当作一份事业。在男权意识形态的长期塑造之下，女性在近用短视频时，大多数情况会无意识地采用男性的话语系统来发表评论，却浑然不知其中的性别偏见。

（三）消费的扩大，女性趋于被物化

消费社会的来临，消费成为社会运转的主导因素，在商业利益下，一切可见的事物都被贴上了可贩卖的标签，许多女性视频博主不可避免成为被消费的对象，而同样身为女性的观看者为之推波助澜。正如约翰·伯格所言，长期以来形成的不平等关系深深根植于我们的文化中，以致构成众多女性的心理状况：她们以男性对待她们的方式来对待自己，她们像男性般审视自己的女性气质[②]。尤其在消费时代中，女性的性别特征就很容易被利用，呈现一个“物化”的状态。一项对20世纪美国《时代周刊》（*TIME*）、《读者文摘》（*Readers' Digest*）、《纽约客》（*New Yorker*）和《新闻周刊》（*News Weekly*）四本杂志进行的比较研究发现，尽管有关女性在家庭以外领域中工作的报道数量逐年攀升，但从总体来看，此类报道占女性报道总量的比例没有超过25%[③]，面向女性推销的广告商品主要跟她们的家庭责任和美丽外表相关。而在今天对各类媒体及社交平台上，越来越多的女性参与其中并成长为意见领袖。但就垂直领域上看，依然大多集中于美妆、护肤、服饰等方面，而美妆、护肤内容本身已牢牢地与“被看”的标签相结合，女性更加被建构成了消费主体和客体的双重

---

① Christine C. Iijima Hall and Matthew J. Crum, “Women and ‘Body-isms’ in Television Beer Commercials”, *Sex Roles*, Vol. 31, 1994, pp. 329 – 337.

② ［英］约翰·伯格：《观看之道》，戴行钺译，广西师范大学出版社2005年版，第65页。

③ 陈阳：《性别与传播》，《国际新闻界》2001年第1期。

身份。

遗憾的是，大多数女性只停留在“以美为目的的分享”，关于专业领域、社会问题的见解与判断并不多见，更不要提传递思想理念以及政治方面的表达了。谈论最多的话题还是“美丽”“感情”“男性”“育儿”等。许多视频博主会通过录 Vlog 的自我剖析方式，分享生活点滴、相处模式来获得关注，带来流量也意味着引导消费。女性在视频制作中将自己包装成一个商品，在观看过程中则是进行消费的过程，或者分享每日穿搭，每当评论底下有人求链接分享时便会迅速发出，观看者也就会因为出于对博主的信任而购买视频里出现的某种产品，殊不知这背后正是女性自主物化的过程。消费已然不局限于固定的商业空间场所，“它就是日常生活。换句话说，消费意识形态也已渗入日常生活中的各个角落”①，消费作为重要的意识形态，影响着女性在观看过程中的选择，女性作为消费客体的角色仍被强调，驱使女性在不断地被物化。

## 四　重塑与践行：女性新媒体观看的出路和走向

在网络情境中，面对舆论的偏见与社会的规训，女性大胆发声、表达自我，抵抗身体规训、颠覆男性凝视一直是女性潜在的诉求。为了摆脱男权社会和消费主义的支配，女性应该寻回游离在身体之外的自主意识。女性主义的中心思想从来不是制造性别对立，也不是凌驾于男性之上，而是追求男女平等。粉嫩系装扮不是女性的独一特征，温柔可爱也不是女性的唯一性格，每个女性都应有独特而不唯一的思想意识和生活状态。在近用短视频时，女性不能依赖他者的目光来定义自身，不能沉浸在乌托邦式的幻想中去祈求不劳而获，而要学会拥抱现实生活，以冷静清醒的意识去挖掘自我、重塑自我。

### （一）重塑自我意识，提高话语权利

福柯的“话语权力论”认为，语言在构建社会意识形态中扮演着至关重要的作用，而“话语”意味着社会团体依照某些规定传播了某种意义到社会当中，以此确立社会地位，并为其他团体所认同达到影响的作用②。女性团体作为社会的重要组成部分，应唤醒自身的主体意识，强化女性的社会化程度，提高社会地位及话语权利。女性应该成为具有自主思

① ［法］让·鲍德里亚：《消费社会》，刘成富、全志钢译，南京大学出版社 2000 年版，第 25 页。

② ［法］福柯：《福柯说权力与话语》，陈怡含译，华中科技大学出版社 2017 年版，第 82 页。

考和行为能力的独立主体，而不是易被男权意识形态控制和约束的依附者。女性应有自己的工作、生活目标，借助各种途径和渠道，例如教育、社交、新媒体平台等，为理想而奋斗。近用短视频不仅是一个茶余饭后的消遣时光，更应该借助视觉化的呈现方式帮助理解学习知识性的内容，认识自身的价值及处境，围绕自己的奋斗目标，切实转化为才干，全面增强综合素养和技能，提升话语权，削弱男权社会意识形态，实现自我的价值。

受制于长期的专制制度和文化传统的影响，我国女性群体普遍性别意识较为薄弱，应该唤醒女性自我意识，培养女性的社会担当意识。正如印度妇女教育家卡鲁纳卡兰所说："教育一个男人，受教育的只是一个人；教育一个女人，受教育的是几代人。"[①] 女性是子女的启蒙老师，是家庭教育至关重要的一环，如果女性的社会责任与担当意识培养不到位，缺乏性别平等与自立理念，那么受影响的将是数代人，并将持续扩大性别不平等的影响。波伏娃在《第二性》中就谈到了由于性别的差距，母亲对儿女具有不同的教育，母女之间的关系也更加复杂，书籍和游戏会为女儿特别选定，教她怎样保持容貌、怎么保持魅力，强烈要求具有女性美德等[②]。这种"母性"话语的长期束缚是性别认知的障碍。正确的社会性别意识应是性别平等，不为话语所束缚，女性们应正常像男性一样去考虑自己的需求，承认自己的本能。因此有必要在教育中展开性别平等意识的相关训练，提高女性的分辨能力，在网络社会及现实社会中获取和发出正确的言论，面对落后的观念能够抵制和辩驳，而不是一味顺从，要增强辨别是非的能力。

### （二）保持媒介距离，拒绝媒介依附

在传统媒体时代，人和媒介、传播者和接受者之间的距离是普遍存在的。在无所不在、无远弗届的移动互联网时代，媒介距离变得无形、不可测量且难以把握，在传播过程中媒介距离以文本为中心，向传播者、传播内容、受众形成四射扩散，并与之构成的不同距离[③]。"文本是我们通过

---

① 郭献明：《男权主义的哲学批判》，硕士学位论文，河南师范大学，2011 年。

② ［法］西蒙娜·德·波伏娃：《第二性》，陶铁柱译，中国书籍出版社 1998 年版，第 325 页。

③ 邵培仁、杨丽萍：《论媒介距离的传播特质及其现象和成因》，《新闻爱好者》2012 年第 13 期。

他来理解我们自己的中介。”① 短视频正依赖媒介距离的存在而发展着。女性在观看过程中应保持媒介距离，而且这个媒介距离应是不远不近、恰到好处。如果太近，女性在观看时能够知晓更多的消息，当与人们谈论时也能说出更多，表面上看，能够形成自己的意见看法，但从深处来看，作为观看者来说你看到的只是平台通过算法推荐给你的，存在着“信息茧房”，当有不同的内容出现在视野里时也会自然而然地划过，自身的“选择性接触”机制会被触发，即女性在观看时还是选择与自己态度或想法一致的进行接触，看到的还是自己感兴趣的内容，同样无法看知世界全貌。如果太远，就很难看清事件的全部，无法清晰地获知内容，自然了解的、看到的都只是局部特征，云遮雾罩，不知所云。

网络是信息鱼龙混杂的大平台，相比较于传统媒体来进行信息把关较为困难，网络监管较为宽松，平台难以做到对不合法的内容的及时处理，把关审核需要经过一定的时间。因此女性应与视频媒介保持合适而恰当的距离。在观看时能够辨别真实的信息，不盲目、不从众，去构建自己的理解，做出理性的判断，表达和传递正确的思想观念。对媒介同样需要增进了解，善于用批判意识去接触媒介、利用媒介。在保持媒介距离之余，女性需要提高媒介素养，因女性在观看过程中，更易被同性群体言论所影响，导致从众。在网红的带货直播中常常出现女性用户在不明晰商品实用性的状态下怀抱优惠心理与群体认同进行冲动消费。同为女性的认同感会使她们直接相信同性的言论。女性要提高辨别信息真伪是非的能力，形成准确的性别意识，挖掘自身在社会中的作用与担当，提升女性自身认识媒介、理解媒介、使用媒介的能力，拒绝媒介依附。

### （三）拥抱现实生活，实践探求真知

全媒体时代的来临使得媒介生态圈愈加复杂，文字、图片、短视频的多种信息呈现方式的环境环绕，碎片化的阅读方式、个性化的内容推荐、网络观看的便捷性等使人容易沉浸在信息海洋中。与其去与真假难辨、好坏难分的内容斗智斗勇，不如去拥抱现实生活。女性在观看视频内容时，期待获取满足自身需求的信息或是能为学习工作之余带来消遣的放松，都需要经过筛选才能来消除对周围世界的不确定性。在短视频中寻求身份认同，也在凝视她人时建构自我，在观看短视频之后留下了一个理想我，但

---

① ［法］保罗·利科：《解释学与人文科学》，陶远华等译，河北人民出版社1987年版，第146页。

这个理想我只能让主体意识徘徊在象征界和想象界之间，可在关掉软件、放下手机的那一刻，留给女性的可能只有那一份怅然若失的感受，仿佛拥有过实际上却不曾拥有，表征的是象征界与想象界建构起来的主我意识的断裂。

女性在长时间地沉迷和依赖观看短视频，以至于忽略了现实生活而产生难以自我解脱的行为时，容易损害现实的人际关系和事业。马克思认为，人是社会关系的综合，作为生活在社会中的人，都渴望在现实生活中被认同①。眼睛作为视觉观看的器官，更是视觉欲望的深渊，过度地沉溺于虚拟生活中，容易迷失自我。因此女性应该主动拥抱现实生活，通过一系列线下活动来融入社会，与现实生活中的朋友沟通交流，多参加集体活动，在和他人相处过程中了解自我和他人，去学习技能来提升自己，增加自己的兴趣爱好，例如跑步、打球等等，在与不平等的社会大环境做出抵抗之前，首先需要保持良好的状况，不断提升和完善自我，因为行胜于言，实践出真知。

## 结　语

约翰·伯格在谈到观看之道时将意识形态批评带入其中，在他看来，任何时代的艺术，都是为统治阶级的意识形态和利益所服务的②。女性因长期在社会中浸染而一直处于被建构的真实与想象之间，她们的主体性在逐渐消失，重要的原因在于社会的长期塑造，很大一部分女性对自我身份的不确定，在追寻身份认同的过程中，错把镜像中的理想我当作真实的自我，把男性的凝视当作社会期待的唯一目光，把社会的虚假消费需求当作真实需要。但从另一方面女性主义者来看，女性也是一支被低估的社会力量，她们有着自身璀璨的光芒，在历史长河中发挥着不可替代的作用。一直为女性的政治平等地位而呐喊的约翰·斯图亚特·密尔在《女性的屈从低位》中枚举众多优秀女性，目的也是为证明女性的才能，能够有着自身独立的思考。随着社会的发展、文明的进步、网络空间的扩展，女性的话语权力得到了提高，女性的自我意识逐步觉醒，拥有独立人格魅力的女性越来越多，她们正努力撕掉面前的视觉假象，在新媒体的包容环境中观看世界、找寻自我，追求自我的价值实现，但其中的过程并不是一蹴而

① 中华人民共和国妇女联合会：《马克思、恩格斯、列宁、斯大林论妇女》，人民出版社1978年版，第59页。

② ［英］约翰·伯格：《观看之道》，戴行钺译，广西师范大学出版社2005年版，第91页。

就的，而是需要漫长的抗争和转型的历程。移动互联网的高速发展和迅速普及为女性的性别观念、话语权、社会地位的改变和提升带来了契机和希望。我们认知如何观看只是女性媒介研究的探索先声，如何理解、进而指导行动才是最终的目的。

# 第六章　回归和超越：传播政治经济学的反思和出路

经过对流行新媒介、流行观念和网络亚文化等流行文化的系列政治经济学阐释，最终旨归是反哺传播政治经济学，拓宽传播政治经济学的研究视野，丰富传播政治经济学的研究路径，回归传播政治经济学的独到论断，再现传播政治经济学的价值，在当下移动互联网时代复兴传播政治经济学流派。通过对流行文化的深度辨析，化繁就简，再次证明，传播政治经济学具有鲜明的学术信仰和理论逻辑，体现出始终如一的执着姿态，具有超越时刻的理论魅力。传播政治经济学的基本逻辑体现在以经济为纲的传媒经济批判、政治维度的传媒政策批判、文化维度的媒介帝国主义和思想管理批判，以及技术维度的传播科技本质和控制的批判。传播政治经济学的迷途体现在坚定地信仰，狂热地捍卫；单向度定论，忽视辩证法；悲观的态度，消极地批判。传播政治经济学的出路在于：积极乐观地期待，张扬主体性；坚守传统的阵地，开拓新的领域；摒弃全知全能的上帝视角，采纳生活化的小微视角；打破极端定论，巧用辩证法；关注中国问题，提炼中国智慧，创造更加精简的、普适的、辩证的、纯粹的、更可接受的、更深刻的传播政治经济学，赢得世人的尊重。

一直以来，学者极力在理性和热情之间寻找平衡。马克斯·韦伯（Max Weber）在《学术与政治》中说道："热情是'灵感'的前提，但是，热情，无论达到多么真诚和深邃的程度，在任何地方都逼不出一项成果来。"[①] 马克思主义历史学家霍布斯鲍姆（Eric Hobsbawm）说："史学家们必须牢记自己的责任，这首先要求他们从身份认同政治的激情中退出。"[②] 学术需要热情和信仰，让学者全身心地投入，乐在其中，但是投

---

① ［德］马克斯·韦伯：《学术与政治》，冯克利译，生活·读书·新知三联书店 2016 年版，第 24 页。

② ［英］埃里克·霍布斯鲍姆：《史学家——历史神话的终结者》，马俊亚译，上海人民出版社 2002 年版，第 9 页。

入太多的热情和信仰，也会走上歧途，走向极端，无视其他路径，容不得他人的批评。在思想史上，不同学派在“影响的焦虑”[①] 驱动下，积极阐明自身的逻辑和理念，树立学科地位，捍卫自身的合法性，抢夺话语权，争夺生存空间。作为一个传播学流派，传播政治经济学就经历了起源、建制、捍卫和迷失的心路历程。从诞生之初，传播政治经济学就有鲜明的学术信仰和理论逻辑，并始终如一，初心不改，体现出一种“学术钉子户”的姿态，借用西方一句谚语来说，所有问题都是一个钉子，都可以用一把锤子一锤定音。对研究对象的单维立论、对其他流派的贬损、对其他路径的排斥，导致传播政治经济学招致各种批判、非议、孤立，甚至是政治迫害。但是，随着时代语境的变革，研究对象的转移，研究焦点的偏离，研究视角的转向，传播政治经济学必须做出与时俱进的革新，如果固守传统的逻辑和套路，会走进死胡同，成为历史博物馆里的文物。传播政治经济学在其短短的学术生命中，坚守一如既往的理念，固然有助于学科的建制，也陷入了迷途，导致视野的局限，陷入“内卷化”的怪圈。既有的文献大多在厘清传播政治经济学的模式和论点[②]，肯定传播政治经济学的价值和贡献[③]，并将其运用于对传播现象的阐释[④]，较少反思其迷途和困境。经过对传播政治经济学第一手英文文献的系统收集、解读、辨析后，发现其具有独到的价值和贡献，也暗含与生俱来的缺憾和不足，本章试图在概览传播政治经济学基本理念的基础上，指出其面临的困境，进行纠偏式的拨乱反正，指明传播政治经济学突破的走向和出路，以期复兴传播政治经济学流派。

## 第一节　初心未改：传播政治经济学的逻辑

受马克思主义政治经济学影响，传播政治经济学注重从历史唯物主义的整体观和历史感出发，将新闻、传媒、传播置于时代环境和社会条件

---

① ［美］哈罗德·布鲁姆：《影响的焦虑》，徐文博译，生活·读书·新知三联书店 1989 年版，第 3 页。

② ［加拿大］赵月枝、邢国欣：《传播政治经济学》，载刘曙明、洪浚浩《传播学》，中国人民大学出版社 2007 年版，第 511—538 页。

③ 曹晋、兰凯伦：《中国大陆批判传播理论的建构与对话：以传播政治经济学和文化研究为中心的考察》，《新闻大学》2019 年第 12 期。

④ 姚建华：《传播政治经济学视域下的媒介产业数字劳工研究》，《南京社会科学》2018 年第 12 期。

下，考察其所受到的国家政治经济的深远影响，批判性地揭示媒介系统与整个社会权力秩序的互动，坚称西方传媒是政治经济权力的代理①，与政治经济权力是同盟关系，并挑战商业媒体的权力，力图推进传播的民主化进程。

## 一 反对经济至上：传媒经济批判

传播政治经济学始终将经济和商业力量视为分析传播的第一要素，批评施拉姆的《报刊的四种理论》忽视了利润的问题，不关注资助的细节与新闻产品之间的关系。他们指责西方马克思主义和大多数的批判研究只陈述了文化工业的文化方面，忽视了政治经济结构之于大众传播系统的重要性②，并从传媒的历史、垄断的现状、所受到的约束等角度强调经济因素是传媒的决定性力量。

首先，传播媒介是经济的产物。传媒从一开始就寻求与经济系统准确地共生③，作为大众传媒起源的便士报就具有商业性质，新闻客观性就是政党报刊向商品转向的产物。媒介的历史证明报纸和其他传媒的现代变种面向资助者自私的利益。互联网的成长历程也受资本主义企业所宰制，加速而非降低了传媒的商业化。

其次，盈利是传媒的首要考量。美国传媒存在超级重商主义（hyper-commercialism）④，在各个方面都在迎合经济的命令。一方面，媒介内部的编辑事务附属于商业价值观和逻辑；另一方面，传媒集团通过外部聚合和垄断进入社会生活的各个领域。美国传媒系统是利润驱动的，媒介公司充分融入市场，股东、董事和银行家等传媒所有者只关心盈利的底线。媒介产品输出主要是（如果不是完全是）由市场命令所决定，利润的信条统治着整个传媒系统的物品和服务的生产。

再次，资本力量对传媒的控制。传播政治经济学认为金融集团尤其是

---

① Altschull, J. Herbert, *Agent of Power: the Role of the News Media in Human Affair*, New York: Longman, 1984, p. 114.

② Dallas Smythe, "Communication: Blindspot of Western Marxism", *Canadian Journal of Political and Society Theory*, Vol. 1, No. 3, 1977, pp. 1 – 28.

③ Todd Gitlin, *The Whole World is Watching: Mass Media in the Making and Unmaking of the New Left*, Berkeley: University of California Press, 1980, p. 282.

④ Robert McChesney, *Rich Media, Poor Democracy: Communication Politics in Dubious Times*, Urbana: University of Illinois Press. 1999, p. 41.

银行是理解传媒运行的关键[1]。商业银行、风险投资者、保险公司决定传媒资源如何使用、生产什么、谁生产、如何生产，对传媒活动的规模和范围，以及运行方式进行直接和策略上的控制。媒介内容直接或间接地遵循赞助者的命令和要求，经济的强制力决定了文化产品的内涵。新闻界是“鼓吹手”，而演奏的曲调正是那些付费者制作的。广告是西方媒体集团的收入来源和主要资助者，媒介内容反映了广告商及其商业伙伴的观点，广告商影响着传媒的创作过程和产品形态，为了取悦广告商，传媒公司强化了自身作为企业的身份认同和对媒介内容的控制。

最后，媒介垄断是传媒行业的常态。在垄断资本主义经济模式下，集中化、商品化、商业化是美国传媒工业的显著特征，非常富有的人们拥有和控制着寻求利润的传媒集团，媒体巨头占据着美国传媒行业的顶层[2]。传媒公司总是试图在特定领域占有尽可能多的市场，突破行业约束，进行垂直和水平整合，最终不可避免地走向垄断。数字化和商品化的循环交互，推动了传媒公司加快整合与垄断的步伐，使资本彻底地控制了整个传媒行业，不仅使权力更加集中，也势必对公共利益构成威胁。

传播政治经济学者感慨，美国商业传媒不是为了公共利益而创造的，传媒首先和首要地为其持股者服务，而不是社会公众。商业传媒为了追求利润，努力移除扩张的壁垒，回避公共利益的规制，自由地进入公共领域，传媒的寡占（oligopoly）结构让传统的新闻自由概念成为徒劳[3]，人人可以创办媒体并参与到“观点的自由市场”的理想成为幻象。

## 二　揭露政治联姻：传媒政策批判

传播政治经济学对商业力量的重视并不意味着忽视政治因素的协同。受马克思主义影响，传播政治经济学认为政治作为上层建筑受经济基础影响，政治力量必然和经济力量联姻，巩固既有的传媒体制和运作模式。传播政治经济学认为美国传媒是私有公司和政府组织混合的复杂共同体，并从发展历程、传媒政策、政治内涵、政治力量约束等维度分析传媒所受到的政治影响。

首先，美国传媒的发展是政治选择。媒介系统在任何社会都不是自然

---

① Janet Wasko, *Movies and Money*: *Financing the American Film Industry*, Norwood: Ablex, 1982, Forward.

② Ben Bagdikian, *The Media Monopoly*, Boston: Beacon Press, 1983, Introduction.

③ Robert McChesney & John Nichols, *Our Media*, *Not Theirs*, New York: Seven Stories Press, 2002, Introduction.

生成的，也非自由市场的产物，而是政客舞弊地利用政策和补贴创造的[①]。美国传媒是政府行为的直接结果，政府不是建立竞技场而是游戏的玩家。日益膨胀的国家官僚机构服务于商业传媒组织，维护传媒所有者的利益，却在标榜中立。联合国及其附属机构是美国政府宣传信息自由流通教义的论坛。美国政府决定传播资源的使用者和使用意图，并帮助美国传媒在海外打开和维持市场，如“马歇尔计划”帮助美国文化产品出口。美国传媒也是政府反对左翼声音的宣传工具[②]。美国政府倡导的新自由主义是商业传媒集团激增的主要原因，互联网的诞生和公共广播的衰落也是持续的政治选择，源于政治右翼和拥护资本主义的力量对任何形式的非商业、非营利传媒的怀疑和排斥。商业传媒不是在真正的自由市场竞争中赢了，只是赢得了政府的“彩票”，而大多数人甚至都没有买票的权利。

其次，美国传媒政策批判。传播政治经济学将政策制定过程视为理解传媒系统如何建构的关键，认为国家传播政策是社会斗争的新领域[③]，美国传播政策是由强大的利益集团和政治家暗箱操作而以民意的名义制定的，几乎没有知情的公众同意和公共参与，是反民主的。传播政策的制定都是基于市场考虑，强调资本的流通、传播的容量和利润的期待，政府机构授予私有公司以垄断权力，放松了限制媒介集中、交叉所有权和被非媒介公司控制等规则，废弃了公正原则，将传媒进一步融入市场系统，解除管制和私有化浪潮加速了传媒的商品化，导致集团并购的大爆发。国际传播政策制定将发展中国家完全排除在外，控制权掌握在一国（美国）手中[④]。通过国际传播政策，美国式生活方式和价值系统强加给贫穷的国家和脆弱的社会，加深了其他国家对美国的依赖，代价是贡献本国纳税人的大部分税收[⑤]。

再次，媒介受政治力量控制和影响。一方面，传媒是美国军事工业传播复合体的重要组成部门，受政治权力控制，军事部门和官僚机构牢牢掌握着信息传播。政府传播设施被军事主导的管理结构所控制，传播机器被

---

① Robert McChesney, *Communication Revolution: Critical Junctures and the Future of Media*, New York: New Press, 2007, p. 101.

② Thomas Guback, *The International Film Industry*, Bloomington: Indiana University Press, 1969, p. 23.

③ Herbert Schiller, *Communication and Cultural Domination*, New York: International Arts and Sciences Press, 1976, p. 68.

④ Colin Sparks, *Globalization, Development and the Mass Media*, London: SAGE, 2007, p. 198.

⑤ Manjunath Pendakur, *Canadian Dreams and American Control: the Political Economy of the Canadian Film Industry*, Detroit: Wayne State University Press, 1990, p. 25.

政府部门重新建构。传播资源的使用超出了 FCC（联邦通信委员会）的控制和规制。军事工业传播复合体对传媒的影响比传统的广告商更加强大[①]。不存在免于官方控制的媒体，区别只在于被允许的自治程度。另一方面，传媒内容受政治影响。政府的信息是传媒的主要消息来源，政府既是信息生产者和收集者，也是媒介内容的购买者、资助者和广告商。政府通过提供“信息补贴”[②] 来影响媒体，为新闻机构建设收集新闻的设施，减少传媒收集原材料方面的成本（文档副本、内部消息），使新闻机构容易获得，巩固自身的主导地位，政府与媒体形成稳固的联系和互相的依赖，媒体不会冒犯政府，破坏彼此亲密关系[③]。政府强大的消息来源通过传媒渠道“管理”媒体，支配传媒遵守特定的议程和框架。美国传媒反映政治的利益和倾向，记者脆弱地依赖个人的生活经验、特殊的组织安排、意识形态边界、新闻编辑室规则等因素，通过传播渠道流通的是一些被严格过滤的信息流。

最后，传媒是生产霸权意识形态的机构。在资本主义社会，所有机构都有霸权功能，思想管理从市场法则到直接政治控制。霸权的意识形态由作家、记者、教师、官僚和艺术家来完成，并在一个整体的文化机器中被组织起来，大众媒体是意识形态流通的核心系统，通过传媒的实践进行霸权意识形态的再生产和维护。资本主义传媒就是为了将社会制度合法化而发明和更新的工具。正如工人对制造什么、怎么制造、产品如何分配和使用没有发言权一样，作为消费者的人们对媒体制作什么、怎么制作，或者说媒体架构都没有发言权。传媒的价值就维持霸权原则，新闻的日常框架和运作就是维持整个政治经济系统的合法性。

正是基于传媒受到的政治控制，传播政治经济学断言当前时代存在一个巨大“媒体—民主悖论”[④]，媒体的堕落是民主衰落的唯一或首要的原因。一方面，信息传播技术不断更新，商业媒体获得了表面的独立，为民众提供了上一代人无法想象的巨大的选择余地。另一方面，美国媒体已经成为一支强大的反民主力量。媒体巨头越富有、越强大，参与民主的前景

---

① Herbert Schiller, *Mass Communication and America Empire*, New York: A. M. Kelley, 1969, p. 52.

② Oscar Gandy, *Beyond Agenda Setting: Information Subsidies and Public Policy*, Norwood: Ablex Publishers, 1982, p. 8.

③ Edward Herman & Noam Chomsky, *Manufacturing Consent: The Political Economy of the Mass Media*, New York: Pantheon Books, 1988, p. 22.

④ Robert McChesney, *Rich Media, Poor Democracy: Communication Politics in Dubious Times*, Urbana: University of Illinois Press. 1999, p. 1.

就越渺茫。在新技术和数字隐喻的光芒之后，媒介系统变得越来越集中和聚合，落入少数集团和私有者手中，超级重商主义的趋势损害了新闻业和公共服务的品质，这是对民主的一剂毒药。美国的传媒系统是资本主义政治经济不可分割的一部分，新闻业日益堕落和腐败，不再是一个推进民主的力量。

## 三 质疑文化俘虏：媒介帝国主义和思想管理批判

传播政治经济学认为，文化作为上层建筑，是经济基础的反映，文化是政治经济权力的俘虏，甚至是受害者，并从对内和对外两个面向剖析美国传媒的文化角色。他们称美国为“帝国”，认为其不同于以前帝国就在于基于文化宰制而不是政治控制。现代传媒为帝国扮演了双重服务的角色，在国内，开展思想管理和观念操纵，在国际上，推进文化帝国主义。

对外：传媒是文化帝国主义的工具。经济输出、尖端技术和军事力量是美国帝国扩展的传统力量，而现在则日益依赖传播控制。杜鲁门的讲话就直言贸易可以被信息和传播所取代[①]。大量美国商业传媒集团的信息流强有力地推广美国的商业制度和价值观，实现意识形态和利益目的。美国制造公司所到之处，大众传播总是陪伴左右去推销美国的服务和产品。美国的神话、梦想、传奇和理想、社会规范、价值观、意识形态通过跨国传媒集团被出口全球各地。其他国家的统治阶级被吸引、施压、强迫，甚至有时被贿赂着迎合美国的文化帝国主义入侵。商业化生产的新闻和娱乐是美国资本主义价值观和生活方式的主要载体，目标是推广个人主义和消费主义，帮助美国企业在国外的获益。美国传媒集团不仅输出技术设备和文化产品，也传输其运营理念、操作技巧和专业视野，推销一种所谓的客观和去政治化的政策制定和工作实践。广告、公共关系、市场研究、意见调查进一步强化美国商业传播的洪流，不断超越国界，侵入加拿大、欧洲以及其他地方。在控制美国商业传媒的数量和覆盖面上，没有一个国家是有效的，西欧发达国家如此，不发达国家更是在西方重商主义面前不堪一击。很多发展中国家的国内传播被美国的传媒公司所控制，不同于西方模式的国家发展路径在摇篮中就被扼杀。单向的文化渗透导致文化依赖。第三世界国家传播系统的结构和内容制作，都根据国际商人的要求进行转换，国外传媒公司的渗透从根本上改变了国家的文化生态。美国文化同质

---

① Herbert Schiller, *Culture, Inc.: The corporate Takeover of Public Expression*, New York: Oxford University Press, 1989, p. 7.

化威胁着全世界，当地文化领域充斥着美国流水线生产的文化产品，由于标准化的运作，正在失去本国文化产品的特色和个性。商业化的浪潮洗刷着地球的每一个角落，发展中国家脆弱的本土文化和当地遗产因西方消费主义文化的威胁而岌岌可危。

对内：传媒充当着思想管理者的角色。美国传媒掌控新闻和信息的生产和流通，塑造了公众的信仰和态度，最终决定民众的行为。统治精英通过传媒操控信息传播，营造拟态环境，使大众遵从他们的目标和利益，传媒成为一种征服民众工具。美国传媒建构了五个内容的神话[①]：个人主义和个人选择的神话；中立性的神话；不变的人性的神话；没有社会冲突的神话；媒介多元化的神话，让大众支持一个并不符合大多数人真正的长远利益的社会秩序。实际上，大多数美国人并没有选择的余地，传媒的垄断限制了信息的选择，传媒只提供了一个现实的版本——它们自己的。美国三大广播公司之间虽然存在竞争，但它们不断模仿对方的形式和内容，彼此之间没有显著的差异。不管是什么性质的内容，传媒都是被相同的把关人筛选过滤，把关人被商业命令推动着，风格和隐喻可能不同，本质却没有差异。美国传媒的内容和形式，寻求麻痹化效果，为操纵民众服务，美国思想管理的最终目标是被动性（passivity），因为民众的消极被动保证了现状的延续。人们借助传媒消极地自我满足，破坏了社会行动的能力，这些社会行动可能会改变目前限制人们自我完善的状况。美国媒体文化中充满着预制的虚伪[②]，这也是整个美国政治和文化的窘境。

传播政治经济学看到国内外文化传播领域那些寻求结束文化宰制和那么希望保持宰制的人们之间斗争日益激烈，并呼吁国内外公众不管需要多长时间，都应该主动去对抗西方娱乐工业，发展他们本土的传媒行业，维护文化的多样性。

## 四　批判技术助纣为虐：传播科技的本质和控制批判

西方社会始终透露出对技术的某种迷恋，技术总是与现代文明画等号，技术解决社会问题使人们充满期待。未来学家托夫勒和纳斯比特认为计算机传播系统促进了广泛的公共参与和社会公正，很多人欢呼计算机民主的到来。但是传播政治经济学却怀疑技术来推进民主的目的，不认为计算机克服了民主的障碍，相反，先进的硬件和丰富的数据会解决社会弊病

---

① Herbert Schiller, *The Mind Managers*, Boston: Beacon Press, 1972, p. 8.

② Todd Gitlin, *Inside Prime Time*, Berkeley: University of California Press, 1983, p. 325.

是欺骗性的，并追问技术的核心问题：谁在使用新科技，为了谁的利益、在谁的控制下，并指出，作为一般的法则，彻底统治着政治经济的人将彻底统治着传播技术系统。

首先，传媒技术是政治经济权力的产物。回溯技术的发展历程，信息和传播科技顺应垄断资本主义的利益和需求而构思和发展，军事和商业利益统治着信息传播科技的发展。技术的变革与资本主义政治经济结构的过程和机制是完全对应的。卫星传播科技和互联网直接来源于军事领域，是军事商业联合的产物。互联网直接与政府的补贴相联系，美国国防部控制了互联网建设和演进的整个过程。互联网并不是自治的力量，在虚拟空间神话的背后是新自由主义和后福特主义意识形态[①]。

其次，技术是一种社会控制手段。在主流学者看来，技术总被认为是中立的，不含价值观的，可以在任何社会秩序下使用。而传播政治经济学认为技术自治本身就是一个政治概念。为了管理需要，垄断资本主义发明了大众传播媒介，技术促进信息自由流通就是垄断资本主义的宣传术语和故弄玄虚。传媒技术的说服、操纵和文化渗透至关重要，更具目的性。技术本身就是一种强有力的控制形式，而不仅仅是传输的渠道。技术的运用通常伴随着政治制度、商业传统和文化价值观念，技术不仅是一个实行文化宰制的工具，而且是宰制的化身。数字传播公司利用技术控制工人和工作过程，互联网只是超国界的生产和控制机器[②]，并没有改变结构与话语权层面的垄断，背后是统治需求和商业利益的合谋。

再次，技术是盈利的手段。技术的诞生历程和受控因素决定了技术的目的是有效地生产受众，使受众成为消费者，新科技的运用面向利润的需要。商业传媒总是寻找最能获利的新技术去分割美国人民，实现利润的最大化。通信卫星是美国商业和国家野心的基础，目的是获得和维持美国在全球商业卫星服务领域的领导地位。计算机网络与资本主义的联系拓宽了市场的有效边界，组成了一个跨国经济活动。互联网曾经是公共部门的产物，现在却主要服务于集团使用者，在市场扩展的逻辑下，互联网成为数字资本主义的工具。云技术和大数据是驱动信息资本主义的引擎，商业化和数字化给统治者带来经济上的繁荣并有利于在全球竞争中占得先机，网络空间正在被市场系统的熟练套路迅速的殖民化。

---

① ［加拿大］文森特·莫斯可：《云端：动荡世界中的大数据》，杨睿、陈如歌译，中国人民大学出版社2017年版，第4页。

② Dan Schiller, *Digital Capitalism: Networking the Global Market System*, Cambridge: MIT Press, 1999, Introduction.

基于技术的历史、结构、运作机制的探析，传播政治经济学证明技术是一种社会建构，含有生产技术的社会秩序的印记。信息传播科技是一种反民主的力量，传播技术的使用以伤害民主和人类福利为代价来增加金融和社会控制①，传播技术的革新就是宰制的加剧，并不能克服和推翻传统的等级秩序。数字传播科技并非意味着历史的总结、地理的总结和政治的终结②，并没有根本上改变内在的政治经济权力结构。

## 第二节　执念迷途：传播政治经济学的局限

鲜明的学术逻辑和坚定的信仰固然有助于传播政治经济学划定边界，包容一部分志同道合的学者，凝聚学术社群，营造学术共同体，也会排斥领域外的不同意见者，如果固执己见，就会走上歧途，这也是传播政治经济学需要警醒的局限和缺憾。

### 一　坚定地信仰，狂热地捍卫

受马克思的影响，传播政治经济学者秉承坚定的信仰，始终如一地信奉，坚称现状是不合理，他们的思想和研究都在挑战现存秩序，批判从第一修正案、新自由主义到后现代主义的种种教条。他们运用马克思主义和各种西方马克思主义者的理念，追随左翼经济学家的传统，用丰富的概念工具来理解西方传媒的多元性、复杂性和矛盾性，辩证地发展马克思主义理论。传播政治经济学始终将经济因素视为理解资本主义传媒的第一要素，以利润的寻求，或者说是资本积累过程作为思考的起点，理解传媒的营利机制如何运作、如何体现，及其经济和社会影响。他们用马克思的矛盾观念，理解在资本主义传媒制度与生俱来的各种内在冲突，重新思考美国传媒的角色以及其他国家的抗争。传播政治经济学保持对社会实践和社会思潮的密切关注，头脑中充斥着阶级不平等、异化、社会运动、公民权、女权主义等信念。受马克思实践观念影响，坚持将理论研究、知识生产、政策建言与社会实践联合起来，承担变革社会的责任，尤其是改善弱势群体的生存状况。他们坚持唯物主义，紧密关注物质关系，关心“拉

---

① Vincent Mosco, *The Pay-per Society*: *Computers and Communication in the Information Age*: *Essays in Critical Theory and Public Policy*, Norwood, NJ: Ablex, 1989, p. 11.

② ［加拿大］文森特·莫斯可：《数字化崇拜：迷思、权力与赛博空间》，黄典林译，北京大学出版社 2010 年版，第 13 页。

车的人”，批判少数“坐车的人”。出于对公共利益的关心，强调传播资源公共财产，应该置于公共利益的控制之下，主张对抗集团统治的、商业渗透的媒介系统，甚至消除大部分商业媒介，创造一个对公众负责、公共资助的非营利、非商业的媒介系统，为整体社会公众服务。媒介技术的革新，尤其是互联网的诞生，并没有动摇传播政治经济学的信仰，他们强调对互联网进行马克思主义分析，建立信息和互联网的批判理论，揭示宰制和剥削如何建构和建构互联网，以及阶级结构和阶级斗争如何被技术所中介化，目的还在于改变数字资本主义的统治现实。

伴随着强烈的斗争和改革意识，传播政治经济学从不讳言左派的立场，认为左的姿态是自由民主传统最好的组成部分和有机产物，而媒介改革的唯一希望就在于强大的左翼政治运动的出现，左派的使命是将媒介改革纳入政治议程，推翻不平等的社会制度，创造真正的民主、自治的条件。他们重视左派的精神气质和实践价值，忽视了左派冒进、脱离现实、缺乏方向等思想缺陷。传播政治经济学热情地信仰一个基本原则：通过人人都有机会合法参与的知情讨论，决定从属于人们意愿的经济和社会模式，坚信传播政策应该被公开的、深思熟虑地、激烈地讨论，呼吁追求民主的美国人联合起来组织一场媒介改革运动，把传媒从权势阶层手中夺回，为公共利益而抗争。

坚定的信仰在传播政治经济学奠基人斯麦兹身上表现得淋漓尽致。斯麦兹用逆时针（counter-clockwise）来形容他的人生历程，同时预示着偏离主流向左走的历程。他在大学期间就参与左派和工人运动，自称享受“左翼”的生活①，在美国政府 FCC 工作的经历并没有让斯麦兹为美国政府“背书”，相反使他成为美国传播政策和传播工业的激烈批判者，努力揭示商业传媒的本质，找寻替代性的所有权、组织架构、融资模式、实践方式和传媒形态，即使被打上“攻击经济民主”② 的烙印，也没有动摇他的信仰。20 世纪 40 年代末，他在并不友善的学术环境中开设了第一门传播政治经济学课程，由于与共产主义者的关系，与上司施拉姆关系不睦，被 FBI 监视和调查，仍然坚持己见，做一个辩证的、怀疑的、坚定的反法西斯者③，充满热情和好奇地去提出理论、开展实践，最终为主流所不

---

① Dallas Smythe, *Counterclockwise: Perspectives on Communication*, Boulder: Westview Press, 1993, p. 19.

② Dallas Smythe, “Menace of Pay-tv”, *The Nation*, 1958 - 01 - 04.

③ William Melody, “Dallas Smythe: A Lifetime at the Frontier of Communications”, *Media Culture & Society*, Vol. 17, No. 4, 1992.

容，回到家乡加拿大。

## 二　单向度定论，忽视辩证法

传播政治经济学虽然深受马克思主义影响，运用马克思主义的核心理念开展研究，但是在研究实践中，太高的热情和信仰也遮蔽了理性，其立论往往是单向度，忽略了马克思主义的精髓辩证法，唯物有余，辩证不足。在论证中，传播政治经济学倾向于全称判断，看到事物的消极一面，否认积极的一面，未免矫枉过正。他们的批判重视文化研究忽视经济的“盲点”，而固执己见，看不到其他学派的价值，“一叶障目，不见泰山”，未尝不是另外一种“盲点”。

首先，对主流学者的质疑和批判学者的肯定。主流传播学者在传播学史上做出了重要贡献。传播政治经学派却全面否定了主流学者的贡献，认为主流学者信仰美国政治经济和商业传媒系统的公平和正当，只考察商业媒介系统（或者资本主义经济）的价值和功勋，对社会问题从来不进行解释，没有提供改善的建议，解决办法往往诉求于更多的教育，乞求统治者改变行为方式，忽视政治经济制度的根本变革，这种对现状非批判的假设是对思想责任的彻底逃避，是与社会精英同流合污。他们批评哈钦斯委员会对新闻界承担社会责任的期待是不现实的，忽视了新闻界只是一个谋利工具而不是一个独立行动者的事实，全面否认了社会责任论的价值。主流学者在理论和方法做出了诸多贡献，不乏对现状的批判和反思，全面否定并不妥当。反过来，传播政治经济学对批判学派全面肯定。作为其中的一员，传播政治经济学认为批判学者拒绝承认现状是自然的和合理的观念，用一套否定现状的价值观和理论预设，进行马克思所说的“对现有东西的无情的批判。不害怕自己的结论，也不害怕与现有权力的冲突”①。这种价值观先行的研究实践有失学者的理性和克制，非此即彼的阵营划分让传播政治经济学树敌无数，批判学者和主流学者的关系较为冷漠，界限分明，几乎没有合作，传播政治经济学在学界和社会中处于弱势地位，被主流学界所孤立。

其次，对新闻法制和传播政策的全面批判。西方资产阶级追求新闻自由和法制进程中不乏宝贵的精神资源，而传播政治经济学却全面否定了西方新闻自由的价值，认为被奉为新闻自由圭臬的美国宪法第一修正案关闭

---

① Robert McChesney, *Communication Revolution*: *Critical Junctures and the Future of Media*, New York: New Press, 2007, p. 41.

了任何深刻的关于自由和民主的哲学讨论和争论，自由放任的第一修正案赋予富有者和广告商权力去购买选票，只是给投资者以特权免于政府的规制，保护集团和商业利益，并不能产生有吸引力的政治和传媒文化。他们认为第一修正案只是保护媒介所有者而不是所有公民的言论自由，没有看到第一修正案在世界范围内的示范作用。他们认为传播政策和补贴是在以各种的民意，而受众却没有被告知、参与、讨论和共识的情况下制定的，国家法律的变化都在适应日益膨胀的美国政治经济利益，知识产权是为了强化对产品和劳动过程的商业控制[①]，完全忽视传媒政策是在法治理念下制定、维护了某种程度的公共利益的现实。

再次，对传媒性质和价值的全面否定。传播政治经济学派对西方传媒性质的批判从来不留情面。他们认为传媒是商业性的，以营利为目的，是政治经济权力的代理，没有独立性，没有支持、保护、推进公民权益和公共利益；传媒被日常地管理，接受官方的议题和框架，帮助维持统治，未免太过武断，没有看到西方传媒有限范围内的独立性。他们批判政治经济精英直接地驾驭和干涉传媒的日常工作，媒体内容总是反映那些资助媒体的人的利益。实际上，西方传媒坚持了某种程度的新闻专业主义，在某种程度上客观、公正、平衡地报道新闻事实，有限地服务于民众的需要和利益，也有一定独立的声音，部分保障了公众的表达权、知情权、监督权。传播政治经济学只看到传播技术的消极价值，认为其只是所有者的谋利工具，并没有克服民主的障碍，没有赋权低收入人群[②]，没有开启信息和观点的自由竞争。他们怀疑互联网的民主潜力，认为互联网服务于狭隘的商业扩张目标，不是普遍地服务于整个人民而是迎合市场的需求，实际上是刺激了垄断和寡占，加速而不是减弱阶级分化，完全忽视了传媒科技和互联网在推进个人信息传播、赋权、参与和自我完善中的价值。

最后，反西方中心论，又落入了西方中心论的陷阱。传播政治经济学一直主张反对西方尤其是美国中心论，力图寻找替代性的传媒体制和践行方式。但是，在研究实践中，却往往以美国的商业化传媒体制为中心，涉及其他国家的传媒，也把它当作美国商业化传媒体制的牺牲品，忽视了第三世界在自力更生、反殖民抗争中所做出的努力和成就，尤其是中国的传媒实践的宝贵经验。反美国中心论，又处处以美国传媒为探讨的中心议

---

① Dan Schiller, *How to Think About Information*, Urbana: University of Illinois Press, 2007, p. 45.

② James Curran, N. Fenton &D. Freedman, *Misunderstanding the Internet*, New York: Routledge, 2012, p. 13.

题，有“骑马找马”之嫌。

## 三 悲观的态度，消极地批判

传播政治经济学的整体倾向是悲观的，看不到前途和出路。对西方的传媒体制、传播政策、传播媒介、受众都是悲观失望的，再多的研究实践和思考都无法走出绝望的“怪圈”。他们对西方新闻自由是悲观，认为第一修正案是维护商业传媒及其所有者权力的工具，制约了美国民主的发展。他们对传媒是悲观的，认为新闻受到外部的考量，受到来自出版商、执行官、广告商、外部利益集团的压力，记者受到有意识、无意识地受意识形态过滤，传媒并不能表达艺术家和工人的声音。他们对信息和信息技术是悲观的，认为信息是一种资源和商品，更是一种社会控制的手段和工具，接近信息并不一定缩小，反而加大知识或者权力鸿沟。信息科技的发展并没有减少普遍存在的知识垄断趋势，不会产生更加多元的观点、更优质的内容和更多的公众参与，弱势群体仍然处于边缘地位，信息技术革新只会增加穷人和富人的信息鸿沟，传播的革新就是社会宰制的变种，阻碍了人类的前进。

传播政治经济学对互联网是悲观的，互联网为代表的数字传播技术没有让他们看到希望，反而悲叹：没人知道数字资本主义走向何方[①]。互联网作为一个信息和知识生产工具是一种假象，只是帮助了数字资本主义的流通和再分配。不幸的是，媒介系统，尤其是数字传播，会加速更广的政治经济的反民主趋势。互联网加强，而不是驱逐了古老的市场瘟疫：不平等和宰制，增强了媒介公司的集中和权力。他们怀疑比尔·盖茨（Bill Gates）的“无摩擦资本主义”（friction-free capitalism）的愿景，认为互联网没有解决富有者和大多数贫穷者之间的数字鸿沟，并不是一个民主化的工具，不会将我们带入一个高科技的伊甸园。

传播政治经济学对受众是悲观的，对受众没有信心，认为受众是媒体建构的商品被出售给广告商，受众没有主动性和自觉性，全球媒体系统生产消极的、去政治化的人们，让人民更倾向于接受秩序而不是掀起波澜。商业传媒过分地侵入美国人的生活，传媒的思想奴役总是成功[②]，诱使公众首先成为一个产品的消费者，进而变成一个可出售的受众，个人陷入一种缺乏行动的惰性状态，这种把大众等同于“棋子”的消极论调未免言过其实。

---

① Dan Schiller, *Digital Capitalism: Networking the Global Market System*, Cambridge, Boston: MIT Press, 1999, p. 209.

② Dallas Smythe, *Dependency Road: Communications, Capitalism, Consciousness and Canada*, Norwood, NJ: Ablex Publishing, 1981, p. 9.

更为悲观的是，传播政治经济学对批判传统衰落的哀叹。随着公众政治运动的消退和新自由主义的兴起，批判学术的生命力走向衰落，学术共同体逐渐解散、破碎。各种后结构主义和后现代主义的兴起，学者忙于不切实际的高理论，而对现实社会变迁的兴趣逐渐消失。随着20世纪六七十年代社会运动的失败，批判学派越发孤独、缺乏支持，被人批评为漠不关心的观察者，其研究日益污蔑为意识形态实践而不是学术的分支。失败主义的情绪更加弥漫，20世纪90年代由于共产主义在部分地区遭受暂时的挫折，情况更糟糕，正如撒切尔（Margaret Hilda Thatcher）所说的，"别无选择"（there is no alternative），作为一种替代性路径的传播政治经济学面临着生存还是毁灭的两难选择。

悲观的态度和批判的取向让传播政治经济学在政界和学界都不受欢迎，甚至遭致同为批判学派的文化研究的批评，他们总是如履薄冰，战战兢兢。西方新闻教育和职业训练的目的是与传媒行业同步，传播政治经济学对此并无帮助，他们总是去质问各种反对强权的问题，提出无法回答的问题，使其在寻求与传媒行业紧密关系的美国学术界不遭人待见，传播政治经济学的工作机会、研究项目、协会分支和课程越来越少，面临着前所未有的窘境。

## 第三节　重新起航：传播政治经济学的出路

步入动荡的后现代风险社会，政治、经济和社会文化系统充满了不确定性。数字传播革命正在改变当前的传媒商业模式和实践方式。在"人人皆是媒体"的移动互联网时代，新闻业正处于自从进步时代（progressive era）以来的最低谷，存在制度化的腐败和日益增长的不平等。互联网为自由和公正的传播带来新的机遇，也在创造新的传播壁垒，正如麦克切斯尼（Robert McChesney）所说，传播研究面临拐点和革命，传播政治经济学需要走出迷途，探寻新的出路。

### 一　积极乐观地期待，张扬主体性

韦伯说，唯有理智的正直诚实，才是最有价值的美德①。传播政治经

① ［德］马克斯·韦伯：《学术与政治》，冯克利译，生活·读书·新知三联书店2016年版，第49页。

济学对当前的世界、社会、传媒、受众持悲观态度，仿佛看不到任何希望，将传播系统的分析化约为经济决定论，在新闻和信息生产、流通、分配和消费中过于强调难以抗拒的经济因素的制约作用，忽视了传播主体的多元化、传播媒介的多面向、文本的多义性和受众解释能力。在文明社会，太过悲观的态度不符合社会向前发展的有目共睹的共识，容易被人抛弃。传播政治经济学需要改变“举世皆浊我独清，举世皆醉我独醒”的姿态，看到世界稳步向前的改善和转向，认可受众的主体性和自觉性的上升，对传播媒介和传播现象中存在的问题具有更大的包容性，如历史学家巴勒克拉夫（Geoffrey Barraclough）所说“不妨做出乐观主义的结论”①，乐观地看到，随着法治的进程，媒介的规制会日益理性和合理。公共广播和自媒体的发展，普通人也可以掌握和运用媒介工具。随着社会的进步，传播媒介的更新和普及，传播行业内在和外部结构变迁更加多样，生产与接受的关系更加顺畅，网络劳动过程和劳动结果更加透明，商业媒介和公共传播的关系会更加和谐，新的实践路径在不断涌现，人在传播中的价值会得到更多的确认。传媒在不断更新，尤其是互联网的诞生，传媒从业者、知识劳工、数字劳工、网民数量在成倍增加，素质在提升，参与意识和能力在增强，这就让思想管理者更加复杂，统治阶级的控制意图更加难以奏效。有理由相信，文本生产的相对对立性和受众在文本解读中的自主性，让文本的生产、传播和接受更加自主。传播政治经济学应该采纳积极的政治经济学或者理性期待路径②，重视普通人的价值，否认社会制度的坚不可摧，不回避建构性的对策研究，运用理论探讨和对策建言鼓励人们运用媒体和新的传播技术去改善现有的传媒制度和传播实践。

## 二　坚守传统的阵地，开拓新的领域

不忘初心，方得始终。传播政治经济学应该持续深化传统的研究领域，坚持始终如一的核心理论逻辑，并根据时代的变革、传播媒介的革新、实践方式的演进，持续追踪传播的前沿，开拓新的疆域，树立自己的学术地位。

首先，应该坚持批判的取向。批判是传播政治经济学的核心取向，应该继续挖掘马克思主义和各种批判传统、西方马克思主义、后马克思主义

---

① ［英］杰弗里·巴勒克拉夫：《当代史学主要趋势》，杨豫译，上海译文出版社 1987 年版，第 341 页。

② Vincent Mosco, *The Political Economy of Communication: Rethinking And Renewal*, London: Sage, 1996, p. 249.

思潮的思想资源，并将其用于阐释当前传媒和传播议题；运用马克思的唯物主义和辩证法分析传播现象的本质和困境，用整体观和历史观分析传播系统的社会统一性，用阶级分化、剩余价值、剥削、异化、权力斗争等概念分析传播业的运作机制，尤其是阶级权力在形塑当代文化中的作用；用马克思主义的实践观，做好学术研究的知识转化，克服学术研究和社会实践的分野。其次，深化传媒政策研究。围绕传媒所有权、传播资源分配、媒介内容规制、公共传播模式和互联网治理等议题，深入媒介变革和政策制定的历史，总结过去的经验，预判未来的走向，探索差异性的传媒结构模式和政策；尤其重视对互联网治理和规制的政策探究，在商业化和垄断的浪潮下，维护广大用户的合法权益。再次，对传媒商业化的批判。西方传媒商业化的弊端早已显现，在泛娱乐化和泛商业化的当代社会，需要加强和延续对商业化的批判，探析广告与营销关系对传媒及其实践的影响，探究传播文本和产品的销售与流通过程，仔细审视全球资本主义的演变与传播和信息与关系。复次，重塑传媒与民主进程的关系。重新确认传媒作为推进民主的重要力量，将媒介和传播融入民主理论中，重塑新闻业在民主进程中角色和行为。又次，进行替代性和独立媒介的研究。在主流媒体之外，要关注自媒体、女性媒体、弱势群体、移民媒体、少数族裔媒体等，研究社会运动与媒体合作、抗争、赋权的机制和过程。最后，建构互联网/数字传播的政治经济学，考察决定数字传播系统结构的诸多因素，诸如数字内容的创造性生产和流通，宽带、IP 资源、端口的公平分配，版权和隐私保护，受众劳动的价值实现以及资本积累和利益分配机制等，建构更加公正、民主、自由的传播环境，推进社会的多元、差异、参与和和谐。

传播政治经济学需要对传统的议题和新的议题采取一个对比和跨国的角度进行全球传播考察，探究跨国传媒集团与国家发展、全球传播与国际关系的关系。要针对批评，吸纳文化研究视野，关注政治经济权力与媒介内容文本之间的关系。政治经济学不但要关注传媒所有权和经济控制的问题，还要识别媒体生产、流通、接受的过程，审视媒介内容和形式与社会意识和意识形态的关系，探索传播媒介和资本主义世界政治经济的生产和再生产的关联。

## 三　摒弃全知全能的上帝视角，采纳生活化的小微视角

传播政治经济学历来采取全知全能的上帝视角，自认为洞察西方传媒体制的表象和本质，得出真理性的结论，因此也被贴上“阴谋论”和

"经济决定论"的标签。正如韦伯所言，作为"职业"的科学，不是派发神圣价值和神启的通灵者或先知送来的神赐之物，而是通过专业化学科的操作，服务于有关自我和事实间关系的知识思考①。传播政治经济学历来重视宏观的传播制度分析，缺乏微观视角对具体内容制作和传播过程的细致求证，粗犷有余，细致不足。正如李金铨所说"政经学派的优点在于从大处着眼，不纠缠末节，但缺点则是对过程的交代不清楚，有太多跳跃式的因果推论"②。传播政治经济学忽视因果关系，强行将媒介种种问题归咎于体制因素，让体制背了黑锅，背离了复杂归因，而陷入了贴标签式的简单归因；将传播媒介的种种弊端归结于资本主义政治经济制度，未能发现其中复杂的不确定因素；注重宏观的制度分析，忽视了微观的行为和文本分析，无视对传播者和受众的性格和个性，不考虑传播的实际效果和在地体验，显得空洞而不接地气。他们坚持自己的人民立场，认为统治阶级都是邪恶的，是不公社会秩序和价值观念的维护者，传媒是助纣为虐的施暴者，是不合法的，"一棍子打死"，忽视了国家和政府在社会治理中的积极价值。在话语表达中，对自身的理论体系进行积极话语修辞，而对主流的经验传播研究，采取消极的话语策略，对其贬损、诋毁甚至污名化，未能发现自身的缺陷和不足。在研究方法上，传播政治经济学一直坚持以思辨为主，重视质化分析和判断，科学性受到质疑。传播政治经济学的人文主义对实证主义的方法论偏见，让他们戴着有色眼镜来看待量化和实证的方法，量化方法虽未被完全排斥，但从未受到传播政治经济学青睐，甚至遭到批判，用恩格斯的话说就是"倒洗澡水的时候把澡盆里的孩子倒掉了"。虽然传播政治经济学从来都没有反对经验的调查研究，但是无形之间还是忽视了实证研究方法，甚至称民意调查机制成为意见制造工业，未免太过偏激。他们将反对将经验主义或行为主义的陈述，取而代之的是一种对理论和行为观察的辩证关系（互相建构）的广泛思考。但是无形之间，忽视了量化研究在说服力上的重要价值。历史已经证明实证和量化研究的价值，韦伯早就承认："从原则上说，再也没有什么神秘莫测、无法计算的力量在起作用，人们可以通过计算掌握一切，而这意味着

---

① ［德］马克斯·韦伯：《学术与政治》，冯克利译，生活·读书·新知三联书店 2016 年版，第 45 页。

② 李金铨：《跟随权力结构起舞的传媒——兼评乔姆斯基的"宣传模式"》，《二十一世纪》（香港）1995 年第 4 期。

为世界祛魅。”[①]传播政治经济学需要回到苏格拉底“我一无所知”的虚怀若谷，承认自己远不能提供传播领域所有问题的答案，只是能为整个学科提供一些视野和路径；既要抽象纯粹的哲理思辨，也要具体入微的探究，避免理论冥思的循环性质；需要关注人类的日常生活，分析人们习以为常的传播实践，关注新闻生产过程的框架、传播过程的变异，接收过程中的不同理解和阐释；对文本进行细致地解读，发现文本与作者、时代环境的细微关联，找到确凿的证据，从容地应对和回击主流学者的批评。

## 四　打破极端定论，巧用辩证法

传播政治经济学虽然自称突破简单的因果线性思维，而采取多维的非线性（Non-linear）思维，但在定论时往往是单维的，容易走极端，单向度立论。将经济权力视为首要的决定因素，经济和政治的联姻主宰了传播的内容和形式，但无法提供充分的证据来证明经济关系与具体内容之间的制衡关系，陷入了“经济决定论”的窠臼。他们认为传媒是政治经济的代理和意识形态的工具，没有考虑到西方传媒作为谋利工具和社会公器的双重矛盾特质。他们认为传媒的商业化导致了言论自由的式微和民主的衰落，只看到了传媒的消极维度，忽视传播媒介在赋权、参与和自我革新的积极维度。他们看到了传媒技术导致信息鸿沟和获益差距，没有看到传媒技术普及对知识鸿沟的弥合和社会进步的潜力。虽然权力精英仍然试图掌控传播媒介，但是移动互联网时代，对传媒的控制越来越难以奏效，也越来越力不从心。虽然资本主义传媒体制蕴含着剥削和血泪，但是也显示出推翻封建专制王朝、追求新闻自由、推进个人价值实现的价值。传播政治经济学看到了传媒工具作为资本主义牟利工具的原罪，但是他们没有看到其在公民自我完善和社会参与的价值。记者是社会控制的代理和符号领域的管理者，也是道德的引路人、故事的叙述者、国家和社会的建设者。尤其是移动互联网的普及，消极的受众转换为信息和知识劳动力，拥有更多的空余时间和收入，有易得的传播渠道，更加重要的是，有了一技之长，会出现更多元的声音和更加多彩的世界。传媒市场既集中和垄断，但是竞争也更加激烈，催生了更多的创造性。传播政治经济学既要关注所有权和控制的议题，以及财富的分配，也要看到普通公众在媒介变革的受益和成长。传播政治经济学只关注社会现实中的权力而非文本背后的权力，需要

---

① ［德］马克斯·韦伯：《学术与政治》，冯克利译，生活·读书·新知三联书店2016年版，第29页。

开阔视野，需要关注现实权力和文本背后的霸权意识形态，“两条腿走路”。传播政治经济学需要重拾马克思主义的辩证法，抛弃二元对立、理性的乖张、真理普适性的思维，辩证地审视传播工具、传播现象和传播活动的多面性和复杂性。用韦伯的话说，一个教师所应当做的，不是去充当学生的精神领袖，不是立场鲜明的信仰灌输，而是尽力做到“知识上的诚实”，不至于空疏和苍白①。

## 五　关注中国问题，提炼中国智慧

在西方媒体商业化和信任危机遭到世人诟病之时，中国特色传媒体制和实践方式作为“中国方案”和“中国智慧”显示出前所未有的活力。传播政治经济学需要突破美国中心论的局限，关注中国问题，提炼中国经验，为传播研究贡献中国智慧。

首先，总结传媒改革的经验。改革开放以来，中国的新闻媒体处于变与不变的悖论情境中，政党主导和市场力量与经济解放和政治民主化并肩而行。市场逻辑引入党派控制的新闻传媒系统，诞生了毫无经验可循的新闻改革运动和媒介民主化话语。中国新闻媒体改革不是采取西方自由主义媒介模式为标准，而是全新的开创，经历了曲折发展的道路，从完全的宣传工具到迅速的商业化，再到媒介理论和实践的市场转向，后又拨乱反正，走向当前的党管媒体和依法管媒。市场力量以不同方式影响现存媒体机构和实践的方方面面，媒体演进为党派逻辑和市场逻辑相结合的躲面向的复合体，远远不是铁板一块的宣传机器，充满了矛盾、张力和歧义，但最终走向成功和繁荣，做出了世界性的表率。商业化让大众媒介依赖市场获得了更多的支持和自治，也扮演好党派喉舌的角色。伴随着新闻自由和新闻法制的讨论与探索，民主、民生仍然是媒介改革的关键议题。传播政治经济学需要讨论中国传媒改革的整体经验和个案特例，并且思考如何将这些革新扩散和转化到其他国家，让世界人民受益。

其次，发掘中国传媒体制的独特价值。中国传媒体制不同于欧美完全商业化，也不同于西欧国家的双轨制，中国传媒接受党的领导，主导的框架就是大众宣传和劝服模式，既是政治教义的宣传工具，也是国民经济和文化娱乐的重要载体。中国传媒体制解决了谁有表达权的问题，也通过对外宣传让西方听到中国声音。中国传播媒介让普通民众享有公平的传播权

---

① ［德］马克斯·韦伯：《学术与政治》，冯克利译，生活·读书·新知三联书店 2016 年版，第 10 页。

力，特定的编辑取向、广泛的表达多元声音得到彰显。中国特色传媒在传播意识形态的同时，也让文化和娱乐形式更加生动多样。新闻媒体既不是一个宣传工具，也不完全是一个客观的、价值中立的舆论表达，新闻舆论引导方式更加巧妙。中国的传媒体制证明传播的民主不等同于市场化，商业化并不是媒介传播民主化的前提条件。传播政治经济学需要总结中国传媒体制的独特经验，并思考其超越时空的价值魅力。

再次，辨析中国特色传媒实践。中国传媒显示出强大适应和包容力，以特殊的方式卷入政治经济结构，政党控制和市场力量在中国新闻媒体中巧妙地和谐共生。中国新闻媒体处于中国改革的矛盾和紧张的中心，有惊人的腐败出现，也有擦边球式的改革诉求和日益自治的迹象。传播政治经济学需要概览和批判中国特色传媒的运作机制和践行方式，描述政党主宰下的媒体的结构和特征，在历史和语境中建立中国特色传媒理论和实践，剖析讨论党派原则和市场原则对新闻报道层面的影响，阐明传媒党派控制和商业化进程中的适应和张力，探索一个宣传/商业新闻业的可能性，思考建立中国特色社会主义传播政治经济学理论框架的可替代性和可能性。

最后，洞察中国互联网传播实践。中国互联网的迅速普及和新媒体更新换代，是赋权普通民众、推进网络参与的重要工具，是繁荣国民经济、创造就业机会的重要支柱，是提升国家治理能力，推进网络问政、治理体系现代化的重要手段，也是繁荣文化市场、丰富精神生活的重要孵化器，互联网演化出的前所未有的多元化网络传播实践需要仔细审视。虽然国家一直强调互联网治理，但是中国互联网面临着商业化、非理性、碎片化、网络渗透等问题，备受批评的互联网商业化、数字劳工剥削、网络犯罪等问题同样存在，互联网的独立和自治同样伴随着国家的严格管控。中国互联网传播政治经济学应该从三个层面入手，在宏观层面，分析互联网对中国政治、经济、文化的影响，全面把握互联网历史进程与政策研究，分析塑造互联网的设计和运用的协商过程；中观层面，考察互联网对传媒体制和实践方式的冲击，思考政府规制、市场运作、广告来源、劳动关系、利润压力、技术变革如何形塑中国的互联网工业；在微观层面，思考新闻和娱乐内容在网络上的杂糅，个体的网络劳作方式、抗争和变现，个人价值追求和维护，关注个体权力和社会公平议题。

## 结　语

作为批判学派的分支，传播政治经济学以批判的取向和独立的姿态提供了对西方传媒和传播的替代性理论视角，为传播研究领域增添了新的活力。但是传播政治经济学坚守自己的传统，难免故步自封，固执己见而陷入迷途。政治经济学本身需要去政治化，保持韦伯所强调的作为学者的“头脑的清明”，不要身陷权力政治的旋涡，抛弃非此即彼的二元对立思维，放下执念和偏见，公正地看待西方的传媒体制和主流传播学者及其学术成果。政治经济学不一定被优先考虑，也不一定是传播研究的根基，而应该是一种研究路径，不能拒绝和排斥其他路径，而应该包容和拥抱其他有价值的知识和思想资源。传播政治经济学有学科的边界，并不意味着拒绝与其他人合作，批判不一定否定实证；重视历史，并不意味着忽视前沿；不仅要探究传媒的发展历程，也要关注当代创意产业和媒介融合等新兴议题；坚持政治经济学的身份，不一定要拒斥文化研究，要重拾威廉斯文化唯物主义的根基，综合政治经济学和文化研究在本质主义/复杂性，批判现实主义/后现代主义，以及马克思主义/后马克思主义/非马克思主义的视域融合中洞察传播的本质和真相。

传播政治经济学不应该是过时的、陈旧的、单向的，其目标是创造更加精简的、普适的、辩证的、纯粹的、更可接受的、更深刻的传播政治经济学[①]。正如思想史学者刘擎评价批判理性主义的创始人波普尔（Karl Popper）那样，传播政治经济学者应该做一个深刻而清澈的思想者，一个徘徊在科学与哲学之间的学者，一个反资本主义的自由主义者，一个以偏执的风格竭力宣扬审慎与开放的雄辩者，一个享有盛名又在流行中倍受误解的知识分子[②]，将学术分析、政策研究和行动参与相结合，在哲思和践行中绽放思想的光芒，复兴历久弥新的知识传统，延续鲜活的学术生命力，赢得世人的尊重。

① Janet Wasko & Elieen Meehan, “Critical Crossroads or Parallel Routes? Political Economy and New Approaches to Studying Media Industries and Cultural Products”, *Cinema Journal*, Vol. 52, No. 3, 2013, pp. 150 – 157.

② 刘擎：《卓越而速朽的思想家——纪念卡尔·波普尔逝世10周年》，《二十一世纪》（香港）2004年第4期。

# 参考文献

## 一 中文译著


《马克思恩格斯全集（第 23 卷）》，人民出版社 1972 年版。

《马克思恩格斯选集（第 2 卷）》，人民出版社 1995 年版。

［奥］弗洛伊德：《精神分析引论》，高觉敷译，商务印书馆 1988 年版。

［奥］路德维希·维特根斯坦：《游戏规则维特根斯坦神秘之物沉默集》，唐少杰、杨玉成等译，陕西师范大学出版社 2003 年版。

［奥］奥托·兰克：《心理学与灵魂》，郑玉荣、殷宏伟译，中国人民大学出版社 2020 年版。

［澳］迈克尔·豪格、多米尔克·阿布拉姆斯：《社会认同过程》，高明华译，中国人民大学出版社 2019 年版。

［德］W. 顾彬：《中国文人的自然观》，马树德译，上海人民出版社 1990 年版。

［德］安德雷亚斯·莱克维茨：《独异性社会》，巩婕译，社会科学文献出版社 2006 年版。

［德］恩斯特·卡西尔：《论人是符号的动物》，石磊译，中国商业出版社 2016 年版。

［德］恩斯特·卡西尔：《人论》，甘阳译，上海译文出版社 2004 年版。

［德］恩斯特·卡西尔：《人论》，甘阳译，西苑出版社 2003 年版。

［德］哈特穆特·罗萨：《新异化的诞生》，郑作彧译，上海人民出版社 2018 年版。

［德］汉斯·贝尔廷：《脸的历史》，史竞舟译，北京大学出版社 2017 年版。

［德］霍斯特·布雷德坎普：《图像行为理论》，宁瑛、钟长盛译，译林出版社 2016 年版。

［德］鲁道夫·阿恩海姆：《视觉思维：审美直觉心理学》，滕守尧译，光

明日报出版社 1987 年版。

[德] 马克斯·霍克海默、西奥多·阿道尔诺：《启蒙辩证法：哲学断片》，渠敬东、曹卫东译，上海人民出版社 2006 年版。

[德] 马克斯·韦伯：《学术与政治》，冯克利译，生活·读书·新知三联书店 2016 年版。

[德] 威廉·冯·洪堡特：《论人类语言结构的差异及其对人类精神发展的影响》，姚小平译，商务印书馆 1999 年版。

[德] 沃尔夫冈·韦尔施：《重构美学》，陆扬等译，上海译文出版社 2006 年版。

[俄] 米哈伊尔·巴赫金：《巴赫金全集（第六卷）》，白春仁、顾亚玲译，河北教育出版社 1998 年版。

[法] 埃里克·麦格雷：《传播理论史：一种社会学的视角》，刘芳译，中国传媒大学出版社 2009 年版。

[法] 艾曼努埃尔·埃洛阿：《感性的抵抗：梅洛—庞蒂对透明性的批判法》，曲晓蕊译，福建教育出版社 2016 年版。

[法] 保罗·利科：《活的隐喻》，汪堂家译，上海译文出版社 2015 年版。

[法] 保罗·利科：《解释学与人文科学》，陶远华等译，河北人民出版社 1987 年版。

[法] 保罗·维利里奥：《解放的速度》，陆元昶译，江苏人民出版社 2004 年版。

[法] 多米尼克·吴尔敦：《拯救传播》，刘昶、盖莲香译，中国传媒大学出版社 2012 年版。

[法] 弗兰西斯·弗兰契娜、查尔斯·哈里森编：《现代艺术和现代主义》，张坚、王晓文译，上海人民美术出版社 1988 年版。

[法] 福柯：《福柯说权力与话语》，陈怡含译，华中科技大学出版社 2017 年版。

[法] 赫伯特·马尔库塞：《单向度的人——发达工业社会意识形态研究》，刘继译，上海译文出版社 2008 年版。

[法] 居伊·德波：《景观社会》，王昭凤译，南京大学出版社 2006 年版。

[法] 居伊·德波：《景观社会》，张新木译，南京大学出版社 2017 年版。

[法] 克里斯蒂安·麦茨、吉尔·德勒兹：《凝视的快感：电影文本的精神分析》，中国人民大学出版社 2005 年版。

[法] 勒庞：《乌合之众：大众心理研究》，艾之凡译，中山大学出版社 2013 年版。

［法］雷吉斯·德布雷：《图像的生与死》，黄迅余、黄建华译，华东师范大学出版社 2014 年版。

［法］加里布埃尔·塔尔德：《传播与社会影响》，何道宽译，中国人民大学出版社，2005 年。

［法］罗兰·巴特：《神话修辞术》，屠友祥译，上海人民出版社 2016 年版。

［法］玛蒂娜·乔丽：《图像分析》，怀宇译，天津人民出版社 2012 年版。

［法］米歇尔·福柯：《规训与惩罚》，刘北成、杨远婴译，生活·读书·新知三联书店 2012 年版。

［法］米歇尔·福柯：《性经验史》，佘碧平译，上海世纪出版集团 2005 年版。

［法］米歇尔·福柯：《知识考古学》，谢强、马月译，生活·读书·新知三联书店 2003 年版。

［法］莫里斯·梅洛—庞蒂：《知觉现象学》，姜志辉译，商务印书馆 2001 年版。

［法］皮埃尔·布迪厄、［美］华康德：《实践与反思——反思社会学导引》，李猛、李康译，中央编译出版社 1998 年版。

［法］皮埃尔·布尔迪厄：《关于电视》，许钧译，辽宁教育出版社 2000 年版。

［法］让·鲍德里亚：《符号政治经济学批判》，夏莹译，南京大学出版社 2015 年版。

［法］让·鲍德里亚：《消费社会》，刘成富、全志钢译，南京大学出版社 2000 年版。

［法］让·鲍德里亚：《消费社会》，刘成富、全志钢译，南京大学出版社 2014 年版。

［法］让·鲍德里亚：《艺术的共谋》，张新木、杨全强、戴阿宝译，南京大学出版社 2015 年版。

［法］让·波德里亚，《象征交换与死亡》，车槿山译，译林出版社 2012 年版。

［法］西蒙娜·德·波伏娃：《第二性》，陶铁柱译，中国书籍出版社 1998 年版。

［法］许宝强、袁伟主编《语言与翻译的政治》，中央编译出版社 2000 年版。

［法］雅克·朗西埃：《图像的命运》，张新木、陆洵译，南京大学出版社

2014 年版。

［古希腊］亚里士多德：《工具论》，刘叶涛译，上海人民出版社 2018 年版。

［古希腊］亚里士多德：《尼各马可伦理学》，廖申白译，商务印书馆 2003 年版。

［古希腊］亚里士多德：《诗学》，罗念生译，人民文学出版社 1996 年版。

［荷兰］约翰·赫伊津哈：《游戏的人：文化中游戏成分的研究》，何道宽译，花城出版社 2007 年版。

［荷兰］约翰·赫伊津哈：《游戏的人》，中国美术学院出版社 1996 年版。

［加拿大］本·阿格尔：《西方马克思主义概论》，慎之等译，中国人民大学出版社 1991 年版。

［加拿大］哈罗德·英尼斯：《传播的偏向》，何道宽译，中国传媒大学出版社 2013 年版。

［加拿大］马歇尔·麦克卢汉：《理解媒介——论人的延伸》，何道宽译，商务印书馆 2000 年版。

［加拿大］马歇尔·麦克卢汉：《理解媒介——论人的延伸》，何道宽译，译林出版社 2011 年版。

［加拿大］文森特·莫斯可：《传播政治经济学》，胡正荣译，华夏出版社 2000 年版。

［加拿大］文森特·莫斯可：《传播政治经济学》，黄红宇、胡春阳、姚建华译，上海译文出版社 2013 年版。

［加拿大］文森特·莫斯可：《数字化崇拜：迷思、权力与赛博空间》，黄典林译，北京大学出版社 2010 年版。

［加拿大］文森特·莫斯可：《云端：动荡世界中的大数据》，杨睿、陈如歌译，中国人民大学出版社 2017 年版。

［美］B. 约夫·派恩、詹姆斯·吉尔：《体验经济》，毕崇毅译，机械工业出版社 2016 年版。

［美］H. G. 布洛克：《美学新解》，腾守尧译，辽宁人民出版社 1987 年版。

［美］W. J. T. 米切尔：《风景与权力》，杨丽、万信琼译，译林出版社 2014 年版。

［美］W. J. T. 米歇尔：《图像何求》，陈永国、高焓译，北京大学出版社 2018 年版。

［美］阿尔文·托夫勒：《未来的冲击》，蔡伸章译，中信出版社 2018

年版。
［美］阿莱德哈娜·科瑞斯纳：《感官营销》，王月盈译，上海：东方出版社 2011 年版。
［美］埃里希·弗罗姆：《逃避自由》，刘林海译，国际文化出版公司 2007 年版。
［美］艾里希·弗洛姆：《健全的社会》，孙恺祥译，上海译文出版社 2011 年版。
［美］艾里希·弗洛姆：《论不服从》，叶安宁译，上海译文出版社 2017 年版。
［美］艾瑞克·弗洛姆：《逃避自由》，刘林海译，北方文艺出版社 1978 年版。
［美］爱德华·萨丕尔：《语言论》，陆卓元译，商务印书馆 1985 年版。
［美］本尼迪克特·安德森：《想象的共同体：民族主义的起源与散布》，吴叡人译，上海人民出版社 2003 年版。
［美］比尔·科瓦奇，汤姆·罗森斯蒂尔：《真相：信息超载时代我们如何知道该相信什么》，陆佳怡等译，中国人民大学出版社 2014 年版。
［美］彼得·M. 布劳：《社会生活中的交换与权利》，李国斌译，商务印书馆 2008 年版。
［美］彼得·伯格：《与社会学同游》，何道宽译，北京大学出版社 2014 年版。
［美］大卫·科泽：《仪式、政治与权力》，王海洲译，江苏人民出版社 2015 年版。
［美］戴维·E. 阿普特：《现代化的政治》，李剑、郑维伟译，中央编译出版社 2011 年版。
［美］戴维·赫尔德：《民主的模式》，燕继荣等译，中央编译出版社 2008 年版。
［美］丹尼尔·贝尔：《资本主义文化矛盾》，严蓓雯译，江苏人民出版社 2007 年版。
［美］丹尼尔·贝尔：《资本主义文化矛盾》，赵一凡、蒲隆、任晓晋译，生活·读书·新知三联书店 1989 年版。
［美］丹·吉摩尔：《草根媒体》，陈建勋译，南京大学出版社 2010 年版。
［美］道格拉斯·凯尔纳：《媒体文化》，丁宁译，商务印书馆 2013 年版。
［美］道格拉斯·凯尔纳：《媒体奇观》，史安斌译，清华大学出版社 2000 年版。

［美］道格拉斯·凯尔纳、斯蒂文·贝斯特：《后现代理论：批判性的质疑》，张志斌译，中央编译出版社 2004 年版。

［美］尼尔·波茨曼：《童年的消逝》，吴燕莛译，广西师范大学出版社 2004 年版。

［美］尼尔·波茨曼：《娱乐至死》，章艳译，广西师范大学出版社 2004 年版。

［美］尼尔·波斯曼：《技术垄断：文化向技术投降》，何道宽译，北京大学出版社 2007 年版。

［美］兰德尔·柯林斯：《互动仪式链》，林聚任、王鹏、宋丽君译，商务印书馆 2012 年版。

［美］菲利普·津巴多、约翰·博伊德：《时间的悖论——关于时间观的科学》，张迪衡译，中信出版社 2018 年版。

［美］弗朗西斯·福山：《历史的终结及最后之人》，黄胜强、许铭原译，中国社会科学出版社 2003 年版。

［美］弗雷德里克· 杰姆逊：《后现代主义与文化理论》，唐小兵译，北京大学出版社 2005 年版。

［美］弗雷德里克·詹姆逊：《时间的种子》，王逢振译，江苏教育出版社 2006 年版。

［美］盖伊·塔奇曼：《做新闻》，麻争旗、刘笑盈、徐杨译，华夏出版社 2008 年版。

［美］哈罗德·布鲁姆：《影响的焦虑》，徐文博译，生活·读书·新知三联书店 1989 年版。

［美］哈罗德·伊罗生：《群氓之族：群体认同与政治变迁》，邓伯宸译，广西师范大学出版社 2017 年版。

［美］亨利·詹金斯：《文本盗猎者》，郑熙青译，北京大学出版社 2013 年版。

［美］克利福德·格尔兹：《文化的解释》，韩莉译，上海人民出版社 1999 年版。

［美］克里斯托弗·拉什：《自恋主义文化：心理危机时代的美国生活》，陈红雯、吕明译，上海译文出版社 2013 年版。

［美］尼古拉斯·米尔佐夫：《视觉文化导论》，倪伟译，江苏人民出版社 2006 年版。

［美］赖特·米尔斯：《社会学的想象力》，陈强译，生活·读书·新知三联书店 2001 年版。

［美］鲁曙明、洪浚浩：《传播学》，中国人民大学出版社 2007 年版。
［美］罗伯特·戈尔曼：《新马克思主义传记辞典》，重庆出版社 1990 年版。
［美］罗伯特·斯考伯、谢尔·伊斯雷尔：《即将到来的场景时代》，赵乾坤、周宝曜译，北京联合出版公司 2014 年版。
［美］罗伯特·麦克切斯尼：《富媒体，穷民主——不确定时代的传播政治》，谢岳译，新华出版社 2003 年版。
［美］马丁·林斯特龙：《感官品牌》，赵萌萌译，天津教育出版社 2011 年版。
［美］迈克尔·曼：《社会权力的来源（第一卷）》，刘北成、李少军译，上海人民出版社 2002 年版。
［美］曼纽尔·卡斯特：《网络社会的崛起》，夏铸九、王志弘等译，社会科学文献出版社 2001 年版。
［美］诺阿姆·乔姆斯基：《财富与权力：乔姆斯基解构美国梦终结的 10 个观点》，杨文展译，中信出版集团 2018 年版。
［美］欧文·戈夫曼：《日常生活中的自我呈现》，黄爱华、冯钢译，浙江人民出版社 1989 年版。
［美］乔纳森·克拉里：《观察者的技术》，蔡佩君译，华东师范大学出版社 2017 年版。
［美］乔万尼·萨托利：《民主新论》，冯克利、阎克文译，上海人民出版社 2015 版。
［美］乔治·H. 米德：《心灵、自我与社会》，赵月瑟译，上海译文出版社 1997 年版。
［美］史迪芬·平克：《语言本能：探索人类语言进化的奥秘》，洪兰译，汕头大学出版社 2004 年版。
［美］威尔伯·施拉姆、威廉·波特：《传播学概论》，北京大学出版社 2007 年版。
［美］威廉·J. 米歇尔：《比特城市》，余小丹译，重庆大学出版社 2017 年版。
［美］西奥多·罗斯扎克.《信息崇拜：计算机神话与真正的思维艺术》，苗华健、陈体仁译，中国对外翻译出版公司 1994 年版。
［美］约翰·费斯克：《理解大众文化》，王晓珏、宋伟杰译，中央编译出版社 2001 年版。
［美］约翰·罗尔斯：《正义论》，何怀宏等译，中国社会科学出版社

2017 年版。

［美］约书亚·梅罗维茨：《消失的地域：电子媒介对社会行为的影响》，肖志军译，清华大学出版社 2002 年版。

［美］詹姆斯·索罗维基：《群体的智慧》，王宝泉译，中信出版社 2010 年版。

［日］佐藤信夫：《修辞感觉》，肖书文译，重庆大学出版社 2012 年版。

［斯洛文尼亚］阿莱斯·艾尔雅维茨：《图像时代》，胡菊兰、张云鹏译，吉林人民出版社 2003 年版。

［匈牙利］巴拉兹·贝拉：《电影美学》，何力译，中国电影出版社 1978 年版。

［英］E. H. 贡布里希：《象征的图像》，杨思梁译，广西美术出版社 2015 年版。

［英］W. G. 霍斯金斯：《英格兰景观的形成》，梅雪芹、刘梦霏译，商务印书馆 2018 年版。

［英］阿兰·德波顿：《身份的焦虑》，陈广兴、南治国译，上海译文出版社 2007 年版。

［英］阿雷恩·鲍尔德温等：《文化研究导论》，陶东风等译，高等教育出版社 2004 年版。

［英］埃里克·霍布斯鲍姆：《史学家——历史神话的终结者》，马俊亚译，上海人民出版社 2002 年版。

［英］安东尼·吉登斯：《社会学》，郭忠华译，上海译文出版社 2013 年版。

［英］安东尼·吉登斯：《现代性与自我认同——晚期现代中的自我与社会》，夏璐译，中国人民大学出版社 2017 年版。

［英］安东尼·吉登斯：《现代性与自我认同——现代晚期的自我与社会》，赵旭东、方文译，生活·读书·新知三联书店 1998 年版。

［英］安东尼·吉登斯：《政治学、社会学与社会理论》，何雪松、赵方杜译，格致出版社 2014 年版。

［英］芭芭拉·亚当：《时间与社会理论》，金梦兰译，北京师范大学出版社 2009 年版。

［英］德波拉·切利：《艺术、历史、视觉、文化》，杨冰莹、梁舒涵等译，江苏美术出版社 2010 年版。

［英］戴维·哈维：《后现代的状况》，阎嘉译，商务印书馆 2003 年版。

［英］戴维·莫利：《传媒、现代性和科技》，郭大为译，中国传媒大学出

版社 2010 年版。
［英］丹尼斯·麦奎尔：《麦奎尔大众传播理论》，徐佳、董璐译，清华大学出版社 2019 年版。
［英］丹尼斯·麦奎尔：《受众分析》，刘燕南译，中国人民大学出版社 2006 年版。
［英］迪克·赫伯迪克：《隐在亮光之中流行文化中的形象与物》，席志武译，重庆大学出版社 2020 年版。
［英］弗兰克·韦伯斯特：《信息社会理论》，曹晋、梁静、李哲译，北京大学出版社 2011 年版。
［英］赫克托·麦克唐纳：《后真相时代》，刘清山译，民主与建设出版社 2019 年版。
［英］霍布斯：《利维坦》，黎思复、黎廷弼译，商务印书馆 1985 年版。
［英］吉莉恩·罗斯：《观看的方法》，肖伟胜译，重庆大学出版社 2017 年版。
［英］杰弗里·巴勒克拉夫：《当代史学主要趋势》，杨豫译，上海译文出版社 1987 年版。
［英］肯尼斯·克拉克：《风景入画》，吕澎译，译林出版社 2020 年版。
［英］尼古拉斯·米尔佐夫：《如何观看世界》，徐达艳译，上海文艺出版社 2017 年版。
［英］里查德·道金斯：《自私的基因》，卢允中译，吉林人民出版社 2013 年版。
［英］马尔科姆·巴纳德：《理解视觉文化的方法》，常宁生译，商务印书馆 2013 年版。
［英］迈克尔·奥克肖特：《经验及其模式》，吴玉军译，北京出版社 2005 年版。
［英］迈克·费瑟斯通：《消费文化与后现代主义》，刘精明译，译林出版社 2000 年版。
［英］诺曼·费尔克拉夫：《话语与社会变迁》，殷晓蓉译，华夏出版社 2003 年版。
［英］齐格蒙特·鲍曼：《流动的现代性》，欧阳景根译，中国人民大学出版社 2017 年版。
［英］史蒂夫·泰勒：《心理时间之谜——为什么我们总是对时间感到焦虑》，郑淑明等译，中国人民大学出版社 2019 年版。
［英］斯图尔特·霍尔：《表征：文化表征与意指实践》，徐亮、陆兴华

译，商务印书馆 2013 年版。
[英] 西蒙·沙玛：《风景与记忆》，胡淑陈、冯樨译，译林出版社 2013 年版。
[英] 约翰·伯格：《观看之道》，戴行钺译，广西师范大学出版社 2005 年版。
[英] 约翰·斯道雷：《文化理论与大众文化导论》，常江译，北京大学出版社 2019 年版。
[英] 约翰·菲斯克：《解读大众文化》，杨全强译，南京大学出版社 2001 年版。
[英] 约翰·格雷：《人类幸福论》，张草纫译，商务印书馆 1997 年版。
[英] 约翰·密尔：《论自由》，许宝骙译，商务印书馆 2017 年版。
[英] 约翰·斯图尔特·密尔：《妇女的屈从地位》，汪溪译，商务印书馆 1995 年版。
[英] 詹姆斯·柯兰、娜塔莉·芬顿、德斯·费里德曼：《互联网的误读》，何道宽译，中国人民大学 2014 年版。
[英] 詹姆斯·库兰、米切尔·古尔维奇：《大众媒介与社会》，杨击译，华夏出版社 2006 年版。

## 二 中文著作

邓晓芒：《人之镜》，作家出版社 2017 年版。
邓晓芒：《中西文化比较十一讲》，湖南教育出版社 2007 年版。
邓晓芒：《中西文化心理比较讲演录》，人民出版社 2013 年版。
费孝通：《乡土中国》，生活·读书·新知三联书店 1985 年版。
高宣扬：《流行文化社会学》，中国人民大学出版社 2006 年版。
和磊：《伯明翰学派：文化研究的源流和方法》，北京大学出版社 2017 年版。
黄旦：《传者图像：新闻专业主义的建构与消解》，复旦大学出版社 2005 年版。
李银河：《女性主义》，山东人民出版社 2005 年版。
李泽厚：《美学三书》，安徽文艺出版社 1999 年版。
李泽厚：《美学四讲》，广西师范大学出版社 2000 年版。
李智：《全球传播学引论》，新华出版社 2010 年版。
陆扬、王毅：《文化研究导论》，复旦大学出版社 2006 年版。
罗钢、刘象愚：《文化研究读本》，中国社会科学出版社 2000 年版。

苗棣、范仲离：《电视文化学》，北京广播学院出版社 1997 年版。
聂欣如：《电影的语言》，复旦大学出版社 2012 年版。
石义彬：《单向度、超真实、内爆》，武汉大学出版社 2006 年版。
司马光：《资治通鉴》，北方妇女儿童出版社 2016 年版。
汪民安：《身体、空间与后现代性》，江苏人民出版社 2006 年版。
汪民安、陈永国：《后身体：文化、权力和生命哲学》，吉林人民出版社 2003 年版。
王德岩、李肖：《汉语美学》，中国社会科学出版社 2009 年版。
王海龙：《读图时代》，上海锦绣文章出版社 2013 年版。
王建刚：《狂欢诗学：巴赫金文学思想研究》，学林出版社 2001 年版。
魏超、曹志平：《数字传播论要》，知识版权出版社 2013 年版。
许纪霖：《帝国都市与现代性》，江苏人民出版社 2006 年版。
叶朗：《中国美学史大纲》，上海人民出版社 2005 年版。
于海：《西方社会思想史》，复旦大学出版社 2016 年版。
曾文婷：《科学社会主义视野下的生态社会主义》，社会科学文献出版社 2019 年版。
张锦华：《媒介的女人，女人的媒介》，台北硕人出版有限公司 1995 年版。
张京媛：《当代女性主义文学批评》，北京大学出版社 1992 年版。
张雷：《媒介革命：西方注意力经济学派研究》，中国社会科学出版社 2009 年版。
赵月枝：《传播与社会：政治经济与文化分析》，中国传媒大学出版社 2011 年版。
郑也夫：《信任论》，中信出版社 2015 年版。
中华人民共和国妇女联合会：《马克思、恩格斯、列宁、斯大林论妇女》，人民出版社 1978 年版。
周丹丹：《风景的商品化与民间社会的自我保护》，上海人民出版社 2017 年版。
周宪：《视觉文化的转向》，北京大学出版社 2008 年版。
宗白华：《美学散步》，上海人民出版社 2005 年版。
左丘明：《国语》，北方妇女儿童出版社 2016 年版。

## 三　中文论文

［法］让·米歇尔·怀尔：《认知实用主义问题》，黄远帆、胡扬译，《哲

学分析》2016 年第 3 期。
卞冬磊、张希颖：《媒介时间的来临：对传播媒介塑造的时间观念之起源、形成与特征的研究》，《新闻与传播研究》2006 年第 1 期。
蔡骐：《论媒介认知能力的建构与发展》，《国际新闻界》2001 年第 5 期。
曹晋、兰凯伦：《中国大陆批判传播理论的建构与对话：以传播政治经济学和文化研究为中心的考察》，《新闻大学》2019 年第 12 期。
曹意强：《艺术史的视野》，中国美术学院出版社 2017 年版。
曾照智、欧阳友权：《论个人秀场电竞直播场景化商业模式下的社群效应》，《河南大学学报（社会科学版）》2020 年第 6 期。
常江、李思雪：《身体的异化与解放：电视剧〈后宫·甄嬛传〉里的女性身体政治》，《新闻界》2014 年第 11 期。
陈昌凯：《时间焦虑感——剧烈社会变迁中的“中国体验”》，博士学位论文，南京大学，2013 年。
陈靓：《性别权力机制中的身体表征——〈大地〉的身体政治研究》，《复旦外国语言文学论丛》2009 年第 2 期。
陈先红、杜明曦：《叙事运输理论：隐喻，模型与运用》，《南昌大学学报（人文社会科学版）》2021 年第 4 期。
陈琰娇：《被塑造与被排除的：当代都市电影中的身体改造逻辑》，《北京电影学院学报》2017 年第 6 期。
陈阳：《性别与传播》，《国际新闻界》2001 年第 1 期。
程倩：《从宗旨到行动：服务型政府叙事的话语分析》，《浙江学刊》2020 年第 4 期。
程相占、周品洁：《美学何以是生态的？——以约瑟夫·米克为讨论中心》，《山东社会科学》2019 年第 12 期。
代迅：《压抑与反抗：身体美学及其进展》，《西南大学学报（社会科学版）》2006 年第 5 期。
党生翠：《传播审计的中外模式比较》，《国外社会科学》2020 年第 4 期。
邓佳：《文明与人的发展：马克思文明观的人学意蕴探析》，《山东社会科学》2021 年第 12 期。
范语晨：《“男性”依然“凝视”——抗日谍战剧〈伪装者〉热播现象的女性主义反思》，《新世纪剧坛》2016 年第 3 期。
方健华：《赛伯空间：又一个“娱乐至死”的舞台？——关于网络文化对青少年发展影响的思考》，《中国青年研究》2014 年第 7 期。
傅守祥：《大众文化时代的审美范式与身体美学》，《社会科学战线》2009

年第 9 期。
高春民：《论审美活动中的身体及其实践性》，《文艺评论》2016 年第 2 期。
胡疆锋：《中国当代青年亚文化：表征与透视》，《文化研究》2013 年第 3 期。
姬德强、高玉炜：《隐喻还是现象：重思传播学视域下的身体问题》，《南昌大学学报（人文社会科学版）》2020 年第 2 期。
姬志闯：《经验、语言与身体：美学的实用主义变奏及其当代面向》，《哲学研究》2017 年第 6 期。
贾冬阳：《“古今之争”与“古今一义”》，《海南大学学报（人文社会科学版）》2020 年第 1 期。
李彩霞、李霞飞：《从“用户”到“数字劳工”：社交媒体用户的传播政治经济学研究》，《现代传播（中国传媒大学学报）》2019 年第 2 期。
李金铨：《跟随权力结构起舞的传媒——兼评乔姆斯基的“宣传模式”》，《二十一世纪》（香港）1995 年第 4 期。
李莉：《“风景”研究的文化地理学价值》，《广东社会科学》2020 年第 3 期。
李琳：《当代中国电影的身体政治研究》，《重庆邮电大学学报（社会科学版）》2015 年第 3 期。
李三虎：《技术与身体政治：现象学视角》，《华南师范大学学报（社会科学版）》2013 年第 2 期。
李元书：《政治社会化：涵义、特征、功能》，《政治学研究》1998 年第 2 期。
刘晶：《试论文创产品的感官传播》，《福建论坛（人文社会科学版）》2017 年第 10 期。
刘晶：《视觉政务传播：特质、功效与优化》，《南昌大学学报（人文社会科学版）》2020 年第 5 期。
刘连杰：《“身体美学”在中国的误读与混用》，《暨南学报（哲学社会科学版）》2012 年第 11 期。
刘鹏：《用户新闻学：新传播格局下新闻学开启的另一扇门》，《新闻与传播研究》2019 年第 2 期。
刘擎：《卓越而速朽的思想家——纪念卡尔·波普尔逝世 10 周年》，《二十一世纪》（香港）2004 年第 4 期。
刘文：《拉康的镜像理论与自我的建构》，《学术交流》2006 年第 7 期。

刘昕亭：《积极废人的痛快享乐与亚文化的抵抗式和解》，《探索与争鸣》2020 年第 8 期。
刘新圣：《段子高手、推手与幕后链条》，《人民论坛》2010 年第 6 期。
刘振声：《社交媒体依赖与媒介需求研究——以大学生微博依赖为例》，《新闻大学》2013 年第 1 期。
刘中玉：《文化自觉与传统文化现代化》，《东南学术》2020 年第 6 期。
倪明胜：《“时间焦虑”下不能失去价值定力》，《光明日报》2014 年 3 月 20 日。
彭锋：《舒斯特曼与实用主义美学》，《哲学动态》2003 年第 4 期。
彭兰：《视频化生存：移动时代日常生活的媒介化》，《中国编辑》2020 年第 4 期。
邵培仁、杨丽萍：《论媒介距离的传播特质及其现象和成因》，《新闻爱好者》2012 年第 13 期。
隋岩、唐忠敏：《网络叙事的生成机制及其群体传播的互文性》，《中国社会科学》2020 年第 10 期。
孙玮：《赛博人：后人类时代的媒介融合》，《新闻记者》2018 年第 6 期。
孙宜君、孙飞：《我国大众传播低俗化现象透析》，《新闻界》2005 年第 4 期。
唐代兴：《文化伦理的基本问题》，《福建论坛·人文社会科学版》2020 年第 8 期。
陶东风：《消费文化语境中的身体美学》，《马克思主义与现实》2010 年第 2 期。
陶家俊：《身份认同导论》，《外国文学》2004 年版第 2 期。
汪雅倩：《“新型社交方式”：基于主播视角的网络直播间陌生人虚拟互动研究》，《中国青年研究》2019 年第 2 期。
王海峰：《青年时间焦虑的现实、媒介呈现与对策——基于“90 后（80 后）已经开始……”类文章的解读》，《中国青年研究》2019 年第 3 期。
王华生：《媒介形态嬗变与我国“大一统”格局的形成》，《河南大学学报（社会科学版）》2020 年第 2 期。
王琰、赵婕：《大数据时代被遗忘权的现实逻辑与本土建构》，《南昌大学学报（人文社会科学版）》2020 年第 6 期。
王甬平：《新媒体时代的主流媒体更应该坚守阵地》，《新闻论坛》2018 年第 2 期。
王玉玲：《海底捞的营销管理艺术——基于社会身份认同理论的研究》，

《现代营销》2019 年第 10 期。
王源：《中华传统文化的具象化传播：原创性电视节目发展的新路径》，《西南大学学报（社会科学版）》2017 年第 6 期。
魏鹏举：《数字经济与中国文化产业高质量发展的辨析》，《福建论坛·人文社会科学版》2021 年第 11 期。
吴明举：《庸俗“段子”应该断》，《求是》2001 年第 18 期。
吴晓东：《福克纳的时间哲学》，《读书》2002 年第 9 期。
伍麟：《社会焦虑的时间视角》，《哲学动态》2013 年第 5 期。
萧延中：《身体：中国政治思想建构的认知基础》，《中国人民大学学报》2005 年第 6 期。
辛斌：《福柯的权力论与批评性语篇分析》，《外语学刊》2002 年第 2 期。
徐国超：《福柯的身体政治评析》，《天津行政学院学报》2012 年第 6 期。
薛晓源：《数字全球化与数字伦理学》，《国外社会科学》2021 年第 5 期。
阳军、樊鹏：《新技术革命的风险，挑战与国家治理体系适应性变革》，《国外社会科学》2020 年第 5 期。
杨雪冬：《须重视时间节点管理》，《领导科学》2017 年第 5 期。
姚建华：《传播政治经济学视域下的媒介产业数字劳工研究》，《南京社会科学》2018 年第 12 期。
易前良：《平台中心化：网络传播形态变迁中的权力聚集——兼论互联网赋权研究的“平台”视角》，《现代传播（中国传媒大学学报）》2019 年第 9 期。
余聪、张亮：《人工智能时代意识形态批判的哲学反思——“人机关系”视野中的批判向度》，《浙江学刊》2021 年第 2 期。
余虹：《文学的终结与文学性蔓延——兼谈后现代文学研究的任务》，《文艺研究》2002 年第 6 期。
余秀才、狄鑫：《众媒时代把关理论的变革与转向》，《南昌大学学报（人文社会科学版）》2016 年第 2 期。
喻发胜、张玥：《沉浸式传播：感官共振、形象还原与在场参与》，《南昌大学学报（人文社会科学版）》2020 年第 2 期。
喻国明：《智能算法推荐：工具理性与价值适切——从技术逻辑的人文反思到价值适切的优化之道》，《全球传媒学刊》2018 年第 4 期。
袁芃：《当代身体审美机制探析》，《南京政治学院学报》2008 年第 4 期。
张春彦、冯海宁：《从书画角度探讨东方风景文化的出现——基于边留久的风景文化理论》，《国画家》2018 年第 4 期。

张红翠:《身体转向与肉身化叙事》,《郑州大学学报(哲学社会科学版)》2007 年第 3 期。
张舒予、朱静秋:《信息技术支撑下的视觉素养培养(上)》,《电化教育研究》2005 年第 3 期。
张伟:《“视觉转向”与身体美学的现代逻辑》,《文艺理论研究》2017 年第 4 期。
张一兵:《居伊·德波景观批判理论的历史生成线索》,《马克思主义与现实》2020 年第 4 期。
张志丹:《认同与误认:齐泽克意识形态认同思想》,《国外社会科学》2021 年第 3 期。
章辉:《论韦尔施的后现代美学思想》,《上海交通大学学报(哲学社会科学版)》2008 年第 3 期。
赵行专:《大众文化语境下的女性身体美学》,《中国矿业大学学报(社会科学版)》2007 年第 2 期。
赵月枝、范松楠:《环境传播理论:实践与反思——全球视角下的环境正义、公众参与和生态文明理念》,《厦门大学学报(哲学社会科学版)》2020 年第 2 期。
赵月枝:《大众娱乐中的国家、市场与阶级——中国电视剧的政治经济分析》,《清华大学学报》2014 年第 1 期。
中共中央马克思恩格斯列宁斯大林著作编译局:《马克思恩格斯全集:卷 46 下》,人民出版社 1980 年版。
周建新、王梁宇:《技术正义与文化正义:文化科技融合的历程与本质》,《山东社会科学》2021 年第 10 期。
周平:《大众传媒与身体消费的意识形态构建》,《江汉大学学报(人文科学版)》2008 年第 8 期。
周宪:《读图,身体,意识形态》,载陶东风、周宪主编《文化研究》,社会科学文献出版社 2002 年版。
周晓虹:《焦虑:迅疾变迁背景下的时代症候》,《江苏行政学院学报》2014 年第 6 期。
朱鸿军、周逵:《伪中立性:资讯聚合平台把关机制与社会责任的考察》,《南昌大学学报(人文社会科学版)》2017 年第 5 期。
朱双一、吴思捷:《人生:“文学是人学”命题不可或缺的维度和要涵》,《厦门大学学报(哲学社会科学版)》2020 年第 5 期。
庄琴芳:《福柯后现代话语观与中国话语建构》,《外语学刊》2007 年第 5 期。

## 四 英文著作

A. Gray, et al., *CCCS Selected Working Papers* (vol. 2), London: Routledge, 2007.

Ben Bagdikian, *The Media Monopoly*, Boston: Beacon Press, 1983.

Bradley E. Wiggins, *The Discursive Power of Memes in Digital Culture: Ideology, Semiotics, and Intertextuality*, New York: Routledge, 2019.

Caroline Eisner & Martha Vicinus, *Originality, Imitation, and Plagiarism: Teaching Writing in the Digital Age*, Ann Arbor: The University of Michigan Press, 2009.

Chris Jenks, *Visual Culture*, London: Routledge.

Colin Sparks, *Globalization, Development and the Mass Media*, London: SAGE, 2007.

Dallas Smythe, *Counterclockwise: Perspectives on Communication*, Boulder: Westview Press, 1993.

Dallas Smythe, *Dependency Road: Communications, Capitalism, Consciousness and Canada*, Norwood, NJ: Ablex Publishing, 1981.

Dan Schiller, *Digital Capitalism: Networking the Global Market System*, Cambridge: MIT Press, 1999.

Dan Schiller, *How to Think About Information*, Urbana: University of Illinois Press, 2007.

David Harvey, *The Condition of Postmodernity: An Enquiry into the Origins of Cultural Change*, Oxford: Blackwell, 1989.

Deborah Tannen, Deborah Schiffrin & Heidi Hamilton, *The Handbook of Discourse Analysis*, Malden: Blackwell, 1998.

Donald Broad, *Perception and Communication*, London and New York: Pergamon Press, 1958.

Edward Herman & Noam Chomsky, *Manufacturing Consent: The Political Economy of the Mass Media*, New York: Pantheon Books, 1988.

Fredric Jameson, *The Political Unconscious*, Ithaca: Cornell University Press, 1981.

Friedrich Nietzsche, *The Genealogy of Morals*, New York: Random House, 1969.

Gabriel Tarde, *The Laws of Imitation*, New York: Henry Holt and Company, 1903.

Gary Burns, *A Companion to Popular Culture*, Chichester: John Wiley &

Sons, Ltd, 2016.

Gary Burns, *A Companion to Popular Culture*, Chichester: John Wiley & Sons Ltd. , 2016.

Georg Simmel, *The Philosophy of Money*, London: Routledge, 1978.

Herbert Schiller, *Communication and Cultural Domination*, New York: International Arts and Sciences Press, 1976.

Herbert Schiller, *Culture, Inc. : The corporate Takeover of Public Expression*, New York: Oxford University Press, 1989.

Herbert Schiller, *Mass Communication and America Empire*, New York: A. M. Kelley, 1969.

Herbert Schiller, *The Mind Managers*, Boston: Beacon Press, 1972.

Jacques Ellul, *Media, Communication, Culture: A Global Approach*, Cambridge and Malden: Polity Press, 2000.

James Curran, *Media and Power*, New York: Routledge, 2002.

James Curran, N. Fenton & D. Freedman, *Misunderstanding the Internet*, New York: Routledge, 2012.

Janet Wasko, *Movies and Money: Financing the American Film Industry*, Norwood: Ablex, 1982.

Jean Baudrillard, *In the Shadow of the Silent Majorities; or, the End of the Social and Other Essays*, New York: Semiotext (e), 1983.

Jean Baudrillard, *L'Echange symbolique et la mort*, Paris: Gallimard, 1976.

Jean Baudrillard, *Simulacra and Simulation*, Ann Arbor University of Michigan Press, 1995.

Jerome Bruner, *Actual Minds, Possible Worlds*, Boston: Harvard University Press, 1987.

J. E. Schroeder, *Visual Consumption*, London: Routledge, 2002.

J. Herbert, Altschull, *Agent of Power: the Role of the News Media in Human Affair*, New York: Longman, 1984.

John Berger, *Ways of Seeing*, London: Penguin, 1972.

John Fiske, *Media Matters: Everyday Culture and Political Change*, Minneapolis: The University of Minnesota Press, 1994.

Jose van Dijck, *The Culture of Connectivity: A Critical History of Social Media*, New York: Oxford University Press, 2013.

Joshua Meyrowitz, *No Sense of Place: the Impact of Electronic Media on social*

Behavior, New York: Oxford University press, 1983.

Kelton Cobb, *The Blackwell Guide to Theology and Popular Culture*, Oxford: Blackwell Publishing Ltd, 2005.

Lane Crothers, *Globalization and American Popular Culture*, Lanham: Rowman & Littlefield Publishing Group, Inc., 2018.

Leo Lowenthal, *Literature, Popular Culture and Society*, Englewood Cliffs: Prentice-Hall, Inc., 1961.

Ludwig Wittgenstein, *Philosophical Investigation*, Oxford: Blackwell, 1967.

Luis Albornoz, *Power, Media, Culture: A Critical View from the Political Economy of Communication*, New York: Palgrave Macmillan, 2015.

Manjunath Pendakur, *Canadian Dreams and American Control: the Political Economy of the Canadian Film Industry*, Detroit: Wayne State University Press, 1990.

Mark Poster, *The Mode of Information: Poststructuralism and Social Context*, Cambridge: Polity, 1990.

Marry Douglas, *Natural Symbols*, Harmondsworth: Pelican, 1973.

Martin Heidegger, *The Fundamental Concepts of Metaphysics: World, Finitude, Solitude*, Bloomington and Indianapolis: Indiana University Press, 1995.

Martin Heidegger, *The Question Concerning Technology and Other Essays*, Translated by William Lovit, New York: Harper& Row, 1977.

Martin Jay, *Downcast Eyes: The Denigration of Vision in Twentieth-century French Though*, Berkeley: California University, 1993.

Nicholas Garnham, *Emancipation, the Media, and Modernity: Arguments about the Media and Social Theory*, Oxford: Oxford University Press, 2000.

Nicholas Miezoeff, *The Visual Culture Reader*, London: Routledge, 1983.

Nick Couldry &James Curran, *Contesting Media Power: Alternative Media in a Networked World*, Lanham: Rowman & Littlefield Publishers, 2003.

Nissim Otmazgin & Eyal Ben-Ari, *Popular Culture and the State in East and Southeast Asia*, New York: Routledge, 2012.

Oscar Gandy, *Beyond Agenda Setting: Information Subsidies and Public Policy*, Norwood: Ablex Publishers, 1982.

Randall Collins, *Interaction Ritual Chains*, New Jersey: Princeton University Press, 2004.

Raphael Samuel, *People's History and Socialist Theory*, New York: Routledge,

2016.

Robert McChesney & John Nichols, *Our Media, Not Theirs*, New York: Seven Stories Press, 2002.

Robert McChesney, *Communication Revolution: Critical Junctures and the Future of Media*, New York: New Press, 2007.

Robert McChesney, *Rich Media, Poor Democracy: Communication Politics in Dubious Times*, Urbana: University of Illinois Press. 1999.

Robin Mansell, *Imagining the Internet: Communication, Innovation, and Governance*, Cambridge: Oxford University Press, 2012.

Sarah Grogan, *Body Image: Understanding Body Dissatisfaction in Men Women and Children*, New York: Routledge, 2007.

Stuart Hall & Tony Jefferson, *Resistance Through Rituals: Youth Subcultures in Post-War Britain*, London: Routledge, 1976.

Stuart Hall, D. Hobson, A. Lowe and P. Willis, *Culture, Media, Language*, London: Hutchinson, 1980.

Tamara Witschge, C. W. Anderson, David Domingo and Alfred Hermida, *The SAGE Handbook of Digital Journalism*, New York: Sage, 2006.

Teresa De Lauretis, *Technologies of Gender: Essays on Theory, Film, and Fiction*, Bloomington: Indiana University Press , 1987.

Thomas Guback, *The International Film Industry*, Bloomington: Indiana University Press, 1969.

Toby Miller, *The Routledge Companion to Global Popular Culture*, New York: Routledge, 2015.

Todd Gitlin, *Inside Prime Time*, Berkeley: University of California Press, 1983.

Todd Gitlin, *The Whole World is Watching: Mass Media in the Making and Unmaking of the New Left*, Berkeley: University of California Press, 1980.

Vincent Mosco, *The Pay-per Society: Computers and Communication in the Information Age: Essays in Critical Theory and Public Policy*, Norwood, NJ: Ablex, 1989.

Vincent Mosco, *The Political Economy of Communication: Rethinking And Renewal*, London: Sage, 1996.

Wilbur Schramm, *Mass Communication*, Urbana: University of Illinois Press, 1975.

Williams Tapscott & A. Wikinomics, *How Mass Collaboration Change Every-*

thing, London: Atlantic Books, 2008.

William Stephenson, *The Play Theory of Mass Communication*, New Brunswick: The University of Chicago Press, 1967.

## 五 英文论文

Brian Spitzberg, "Toward A Model of Meme Diffusion", *Communication Theory*, Vol. 24, No. 3, 2014.

Caryle Murphy, "Web Opens New Window On Prayer", *The Washington Post*, 2003 -03 -02.

Christian Fuchs, "Marxs Capital in the Information Age", *Capital & Class*, Vol. 41, No. 1, 2017, pp. 51 -67.

Christian Fuchs, "The Political Economy of Privacy on Facebook", *Television & New Media*, Vol. 13, No. 2, 2012, pp. 139 -159.

Christine C. Iijima Hall, Matthew J. Crum, "Women and 'Body-isms' in Television Beer Commercials", Sex Roles, Vol. 31, 1994, pp. 329 -337.

Dallas Smythe, "Communication: Blindspot of Western Marxism", *Canadian Journal of Political and Society Theory*, Vol. 1, No. 3, 1977, pp. 1 -28.

Dallas Smythe, "Menace of Pay-tv", *The Nation*, 1958 -01 -04.

Donald Shaw, Maxwell McCombs, David Weaver and Bradley Hamm, "Individuals, Groups, and Agenda Melding: a Theory of Social Dissonance", *International Journal of Public Opinion Research*, Vol. 11, No. 1, 1999, pp. 2 -24.

E. James Baesler & Yifan Chen, "Mapping the Landscape of Digital Petitionary Prayer as Spiritual/Social Support in Mobile, Facebook, and E-mail", *Journal of Media and Religion*, Vol. 12, No. 1, 2013, pp. 1 -15.

Graham Murdock & Peter Golding, "For a Political Economy of Mass Communication", *Socialist Register*, Vol. 10, 1973, pp. 205 -234.

Héctor Del-Castillo, Ana García-Varela & Pilar Lacasa, "Literacies through Media: Identity and Discourse in the Process of Constructing a Web Site", *International Journal of Educational Research*, Vol. 39, No. 8, 2003, pp. 885 -891.

Irwin Sarason, Henry Levine &Robert Basham, "Assessing Social Support: The Social Support Questionnaire", *Journal of Personality and Social Psychology*, Vol. 44, No. 1, 1983, pp. 127 -139.

J. David Lewis, Andrew J. Weigert, "The Structures and Meanings of Social Time", *Social Forces*, Vol. 60, No. 2, 1981, pp. 432 – 462.

Janet Wasko &Elieen Meehan, "Critical Crossroads or Parallel Routes? Political Economy and New Approaches to Studying Media Industries and Cultural Products", *Cinema Journal*, Vol. 52, No. 3, 2013, pp. 150 – 157.

John Plumb, "The Great Change in Children", *Horizon*, Vol. 13, No. 1, 1997, pp. 4 – 12.

John Sweller, J. Merrienboer, and F. Paas, "Cognitive Architecture and Instructional Design", *Educational Psychology Review*, Vol. 10, No. 3, 1998, pp. 251 – 296.

Karen McIntyre &Cathrine Gyldensted, "Constructive Journalism: Applying positive Psychology Techniques to News Production", *The Journal of Media Innovations*, Vol. 4, No. 2, 2017, pp. 20 – 34.

Leslie Heinberg & Kevin Thompson, "Body Image and Televised Images of Thinness and Attractiveness: A Controlled Laboratory Investigation", *Journal of Social & Clinical Psychology*, Vol. 14, No. 4, 1995, pp. 325 – 338.

Lewis Mumford, "Technics and civilization", *Journal of Political Economy*, Vol. 86, No. 2. , 1934.

Marika Tiggemann, Jessica Lynch, "Body Image across the Life Span in Adult Women: the Role of Self-objectification", *Developmental Psychololgy*, Vol. 37, No. 2, 2001, pp. 243 – 253.

Michael Hardt, "Affective Labor", *Boundary 2*, Vol. 26, No. 2, 1999, pp. 89 – 100.

Richard Meyer, "Prayer Goes Digital", *St. Anthony Messenger* , No. 12, 2013.

Richard Nisbett & Timothy Wilson, "The Halo Effect: Evidence for Unconscious Alteration of Judgments", *Journal of Personality and Social Psychology*, Vol. 35, No. 4, 1977, pp. 250 – 256.

Robert Heilbroner, "The Demand for the Supply Side", *The New York Review of Books*, Vol. 28, No. 10, 1981.

Robin Mansell, "New Visions, Old Practices: Policy and Regulation in the Internet Era", *Continuum*, Vol. 25, No. 1, 2011, pp. 19 – 32.

Robin Mansell, "Political Economy, Power and New Media", *LSE Research Online Documents on Economics*, Vol. 6, No. 1, 2004, pp. 96 – 105.

Robin Mansell, "Social Informatics and the Political Economy of Communications", *Information Technology & People*, Vol. 18, No. 1, 2005, pp. 21 – 25.

Rupert Brown, "Social Identity Theory: Past Achievements, Current Problems and Future Challenges", *European Journal of Social Psychology*, Vol. 30, No. 6, 2000, pp. 745 – 778.

Vincent Mosco, "Current Trends in the Political Economy of Communication", *Global Media Journal* (*Canadian Edition*), Vol. 1, No. 1, 2008, pp. 45 – 63.

William Melody, "Dallas Smythe: A Lifetime at the Frontier of Communications", *Media Culture & Society*, Vol. 17, No. 4, 1992.

WooMi Phillips & Ki-Joon Back, "Conspicuous Consumption Applied to Tourism Destination", *Journal of Travel & Tourism Marketing*, Vol. 28, No. 6, 2011.